D1666792

Lehr- und Handbücher der Betriebswirtschaftslehre

Herausgegeben von
Universitätsprofessor Dr. habil. Hans Corsten

Bisher erschienene Werke:

Gründungs-management: Der Integrierte Unternehmensplan

Business Plan als zentrales Instrument für die Gründungsplanung

Von

Prof. Dr. Heinz Klandt

2., vollständig überarbeitete und stark erweiterte Auflage

R. Oldenbourg Verlag München Wien

Bibliografische Information Der Deutschen Bibliothek

Die Deutsche Bibliothek verzeichnet diese Publikation in der Deutschen Nationalbibliografie; detaillierte bibliografische Daten sind im Internet über <http://dnb.ddb.de> abrufbar.

© 2006 Oldenbourg Wissenschaftsverlag GmbH
Rosenheimer Straße 145, D-81671 München
Telefon: (089) 45051-0
www.oldenbourg.de

Gedruckt auf säure- und chlorfreiem Papier
Druck: Oldenbourg Druckerei Vertriebs GmbH & Co. KG
Bindung: R. Oldenbourg Graphische Betriebe Binderei GmbH

ISBN   3-486-25967-9
ISBN 978-3-486-25967-4

Vorwort 1. Auflage

Das hier vorgelegte Manuskript basiert auf den Erfahrungen mit einer Vielzahl von thematisch entsprechenden Seminaren, die vom Autor sowohl an verschiedenen deutschen und ausländischen Universitäten mit Studenten der Betriebswirtschaftslehre und den Ingenieurwissenschaften als auch außerhalb der Hochschule mit Praktikern verschiedenster Ausrichtung und Herkunft durchgeführt wurden. Es ist daher primär als Skriptum für diese Veranstaltungen angelegt. Die einzelnen inhaltlichen Teile sind unterschiedlich tief und breit entwickelt und daher auch in unterschiedlicher Weise auf Ergänzungen durch weitere Literatur ausgerichtet.

Zu besonderem Dank bin ich Herrn Kollegen Prof. Dr. Detlef Müller-Böling und Herrn Dipl.-Kfm. Helmut Graf verpflichtet, die durch thematisch ähnliche eigene Veranstaltungen, Publikationen und intensive persönliche Diskussionen und Zusammenarbeit mit dem Autor über einen längeren Zeitraum hinweg den Inhalt dieser Publikation wesentlich mitgeformt haben.

Für Ihre engagierte Mithilfe bei der Erstellung des Manuskriptes möchte ich auch meinen (früheren) Mitarbeitern Herrn Albert Eiskirch, Frau Dr. A. Heinrike Heil, Frau Dr. Susanne Kirchhoff-Kestel und Herrn Dr. Jochen Struck herzlich danken. Für das Lesen der Endversion danke ich Herrn Dipl.-Kfm. Roland Finke, Herrn Dipl.-Kfm. Bernd Kreuels und Herrn Dipl.-Kfm. Hans Urbaniak vom FG Empirie sowie Herrn Dr. Reinhard Schulte (bifego). Mein ganz besonderer Dank gilt aber Frau Dipl.-Kff. Erdme Brüning und Frau Dipl.-Kff. Tanja Finke-Schürmann, die mit sehr viel Geduld und Sorgfalt die Lektorenrolle übernommen haben.

Es wurde auch eine Reihe von Anregungen aus dem Kreis der Studenten und Seminarteilnehmer in dieses Buch aufgenommen, ohne dass dies im einzelnen im Folgenden Text erkennbar wird. Alle noch vorhandenen konzeptionellen und inhaltlichen Schwächen und Fehler bleiben selbstverständlich in der Verantwortung des Autors.

Jünkerath, 1998

H. Klandt

Vorwort 2. Auflage

Tempora mutantar, temporibus mutamur: Wie bewegt die Zeiten sind und wie
sehr wir gezwungen sind, uns mit veränderten Bedingungen auseinander zu setzen, wurde dem Autor bei der Vorbereitung der 2. Auflage dieses Buches klar:
Ob es um eine Vielzahl veränderter steuerlicher und rechtlicher Bedingungen
geht, eine wesentlich veränderte Hochschullandschaft für Entrepreneurship, die
Erfahrungen im Venture-Capital-Bereich mit und nach dem Bulb der New Economy, das inzwischen wesentlich erweiterte Angebot von Forschungsergeb-
nissen oder auch die eigene zusätzliche siebenjährige Lehrerfahrung im Rahmen
des KfW-Stiftungslehrstuhls für Entrepreneurship an der EUROPEAN BUSINESS
SCHOOL, International University, Schloß Reichartshausen in Oestrich-Winkel:
eine völlig überarbeitetet und um 50 % erweiterte Version war dringend notwendig.

Wesentlichen Anteil an der Weiterentwicklung des Buchs hat Frau Dipl.-Kff.
Judith Winand (bifego), die eine große Zahl von Recherchen und Aktualisierun-
gen durchgeführt hat. Eine Bereicherung des Buchs ist auch der reale Geschäftsplan der DENC AG, der mir dankenswerterweise von Herrn Dr. Klaus Dibbern
(CEO der DENC AG, Darmstadt) zur Publikation in diesem Buch überlassen
wurde. Dieser Geschäftsplan verhalf dem Unternehmen zu einem wesentlichen
Teil seiner Gründungsfinanzierung und wurde überdies in einem Wettbewerb
prämiert.

Für die überprüfende und ergänzende Durchsicht des Manuskripts danke ich
meinen Lehrstuhlassistenten Frau Dipl.-Psych. Silke Gese-Klier, Herrn Dipl.-
Kfm. Stephan Golla, Herrn Dipl.-Kfm. Martin Holi, Herrn Dipl.-Kfm. Tobias
Manuel Johann, Frau cand. psych. Simone Chlosta sowie Herrn Dipl.-Oek. Van
Hau Nguyen, Stipendiat am Lehrstuhl. Mein ganz herzlicher Dank gilt meiner
Sekretärin Nicole Barth, die das Manuskript über diverse Höhen und Tiefen bis
zur endgültigen Druckreife begleitet hat. Verbleibende Fehler und Schwächen
bleiben in der Verantwortung des Autors.

Aktualisierungshinweise und Errataliste werden unter der Webadresse
www.gründungsplan.de gegeben. Kommentare empfangen wir gerne unter der
Email-Adresse entrepreneurship@ebs.edu.

Oestrich-Winkel, August 2005

H. Klandt

III Anhang 293

Abbildungsverzeichnis

I   Grundlagen zur Gründungsplanung

1 Einführung

1.1 Das Gründungsklima in Deutschland

In der klassischen Ökonomie waren die Besonderheiten der ersten Lebensphase einer selbständigen Existenz bzw. die individuelle Persönlichkeit und die Rolle der Unternehmer und Gründer kaum von Interesse. Erst in jüngerer Zeit wird die Diskussion um Existenzgründungen[1] und Unternehmensgründungen[2] in der Öffentlichkeit, der Politik und der Wissenschaft lebhafter geführt.

Vor 30 Jahren war das Thema „Gründungklima" weder in den Medien noch in Politik oder akademischer Forschung präsent. In den letzten Jahren hat sich aber die Erkenntnis durchgesetzt, dass Gründungen einen wesentlichen Beitrag zur internationalen Wettbewerbsfähigkeit und zur kontinuierlichen Innovation und Restrukturierung unserer Volkswirtschaft leisten.

Vor dem Hintergrund der angespannten wirtschaftlichen Lage, haben sich Unternehmensgründungen in den letzten Jahren jedoch vor allem durch die Schaffung von Arbeitsplätzen in das Visier der Wirtschaftspolitik geschoben. Neben der von der Bundesregierung initiierten Förderung von Kleinstgründungen aus der Arbeitslosigkeit (Stichwort „Ich-AG") ist auch der Anteil der neu geschaffenen Arbeitsplätze durch Gründungsunternehmen mit derzeit ca. 19-22 %[3] sehr beachtlich. Zudem sind mehr als 50 % aller Erwerbstätigen in Deutschland bei sog. KMUs (kleine und mittlere Unternehmen, d. h. Betriebe mit weniger als 500 Mitarbeitern) beschäftigt.

Ein weiterer hier interessierender Aspekt ist die These, dass Unternehmensgründungen (hauptsächlich innovative) einen wesentlichen Beitrag zur Entwicklung und Etablierung neuer Branchen in einer Volkswirtschaft leisten und somit Möglichkeiten schaffen, die bei retardierenden Branchen abgebauten Arbeitsplätze durch neue zu kompensieren. Deutschland ist es in den letzten Jahrzehnten allerdings nicht gelungen, bei der Entwicklung neuer Technologien/Produkte international Schritt zu halten, sei es im Bereich von IT, Life Science oder Nanotechnologie.

Über die tatsächliche Anzahl der Gründungen und Gründer in Deutschland gibt es bis heute keine erschöpfenden Statistiken. Je nach Quelle schwanken die An-

---

1   D. h. den Wechsel in die Selbständigkeit aus persönlicher Sicht.
2   D. h. die Schaffung neuer Unternehmensstrukturen.
3   Vgl. KfW Bankengruppe (Hrsg.): KfW-Gründungsbarometer 2004, März 2004, S. 96.

gaben zwischen 226.000 (ZEW) und 1,65 Mill. (KfW)[4] für das Jahr 2003. Seit 1996 gibt es eine amtliche Statistik über die Gewerbeanmeldungen, deren Zahl sich auf etwa 500.000 pro Jahr beläuft (nicht erfasst werden dabei allerdings z. B. Freiberufliche Gründungen).

Die Entwicklungstendenz der Gründungszahlen zeigt sich nach einigen problematischen Jahren wieder positiver: 2003 ist erstmals seit drei Jahren die Zahl der Unternehmensgründungen in Deutschland nicht mehr gesunken. Dazu beigetragen haben u. a. Ich-AGs und Überbrückungsgeld.[5] So wird die Selbständigkeit wohl zunehmend auch als Ausweg aus der Arbeitslosigkeit genutzt: Laut einer KfW-Erhebung waren 2003 20-25 % aller jungen Selbständigen vor der Gründung arbeitslos.[6] Gesunken ist 2003 dagegen die Gründungsintensität (d. h. die Anzahl der Gründungen pro 10.000 Einwohner im Alter von 18-65 Jahren), allerdings weniger stark als in den Vorjahren.

Das Potenzial für Selbständigkeit ist in Deutschland derzeit nicht einmal annähernd ausgeschöpft. Nach wie vor sind Frauen unter den Gründern deutlich unterrepräsentiert. Weiterhin besteht eine deutliche Diskrepanz zwischen den Gründungswilligen und denjenigen, die ihr Vorhaben auch in die Tat umsetzen.[7]

Als Gründe nennen die Befragten u. a. die schlechte Konjunkturlage, Nachteile des Standortes Deutschland (z. B. hohes Lohnniveau, Kündigungsschutz, Lohnnebenkosten usw.), das hohe finanzielle Risiko und bürokratische/rechtliche Hürden.[8] Bei heutiger Gesetzeslage ist es für einen Gründer praktisch unmöglich, die gesamte Bandbreite der ihn betreffenden Gesetze nachzuvollziehen. Ähnliches gilt für die Komplexität des Steuersystems, mit dem sich auch Kleinunternehmer auseinandersetzen müssen. Die Aufnahme von Krediten ist seit der Ankündigung von Basel II für einen Großteil der Unternehmen deutlich schwieriger geworden, was zum Teil auf die grundsätzliche Verweigerung (Kreditrationierung) der Kreditinstitute zurückzuführen ist (wenn die Risikoanalyse in Relation zum Kreditvolumen zu aufwändig erscheint). Zudem gestaltet sich die Situation am Kapitalmarkt, insbesondere im Private Equity- und Venture Capital-Segment seit dem Einbruch der Börsenwerte 2001 äußerst schwierig. Positiv muss die Förderlandschaft für Gründungen beurteilt werden. Hier belegt

---

4   Vgl. KfW Bankengruppe (Hrsg.): KfW-Gründungsbarometer 2004, März 2004, S. 41.
5   Zu diesem Ergebnis kommen der Global Entrepreneurship Monitor (GEM) und der KfW Mittelstandsmonitor.
6   Vgl. KfW Bankengruppe (Hrsg.): KfW-Gründungsbarometer 2004, März 2004, S. 69.
7   Vgl. KfW Bankengruppe (Hrsg.): KfW-Gründungsbarometer 2004, März 2004, S. 61-67; z. B. verspürten laut einer RWI-Studie 11,4 % der Befragten einen Gründungswunsch, gegründet haben davon aber nur 1,8 %.
8   Vgl. KfW Bankengruppe (Hrsg.): KfW-Gründungsbarometer 2004, März 2004, S. 65-68.

Deutschland den Spitzenplatz bei der Bewertung durch Experten in der GEM-Studie.[9]

Vergleicht man Deutschland mit der „Entrepreneurshipnation" USA, zeigen sich grundlegende Unterschiede in den Einstellungen der Menschen zum Unternehmertum. Während in den USA seit jeher Leistungsbereitschaft und Mut zum Risiko bewundert und belohnt wird, herrschen in Deutschland vor allem das Sicherheitsdenken und somit die Vermeidung von Risiken und das Streben nach sozialem Ausgleich vor. Unternehmer haben in Deutschland nach wie vor kein besonders gutes Image, im Falle einer Pleite ist der gesellschaftliche Abstieg fast vorprogrammiert. Demgegenüber folgen die Amerikaner dem Grundsatz „Aus Fehlern lernt man!" und geben gescheiterten Unternehmern eine zweite Chance.

Diese Unterschiede zeigen sich auch in der Ausbildung von potentiellen Unternehmern. Wurden in den USA bereits seit 1947 Entrepreneurship-Kurse im Hochschulbereich angeboten und Mitte der 60er Jahre erste Lehrstühle in diesem Bereich eingerichtet, so wurde in Deutschland erst 1997 der erste Lehrstuhl für Gründungslehre ins Leben gerufen (Ende 2004 sind es erfreulicherweise bereits 56 entsprechend spezialisierte Professuren).[10] In den Schulen, in denen das Wort „Unternehmertum" bislang eher ein Fremdwort war, gibt es mit Projekten wie z. B. „Schüler im Chefsessel", „GO! to school" oder „business@pool" durchaus positive Entwicklungen im Bereich der Unternehmerausbildung, die aber bei weitem nicht flächendeckend sind.

Es lässt sich festhalten: Bezogen auf Gründungen und das Gründungsklima hat Deutschland im letzten Jahrzehnt deutliche Fortschritte gemacht. Es bleiben jedoch auch viele Defizite, die in den folgenden Jahren zu beheben sind, um die internationale Wettbewerbsfähigkeit Deutschlands sicherzustellen.

Offensichtlich wird der hohe Stellenwert unternehmerischer Aktivitäten und Erfolge in einem Wirtschaftssystem mit starken marktwirtschaftlichen Anteilen wie der Bundesrepublik immer mehr erkannt. Auch wird zunehmend gesehen, welchen wichtigen Beitrag Gründungen zur Erneuerung der internationalen Wettbewerbsfähigkeit und zur Schaffung neuer **Arbeitsplätze** leisten können. Die Notwendigkeit, in den Neuen Bundesländern einen Mittelstand von der Basis her neu aufzubauen, hatte Anfang der 90er-Jahre ein übriges getan, den Stellenwert unternehmerischen Handelns zu verdeutlichen.

---

9 Vgl. Sternberg, Rolf/Bergmann, Heiko/Lückgen, Ingo: Global Entrepreneurship Monitor. Unternehmensgründungen im weltweiten Vergleich. Länderbericht Deutschland 2003, Universität Köln, März 2004.
10 Vgl. Klandt, Heinz/Koch, Lambert T./Knaup, Ulrich: FGF-Report Entrepreneurship-Professuren 2004, Januar 2005.

1.2 Grundkonzept des Buches und Überblick

Diese Publikation ist nicht auf die Darstellung theoretischer Erkenntnisse per se, d. h. Beschreibungen oder Analysen der **Realität** ausgerichtet, vielmehr ist sie gestaltungsorientiert und normativ aus einzelwirtschaftlicher Sicht auf die Bewältigung der **Unternehmeraufgabe** in einer frühen Phase unternehmerischer Aktivität fokussiert. Die Überlegungen konzentrieren sich daher auf die typischen Planungsprobleme einer Unternehmensgründung. Sie sollen helfen, den Grundstein für eine erfolgreiche Frühentwicklungsphase zu legen.

Der Text orientiert sich im wesentlichen am Leitbild der **Neugründung** einer **unabhängigen Unternehmung**, d. h. es wird vorzugsweise vom vollständigen Neuaufbau der Struktur einer Unternehmung durch natürliche Personen ausgegangen und dies bei einem eher überschaubaren Umfang. Besonderheiten, z. B. Existenzgründungen in der Form einer **Betriebsübernahme** oder der Tochtergründung durch ein bestehendes **Unternehmen**, werden nur zum Teil berücksichtigt.

Hauptgegenstand des hier verfolgten Ansatzes ist die Entwicklung des **Unternehmensplans** im Sinne der Dokumentation einer **integrierten Unternehmensgesamtplanung**, wie sie ähnlich auch als „Business Plan Development"-Kurs vielfach den Kernpunkt der **Entrepreneurship-Ausbildung** an nordamerikanischen „Business Schools" repräsentiert.[11]

Aus dem Blickwinkel der Neugründung einer unabhängigen Unternehmung ergeben sich **Besonderheiten des Planungsansatzes**, indem in einer Situation ohne unternehmensinterne **Vergangenheitsdaten** auf ein umfassendes, einfach zu handhabendes und robustes Instrumentarium abgehoben wird, bei dem zwar einerseits alles Wichtige erfasst werden soll, andererseits aber der Planungsaufwand begrenzt sein muss.

Traditionelle betriebswirtschaftliche Planungsüberlegungen haben im Allgemeinen ein ganz anderes Leitbild, nämlich typischerweise die gereifte Großunternehmung. Der Blickwinkel dieser Publikation weicht insofern deutlich vom „Mainstream" der Betriebswirtschaft ab.[12]

---

11   Vgl. zum Aufbau: Mancuso, Joseph R.: How to write a winning business plan. Prentice Hall Press, New York, 1985 oder Rich, Stanley/Gumpert, David: Geschäftspläne. So sichern Sie Finanzierung und Erfolg Ihres Unternehmens, Verlag Norman Rentrop, Bonn 1986.
12   Vgl. dazu im Detail: Klandt, Heinz: Entrepreneurship: Unternehmerausbildung an deutschen Hochschulen, Beitrag in BFuP, Heft 3/1999, NWB Verlag, Herne/ Berlin, S. 241-255.

Da der vorgelegte Ansatz ein in sich geschlossenes und aus sich verständliches Konzept beinhalten soll, ist er einerseits zwar auf die gründungsbezogenen Besonderheiten der beschriebenen Ausgangssituation konzentriert, andererseits muss er aber notwendigerweise auch gewisse Redundanzen zu grundlegenden Aspekten der allgemeinen Betriebswirtschaftslehre oder zu deren Teilgebieten – insbesondere der Planungslehre, des **Rechnungswesens**, des Marketings, der Finanzierung – in Kauf nehmen.

Die folgende Darstellung beschränkt sich im Wesentlichen auf den Aspekt der Gründungsplanung. Es muss aber deutlich gesagt werden, dass der hier vertretene Ansatz nicht mit der Perspektive „Geschäfteröffnung" enden sollte, sondern sinnvoller weise in der Frühentwicklungsphase und in allen späteren Lebensphasen der Unternehmung fortgeführt und weiterentwickelt wird. D. h. die Gründungsplanungs-Aktivitäten sollten einerseits in Richtung einer **Planfortschreibung** (z. B. als **rollierende Planung**) und andererseits z. B. im Hinblick auf die spätere Gegenüberstellung von Plan- und Ist-Werten in Richtung auf ein **Controllingkonzept** vervollständigt werden.

Ein terminologischer **Bezugsrahmen** im einführenden Teil soll die vielfältigen Facetten des **Aktionsraumes**, mit dem das Gründungsmanagement und später das Frühentwicklungsmanagement zu tun hat, verdeutlichen.

Die **Besonderheiten** der Gründungsplanung, ihre phasenmäßige Einordnung und Strukturierung, sind Gegenstand eines weiteren vorbereitenden Kapitels.

Dem eigentlichen Planungsvorgang ist die „**Ideenphase**" vorgeschaltet, also die Frage, wie man Unternehmensideen finden, grob beurteilen und auswählen kann. In diesem Zusammenhang wird auf Kreativitätstechniken und Informationsquellen eingegangen. Schließlich werden Möglichkeiten des Ideenschutzes aufgezeigt.

Der Hauptteil der Publikation setzt sich mit der **Erstellung des Unternehmensplans** auseinander. Nach einer begrifflichen Abgrenzung wird auf Anlässe, Aufgaben, Zielgruppen und grundlegende Anforderungen eingegangen. Die beiden Hauptkapitel 2 und 3 im Teil II beschäftigen sich einerseits mit den Elementen des verbalen (qualitativen) Teils des Unternehmensplans und andererseits mit den Elementen des quantitativen Teils.

Nach der Behandlung des Anhangteils des Gründungsplanes (Kapitel 4) werden im darauf folgenden Kapitel 5 „Kritische Abrundung des Business Plans", Betriebsvergleichszahlen und Überlegungen zu besonderen Problemen der Gründungsplanung sowie zu Helfern, Hilfsmitteln und Ausbildungsmöglichkeiten als Unterstützung bei der Planerstellung angestellt.

Das Buch schließt mit dem Anhang, in dem einige Testfragen zur Gründereignung, ein Beispielfall für „Discovery Driven Planning", eine Auflistung wichtiger Informationsquellen, einige computerbasierte Hilfen, eine Übersicht über öffentliche Förderprogramme, einige Beispielaufgaben sowie ein „realer Unternehmensplan" als Fallbeispiel zusammengestellt sind.

Mit der vorgelegten Publikation wird der Versuch unternommen, die Problematik der Entwicklung von Gründungsplänen generell zu diskutieren. Da hinsichtlich der Ausformung und der Bedeutung einzelner Teilprobleme aber ganz offensichtlich eine große **Heterogenität** zwischen den verschiedenen **Gründungsvorhaben** besteht, werden in Teilen des Manuskriptes Besonderheiten bestimmter Typen von Gründungsvorhaben separat angesprochen. Dies geschieht allerdings ohne den Anspruch auf Durchgängigkeit der Erörterung dieser Spezifika.

Solche Besonderheiten einzelner Konzepte ergeben sich z. B. aus der angestrebten **Wirtschaftsstufe** (produzierendes Gewerbe versus Handelsbereich versus Dienstleistungsbereich): die Bedeutung des Investitionsplanes ist z. B. bei produzierenden Unternehmen sehr groß, bei Dienstleistern oft marginal. Zum anderen ist die Frage der alternativen Ausrichtung auf **lokale oder landesweite** (weltweite) Kundenkreise bzw. **auf Konsumenten oder Gewerbetreibende** als Abnehmer/Zielgruppe des Vorhabens von erheblicher Bedeutung (z. B. Art der angemessenen Marktforschung/Marktbeeinflussung). Auch die Frage des **Innovationsgrades** eines Unternehmenskonzeptes (innovative vs. imitative Gründungen) ist in diesem Kontext prägend.

Einen Überblick über die Struktur und den Aufbau des Buches gibt die folgende Abbildung:

Abbildung 1: Aufbau des Buches

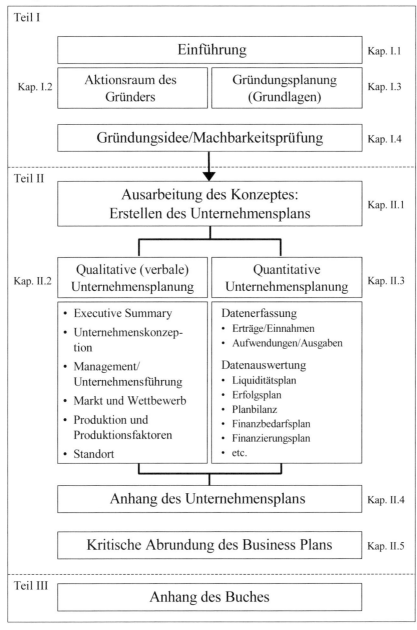

2 Gründungsmanagement: Aktionsraum des Gründers

Zu den **Grundpositionen** dieses Buches – und der **Betriebswirtschaftslehre** überhaupt – gehört die Vorstellung, die **Realität lenken und gestalten** zu können und zu wollen, also die Weltsicht, dass die Entwicklung der Welt nicht vorzugsweise dem Zufall oder „höheren Mächten" überlassen bleibt.[13] Über das traditionelle, wissenschaftliche Motiv der Neugierde, dem Wunsch, die Welt zu beschreiben und zu verstehen (**Erkenntnisziel**) hinaus, ist es das Anliegen dieser Disziplin – ähnlich wie bei den Ingenieurwissenschaften – auf die Welt zum Vorteil des Menschen einwirken zu wollen und die Vorstellung, dass dies auch im Bereich des Machbaren liegt (Gestaltungsziel).[14] Wir folgen demnach dem ersten Gedanken eines Wortes von Johann Wolfgang von Goethe: *„Es ist nicht genug zu **wissen**, man muss es auch **anwenden**. Es ist nicht genug zu **wollen**, man muss es auch **tun"**.* Der zweite Gedanke bleibt dann der Eigeninitiative des Lesers überlassen!

Ein zentrales Grundparadigma wissenschaftlichen Denkens wie auch praktischen Alltagshandelns ist die Vorstellung von Ursache und Wirkung (**Kausalitäts-/Verursachungsprinzip**) sowie die damit verbundene Vorstellung, dass man die Wahrnehmung der **Realität** durch eine Differenzierung in **Merkmalsträger** (Fälle, Objekte) und **Merkmalsdimensionen** (**Variablen**, Faktoren) strukturieren kann. Dementsprechend sind Variablen jeweils entweder als **unabhängige** Variablen (Einflussfaktoren, Ursachen) oder als **abhängige** Variablen (Wirkungen) zu betrachten. Je nach dem, welchen Ausschnitt man aus dem Gesamtkausalnexus betrachtet, kann eine Variable, die Wirkungscharakter im Hinblick auf die Gruppe anderer Variablen hat, selber auch Ursache für eine oder weitere andere abhängige Variablen sein.

Unter dem Gesichtspunkt der **Gestaltung von Wirklichkeit** wird diese wissenschaftstypische, erkenntnisorientierte Differenzierung in unabhängige und abhängige Variablen von einer weiteren Differenzierung, nämlich die in **Bedingungen**, **Gestaltungsparameter** und **Zielgrößen** überlagert.

Bedingungen (Voraussetzungen, Rahmenbedingungen) beschreiben die Teile der Ist-Situation, von denen der Handlungsträger als Gegebenheiten auszugehen hat. Diese sind für ihn als weitestgehend fix zu betrachten und zu **akzeptieren**, von deren Existenz und Zustand muss er ausgehen, er kann sie grundsätzlich nicht beeinflussen. Er kann bestenfalls ihre Ausprägung **auswählen (Selektion)**,

---

[13] Vgl. dazu unter 2.2.1 den Absatz zum Machbarkeitsdenken (internale Kontrollüberzeugung) bzw. Rotter´s "locus of control".

[14] Vgl. Müller-Böling, Detlef/Klandt, Heinz: Methoden Empirischer Wirtschafts- und Sozialforschung. Eine Einführung mit wirtschaftswissenschaftlichem Schwerpunkt, 3. Aufl., Köln-Dortmund 1996, S. 4f.

sie aber nicht unmittelbar verändern. Ist man bspw. mit der bundesdeutschen Abgaben-/Steuerlast nicht zufrieden, so kann man sie zwar nicht ändern, aber durch Verlagerung der unternehmerischen Aktivitäten in das Ausland, z. B. in die Niederlande oder nach Singapur, dieser Ausprägung der Belastung ausweichen.[15]

Die eigene Einflussnahme auf die **Realität** geschieht über den Teil der **Variablen**, die als **Gestaltungsparameter** des Systems begriffen und die z. T. direkt und zum anderen indirekt beeinflusst werden können. Beginnend mit der Definition des Leistungsangebotes ist insbesondere die **betriebsinterne Struktur** mit ihren vielfältigen potentiellen Ausprägungen als ein Bereich von Gestaltungsparametern zu begreifen. Des Weiteren gehört zu den unternehmerischen Gestaltungsparametern auch der Aufbau **des betriebsexternen Netzwerkes** z. B. im Hinblick auf die **Beschaffung** von Informationen, Waren, Dienstleistungen etc. und die Ausgestaltung des Absatzbereichs z. B. bezogen auf das Distributionssystem, Kundenkontakte etc.

Bedingungen und Gestaltungsparameter werden hier zwar als Gegensatzpaare genutzt. Auf dem Hintergrund zeitlicher Ausdehnung liegen sie aber eher auf einem Kontinuum; d. h. was kurzfristig als Bedingung gesehen werden muss, kann langfristig durchaus veränderbar sein.

Handlungsleitend ist die Willensbildung, die sich in den gewählten **Zielgrößen** und deren Ausprägungen äußert. Die Sinnhaftigkeit der unternehmerischen Aktionen hinsichtlich der Gestaltungsparameter lässt sich nur dann beurteilen, wenn eine oder mehrere Zielgrößen definiert und aufeinander abgestimmt sind. Der **Zielerreichungsgrad,** d. h. das Ausmaß des **Erfolges** ist dann ein Maßstab für die Qualität des Gründungs- und Frühentwicklungsmanagements.

Mit dem folgenden **Bezugsrahmen** soll das Handlungsfeld eines Gründungsvorhabens in seinen Bedingungen und Gestaltungsparametern sowie Zielgrößen (**Erfolgskriterien**) eröffnet und bewusst gemacht werden.

---

15 Vgl. zu unterschiedlichen Rahmenbedingungen von Unternehmensgründungen: Klandt, Heinz/Brüning, Erdme: Das Internationale Gründungsklima. Neun Länder im Vergleich ihrer Rahmenbedingungen für Existenz- und Unternehmensgründungen, Duncker & Humblot, Berlin 2002.

Abbildung 2: BZG-Modell: Bedingungen, Zielgrößen, Gestaltungsparameter

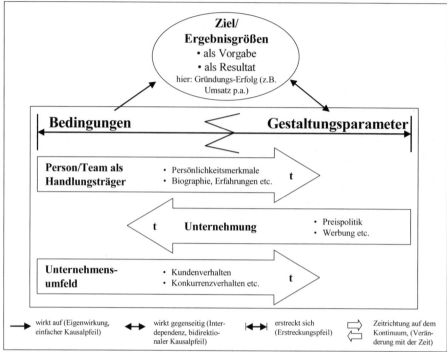

Quelle: Eigene Darstellung

2.1 Erfolg als Zielgröße

Der „Erfolg" der Gründungsaktivitäten und seine gezielte Beeinflussung steht im Zentrum der Betrachtung. Wenn man vom **Gründungserfolg** redet, so kann man damit aber sehr unterschiedliche Vorstellungen verbinden. Dies hängt insbesondere davon ab, aus welcher Perspektive bzw. bezogen auf welches **Referenzsystem** man den Erfolg betrachtet. Es bietet sich hier z. B. die Sicht einer Nationalökonomie oder einer Wirtschaftsregion (Stadt, Gemeinde) an, aus betriebswirtschaftlicher Sicht das Referenzsystem einer Unternehmung oder aber die individuelle Sicht des einzelnen Gründers. Aus gesamtwirtschaftlicher Sicht wird heute insbesondere die Frage der durch Gründungsvorhaben geschaffenen dauerhaften, qualifizierten **Arbeitsplätze** gestellt. Aus der Perspektive der Gründungsinitiatoren wird dagegen eher der Aspekt des **Gewinns**, der Eigenkapitalrentabilität bzw. des **erzielbaren Einkommens** von Interesse sein; die geschaffenen Arbeitsplätze haben dann Mittelcharakter bzw. sind die Mitarbeiter als „**Humankapital**" eher Einsatzfaktor denn Ergebnisgröße.

Neben diesen genuinen ökonomischen Aspekten sind aber auch – z. B. aus der persönlichen Sicht des Unternehmensgründers heraus – **Motive** wie das **Unabhängigkeitsstreben**, das **Leistungsstreben**, **Prestigestreben** etc. oft von großem Interesse, möglicherweise dominieren sie die genannten ökonomischen **Ziele** und geben diesen Mittelcharakter. Die Schaffung von Arbeitsplätzen kann andererseits auf dem Hintergrund einer als bedeutsam empfundenen sozialen Verantwortung auch für den Unternehmer Zielcharakter haben.

Wenn von **Gründungserfolg** gesprochen wird, so ist der Begriff zunächst relativ weit zu fassen. Er setzt bereits mit der Aufnahme von **Voraktivitäten** einer Gründung per se ein und muss letztlich auch weit in die Frühentwicklungsphase hineingreifen. Die in der Abbildung 3 aufgeführten beiden ersten Stufen des Gründungserfolges (Voraktivität der Gründung, Gründungsaktivität) sind im Sinne von **Erfolgskriterien** eher aus gesamtwirtschaftlicher Sicht von Interesse und sollen deswegen hier nicht weiter erläutert werden.

Damit werden zwei wichtige Problemkreise angesprochen:[16]

Fragen zur **Gründungsaktivität**: der Schritt in die Selbständigkeit.
Gibt es genug Arbeitnehmer, Auszubildende etc., die den Wechsel in die Selbständigkeit wagen? Wie unterscheiden sich diese Mutigen von der Masse derer, die diesen Schritt nicht tun? Wie attraktiv ist die berufliche Selbständigkeit?

Fragen zum **Gründungserfolg**: Überleben und mehr.
Welche Faktoren beeinflussen den Erfolg (Überleben, Umsatz, Gewinn etc.) einer Gründung? Ist die heute vorzufindende Qualität der Gründungen gut genug? Gibt es zu viele Ausfälle in der ersten Zeit (Frühentwicklungssterblichkeit)? Wie kann man unnötige Risiken vermeiden? Wie kann man sich als Gründer professionalisieren?

Aus der Perspektive der Gründungsakteure (Personen) und des Gründungsvorhabens (Unternehmung) wird im Allgemeinen der **qualifizierte Gründungserfolg** von besonderem Interesse sein.

---

16 Vgl. zu dieser Differenzierung: Klandt, Heinz: Aktivität und Erfolg des Unternehmensgründers. Eine empirische Analyse unter Einbeziehung des mikrosozialen Umfeldes, Bergisch Gladbach 1984.

Abbildung 3: Gründungserfolg

<table>
<tr><td colspan="4" align="center">Gründungserfolg i.w.S.</td></tr>
<tr><td align="center">Voraktivität der Gründung</td><td align="center">Gründungs-aktivität</td><td colspan="2" align="center">Qualifizierter Gründungserfolg</td></tr>
<tr><td></td><td></td><td align="center">objektiver</td><td align="center">subjektiver</td></tr>
<tr>
<td valign="top">

P: Einstellung zur Selbständigkeit

P: konkrete Gründungsüberlegung

P: Entscheidung zur Selbständigkeit

P: Konzeption der Gründung
• Zielplanung
• Alternativen-entwicklung
• Ausführungs-planung

</td>
<td valign="top">

U: Unternehmung (Unternehmens-gründung)

P: wirtschaftlich selbständige Existenz (Existenzgründung)

Gründungseinheit

├ Dasein (existentia)

└ Sosein (essentia)

</td>
<td valign="top">

U: Unternehmens-überleben (für bestimmte Zeit)

P: Selbständigkeits-überlegung (für bestimmte Zeit)

U: Einkommen
U: Mitarbeiterzahl
U: Umsatz
U: Gewinn
U: Umsatzrendite
U: Kapitalrentabilität
U: Marktposition
U: Potential

(jeweils absolut, als Wachstumsgröße oder relativ zur Branche, Konjunktur etc.)

S: Versorgungsgrad
S: Wohlfahrt einer Region
U/S: Arbeitsplätze/ -quote

</td>
<td valign="top">

P: Zielerreichungs-grad
• Macht
• Unabhängigkeit
• Geselling
• Leistung
• Prestige
• Selbstverwirk-lichung etc.

P: Arbeitszufrieden-heit
P: Lebenszufrieden-heit
P: Gründungszufrie-denheit
P: Partnerschaftszu-friedenheit
U: Erwartungen bzgl. Umsatz
U: Erwartungen bzgl. Gewinn etc.
S: Lebenszufrieden-heit Dritter

</td>
</tr>
<tr><td colspan="4">Erhebungseinheit: P: Person(en); U: Unternehmung; S: Sonstige (Region etc.)</td></tr>
</table>

Quelle: In Anlehnung an Müller-Böling, Detlef; Klandt, Heinz: Unternehmensgründung, in: Hauschildt, Jürgen/Grün, Oskar (Hrsg.): Auf dem Wege zu einer Realtheorie der Unternehmung. Ergebnisse empirischer betriebswirtschaftlicher Forschung, Stuttgart 1993, S. 135-178; siehe dazu auch: Schmidt, Axel G., Indikatoren für Erfolg und Überlebenschancen junger Unternehmen, in: ZfB Ergänzungsheft 5/2002, S. 21-53.

In der Betriebswirtschaftslehre werden insbesondere Größen wie der Gewinn, die Rentabilität, der Umsatz, der Marktanteil oder die Marktposition als zielführende Größen hervorgehoben. Die **Zielforschung** zeigt, dass streng genommen in der **Realität** meistens nicht von einem einzelnen Ziel, sondern eher von einem **Zielsystem** gesprochen werden muss. Die Zielvariablen können in vielfältigen Beziehungen zueinander stehen.[17] Sie können sich ergänzen, also **komplementär** sein, sie können sich gegenseitig ersetzen, also **substitutiv** sein, sie können aber auch **antagonistisch** (konfliktär) sein, d. h. sich gegenseitig widersprechen oder sogar ausschließen. Im Hinblick auf den erwünschten Zielzustand der einzelnen Zielgrößen ist oft auch nicht von einer **Maximierung** oder **Minimierung**, sondern eher von einem **saturierenden Niveau** zu reden.

Konkret auf die Situation eines Unternehmensgründers bezogen ist es z. B. denkbar, dass er einen bestimmten Mindestgewinn anstrebt, um **ein saturierendes Einkommen** zu haben, das vergleichbar oder etwas besser als das ist, was er bisher in abhängiger Beschäftigung erreichen konnte. Des Weiteren verbindet sich in seinem Zielsystem vielleicht damit die Vorstellung, mit dem Vorhaben eine größere **Lebens- und Arbeitszufriedenheit** zu erreichen bzw. einen möglichst hohen Grad an **Unabhängigkeit, Selbstverwirklichung** und das Ausleben seines **Leistungsstrebens**.

Welche konkrete Art von Erfolg im Einzelfall gemeint ist, hängt also grundsätzlich von den Zielvorstellungen des jeweiligen Betrachters ab. Die vorgelegte Darstellung nimmt durchgängig eine einzelwirtschaftliche Position ein, stellt also das Unternehmen als **Referenzsystem** in den Mittelpunkt. Damit werden implizit das **Überleben** des Unternehmens, **Umsatzerfolge, Gewinne, Rentabilität, Wachstum** u.ä. als relevante **Ziele** unterstellt.

Im Rahmen des in diesem Buch dargestellten Ansatzes besteht bezogen auf die **Zielgrößen** das Problem, dass man zwar einerseits keine grundsätzlich einheitliche Zielvorstellung bei Unternehmensgründern unterstellen kann, dass aber andererseits die Handhabung komplexer Zielsysteme die Darstellung vielfältig komplizieren würde. Trotz aller Bedenken wird daher durchweg – meist implizit – von der Ausrichtung auf die folgenden Zielgrößen ausgegangen: die Erhaltung der jederzeitigen **Liquidität bzw. Zahlungsbereitschaft** wird im Sinne einer **Restriktion** eingeführt, also einer Zielgröße, die in jedem Fall zu erfüllen ist. Ansonsten wird auf die Erreichung eines **saturierenden Gewinnes** abgehoben. Der Liquiditätsforderung vorgeschaltet bzw. mit ihr unmittelbar verbunden, ist das Ziel des (langfristigen) Überlebens des zu gründenden Unternehmens (Systemerhalt). Die im angelsächsischen Raum beliebte Größe „Cash Flow" nimmt eine Mittelstellung zwischen diesen beiden Aspekten ein und fokussiert auf die

---

17 Vgl. Hauschildt, Jürgen: Die Struktur von Zielen in Entscheidungsprozessen. Bericht aus einem empirischen Forschungsprojekt, in: Zeitschrift für betriebswirtschaftliche Forschung, 25. Jg., 1973, S. 709-738 oder auch Bidlingmaier, Johannes: Unternehmerziele und Unternehmerstrategien, 2. Aufl., Wiesbaden 1964.; Weber, Martin: Entscheidungen bei Mehrfachzielen, Wiesbaden 1983; Doumpos Michael; Mulimedia decision aid classification methods, Dochedt u. a. 2002.

Selbstfinanzierungskraft des Unternehmens bzw. auf die Disponibilität der Mittel.

Nachdem nun die Zielgrößen diskutiert worden sind, werden **drei Variablenkomplexe**, die zum Teil als Bedingungen und zum Teil als Gestaltungsparameter zu betrachten sind, vorgestellt. Dies sind die **Personen** (Gründungsinitiatoren, **Gründer-Unternehmer**, das Gründerteam etc.), das zu gründende **Unternehmen** und schließlich das **Umfeld**. Das Umfeld wird, soweit es unmittelbar personenbezogen ist, zusammen mit der **Person** behandelt, das unternehmungsbezogene Umfeld wird dagegen separat abgehandelt.

Im Hinblick auf die Einstufung als Bedingung oder Gestaltungsparameter lässt sich grob sagen, dass die Aspekte der Unternehmung durchweg als Gestaltungsparameter betrachtet werden können, während die umwelt- und umfeldbezogenen Aspekte vorzugsweise Teile des Bedingungsrahmens darstellen. Im Hinblick auf die Person ist dies weniger eindeutig zu beantworten. Es wird darauf unter dem entsprechenden Absatz noch eingegangen.

2.2 Gründerperson und mikrosoziales Umfeld

Die folgende Abbildung 4 gibt als Teil des ordnenden **Bezugsrahmens** einen Überblick über die wichtigsten Aspekte der Gründerperson als Einzelgründer oder als Partner im Gründerteam. Anschließend werden dann Aspekte des auf den Gründer oder das Gründerteam bezogenen mikrosozialen Umfeldes behandelt.

Abbildung 4: Gründerperson, Gründerteam und mikrosoziales Umfeld

Person(en) und ihr mikrosoziales Umfeld

Person(en)	**Mikrosoziales Umfeld**
Eigenschaften (Struktur)	Persönliches Umsystem

Person(en)

Eigenschaften (Struktur)

- Psyche
  - Dynamische Merkmale
    - Leistungsmotiv
    - Risikobereitschaft
    - Unabhängigkeitsstreben
    - Machtstreben etc
  - Temperaments-Merkmale
    - Machbarkeitsdenken
    - Soziale Initiative
    - Begeisterungsfähigkeit
    - Individualismus etc.
  - Fähigkeitsmerkmale
    - Allgemeine Intelligenz
    - Systemdenken
    - Kreativität etc.
- Soma
  - Physiologische Merkmale
  - Morphologische Merkmale
- Sonstige
  - Rolle, Position, Status etc. (Geschlecht, Alter)

Verhaltensweisen
(u.a. Rollenverhalten)

- Aktuelles Verhalten
  - Sozialkontakt-bezogen
  - Sachbezogen
  - Sonstiges
- Vergangenes Verhalten
  (Biographie)

Mikrosoziales Umfeld

Persönliches Umsystem

- Private Sphäre
  - Herkunftsfamilie (Elternhaus)
  - Zeugungsfamilie (Ehepartner, Lebensgefährte)
  - Privates Netzwerk (Freunde)
  - Sonstiges
- Berufliche Sphäre
  - Ausbildungsumfeld (Hochschule)
  - Berufserfahrung
  - Inkubatororganisation (Arbeitgeber)
  - Berufliches Netzwerk (Kollegen, Kunden)
  - (Eigene Unternehmung)
  - Sonstiges
- Finanzielle Sphäre
  - Verfügbare Mittel (Liquidität)
  - Vermögenslage (Beleihung)
  - Finanzielles Netzwerk
  - Sonstiges

Gründerteam/Partnerschaft
- Entstehungsprozess (Zusammenfinden)
- Struktur (Zusammensetzung)
- Verhalten (Zusammenwirken)

Quelle: In Anlehnung an Müller-Böling, Detlef/Klandt, Heinz: Unternehmensgründung, in: Hauschildt, Jürgen/Grün, Oskar (Hrsg.): Auf dem Wege zu einer Realtheorie der Unternehmung, Ergebnisse empirischer betriebswirtschaftlicher Forschung, Stuttgart 1993, S. 135-178.

2.2.1 Gründerperson und Gründerteam

Der **bedeutendste Erfolgsfaktor** für ein junges, mittelständisches Unternehmen ist nach Meinung vieler Fachleute **der Unternehmer** bzw. die Gruppe von Unternehmern, die als Gründerteam bezeichnet werden kann. In kaum einer anderen Lebensphase eines Unternehmens steht die Unternehmerperson bzw. das Unternehmerteam so im Vordergrund wie in der Gründungs- und Frühentwicklungsphase. In der Zeit der Gründung und in den ersten Jahren der Existenz liegt in der **Leistungsbereitschaft** und **Leistungsfähigkeit** der Gründerperson bzw. des Gründerteams der entscheidende Schlüssel zum Erfolg oder Misserfolg des Unternehmens.

Im Folgenden werden einige wichtige Ergebnisse wissenschaftlicher Forschungsarbeiten zur Persönlichkeit des Unternehmensgründers dargestellt. Nach der Betrachtung dieser Ergebnisse soll reflektiert werden, inwieweit diese Aspekte eine fixe Bedingung im Einzelfall, oder aber einen Selektions- oder Gestaltungsparameter für das eigene Handeln darstellen.

Die folgenden Ergebnisse basieren auf einer umfangreichen Analyse der wissenschaftlichen deutsch- und englischsprachigen Literatur und den darauf aufbauenden eigenen empirischen Untersuchungen des Autors, die durch Zahlenmaterial aus der amtlichen Statistik ergänzt wurden.[18]

Es werden zwei Grundfragen gestellt, die analytisch voneinander klar getrennt werden sollten:

Der **typische Gründer**: Was charakterisiert Unternehmensgründer im Vergleich zu anderen Bevölkerungsgruppen? Wie sieht das typische Profil des Gründers aus, welches sind seine Lebensumstände (**Gründungsaktivität**)?

Der **erfolgreiche Gründer**: Was macht den erfolgreichen Gründungsunternehmer aus, wie unterscheidet er sich von weniger erfolgreichen Akteuren? Welche Randbedingungen helfen bei der erfolgreichen Bewältigung der sich stellenden unternehmerischen **Aufgaben (Gründungserfolg)**?

Mit Blick auf das zuvor zum Erfolg Gesagte interessiert im Kontext dieses einzelwirtschaftlich auf den Erfolg des Unternehmens ausgerichteten Buches vor allem der erfolgreiche Gründer (im Sinne von personenbezogenen Erfolgsfaktoren). Für Unternehmensgründer ist es wichtig, sich selbst gut einschätzen zu

---

18 Ausführlich sind diese Forschungsergebnisse dargestellt in Klandt, Heinz: Aktivität und Erfolg des Unternehmungsgründers. Eine empirische Analyse unter Einbeziehung des mikrosozialen Umfeldes, Bergisch-Gladbach 1984; vgl. auch: Barth, Stephanie: Existenzgründer in den neuen Bundesländern. Psychologische Dimensionen und wirtschaftlicher Erfolg, Wiesbaden 1995.

können, um sich eine im Sinne eines **Persönlichkeitsmanagements** günstige Umwelt zu suchen/zu schaffen, in denen man aus seinen Persönlichkeitsvoraussetzungen das Beste machen kann. Zur Selbsteinschätzung bieten sich Gespräche mit Personen, die einen gut kennen oder aber Coaches und Berater an. Des Weiteren kann es hilfreich sein, Persönlichkeitstests zu machen.

Für eine detaillierte personenbezogene Auswertung können Persönlichkeitsinventare herangezogen werden. Wichtig ist hierbei, dass diese von sachkundigen Personen (z. B. Diplom-Psychologen) eingesetzt werden, die auch die Anforderungen an Unternehmensgründer kennen. Inzwischen gibt es auch im Internet Angebote für Gründertests.[19] Im Anhang des Buches findet sich ein Selbsttest, der auf den benannten wissenschaftlichen Untersuchungen beruht und erste Hinweise auf die Eignung als Unternehmensgründer geben kann.

- **Leistungsmotiv**
  Das Verhalten des typischen Unternehmensgründers ist vor allen Dingen durch den Leistungsgedanken motiviert. In einer Vielzahl empirischer Untersuchungen konnte festgestellt werden, dass Gründer vor allem von dem Wunsch nach Effizienz beseelt sind. Diese Arbeiten gehen insbesondere auf McClelland zurück.[20] Es geht Hochleistungsmotivierten darum, etwas besser, schneller bzw. mit geringerer Anstrengung zu machen. Sie sind auf der Suche nach Situationen, in denen sie ihre persönliche Leistungskraft in Konkurrenz zu anderen unter Beweis stellen können. Der wichtigste Maßstab für die Qualität ihrer Leistung, nicht aber eigentliches Ziel ihrer Aktivitäten, ist dabei der finanzielle Gewinn. Die Rolle eines Gründungsunternehmers in einem marktwirtschaftlichen Wirtschaftssystem bietet die besten Voraussetzungen, entsprechende Situationen zu finden.[21]

  Bei Unternehmensgründern ist das Leistungsmotiv ausgeprägter als bei anderen Personen. Unter den Gründern sind wiederum die am erfolgreichsten, für die auch die höchsten Leistungsmotivwerte gemessen wurden.

- **Risikobereitschaft**
  Das unternehmerische Verhalten und Handeln ist durch weitere „Triebfedern" (dynamische Wesenszüge) mitgeprägt. Gründer haben – entgegen anderslautender Vermutungen – keine besonders starke Risikoneigung. Ihre Risikobereitschaft liegt eher auf einem mittleren Niveau. Dies ist eng verknüpft mit dem Konzept des Leistungsmotivs, wonach Hochleistungsmoti-

---

19 Das bifego e.V. bietet unter www.ebs-gruendertest.de einen Persönlichkeitstest mit Erstellung eines detaillierten Persönlichkeitsprofils für Gründungsinteressierte an.
20 Vgl. Mc Clelland, David: Die Leistungsgesellschaft, Stuttgart 1982.
21 Klandt, Heinz: Das Leistungsmotiv und verwandte Konzepte als wichtige Einflussfaktoren der unternehmerischen Aktivität, in: Szyperski, Norbert; Roth, Paul (Hrsg.): Entrepreneurship – Innovative Unternehmensgründung als Aufgabe, Stuttgart 1990, S. 88-96.

vierte Aufgaben mit mittlerem Risiko bzw. Schwierigkeitsgrad bevorzugen. Es wäre auch falsch anzunehmen, dass besonders risikofreudige Gründer eher Erfolg hätten. Wer als Unternehmer erfolgreich handeln will, wird immer versuchen, seine Risiken zu reduzieren, ohne auf der anderen Seite risikoscheu zu sein. Unternehmer müssen bereit sein, ein überschaubares Maß an Risiko einzugehen. Wenn hier von Risiko gesprochen wird, ist nicht nur an das finanzielle Risiko bzgl. der ins Unternehmen eingebrachten Geldmittel oder Sacheinlagen zu denken. Die finanzielle Haftung greift meist auch weit in das Privatvermögen hinein. Daneben ist aber auch an das Karriererisiko, das soziale und familiäre Risiko oder auch an das psychische Risiko bei einem negativen Verlauf der Gründung zu denken.

- **Unabhängigkeitsstreben**

Gründer sind besonders stark auf ihre eigene Unabhängigkeit bedacht. Sie suchen nach Möglichkeiten der Selbstentfaltung ohne Einengung durch die starren Strukturen etablierter Großorganisationen, sie vermeiden große hierarchische Strukturen und scheuen die Unterordnung in solchen Systemen oft schon in der Schulzeit.[22] Auf den Erfolg, den man als Gründer hat, besitzt dieses Unabhängigkeitsstreben allerdings keinen Einfluss.

- **Machtstreben: Machthunger der Unternehmer?**

Entgegen der weit verbreiteten Vorstellung des machthungrigen Unternehmers, sind diese als Gruppe nicht stärker an **Macht** orientiert als andere Personengruppen.[23] Das Machtmotiv ist eher das typische Leitmotiv der im politischen Bereich Aktiven. Andererseits zeigen sich aber gewisse Hinweise darauf, dass innerhalb der eher durchschnittlich machtorientierten Gründergruppe diejenigen etwas erfolgreicher sind, für die dieses Motiv eine stärkere Bedeutung hat.

- **Machbarkeitsdenken (internale Kontrollüberzeugung)**

Die subjektive Überzeugung, ein Vorhaben mit Erfolg durchzustehen, ist eine wesentliche Voraussetzung dafür, dass jemand etwas unternimmt, sich selbstständig macht, ein Unternehmen gründet. Er muss Vertrauen in die eigenen Möglichkeiten haben und die Überzeugung besitzen, dass Veränderungen in der persönlichen Situation kein Zufallsprodukt (oder „Glück", „Schicksal") sind, sondern dass man selbst aktiv auf seine Umwelt Einfluss nehmen, sie gestalten und verändern kann („**internal locus of control**" lt. Rotter).[24] Ähn-

---

22 Vgl. Collins, Orvis F./Moore, David G.: The Enterprizing Man, Michigan East Lancing 1964.
23 So auch Schumpeter, Joseph A.: Unternehmer, in: Handwörterbuch der Staatswissenschaften, Bd. 8, 4. Aufl., Jena 1928, S. 476-487.
24 Vgl. Rotter, Julian B.: Generalized Expectancies for Internal versus External Control of Reinforcement, in: Psychological Monographs: General and Applied, Vol. 80, No. 1, Whole No 609, 1966, S. 1-28.

lich liegt der Begriff „self efficiency". Die generalisierte Selbstwirksamkeit spiegelt eine positive Einstellung wider, über wechselnde Situationen hinweg gute Leistungen zu erbringen.[25] Personen mit hoher generalisierter Selbstwirksamkeit sind effizient im Umgang mit Schwierigkeiten und resistent gegenüber Misserfolgen. Das versetzt sie in die Lage, bessere Ergebnisse zu erzielen und zufriedener im Beruf zu sein.[26] Ein hohes Selbstwertgefühl veranlasst Personen Berufe zu wählen, die konsistent mit ihren Interessen sind. Dadurch können sie eine höhere Arbeitszufriedenheit erreichen.

Für den Gründungserfolg ist zudem ein positives Selbstbild (**hohes Selbstwertgefühl** und **generalisierte Selbstwirksamkeit**) förderlich. Der Glaube an den eigenen Erfolg ist also eine wichtige Erfolgsvoraussetzung.

Neben der Frage nach den Motiven der unternehmerischen Aktivität ist auch die nach dem typischen Charakter von Unternehmensgründern zu stellen, der z. B. durch psychologische Persönlichkeitsinventare wie z. B. dem 16 PF oder BIG FIVE erfasst wird.

* **16 PF: Soziale Initiative, Begeisterungsfähigkeit, Individualismus**
  Dies von Cattel faktorenanalytisch entwickelte Persönlichkeitsinventar 16 PF besteht aus 16 Persönlichkeitsfaktoren, d. h. 15 Temperamentswesenzüge und ein „Reasoning Factor".[27]

Ein typischer Charakterzug von Unternehmensgründern ist ihre soziale Initiative, d. h. sie verkehren gerne mit ihren Mitmenschen, sind unternehmungslustig. Ebenso charakteristisch ist die starke **Begeisterungsfähigkeit**. Die Gründer sind besonders humorvoll und stehen gerne im Mittelpunkt von gesellschaftlichen Anlässen. Darüber hinaus prägt sie eine hohe Belastbarkeit, ein hoher **Individualismus**, starke geistige moralische **Unabhängigkeit** bzw. geringe **Normenorientierung**, Flexibilität und **Spontaneität**, oder sogar Lässigkeit.[28]

Bei den befragten Gründern waren diejenigen besonders erfolgreich, deren soziale Initiative noch stärker ausgeprägt war als die der anderen Gründer. Die erfolgreicheren zeigten darüber hinaus auch eine erhöhte Gruppenorien-

---

25 Judge, T.A. & Bono, J.E.:Relationship of core self-evaluations traits – self-esteem, generalized self-efficacy, locus of control, and emotional stability – with job satisfaction and job performance: a meta-analysis. Journal of Applied Psychology, 2001, 86 (1), 80-92.
26 Judge, T.A., Erez, A., Bono, J.E. & Thoresen, C.J.: The core self-evaluations scale: development of a measure. Personnel Psychology, 2003, 56, 303-331
27 Z. B. 16 PF von Cattell: Cattell, Raymond B.: Die empirische Erforschung der Persönlichkeit, Weinheim und Basel, 1973.
28 Z. B. 16 PF von Cattell: Cattell, Raymond B.: Die empirische Erforschung der Persönlichkeit, Weinheim und Basel, 1973.

tierung und eine erhöhte Selbstsicherheit und Zuversicht als die Gründer-gruppe insgesamt.[29]

In jüngster Zeit wurden die BIG FIVE von Costa und McCrae vermehrt zur Erforschung von Gründungsaktivität und Gründungserfolg eingesetzt.[30]

- **BIG FIVE: Offenheit, emotionale Stabilität und Gewissenhaftigkeit**
  Die BIG FIVE bestehen aus fünf globalen, voneinander relativ unabhängigen Faktoren zweiter Ordnung, die eine Beschreibung von Persönlichkeitsunter-schieden erlauben. Sie entsprechen dem aktuellen Stand der faktorenanalyti-schen Grundlagenforschung in der Persönlichkeitspsychologie. Die deutsche Version wurde von Borkenau und Ostendorf (1993, in Amelang & Bartus-sek[31]), basierend auf der englischen Originalfassung von Costa und McCrae erstellt.[32] Die fünf Faktoren lassen sich wie folgt beschreiben:

- **Neurotizismus** (der Gegenpol lautet emotionale Stabilität) bedeutet, dass Personen dazu neigen, unter Stress leicht aus dem Gleichgewicht zu gera-ten. Bei starker Ausprägung werden unangepasste Formen der Problem-bewältigung gezeigt.

- **Extraversion** bedeutet, dass Personen gesellig, gesprächig, unterneh-menslustig und aktiv sind. Bei starker Ausprägung sind sie durchsetzungs-fähig, selbstbewusst und lieben aufregende Situationen.

- **Offenheit** für Erfahrungen bedeutet, dass Personen an neuen Erfahrungen, Erlebnissen und Eindrücken interessiert sind. Offene Personen lassen sich gerne auf neue Ideen ein.

- **Verträglichkeit** bedeutet, dass Personen hilfsbereit und entgegenkom-mend sind. Verträgliche Personen können im Extremfall unterwürfig er-scheinen.

- **Gewissenhaftigkeit** bedeutet, dass Personen zielstrebig, willensstark und entschlossen sind. Bei hoher Ausprägung sind sie leistungsmotiviert, pflichtbewusst und ordentlich.

Untersuchungen, die die Persönlichkeitskonstrukte mit Gründungserfolg in Verbindung setzten, zeigten, dass Gewissenhaftigkeit mit Langzeiterfolg von

---

[29] Vgl. Klandt, Heinz: Aktivität und Erfolg des Unternehmungsgründers. Eine empirische Analyse unter Einbeziehung des mikrosozialen Umfeldes, Eul Verlag, Bergisch Gladbach 1984, S. 199-203.

[30] Costa, P.T. Jr. & McCrae, R.R.: Revised NEO Personality Inventory and NEO Five Fac-tor Inventory Professional Manual. Odessa, FL: Psychological Assessment Resources, 1992.

[31] Amelang, M. & Bartussek, D. (1997). Differentielle Psychologie und Persönlichkeits-forschung (4. Auflage). Stuttgart: Kohlhammer.

[32] Costa, P.T. Jr. & McCrae, R.R. (1992). Revised NEO Personality Inventory and NEO Five Factor Inventory Professional Manual. Odessa, FL: Psychological Assessment Re-sources.

Unternehmen einhergeht.[33] Langzeiterfolg wurde definiert als das Bestehen eines Unternehmens für die Dauer von mindestens acht Jahren. Spätere Studien erhielten einen zusätzlichen Prädiktor für Erfolg, und zwar Neurotizismus (umgekehrt gepolt als emotionale Stabilität).[34] Die Resultate wurden dadurch erklärt, dass Gewissenhaftigkeit und emotionale Stabilität Persönlichkeitskonstrukte darstellen, die wichtig sind, um erfolgreich zu arbeiten.[35] Gewissenhaftigkeit zum einen steht in Zusammenhang mit der Volition, die Aspekte wie Leistungsmotivation und Durchhaltevermögen beinhaltet. Emotionale Stabilität ist zum anderen notwendig, um in schwierigen Situationen nicht aus dem Gleichgewicht zu geraten. In Bezug auf die Gründungsaktivität konnte gezeigt werden, dass die Persönlichkeitsaspekte Offenheit und emotionale Stabilität einen positiven Einfluss haben.[36]

Ein dritter Bereich menschlicher Psyche ist das, was man als Intelligenz oder Problemlösefähigkeit bezeichnen kann; hierzu gehören allgemeine Intelligenz, Systemdenken und Kreativität.

- **Allgemeine Intelligenz**
  Intelligenz, wie sie in typischen psychologischen Tests, z. B. auch durch den „Reasoning Factor" im 16 PF, gemessen wird, ist nach bisherigen Erkenntnissen keine Größe, in der sich Gründer von ihren Mitmenschen deutlich unterscheiden. Auch hängt unternehmerischer Erfolg nicht etwa von einem besonders hohen Grad an „Testintelligenz" ab. Was der Unternehmer braucht, um seine Aufgaben erfolgreich zu erfüllen, ist eher „gesunder Menschenverstand" und ein realistisches Urteilsvermögen.

- **Systemdenken**
  Sehr wichtig ist vermutlich aber das Systemdenken, die Fähigkeit also, mit komplexen, intransparenten Problemen umgehen zu können, bei beschränkten Informationsmöglichkeiten und vielen miteinander vernetzten Elementen zu realitätsnahen Vorstellungen über Handlungsalternativen zu kommen.

---

33 Ciavarella, M.A., Buchholtz, A.K., Riordan, C.M., Gatewood, R.D. & Stokes, G.S. (2004). The Big Five and venture survival: Is there a linkage? Journal of Business Venturing, 19, 465-483.

34 Salgado, J.F. (1997). The five factor model of personality and job performance in the European Community. Journal of Applied Psychology, 82, 30-43.

35 Barrick, M.R. & Mount, M.K. (1991). The big five personality dimensions and job performance: A meta-analysis. Personnel Psychology, 44, 1-26.

36 Chlosta, S. (2005). Einwirkungen der Persönlichkeit, der Selbständigkeit des Vaters und der Branchenerfahrung auf den Gründungsprozess, dargestellt anhand des Handlungsphasenmodells von Heckhausen et al. (1987). Unveröffentlichte Diplomarbeit.

Diese Fähigkeit lässt sich z. B. im Rahmen eines entsprechend differenzierten Planspiels prüfen und möglicherweise auch trainieren.[37]

- **Kreativität**
Die Beherrschung des divergenten Denkens, also eine hohe Kreativität bzw. die Fähigkeit, neuartige Perspektiven und Visionen zu entwickeln, ist für Unternehmer ebenfalls sehr wichtig.[38] Hervorragende Unternehmer sind Visionäre, Vor- und Querdenker in der Gesellschaft. Für sie gilt oft, ähnlich wie für Wissenschaftler, der Satz Einsteins: „Phantasie ist wichtiger als Wissen, denn Wissen ist begrenzt."

Mehr auf die soziale Interaktion im mikrosozialen Umfeld ausgerichtet sind Aspekte des Rollenverständnisses. Hier werden die Geschlechts- und Altersrolle angesprochen.

- **Geschlechtsrolle**
Frauen ergreifen nach wie vor wesentlich seltener die unternehmerische Initiative, als es ihrem Anteil an der Bevölkerung entspräche, in der Regel werden unter 30 % der Gründungen durch Frauen realisiert. Frauen, die sich selbständig machen, haben dabei grundsätzlich nicht mehr und nicht weniger Erfolg als die entsprechenden männlichen Kollegen. Sollten Frauen auch weiterhin so selten als Unternehmerin aktiv werden, bleibt in der Gesellschaft ein wesentliches unternehmerisches Potenzial ungenutzt.

- **Altersrolle**
Die Gründungswahrscheinlichkeit divergiert in unterschiedlichen Altersstufen. Einerseits steigt mit zunehmendem Alter die berufliche Erfahrung und Qualifikation ab der Volljährigkeit an und damit eine Voraussetzung für die Gründung. Andererseits wächst auch der Etablierungsgrad, d. h. Verpflichtungen aus Heirat, Familiengründung, Eigenheim, Verfestigung der abhängigen beruflichen Potenziale. Aus diesen gegenläufigen Tendenzen ergibt sich ein besonderes Gründungsfenster etwa im Alter von Mitte 30.

---

[37] Vgl. Dörner, Dietrich/Kreuzig, Heinz W./Reither, Franz/Stäudel, Thea (Hrsg.): Lohhausen - Vom Umgang mit Unbestimmtheit und Komplexität, Verlag Hans Huber, Bern, Stuttgart, Wien, 1983, Dörner, Dietrich: Die Logik des Misslingens. Strategisches Denken in komplexen Situationen, Berlin 2003 sowie Klandt, Heinz: EVa - Das Computer-Planspiel für Unternehmer und solche, die es werden wollen. Einführung und Beschreibung der Entscheidungsmöglichkeiten, Köln - Dortmund, 3. überarb. Aufl. 1999.

[38] Vgl. Goebel, Peter: Erfolgreiche Jungunternehmer. Lieber kleiner Herr als großer Knecht. Welche Fähigkeiten brauchen Firmengründer?, München 1990.

Abbildung 5: Rollenverhalten

Rollenverhalten

- Persönliche Verhaltensweisen: Rollenverhalten

  – Rollenverhalten ist ein sozial definiertes Aktionsmuster, das von einer Person, die eine bestimmte Funktion in einer Gruppe hat, erwartet wird.

  – Bei Unternehmensgründern ist neben der Geschlechterrolle insbesondere die Altersrolle von Bedeutung

    • A: Kompetenz, Erfahrung, Selbstvertrauen (steigende Tendenz)

    • B: verstärkende Etablierung, beruflich und privat „immer mehr aufs Spiel setzen" (beruflich Perspektiven, Hausfinanzierung, Ausbildung der Kinder etc.): fallende Tendenz

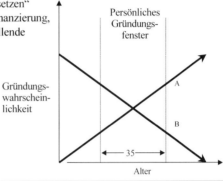

Quelle: Eigene Darstellung

Welche Aspekte der Person können nun im Sinne des BZG-Modells als **Bedingung** und welche als **Gestaltungsparameter** betrachtet werden?

Physiologische Merkmale (Körperliche Funktionen z. B. Gesundheit, Kondition) und **morphologische** Merkmale (äußeres Erscheinungsbild) sind durch die genetischen Voraussetzungen und evtl. auch durch Ereignisse im Leben (Unfälle, Krankheiten) bedingt und daher für den Gründer durchweg als Teil des Bedingungsrahmens zu sehen. Es gibt allerdings auch hier Gestaltungsmöglichkeiten, wenn man z. B. an die Bekleidung, die Haarpflege oder den Besuch von Sonnenstudios denkt (äußeres Erscheinungsbild bei Bankbesuch, Kundenakquisition). Auch die körperliche Fitness ist zumindest partiell ein Bereich, der bewusst vom Gründer gesteuert bzw. entwickelt werden kann.

Bei den zuvor behandelten **psychischen** Merkmalen ist eine Mischung von genetisch- und erziehungsbedingten Vorgaben auf der einen Seite und den auch eigeninitiativ formbaren Weiterentwicklungsmöglichkeiten festzuhalten. Z. B. im Bereich der **Fähigkeitsmerkmale** ist die allgemeine Intelligenz einerseits genetisch bedingt und andererseits durch die bisherigen Lebensumstände (Herausforderung durch die Umwelt, Erziehung, **Ausbildung**). Es bleiben aber sehr wohl auch Spielräume für aktuelles oder zukünftiges bewusstes Training bzw. die gezielte Ausbildung von grundlegenden Fähigkeiten (**Systemdenken**) oder speziellen Fertigkeiten (Präsentationstechnik, Verhandlungsführung, Zeitmanagement, Buchführung etc.), die helfen können Probleme zu bewältigen.[39]

Im Hinblick auf die **dynamischen** Merkmale hat vor vielen Jahren bereits McClelland nachgewiesen, dass z. B. der individuelle Ausprägungsgrad der **Leistungsmotivation** durch entsprechend gestaltete Seminare beeinflusst werden kann, so dass die Neigung, sich selbständig zu machen, vergrößert wird.[40] Zu den dynamischen Merkmalen zählt neben Motiven (wie Machtstreben, Leistungsstreben, Gesellungsstreben) auch der Bereich der erlernten Einstellungen (wie die Einstellung gegenüber der Selbständigkeit, zur Marktwirtschaft) und die für das menschliche Verhalten ererbten grundlegenden **Antriebe (Triebe, Grundbedürfnisse)**. Die **Temperamentsmerkmale** (wie **Introvertiertheit** oder **Extrovertiertheit**) oder die bereits genannten dynamischen Merkmale werden weitestgehend als Bedingung zu betrachten sein. Dass grundlegende **biologische Daten**, wie **Geschlecht** und Alter kaum beeinflusst werden können, versteht sich von selbst; sie sollten daher (trotz Schönheitschirurgie und operativen Möglichkeiten zum Geschlechtswechsel!) den Bedingungen zugerechnet werden. Die darauf aufbauenden sozialen Vorverständnisse von Rollenverhalten sind aber durchaus in Teilen gestaltbar.

Auch die **Position** (berufliche, gesellschaftliche) bzw. der damit verbundene Status als Bewertung dieser Position sind kurzfristig ein Teil der Bedingungen, von denen der potentielle Gründer als eine gegebene Startbasis ausgehen muss. Ob sich daraus Zugangserleichterungen zu bestimmten Zielgruppen und Branchen ergeben bzw. andere verschlossen bleiben, ist von der jeweiligen Offenheit oder Geschlossenheit bzw. Durchlässigkeit einer Gesellschaft mitbestimmt.

Neben diesem eher eigenschaftsorientierten Blickwinkel, kann man auch unmittelbar auf die **Verhaltensweisen** als Persönlichkeitsvariablen abzielen. Ein Teil der genannten Eigenschaften versteht sich ohnedies sozusagen als struktureller Aspekt einer Verhaltensweise, d. h. im Sinne einer verhaltensbedingten Zuschreibung von Eigenschaften wie beim Beispiel „Leistungsmotivation". So ist die Zuschreibung der Eigenschaft einer starken Leistungsmotiviertheit ein Aus-

---

39   Dies ist insbesondere durch Planspiele testbar und trainierbar. Vgl. dazu das speziell auf die Gründungs- und Frühentwicklungsphase ausgerichtete Planspiel EVa: Klandt, Heinz: "EVa" - Das Computer-Planspiel für Unternehmer und solche, die es werden wollen. Einführung und Beschreibung der Entscheidungsmöglichkeiten, Köln/Dortmund, 3. überarbeitete Aufl. 1999.

40   Vgl. McClelland, David: Achievement Motivation Can Be Developed, in: Harvard Business Review, Vol. 43, No. 6, 1965.

druck dafür, dass von jemandem angenommen wird, dass er nach Situationen sucht, in denen er seine Wettbewerbsfähigkeit unter Beweis stellen kann, dass er mittelschwere Aufgabenstellungen bevorzugt und auf eine Rückmeldung über seine Leistungsergebnisse besonderen Wert legt, also bestimmte Verhaltensweisen in der Vergangenheit gezeigt hat und in Zukunft weiter zeigen wird. Insofern braucht hier keine Wiederholung der jeweiligen Verhaltensaspekte der bereits genannten Eigenschaftsvariablen zu erfolgen.

Vergangenes Verhalten (**Vita bzw. Biographie**) ist ex post zwar nicht mehr veränderbar, aber man kann sehr wohl nach entsprechender Diagnose eingefahrene, als falsch erkannte Verhaltensmuster aufbrechen, d. h. partiell eigenes Verhalten bewusst gestalten; zu denken wäre hier z. B. an das Erlernen eines persönlichen systematischen Zeitmanagements.

Gründerteam
Bei Gründern muss es sich nicht zwangsläufig um Einzelpersonen handeln. Bei Kleingründungen und im mittelständischen Bereich (wie z. B. im Handwerk) herrscht zwar die **Einzelgründung** vor, insbesondere bei innovativen technologieorientierten Gründungen mit hohen Wachstumsambitionen hat sich aber die **Teamgründung** durchgesetzt.[41] Diese werden auch von privaten Eigenkapitalinvestoren (wie z. B. Venture Capital-Gesellschaften) klar favorisiert.

Definieren lassen sich Gründerteams etwa folgendermaßen: „Gründerteams setzen sich aus mindestens zwei natürlichen Personen zusammen, die gemeinsam ein Unternehmen neu gründen, jeweils einen bedeutenden Anteil am Eigenkapital des Unternehmens halten, hauptberuflich aktiv leitende Funktionen im Unternehmen wahrnehmen und gemeinschaftlich die Entwicklung des Unternehmens vorantreiben und persönlich die Geschäftsrisiken tragen."[42]

Die **Vorteile** der Unternehmensgründung im Team sind vor allem im größeren Umfang der vorhandenen Ressourcen und Fähigkeiten zu sehen. Zum einen werden die finanziellen Risiken auf mehrere Schultern verteilt und (wahrscheinlich) mehr eigenes Kapital aufgebracht, zum anderen können die anfallenden Managementaufgaben den individuellen Kompetenzen entsprechend verschiedenen Teammitglieder zugeordnet werden.

---

41 Vgl. Klandt, Heinz/Kirschbaum, Günter: Gründungs- und Frühentwicklungsstrategien von Software und Systemhäusern, GMD-Studien Nr.105, Sankt Augustin Dezember 1985, S. 85-87).
42 Gemünden, Hans-Georg: Personale Einflussfaktoren von Unternehmensgründungen, in: Achleitner, Ann-Kristin/Klandt, Heinz/Koch, Lambert T./Voigt, Kai-Ingo (Hrsg.): Jahrbuch Entrepreneurship 2003/04, Gründungsforschung und Gründungsmanagement, Berlin-Heidelberg 2004, S. 109.

Dies führt zu einem weiteren bedeutenden Vorteil gegenüber Einzelgründungen: Vor allem bei größeren Gründungsvorhaben wird eine Einzelperson kaum über alle Fähigkeiten, Kompetenzen und Erfahrungen verfügen, die zum Aufbau und zur Führung eines solchen Unternehmens notwendig sind. Bei einem klug aufgestellten Gründerteam hingegen verfügen die Mitglieder über möglichst komplementäre Fähigkeiten und Kompetenzen, so dass die Schwächen des Einzelnen durch das Know-How eines Partners ausgeglichen werden können (bspw. besteht ein Team im Softwarebereich idealerweise aus einem Marketingspezialisten, einem IT-Spezialisten und einem Kaufmann). Da die Aufgaben des Unternehmers bei Gründerteams auf mehrere Personen verteilt sind, kann die Unternehmensführung auch bei Ausfall eines Gründers leichter sichergestellt werden.

Nachteile von Gründerteams sind im größeren erforderlichen Abstimmungsaufwand und den damit einhergehenden langsameren Entscheidungsprozessen zu sehen sowie in der starken Abhängigkeit von zwischenmenschlichen Faktoren: Man muss menschlich auch auf lange Zeit gesehen gut miteinander auskommen; Kompromissbereitschaft ist unerlässlich und darf nicht von Macht- und Prestigekämpfen überlagert werden. Zudem kann angenommen werden, dass zwar grundsätzlich komplementäre Fähigkeiten der Teammitglieder erwünscht sind, jedoch die Verständigung und die Entscheidungsqualität bei einem zu hohen Maß an Heterogenität im Team erheblich beeinträchtigt wird, wenn die Teammitglieder so unterschiedlich sind, dass sie keine gemeinsame Basis mehr finden.[43]

Untersuchungen haben gezeigt, dass bei Gründungsvorhaben die Teammitglieder nur in den seltensten Fällen nach rationalen (Heterogenitäts-) Merkmalen ausgewählt werden. Vielmehr besteht die überwiegende Zahl von Gründerteams im technologieorientierten Bereich aus 2-3 Personen, die eine ähnliche Ausbildung und Erfahrung haben, die sich daher bereits vorher gut kennen (aus Familie, Studium, Beruf etc.), oftmals sogar eng befreundet sind.

Im Sinne des BZG-Modells ist der Entstehungsprozess über die Struktur eines Gründerteams eindeutig als Gestaltungsparameter einzuordnen. Der Umfang dieser Gestaltungsmöglichkeiten hängt dabei wechselseitig auch von den vom Erstinitiator eingebrachten Fähigkeiten und Eigenschaften und der damit verbundenen Attraktivität für die anderen Partner („eigener Marktwert") ab.[44]

---

43 Vgl. Hierzu auch: Gemünden, Hans-Georg: Personale Einflussfaktoren von Unternehmensgründungen, in: Achleitner, Ann-Kristin et al. (Hrsg.): Jahrbuch Entrepreneurship 2003/04, Gründungsforschung und Gründungsmanagement, Berlin-Heidelberg 2004, S. 110.

44 Müller-Böling, Detlef: Venture teams start-ups: an undiscovered field of research, in: Klandt, Heinz (Hrsg.): Entrepreneurship and Business Development, Aldershot et al: Avebury 1993, S. 55-65.

2.2.2 **Mikrosoziales Umfeld**

Neben den Merkmalen, die sich unmittelbar auf die Person beziehen, sind auch Aspekte der vergangenen und gegenwärtigen Lebensbedingungen eines Menschen (d. h. das mikrosoziale Umfeld mit direktem Kontakt i. e. „face-to-face") für das Aufnehmen einer unternehmerischen Aktivität und deren Erfolg bedeutsam. Daher wird im Folgenden entsprechend der Abbildung 4, rechte Spalte, auf Aspekte der privaten, der beruflichen und der finanziellen Sphäre eingegangen.

- **Familiäre Herkunft**
  Solche Einflüsse lassen sich bis zum **Elternhaus** zurückverfolgen. So lässt z. B. die Selbständigkeit der Väter (zum Teil auch der Mütter und der Großeltern) die Kinder später verstärkt in die berufliche Selbständigkeit streben. Dies gilt nicht nur im Hinblick auf Betriebsübernahmen, sondern auch auf eigene Unternehmensneugründungen. Das konkrete und hautnah erlebte Beispiel selbständiger Berufsausübung im Elternhaus lässt diese Alternative auch für eine eigene berufliche Aktivität stärker ins Bewusstsein treten.

  Zu vermuten ist, dass auch das Vertrauen in die Machbarkeit, in die Beherrschbarkeit einer solchen Aufgabe durch den engen familiären Kontakt und den detaillierten Einblick in diese Art von Berufstätigkeit stärker heranreifen, als wenn die Unternehmerrolle nur aus großer Distanz erlebt wird. Es ist aber z. T. auch so, dass der detaillierte Einblick in die unternehmerische Realität der Bundesrepublik eher abschreckend wirkt (Nachfolgeproblematik). Wichtig ist festzuhalten, und das muss eher überraschen: der Lerneffekt geht nicht so weit, dass Gründer mit selbständigen Vätern oder Müttern in der eigenen Selbständigkeit erfolgreicher wären als andere Gründer.[45]

  Der Einfluss des Elternhauses auf eine spätere unternehmerische Aktivität ist mit der schon von Max Weber formulierten „**Kalvinismus-These**" (Prädestinationsdogma, protestantische Leistungsethik)[46] und der auch heute noch gültigen Tatsache verbunden, dass eine protestantische Erziehung stärker als eine katholische zu unternehmerischen Aktivitäten der Kinder in ihrem späteren Berufsleben führt.[47] Eine „Vorbestimmung" des möglichen Gründungserfolges ist damit aber nicht gegeben!

- **Schulausbildung:**
  Die schulische und berufliche **Ausbildung** von Gründern ist im Durchschnitt deutlich besser als die anderer Berufstätiger in der Bundesrepublik. Schränkt

---

45 Vgl. Klandt, Heinz: Aktivität und Erfolg des Unternehmungsgründers. Eine empirische Analyse unter Einbeziehung des mikro-sozialen Umfeldes, Eul Verlag, Bergisch Gladbach 1984, S. 236 ff.
46 Vgl. Weber, Max: Die protestantische Ethik, München 1965.
47 Vgl. Biermann, Benno: Die Soziale Struktur der Unternehmerschaft, Enke Stuttgart, 1982 sowie Goebel, Peter: Erfolgreiche Jungunternehmer. München, 1990, S. 214 ff.

man den Vergleich auf **Führungskräfte** ein, so zeigt sich jedoch, dass Gründer eher eine schlechtere formale Qualifikation haben.

Eine gute schulische Ausbildung ist entgegen manchen Vermutungen kein Garant für den Gründungserfolg. Es gibt sogar einige überraschend provokante Hinweise auf eine **negative** Korrelation zwischen Schulausbildung und Unternehmererfolg![48]

- **Berufliche Erfahrungen**
  Sehr wichtig für den Gründungserfolg – und dies zeigt eine Vielzahl von empirischen Untersuchungen – sind Berufserfahrungen und insbesondere einschlägige Branchenerfahrungen des Unternehmers sowie fundierte betriebswirtschaftliche und kaufmännische Kenntnisse vor seinem Wechsel in die Selbständigkeit.[49]

  Bezogen auf Schulausbildung und berufliche Erfahrungen bzw. den sich daraus ergebenden Fertigkeiten und Wissen wird heute of von „**Humankapital**" gesprochen, ein Begriff der auf Schultz zurückgeht.[50]

- **Arbeitszufriedenheit**
  Nicht eine geringe Lebens- und Arbeitszufriedenheit führt, wie dies evtl. erwartet werden könnte, eher zum Entschluss sich selbständig zu machen.[51] Es ist im Gegenteil so, dass Unternehmensgründer auch schon vor dieser beruflichen Veränderung eine höhere Lebens- und Arbeitszufriedenheit haben als die Arbeitskollegen, die weiterhin in abhängiger Beschäftigung tätig bleiben. Höhere Lebens- und Arbeitszufriedenheit vor der Gründung verbindet sich auch mit einem (späteren) größeren Gründungserfolg.[52]

- **Bedeutung des letzten Arbeitgebers** (dieser wird in der älteren Literatur als Inkubator bezeichnet)
  Für die Gründungsaktivität ist es offensichtlich sehr wichtig, dass der potentielle Gründer bei seinem bisherigen Arbeitgeber schon mit Produkten, Leistungen und Kundenkreisen zu tun hat, die er auch in seinem eigenen Unternehmen nutzen kann (vgl. auch berufliche Erfahrungen bzw. die Überlegun-

---

48 Vgl. Klandt, Heinz: Aktivität und Erfolg des Unternehmungsgründers. Eine empirische Analyse unter Einbeziehung des mikro-sozialen Umfeldes, Eul Verlag, Bergisch Gladbach 1984, S. 247 ff. sowie Brüderl, Josef; Preisendörfer, Peter; Ziegler, Rolf: Der Erfolg neugegründeter Betriebe, Duncker & Humblot, 1998
49 Vgl. Klandt, Heinz: Aktivität und Erfolg des Unternehmungsgründers. Eine empirische Analyse unter Einbeziehung des mikro-sozialen Umfeldes, Eul Verlag, Bergisch Gladbach 1984, S. 260 ff.
50 Vgl. Schultz, Theodore W.: Investment in Human Capital. The American Economic Review, Vol. II, March 1961, Nr. 1, S. 1-17.
51 Und wie dies offensichtlich für den nordamerikanischen Raum durchweg der Fall ist.
52 Vgl. Klandt, Heinz: Aktivität und Erfolg des Unternehmungsgründers. Eine empirische Analyse unter Einbeziehung des mikro-sozialen Umfeldes, Eul Verlag, Bergisch Gladbach 1984, S. 315 ff.

gen zur Ideengenerierung). Insbesondere bei kleinen Unternehmen als Arbeitgeber inspiriert auch das greifbare Rollenmodell des Unternehmers.

Auch für den Gründungserfolg hat dies eine erhebliche Bedeutung: Sind Produkte und/oder Kundenzielgruppen des Gründungsvorhabens ähnlich oder identisch mit der in der Gründung angestrebten Tätigkeit, so steigt die Erfolgswahrscheinlichkeit signifikant. Insbesondere berufliche Kontaktnetzwerke weiter nutzen zu können, ist ein wichtiger Erfolgsfaktor.

- **Einfluss des Partners**
  Wesentlichen Einfluss auf das Ergreifen unternehmerischer Aktivitäten nimmt der **Ehepartner** bzw. Lebensgefährte des potentiellen Gründers. Dieser entscheidet mit, ob der Schritt in die unternehmerische Selbständigkeit gewagt wird oder nicht. Inwieweit der Ehepartner auch Einfluss auf den unternehmerischen Erfolg hat, konnte bislang noch nicht eindeutig geklärt werden.

- **Persönliche Finanzierungsmöglichkeiten**
  Die tatsächliche Gründungsentscheidung ist erheblich geprägt von der subjektiven Einschätzung der eigenen Finanzierungsmöglichkeiten des Gründers. Sieht man einmal von speziellen, sehr kapitalintensiven Gründungen ab, so dürfte bei Ausschöpfung informeller Möglichkeiten in familiärem Rahmen und Freundeskreis sowie auch den gegebenen öffentlichen Fördermöglichkeiten die Finanzierungsseite allerdings nur in Ausnahmefällen eine objektive Hürde bei der Umsetzung eines stark ausgeprägten Wunsches nach beruflicher Selbständigkeit sein. So liegt bei Vollerwerbsgründungen in Deutschland für 2004 der Finanzierungsbedarf an eigenen und fremden Mitteln nur bei 14 % der Fälle bei 50 T€ und mehr, bei Nebenerwerbsgründungen ist der anteil sogar bei 2 %.[53] Ist die evtl. sehr großdimensionierte „Traumgründung" (Produktionsunternehmen) nicht aus dem Stand möglich, so führt ein gangbarer Weg oft über vorgeschaltete Kompromisslösungen (Ingenieurbüro). Eine gute, dem Gründungsvorhaben angemessene finanzielle (vor allem **Eigenkapital**) Ausstattung ist allerdings ein wichtiger Garant für den späteren Gründungserfolg.

Im Sinne des BZG-Modells sind die einzelnen Variablen des mikro-sozialen Umfelds des oder der Gründer z. T. dem Bedingungsrahmen und z. T. den Gestaltungsparametern zuzurechnen. Beginnt man mit der **privaten Sphäre,** so ist die **Herkunftsfamilie**, also die Familie, in die man hineingeboren wird, fester Teil der Bedingungen. Dagegen ist die **Zeugungsfamilie**, also die Familie, in der man selbst möglicherweise Kinder hat, beginnend mit der Auswahl des Ehe-

---

[53] Vgl. KfW Bankengruppe (Hrsg.): KfW-Gründungsmonitor 2005, Frankfurt Juni 2005, S.15.

partners oder Lebensgefährten, ein Bereich der – ähnlich wie das Gründerteam – grundsätzlich gestaltbar ist. In der Gründungssituation wird allerdings oft eine derartige Entscheidung - auch unter ganz anderen Gesichtspunkten – bereits gefallen sein; inwieweit diese als irreversibel betrachtet wird, bleibt der Mentalität des Betroffenen überlassen. Ähnliches gilt auch für **das private Netzwerk**, das sich z. T. aus der Herkunftsfamilie, z. T. aus der Zeugungsfamilie und aus weiteren Einflüssen heraus entwickelt hat, aber auch Ausdruck des Gestaltungsverhaltens der jeweiligen Person ist und insbesondere langfristig, auch aus der Perspektive der Lebenssituation als selbständiger Unternehmer, weiterentwickelt werden kann.

Dies gilt auch durchweg für die **berufliche Sphäre**, die bezogen auf die Ausbildung oft kein Ausdruck der bewussten Gestaltung durch die betroffene Person ist, aber im Hinblick auf eingegangene Arbeitsverhältnisse (**Inkubatororganisation, berufliches Netzwerk**) zu einem großen Teil bewusst gesteuert werden kann. Wer frühzeitig die Vorstellung entwickelt, sich selbständig zu machen, sollte z. B. ganz bewusst nach Abschluss des Studiums einen Arbeitsplatz in einem Bereich suchen, der mit der späteren beruflichen Selbständigkeit korrespondiert. Nach Gründung des Unternehmens bildet die **eigene Unternehmung** im Wesentlichen den Kern der beruflichen Sphäre und ist überwiegend als Bereich von Gestaltungsparametern zu betrachten.

Auch hinsichtlich der **finanziellen Sphäre** ist einerseits mit zumeist familiär bedingten Gegebenheiten zu rechnen, zum anderen aber ist die finanzielle Sphäre ein Bereich, bei dem man mit entsprechendem Weitblick schon frühzeitig ganz bewusst und gezielt in gewissem Umfang (Konsumverzicht, Zuverdienst, Einheirat etc.) zu einer wesentlichen Verbesserung der persönlichen Startsituation sorgen kann.

- **Moderatoreffekte**
  Schon Brüderl, Preisendörfer und Ziegler rieten, von der starren Betrachtung der Persönlichkeit zu Erklärungsansätzen zu wechseln, die die Dynamik des Gründungsprozesses besser abbilden und somit Interaktionen zwischen Persönlichkeit und Umwelt berücksichtigen.[54] Kuratko und Hodgetts unterstützen dies, indem sie anführen, dass ein komplexer Blickwinkel notwendig ist, um die Gründerpersönlichkeit zu studieren, denn „environment, venture itself, and the entrepreneur have interactive effects, which result in many different types of profiles."[55] Es ist zu beachten, dass die bisher genannten Variablen der Person und des Umfelds in ihrer Wirkung auf die Gründungsaktivi-

---

[54] Brüderl, Josef; Preisendörfer, Peter; Ziegler, Rolf: Der Erfolg neugegründeter Betriebe, Eine empirische Studie zu den Chancen und Risiken von Unternehmensgründungen, 2. Aufl., Duncker & Humblot, Berlin 1998

[55] Kuratko, D.F.& Hodgetts, R.M.: Entrepreneurship, a contemporary approach (5th edition). Florida: Hartcourt, 2001, S. 32

tät und den Gründungserfolg miteinander in Beziehung stehen. Untersuchungen, die diese Wirkmechanismen berücksichtigt haben, fanden vermehrt Moderatoreffekte (Wechselwirkungen). So moderiert z. B. die Selbständigkeit des Vaters die Wirkung der Persönlichkeit auf die Gründungsaktivität und die Branchenerfahrung interagiert mit der Persönlichkeit in ihrer Wirkung auf den Gründungserfolg.[56]

2.3 Unternehmung

Wie bereits angeführt, wird die Unternehmung in ihrer Struktur und in der Organisation ihrer Prozesse als ein zentraler Bereich der Gestaltung durch den Gründer bzw. das **Gründerteam** betrachtet. Dies ist – neben der Gestaltung, Beeinflussung der Unternehmensumwelt (Netzwerke der Kunden, Lieferanten etc.) – die zentrale unternehmerische Aufgabe.

2.3.1 Gründungsformen und -modelle

Die folgenden Hinweise auf die Gestaltungsmöglichkeiten im Zusammenhang mit verschiedenen **Gründungsformen** sollen mit kurzen Erklärungen der entsprechenden Termini verbunden werden.

Von einer **Vollerwerbs- oder Teilerwerbsgründung** wird gesprochen, je nachdem, inwieweit durch das Gründungsvorhaben eine vollständige oder nur teilweise Abdeckung des Lebensunterhaltes angestrebt wird. Bei der Teilerwerbsgründung ist davon auszugehen, dass andere Erwerbsaktivitäten in abhängiger Beschäftigung parallel existieren. Neben dem Einkommensaspekt (Outputbetrachtung) können zur Definition der Voll- oder Teilerwerbsgründung auch die inputseitig eingesetzten zeitlichen Ressourcen von Seiten des Gründers oder des Gründerteams herangezogen werden (entsprechend dann z.T. auch begrifflich anders gefasst (**Teilzeit-, Vollzeitgründung**)). Man würde dann bei einem wöchentlichen Engagement unter ca. 40 Stunden eher von einer Teilerwerbsgründung sprechen. Inwieweit dies ein **Gestaltungsparameter** ist, hängt u. a. von den vertraglichen Einbindungen im bisherigen Arbeitsverhältnis ab. Eine Teilerwerbsgründung, die z. B. durch eine abhängige Beschäftigung finanziell abgesichert wird, kann als Testphase (eigene unternehmerische Fähigkeiten, Attraktivität der angebotenen Produkte und Leistungen für die anvisierte Zielgruppe

---

56 Chlosta, Simone: Einwirkungen der Persönlichkeit, der Selbständigkeit des Vaters und der Branchenerfahrung auf den Gründungsprozess, dargestellt anhand des Handlungsphasenmodells von Heckhausen et al. (1987). Unveröffentlichte Diplomarbeit, 2005.

etc.) betrachtet werden. Nach erfolgreichem Verlauf folgt dann die Vollerwerbsausweitung.

Abbildung 6: Unternehmung

Unternehmung

Struktur

- Gründungsformen
  - Voll- vs. Teilerwerbsgründung
  - selbständige vs. unselbständige
  - originäre vs. Franchise vs. derivative (Buy-out, Buy-in)
  - innovative vs. immitatorische
  - Einzel- vs. Partnergründung
  - Venture Capital-basiert
  - Aus- und Neugründungen im Rahmen von Corporate Venturing

- Branche/Geschäftsfelder o.ä.
  - Wirtschaftszweig
  - Wirtschaftsstufe
  - Leistungsangebot/Sortiment o.ä.

- Organisationsstruktur
  - Aufbau- und Ablaufstruktur
  - Aufgabenteilung
  - Produktion, Distribution etc.

- Rechtliche Gestaltung (Corporate Governance)
  - Rechtsform
  - Abstimmungsregelung
  - Regelung Geschäftsführung und Vertretung

- Kapitalstruktur
  - Eigen-/Fremdkapital
  - Fristigkeit des Kapitals (zu „Unternehmensfinanzierung" unter Prozess)

Prozess

- Entwicklungsphasen
  - Zustandekommen eines Unternehmens (Transaktionskosten)
  - abrupter/gleitender Übergang in die Selbständigkeit
  - Phase der Entwicklung/Life Cycle (Gründung, Frühentwicklung etc.)

- Realprozesse
  - Innovation (Forschung, Entwicklung, Implementierung)
  - Beschaffung
  - Produktion
  - Absatz

- Unternehmensführung
  - Zielsetzung
  - Unternehmenspolitik
  - Planung
  - Realisation
  - Kontrolle
  - Personal
  - Information und Kommunikation (Information, Entscheidung, Rechnungswesen)
  - Sicherheit/Risk Management

- Unternehmensfinanzierung
  - Finanzierungsformen
  - Finanzierungsquellen
  - Öffentliche Finanzierungs-Förderprogramme

Quelle: In Anlehnung an Müller-Böling, Detlef/Klandt, Heinz: Unternehmensgründung, in: Hauschildt, Jürgen/ Grün, Oskar (Hrsg.): Auf dem Wege zu einer Realtheorie der Unternehmung. Ergebnisse empirischer betriebswirtschaftlicher Forschung, Stuttgart 1993, S. 135-178.

Selbständige versus unselbständige Gründungen werden danach unterschieden, ob bei der Gründung andere bereits existierende Unternehmen wesentlich beteiligt sind oder nicht. Eine Gründung durch natürliche Personen ist immer als selbständige Gründung zu betrachten. Ist der Einfluss einer existierenden oder mehrerer existierender Unternehmungen innerhalb der Gruppe der Gesellschafter nennenswert, so wird von einer unselbständigen Gründung gesprochen. Dies gilt selbstverständlich auch für den Fall, dass das Gründungsvorhaben selbst keine rechtlich selbständige Einheit darstellt (Gründung von Zweigniederlassungen, d. h. mit eigenem Rechnungswesen, oder unselbständigen Zweigstellen, d. h. ohne eigenes Rechnungswesen etc.). Aus Sicht des einzelnen, privaten Gründers ist dies typischerweise keine Handlungsalternative.

Von **originären** Gründungen redet man dann, wenn ein Unternehmen vollständig neu aufgebaut wird, d. h. alle Strukturen dieser neuen Faktorkombination neu geschaffen werden.[57] Dagegen spricht man von einer **derivativen** Gründung, wenn eine bestehende Unternehmenseinheit durch eine andere Person oder Team ganz oder teilweise übernommen und mehr oder minder unverändert fortgeführt wird. Im Falle der originären Gründung spricht man auch von einer **Unternehmensneugründung**, wogegen die derivative Gründung als **Übernahme** oder **Nachfolge** bezeichnet wird. Im Einzelfall stellt sich die Frage, inwieweit die **Existenzgründung** zugleich auch eine Unternehmensneugründung (eine originäre Gründung) ist oder ob sie durch eine Übernahme von einer bzw. durch eine tätige **Beteiligung** an einer existierenden Unternehmung realisiert wird. Die **Franchisegründungen** sind hier zwischen originären und derivativen Gründungen platziert, da bei diesen durch den Franchisegeber wesentliche Teile der Unternehmensstrukturen vordefiniert werden, andererseits aber die konkrete Realisation vor Ort durch den Gründer oder das Gründerteam originär erfolgt. Vorzüge der originären Gründung sind, dass man alles passgenau auf die eigene Idee und Person ausrichten kann, ohne Rücksicht auf frühere Entscheidungen (Investitionen) nehmen zu müssen. Bei der Übernahme hat man den Vorzug, nicht bei Null anfangen zu müssen, z. B. bzgl. Kundennetzwerk. Unter Umständen gibt es aber erhebliche Altlasten in den Strukturen (Mitarbeiterübernahme etc.). Im Franchise findet man ein erprobtes Konzept, muss aber diesem in vielen, vielleicht nicht mehr aktuellen Details folgen.

Ein Anglizismus, der in diesem Zusammenhang häufig auftaucht, ist der Begriff des **Management-Buy-Out (MBO)** bzw. des **Management-Buy-In (MBI)**. Im Prinzip handelt es sich hierbei um Formen der Unternehmensübernahme in verschiedenen Varianten (derivative Gründung). Beim Management-Buy-Out wird das fokussierte Unternehmen durch das bisherige Management oder durch Teile des bisherigen Managements von den ausscheidenden Eigentümern übernom-

---

57 Vgl. Szyperski, Norbert/Nathusius, Klaus: Probleme der Unternehmungsgründung, Göttingen 1977.

men. Beim Management-Buy-In kommt das übernehmende Management nicht aus dem Unternehmen selbst, sondern von außen. Meistens spricht man von diesen Management-Buy-Outs oder -Buy-Ins als **Leveraged Buy-Out/In** (LBO/LBI). Mit diesem Begriff wird betont, dass mit einem vergleichsweise geringem Eigenkapital der Hebel für ein relativ großes Fremdkapital angesetzt wird. Das Vertrauen der Fremdkapitalgeber in das neue Vorhaben ist dann sehr hoch, so dass über die übliche Größenordnung von Fremdkapitalengagement in einem Unternehmen hinausgegangen wird. Meistens ist dies mit der Erwartung einer relativ schnellen Tilgung des Fremdkapitals und Umwandlung in Eigenkapital verbunden. Als ein spezieller Fall der derivativen Gründung ist auch die familiäre Nachfolge (meist ein oder mehrere Söhne/Töchter) zu erwähnen, die zu ganz spezifischen Überlagerungen mit persönlichen Interessen aller Beteiligter führt.

Je nach dem, in welchem Umfang bei einer Gründung Strukturen und Prozesse vorhandener Unternehmungen abgebildet werden, kann man von einer **innovativen** oder **imitatorischen** Gründung reden. Der Aspekt der Innovation ist dabei durchaus nicht nur auf die ingenieurtechnische Innovationen beschränkt bzw. nicht nur auf produkt- und verfahrenstechnische Innovationen, sondern umfasst auch jeden anderen Aspekt der Gestaltung einer Unternehmung. Zum Beispiel ist an innovative Organisationsformen zu denken, wie sie unter dem Stichwort „alternative Gründungen" oder „neue Gründungen" durch Formen des job rotation insbesondere in den 80er Jahren realisiert wurden oder durch neue Vertriebsformen (Tupperware, Golden Products: Beziehungsverkauf durch Hausfrauen; Buchvertrieb über Internet) etc. **Franchisegründungen** wären im Hinblick auf diese Dimension eher als imitatorische Gründungen zu klassifizieren. Viele Gründungen im handwerklichen Bereich und eine Vielzahl von Einzelhandelsgründungen haben ebenfalls eher imitatorischen Charakter, der innovative Aspekt liegt dann oft nur noch im gewählten Standort.

Bei der **Einzel- vs. Partnergründung/Teamgründung** ist für die Differenzierung entscheidend, ob nur eine Person bei der Gründung bzw. späteren Führung des Unternehmens unternehmerisch aktiv ist, oder ob mehrere Personen aktiv werden. Die Beteiligung eines stillen Teilhabers, also eines Partners, der sich nur kapitalmäßig an dem Unternehmen beteiligt, würde in diesem Sinne nicht zu einer „Partnergründung" führen. Vor- und Nachteile der Entscheidung für eine Teamgründung wurden bereits angesprochen.

Mit der Begriffsfindung **Venture-Capital-basiert** werden insbesondere diejenigen Gründungen besonders attribuiert, die zum Teil mit formalem Venture Capital finanziert werden. Auch Finanzierungen durch Business Angels (informelles VC) werden hier meist einbezogen. Im Zusammenhang mit dem Finanzierungsplan wird hierauf näher eingegangen.[58] Formelles Venture Capital kommt nur für einen sehr kleinen Teil der Gründungen infrage, die ein besonderes Wachstumspotenzial besitzen.

Von **Corporate Venturing** oder **Venture Management,** auch CVC, d. h. **Corporate Venture Capital** als Varianten des formellen VC, spricht man dann, wenn Gründungsvorhaben aus der Perspektive einer gereiften, meist großen Unternehmung diskutiert werden. Grundgedanke ist es, dass der gereiften Unternehmung durch eine neu zu bildende Gründungseinheit strategische Entwicklungsperspektiven eröffnet werden, die im Rahmen der bisher gegebenen Unternehmensstrukturen so nicht realisierbar wären; man spricht auch von „Frischzellenimplantaten" für die Muttergesellschaft. Die wichtigsten Formen sollen nun kurz erläutert werden.[59]

- **Venture Nurturing**
  Trotz der in dieser Form gegebenen rechtlichen Selbständigkeit ist die Anbindung der Tochter (Gründungseinheit) schon aufgrund der Mehrheitsbeteiligung der Muttergesellschaft deutlich. Vor allem gehen ihre Hilfestellungen über ein Bereitstellen von finanziellen Mitteln hinaus und umfassen z. B. auch Beratungen im Marketing- oder Produktbereich. Ein späterer Verkauf der Gründungseinheit durch die Muttergesellschaft ist nur für den Fall des Misserfolgs geplant.

- **Corporate Venture Capital**
  Bei dieser Konzeption handelt es sich in der Regel um eine Minderheitsbeteiligung einer Muttergesellschaft an einem in Gründung begriffenen oder aber im frühen Entwicklungsstadium stehenden Unternehmen; dieses erhält eine weitgehende Selbständigkeit. Die Ziele der Muttergesellschaft liegen z. B. bei der Verfolgung der technologischen Entwicklung, der Diversifizierung auf neue Märkte oder beim Zugang zu neuen Technologien (spätere Integrierung des jungen Unternehmens). Weitere Ziele betreffen den Wunsch nach Kapitalwertzuwachs oder laufender Rendite, können aber auch steuerliche Überlegungen umfassen.

- **Spin-Off und Split-Off**
  Typisch für diese Konzeption ist, dass bisherige Mitarbeiter der Muttergesellschaft an der Gründungseinheit unternehmerisch beteiligt sind. Ziel der Muttergesellschaft ist zumeist, sich ein technologisches und personelles Potenzial

---

58 Vgl. Teil II Kapitel 3.3.5.
59 Vgl. Nathusius, Klaus: Venture Management. Ein Instrument zur innovativen Unternehmensentwicklung, Berlin 1979 und Szyperski, Norbert/Klandt, Heinz: Venture Management Aktivitäten mittelständischer Industrieunternehmen in der Bundesrepublik Deutschland, Arbeitsbericht Nr. 52 des Planungsseminars der Universität zu Köln, August 1983.

zumindest „an der langen Leine" zu erhalten, das ihr möglicherweise sonst ganz verloren gehen würde. Dazu tritt ggf. auch das Ziel eines Kapitalwertzuwachses oder einer Verbesserung des Unternehmensimages (Anlocken kreativer Mitarbeiter). Der Beteiligungsumfang ist minderheitlich und beinhaltet oft Sacheinlagen. Während Spin-offs einverständlich mit der Muttergesellschaft erfolgen, sind Split-offs „feindlich", die Mitarbeiter treten in Konkurrenz zu ihrem bisherigen Arbeitgeber.

- **Product Champion/Product Team**
  Als **Product Champion** wird derjenige bezeichnet, der innerhalb einer gereiften Unternehmung über alle Entwicklungsstufen und Funktionsbereiche (Beschaffung, Produktion, Absatz bzw. Planung, Organisation, Kontrolle) hinweg für ein bestimmtes Produkt verantwortlich ist; dies ist eine interne Variante des Corporate Venturing, also ohne rechtliche Selbständigkeit; ähnlich ist auch das **Venture Team** (mehrere Personen übernehmen im Team die Aufgabe eines Product Champions) abzugrenzen.

Zum Teil auch zum Ansatz des Corporate Venturing gerechnet werden kann das **Joint Venture**, das eine zeitlich begrenzte, auf bestimmte Projekte abgezielte Kooperation mit (einem) anderen Unternehmen beinhaltet. Da das eigene Knowhow und die Ressourcen des einzelnen Partners nicht für die Projektdurchführung ausreichend sind, wird diese Partnerschaft eingegangen.

Von **R&D Partnership** (Research and Development Partnership, d. h. Forschungs- und Entwicklungspartnerschaft) wird gesprochen, wenn zwei oder mehrere Unternehmen im Hinblick auf die Entwicklung eines neuen Produktes oder eines Verfahrens insbesondere aus Gründen einer komplementären technischen Kompetenz ihre Forschungs- und Entwicklungsaktivitäten gemeinsam durchführen wollen. Es bleibt zu dieser Zeit offen, inwieweit auch die Verwertung der Forschungs- und Entwicklungsergebnisse gemeinsam oder getrennt oder durch Dritte erfolgen soll.

2.3.2 Branche/Geschäftsfeld

Ein Kernstück der Gründungskonzepte besteht in der Vorstellung über einen bestimmten **Geschäftszweck** bzw. das **Leistungsangebot, Sortiment**, also der Zusammenstellung von **Produkten** (selber hergestellt), **Waren** (als materielles Handelsgut gekauft) und **Dienstleistungen** (im konsumorientierten Bereich oder gewerblichen Bereich, als eigenständige Leistungen oder als Begleitung zu Produkten und Waren etc.). Daraus ergibt sich auch die Zuordnung zu einer bestimmten **Wirtschaftsstufe** (Urproduktion, Produktion, Handel, Dienstleistung) bzw. zu einem bestimmten **Wirtschaftszweig**[60] oder **Branche**. Diese Begriffe (und andere wie „**Wirtschaftssektor**") werden weder in der Literatur noch in der amtlichen Statistik oder in der journalistischen Sprache durchgängig einheitlich benutzt. Ein solcher Versuch soll hier auch nicht unternommen werden. Meist ergibt sich die Zuordnung zu einer bestimmten Branche aus der Geschäftsidee (soweit diese im Kern auf bestimmte Güter abhebt). Andererseits kann auch eine bestimmte Branchenwahl eine grundsätzliche Entscheidung bei der Gründung sein, so z. B. aufgrund der Wachstumserwartungen (Seniorenmarkt, Life Science Branche).

2.3.3 Organisationsstruktur

Ein sehr wichtiger übergeordneter Aspekt der Unternehmensstruktur ist die Gestaltung der **Organisationsstruktur** (Aufbau- und Ablaufstruktur). Hierzu gehören z. B. Fragen nach der sinnvollen Anzahl von Hierarchieebenen, der Art der Entscheidungsfindungsprozesse, dem Umfang der Kontrollspanne der Führungskräfte, der Aufgabenbeschreibungen der Arbeitsplätze einzelner Mitarbeiter oder nach der Formalisierung der Beziehung zwischen dem Unternehmer und seinen Mitarbeitern.[61] In der Gründungs- und Frühentwicklungsphase sind diese Probleme oft eher rudimentär angelegt, da die Arbeitsteiligkeit noch sehr gering ist oder u. U. noch ganz fehlt. Schwierig aber auch wichtig ist es, insbesondere im Laufe der betrieblichen Entwicklungsprozesse (z. B. Wachstum in der Mitarbeiterzahl, aber auch Schrumpfung) eine Balance zwischen den Organisationserfordernissen und dem realisierten Organisationsgrad zu finden.[62] Es stellt sich die grundsätzliche Frage, ob es besser ist, im Vorgriff auf zukünftige Organisationserfordernisse schon frühzeitig entsprechende Strukturen zu schaffen, oder erst im Nachhinein strukturell auf bereits erfolgtes Wachstum zu reagieren.

Im Zusammenhang mit der Unternehmensgründung als Lebensphase steht die Frage, inwieweit neben (oder sogar vor) Aspekten der Aufbau- und Ablauforganisation der Ansatz einer **projektbezogenen** Organisationsform von Bedeutung ist. Die Durchführung der Gründungsplanung und Gründungsrealisation kann als ein Projekt begriffen werden, das unter Einsatz des Instrumentariums des Projektmanagements besonders gut gelöst werden kann. Hier ist z. B. an die verschiedenen Ansätze der Netzplantechnik zu denken.[63]

---

60 Vgl. bspw. die Einteilung des Statistischen Bundesamtes in den Statistischen Jahrbüchern. Sehr ausführlich: Statistisches Bundesamt (Hrsg.): Systematik der Wirtschaftszweige, Grundsystematik ohne Erläuterung, Stand 1970, Stuttgart und Mainz, 1971.
61 Vgl. Staehle, Wolfgang H.: Management. Eine verhaltenswissenschaftliche Perspektive. 7. Aufl., überarbeitet von Conrad, Peter und Sydow, Jörg, München, 1994, S. 426ff.
62 Vgl. Manstedten, Björn: Entwicklung von Organisationsstrukturen in der Gründungs- und Frühentwicklungsphase von Unternehmungen, Köln-Dortmund, 1997.
63 Vgl. z. B. Zimmerman, W.: Operations Research, 4. Aufl., München, Wien 1989.

2.3.4 Rechtsformen und rechtliche Gestaltung

Die Entscheidung für eine bestimmte Rechtsform bei der Gründung ist mehr als eine Formsache. Sie hat u. a. wirtschaftliche, steuerliche und rechtliche Folgen.

Im Folgenden werden die relevanten Charakteristika sowie Vor- und Nachteile der für Gründungsunternehmen in Frage kommenden Rechtsformen aufgeführt.[64] Auf die Kriterien zur Auswahl der geeigneten Rechtsform für ein Gründungsunternehmen wird in Kapitel 2.2.4 genauer eingegangen.

Abbildung 7: Rechtsformwahlmöglichkeiten

Einzelunternehmen/Kleingewerbetreibender/Freiberufler

die vorliegen, wenn eine einzelne natürliche Person gründet und keine andere, explizite Rechtsformwahl stattfindet

Personengesellschaften

die sich durch persönliche Haftung mindestens eines Gesellschafters auszeichnen und deren Bestand grundsätzlich an die Gesellschafter geknüpft ist:

- Gesellschaft bürgerlichen Rechts (GbR)
- Partnerschaftsgesellschaft (PartGG)
- Offene Handelsgesellschaft (OHG)
- Kommanditgesellschaft (KG)
- Stille Gesellschaft (typische, atypische)
- GmbH & Co. KG

Kapitalgesellschaften

Deren Gesellschafter beschränkt, d.h. nur mit ihrer Kapitaleinlage, haften und die als juristische Personen selbständige Träger von Rechten und Pflichten sind:

- Gesellschaft mit beschränkter Haftung (GmbH)
- (kleine) Aktiengesellschaft (AG)

Internationale Gesellschaftsformen

- Europäische Wirtschaftliche Interessenvereinigung (EWIV)
- Europa Aktiengesellschaft (Europa AG)
- sonstige, Freiberufler

Quelle: Eigene Darstellung

---

64 Als ergänzende und gut verständliche Literatur zur Rechtsformwahl vgl. z. B. Meyer-Scharenberg, Dirk E.: Rechtsformwahl, in: Dowling, Michael/ Drumm, Hans Jürgen (Hrsg.), Wachstumsstrategien für Neugründungen und Wachstumsfelder, Gründungsmanagement - Vom erfolgreichen Unternehmensstart zu dauerhaftem Wachstum, Springer-Verlag Berlin Heidelberg 2002, S. 29-49 oder Wöhe, Günter/ Döring, Ulrich: Einführung in die Allgemeine Betriebswirtschaftslehre, 20. Aufl., München 2000, S. 279-319.

Einzelunternehmen/Kleingewerbetreibender/Freiberufler

Kleingewerbetreibender ist, wer ein Gewerbe (§§ 1 und 2 HGB) ausübt, aber noch nicht in Form eines in kaufmännischer Weise eingerichteten Geschäftsbetriebs. Eine Gesamtwürdigung von Beschäftigtenzahl, Umsatzhöhe, Vielfalt der Geschäftsbeziehungen, der Geschäftsvorfälle usw. ist dabei notwendig. Liegt ein in kaufmännischer Weise eingerichteter Geschäftsbetrieb vor, hat eine Eintragung ins Handelsregister zu erfolgen und der Gründer gilt handelsrechtlich als Kaufmann (in der Rechtsform des Einzelunternehmers). **Freiberufler** sind auch Einzelunternehmer (unabhängig vom Umfang ihrer Tätigkeit).

Abbildung 8: Rechtsform Einzelunternehmen

Vorteile	Nachteile
✓ Einfache und kostengünstige Gründung	✗ Unbeschränkte persönliche Haftung mit dem gesamten Vermögen
✓ Kaum Gründungsformalitäten	✗ Geringe Außenwirkung (Image)
✓ Kein Mindestkapital	✗ Alleinige Last der Finanzierung
✓ Eigenverantwortliche Geschäftsführung, volle **Kontrolle**	✗ Finanzierungsmöglichkeiten hängen stark vom persönlichen Vermögen ab
✓ Ungeteilter Gewinn	
✓ Ausgleich von Verlusten mit Gewinnen aus anderen persönlichen Einkunftsarten möglich	
✓ Überschuldung ist kein Insolvenzgrund	
✓ Als Minderkaufmann/ **Freiberufler**: nur aufzeichnungspflichtig[65]	

Quelle: Eigene Darstellung

Empfehlenswert ist diese Rechtsform, wenn die Risiken gering sind, nur wenig Vermögen zu schützen ist und das Unternehmen erst einmal klein begonnen werden soll (z. B. als Teilerwerbsgründung).

Gesellschaft bürgerlichen Rechts (GbR; vgl. §§ 705-740 BGB)

Wenn Kleingewerbetreibende sich zusammenschließen und eine Gesellschaft zur Erreichung eines gemeinsamen Zwecks gründen. Grundsätzlich sind dann alle Gesellschafter zur Geschäftsführung und Vertretung berechtigt und verpflichtet. Im **Gesellschaftsvertrag** sind beliebige Abweichungen vereinbar. Das Gesellschaftsvermögen ist Gesamthandsvermögen und steht damit nur allen ge-

---

65 Es ist keine doppelte kaufmännische Buchführung steuerlich/handelsrechtlich verlangt, sondern lediglich eine Einnahmenüberschussrechnung ähnlich der GuV-Rechnung.

meinsam zu. Eine Eintragung ins Handelsregister ist nur ab einer gewissen Grö-ße (Umsatzhöhe, Beschäftigtenzahl) notwendig. Die GbR wird dann zur OHG.

Abbildung 9: Rechtsform Gesellschaft bürgerlichen Rechts

Vorteile	Nachteile
✓ Einfache und kostengünstige Gründung ✓ Kaum Gründungsformalitäten, sogar mündliche Vereinbarungen möglich ✓ Kein Mindestkapital ✓ Breiter Spielraum für vertragliche Gestaltung ✓ Verlustausgleich möglich ✓ Überschuldung ist kein Insolvenzgrund ✓ Minderkaufmann: nur aufzeichnungspflichtig![66]	✗ Unbeschränkte, gesamtschuldnerische Haftung eines jeden Gesellschafters für die Schulden der Gesellschaft ✗ Geringe Außenwirkung/Image ✗ Finanzierungsmöglichkeiten hängen von persönlichen Vermögen der Partner ab

Quelle: Eigene Darstellung

Empfehlenswert ist die GbR vor allem für Zusammenschlüsse von Kleingewer-betreibenden und Freiberuflern (z. B. Praxisgemeinschaften) und bei Durchfüh-rung von Gelegenheitsgeschäften, wie z. B. Arbeitsgemeinschaften des Bauge-werbes (**Joint Venture**).

Partnerschaftsgesellschaft (vgl. PartGG)
Diese wurde 1995 als eine neue Rechtsform speziell für Gruppen von **Freibe-ruflern** wie Steuerberater, Rechtsanwälte oder Journalisten geschaffen. Sie ver-bindet die einfache Handhabung und Steuervorteile der GbR mit Elementen der GmbH (Haftungsbeschränkung).

---

[66] Es ist keine doppelte kaufmännische Buchführung steuerlich/handelsrechtlich verlangt, sondern lediglich eine Einnahmenüberschussrechnung ähnlich der GuV-Rechnung.

Abbildung 10: Rechtsform Partnerschaftsgesellschaft

Vorteile	Nachteile
✓ Relativ einfache Gründung ✓ Keine Gewerbesteuer ✓ Haftungsbeschränkung möglich ✓ Breiter Spielraum für vertragliche Gestaltung ✓ Ausgleich von Verlusten mit Gewinnen aus anderen persönlichen Einkunftsarten möglich ✓ Minderkaufmann: nur aufzeichnungspflichtig[67]	✗ Nur für Freiberufler möglich ✗ Eintragung beim Registergericht (Amtsgericht) notwendig

Quelle: Eigene Darstellung

Offene Handelsgesellschaft (OHG; vgl. §§105-160 HGB)

Bei Vorliegen eines Handelsgewerbes (§ 1,2 oder 3 HGB) kann mit mindestens zwei Personen eine OHG gegründet werden. Die Rechtsform ist nur für Vollkaufleute geeignet, also nicht für Kleingewerbetreibende und Freiberufler. Die Eintragung ins Handelsregister ist zwingend vorgeschrieben. Aufgrund der vollen Haftung aller Gründer und der grundsätzlichen Geschäftsführung und Vertretung durch alle, sind ein enges Vertrauensverhältnis und gleichlaufende Interessen der Gesellschafter Voraussetzung.

Abbildung 11: Rechtsform Offene Handelsgesellschaft

Vorteile	Nachteile
✓ Variable vertragliche Gestaltung ✓ Kein Mindestkapital ✓ Hohes Ansehen im Geschäftsverkehr ✓ Hohe Kreditwürdigkeit ✓ Verlustausgleich mit sonstigen Einkunftsarten/Einkünften möglich ✓ Überschuldung ist kein Insolvenzgrund	✗ Unbeschränkte persönliche Haftung aller Gesellschafter ✗ Hohe Abhängigkeit der Beteiligten voneinander ✗ Kosten der Eintragung im Handelsregister

Quelle: Eigene Darstellung

---

[67] Es ist keine doppelte kaufmännische Buchführung steuerlich/handelsrechtlich verlangt, sondern lediglich eine Einnahmenüberschussrechnung ähnlich der GuV-Rechnung.

Empfehlenswert ist die OHG, wenn hohes Ansehen erforderlich ist und/oder alle Gesellschafter ihre Arbeitskraft und ihr ganzes Kapital in den Dienst der Unternehmung stellen wollen, aber nur bei geringem Risiko, geringer Gesellschafterzahl und gutem Vertrauensverhältnis der Gesellschafter untereinander.

Kommanditgesellschaft (KG; vgl. §§161-177a HGB)

Bei der KG, einer Sonderform der OHG, haftet mindestens ein Gesellschafter voll (Komplementär) und hat grundsätzlich auch die Geschäftsführungs- und Leitungsbefugnis. Die anderen Gesellschafter haften nur mit ihrer Einlage (Kommanditisten) und sind am Gewinn beteiligt. Eine Eintragung ins Handelsregister ist erforderlich.

Abbildung 12: Rechtsform Kommanditgesellschaft

Vorteile	Nachteile
✓ Kein Mindestkapital ✓ Gute Möglichkeit der Kapitalbeschaffung für einen Gründer durch Beteiligung von Kommanditisten, wobei der Gründer alleiniger „Herr im Haus" bleiben kann ✓ Hohe Kreditwürdigkeit ✓ Verlustausgleich mit sonstigen Einkünften ist möglich ✓ Überschuldung ist kein Insolvenzgrund	✗ Unbeschränkte Haftung des Komplementärs ✗ Kosten der Eintragung im Handelsregister

Quelle: Eigene Darstellung

Die KG ist empfehlenswert, wenn nur einer oder wenige sich voll im Unternehmen engagieren wollen, aber eine breitere Eigenkapitalbasis notwendig ist.

Stille Gesellschaft (vgl. §§230-236 HGB)[68]

Kennzeichen für die stille Gesellschaft ist, dass sich eine Person (stiller Gesellschafter) als beschränkt Haftender mit einer Vermögenseinlage an dem Handelsgewerbe eines voll haftenden Unternehmers beteiligt. Seine Einlage geht in das Vermögen des Gründers (Hauptgesellschafter) über und somit tritt dieser Beteiligungspartner, oder auch mehrere, nach außen nicht in Erscheinung. Er hat

---

68 Ähnlich einer stillen Beteiligung ist das partiarische Darlehen. Hierbei gewährt ein Dritter einem Gründer ein Darlehen gegen eine vom Gewinn des Gründers abhängige Vergütung. Das Darlehen geht in das Vermögen des Gründers über. Diese Konstruktion ist im Unterschied zur stillen Gesellschaft nicht an das Vorhandensein eines Handelsgewerbes gebunden.

grundsätzlich keine Leitungsbefugnis, jedoch Kontrollrechte, seine Verlustbeteiligung kann ausgeschlossen werden. Man unterscheidet die **typische** stille Gesellschaft (stiller Gesellschafter ist Fremdkapitalgeber, bekommt eine gewinnabhängige Vergütung und ist evtl. am Verlust beteiligt) und die **atypische** (stiller Gesellschafter ist Eigenkapitalgeber/Mitgesellschafter und partizipiert bei Ausscheiden, Liquidation und der damit verbundenen Auflösung der stillen Reserven an diesen Gewinnen).

Abbildung 13: Rechtsform Stille Gesellschaft

Vorteile	Nachteile
✓ Reine Innengesellschaft ✓ Gute Möglichkeit zur Akquisition von **Eigenkapital**, wobei der Gründer (Hauptgesellschafter) die Leitungsbefugnis behält	✗ Unbeschränkte Haftung des Hauptgesellschafters

Quelle: Eigene Darstellung

Die Stille Gesellschaft ist empfehlenswert, wenn eine Beteiligung nach außen nicht in Erscheinung treten soll, zusätzliches Eigenkapital erforderlich ist und der Beteiligungspartner keine Interessen an der Mitwirkung im Unternehmen hat.

Gesellschaft mit beschränkter Haftung und Co. Kommanditgesellschaft (GmbH & Co. KG)

Die GmbH & Co. KG ist als Mischform eine Kommanditgesellschaft, also eine Personengesellschaft, bei der der Komplementär eine GmbH ist, wodurch eine Haftungsbeschränkung auf das eingelegte Kapital für alle Gesellschafter gewährleistet ist. Kommanditisten sind meist eine oder mehrere natürliche Personen. In der Regel ist die KG Inhaberin des Unternehmensvermögens und betreibt das Unternehmen. Die GmbH hält häufig nur das Mindeststammkapital. Eine Handelsregistereintragung ist notwendig.

Abbildung 14: Rechtsform GmbH & Co. KG

Vorteile	Nachteile
✓ Beschränkte Haftung	✗ Komplizierte Gründung
✓ Gute Möglichkeit, Beteiligungspartner aufzunehmen und trotzdem die Leitungsbefugnis zu behalten[69]	✗ Komplizierte Rechnungslegung (zwei Buchführungen, Bilanzen usw.)
✓ Ausgleich von Verlusten mit anderen Einkunftsarten ist möglich	✗ Verminderte Kreditwürdigkeit
✓ Reduzierung der notariellen Beurkundungskosten ist möglich, wenn GmbH nur das Mindeststammkapital hält	✗ Auch Überschuldung ist Insolvenzgrund (GmbH)
	✗ Hoher Aufwand (Notar, Amtsgericht, Steuerberater) bei Gründung, Änderung der Geschäftsführung oder Verlegung des Sitzes
	✗ Viele steuerliche Fallen und Risiken

Quelle: Eigene Darstellung

Die GmbH & Co. KG sollte aufgrund des Rechtsformaufwandes nur bei größeren Gründungen gewählt werden, wenn die Haftung für alle Beteiligungspartner ausgeschlossen werden soll und/oder die Aufnahme zusätzlicher Beteiligungspartner geplant ist.

Gesellschaft mit beschränkter Haftung (GmbH; vgl. GmbHG)
Die GmbH ist eine Kapitalgesellschaft und führt damit als juristische Person sozusagen ein Eigenleben, da sie nicht mit den Gesellschaftern steht und fällt. Die Gesellschafter haften nur mit ihren Einlagen, aber in der Praxis sieht es meist so aus, dass Kreditgeber bei der Kreditgewährung entsprechende Sicherheiten auch aus dem Privatvermögen bzw. persönliche Bürgschaften verlangen. Als juristische Person muss die GmbH ins Handelsregister eingetragen werden. Die Gründung einer Einpersonen-GmbH ist möglich.

---

[69] Gestaltung: Gründer ist Geschäftsführer der GmbH und gleichzeitig mittelbarer Geschäftsführer der GmbH & Co. KG. Die Beteiligungspartner werden als Kommanditisten aufgenommen.

Abbildung 15: Rechtsform Gesellschaft mit beschränkter Haftung

Vorteile	Nachteile
✓ Beschränkte Haftung der Gesellschafter (Einlagen)	✗ Mindeststammkapital von 25.000 € (§5 Abs. 1 GmbHG)[70]
✓ Geschäftsführergehalt ist innerhalb der Gesellschaft steuerlich absetzbar	✗ Geringere Kreditwürdigkeit
	✗ Kosten durch notarielle Beurkundung des Gesellschaftsvertrags
✓ Reputation/Image	✗ Verluste können nur innerhalb der Gesellschaft vor- oder zurückgetragen werden
	✗ Überschuldung ist Insolvenzgrund
	✗ Hoher Aufwand (Notar, Amtsgericht, Steuerberater) bei Gründung, Änderung oder Verlegung
	✗ Viele steuerliche Fallen und Risiken

Quelle: Eigene Darstellung

Empfehlenswert ist die Gründung einer GmbH bei Vorhandensein von besonderen Risiken (s.o.).

Aktiengesellschaft (AG; vgl. §§1-277 AktG)
Für Gründungsvorhaben ist die AG eher „in Reichweite" gelangt, seit von Seiten des Gesetzgebers die Möglichkeit zur Gründung einer „**kleinen AG**" geschaffen worden ist (ab 1994), die die wesentlichen Merkmale einer AG hat, diese aber mit verschiedenen Vereinfachungen verbindet:

- Ein-Personengründung möglich („große" AG: mind. 4 Gesellschafter)
- Keine Hinterlegung des Gründungsberichtes bei der IHK
- Bei unter 500 Beschäftigten keine Mitarbeitermitbestimmung
- Hauptversammlung einfacher als bei „großer" AG
- Umwandlung eines bestehenden Unternehmens in die kleine AG einfacher
- Wenn nicht börsennotiert: Notar muss nur satzungsändernde Beschlüsse und solche mit ¾ Mehrheit beurkunden.

---

[70] Dieses muss bei Gründung durch zwei oder mehr Personen in Höhe von mindestens 12.500 € eingezahlt sein und zu 25 % pro Gesellschafter vor der Anmeldung zur Handelsregistereintragung durch den Notar beim Registeramt diesem gegenüber nachgewiesen werden (§7 Abs. 2 Satz 2 GmbHG). Es kann sich dabei auch um immaterielle Vermögenswerte oder Sacheinlagen handeln; bei Sachgründungen ergeben sich aber z. T. zusätzliche Kosten durch Bewertungsgutachten.

Mit Blick auf formale Anforderungen und Kosten kommt die (kleine) AG eher ausnahmsweise in Frage. In speziellen Fällen ist die **Kommanditgesellschaft auf Aktien** eine Alternative (KgaA)

Abbildung 16: Rechtsform Aktiengesellschaft

Vorteile	Nachteile
✓ Frei übertragbare Aktien (Publikumsgesellschaft, Börsennotierung möglich) ✓ Leichtere Eigenkapitalbeschaffung ✓ Reputation	✗ Mindestens 50.000 € Grundkapital (§7 AktG)[71] ✗ Hoher Verwaltungsaufwand, Beurkundungskosten ✗ Kosten für den Aufsichtsrat, Notar ✗ Komplizierte Formvorschriften

Quelle: Eigene Darstellung

Weitere Rechtsformen
Kurz erwähnt werden soll auch noch die **Europäische wirtschaftliche Interessenvereinigung (EWIV)**, eine europäische Rechtsform für den Zusammenschluss kleiner und mittelständischer Unternehmen in verschiedenen europäischen Ländern, die z. B. für Einkaufsgemeinschaften oder Werbegemeinschaften genutzt werden kann.[72]

Eine weitere europäische Rechtsform, die seit 2004 relevant ist, ist die **Europa AG** (Europäische Gesellschaft, kurz: SE = societas europaea).[73] Dabei handelt es sich um eine neue Rechtsform für Unternehmen, die in mehreren Mitgliedsstaaten der Europäischen Union tätig sind oder tätig werden wollen. Sie soll keineswegs die herkömmliche (nationale) AG ablösen, sondern stellt lediglich eine Option für grenzüberschreitend operierende Gesellschaften dar, sich in einer Rechtsform zusammenzuschließen. Voraussetzung zur Gründung einer Europa AG ist der Tatbestand der Grenzüberschreitung (d. h. entweder müssen sich Gesellschaften aus verschiedenen Ländern zusammenschließen bzw. eine Holding oder eine gemeinsame Tochtergesellschaft gründen oder eine nationale AG muss seit mindestens drei Jahren über Tochtergesellschaften im europäischen Ausland verfügen. Das Grundkapital einer Europa AG muss dabei mindestens 120.000 € betragen. Aus diesen Voraussetzungen wird deutlich, dass die Europa

---

71 Davon sind mindestens 25 % des Aktiennennbetrages einzulegen sowie das gesamt Agio, wenn vorhanden (§36a Abs. 1 AktG).
72 Vgl. Eckardt, W.: Rechtsform EWIV. Platzverweis dem Heimvorteil, in: Unternehmer, Nr. 8, 37. Jg., 1989, S. 26-29.
73 Vgl. zu diesen Ausführungen und für weitere Informationen z. B. Merkblatt „Europa-AG" der IHK Köln (www.ihk-koeln.de).

AG als Rechtsform für ein (selbständiges) Gründungsunternehmen nicht in Frage kommt, sondern lediglich als Teil einer evtl. späteren internationalen Expansionsstrategie Beachtung finden kann.

Empirische Verteilung von Rechtsformen

Eine offizielle bundesweite Statistik über die gewählten Rechtsformen bei der Gründung existiert nicht. Der Umsatzsteuerstatistik ist aber beispielsweise zu entnehmen, welche Rechtsformen die bestehenden umsatzsteuerpflichtigen Unternehmen in einer Branche aufweisen. In einer Studie des bifego (Betriebswirtschaftliches Institut für empirische Gründungs- und Organisationsforschung e.V.) zur Evaluierung des Eigenkapital Förderprogrammes bei Existenzgründungen (Befragung von n=1.175 Unternehmensgründern) konnte das Einzelunternehmen bzw. der Kleingewerbetreibende mit über 70 % der Antworten als häufigste Rechtsform ermittelt werden. Die GmbH liegt an zweiter Stelle mit gut 14 % der Antworten.[74]

Geplante Änderung der Rechtsform

Schon bei der Gründung kann es sinnvoll sein, eine Änderung der Rechtsform einzuplanen. Da sehr oft mit Anlaufverlusten im ersten Jahr oder in den ersten Jahren zu rechnen ist, bei einer Kapitalgesellschaft diese Verluste aber nicht in den privaten Bereich übertragen werden und mit evtl. positiven steuerlichen Einkünften anderer Art verrechnet werden können, kann es sinnvoll sein, z. B. in der Rechtsform einer GbR zu gründen und erst später die Rechtsform der GmbH zu nutzen.

Gesellschaftsvertrag

Sobald mehrere Personen zusammen gründen, sollte ein **Gesellschaftsvertrag** zur Regelung der Rechtsverhältnisse erstellt werden. Klauseln in einem Gesellschaftsvertrag sind z. B. Firma und Sitz, Zweck der Gesellschaft, Geschäftsjahr, Dauer der Gesellschaft, Stammkapital, Stammeinlagen bzw. Kapitalbeteiligung, Geschäftsführung und Vertretung, Gewinn- und Verlustverteilung.

Die Gesellschaftsverträge der Personengesellschaften sind weitgehend dispositiv, während z. B. bei der GmbH Mindestinhalte des Vertrages (Firma und Sitz, Gegenstand des Unternehmens, Betrag des Stammkapitals, Stammeinlagen der Gesellschafter) vorhanden sein müssen. Die Verträge der Personengesellschaften können formlos, d. h. nicht schriftlich abgeschlossen werden, aus Beweissi-

---

74 Die Untersuchung ist beschrieben in Klandt, Heinz; Kirchoff-Kestel, Susanne; Struck, Jochen: Zur Wirkung der Existenzgründungsförderung auf junge Unternehmen. Köln – Dortmund – Oestrich-Winkel 1998 sowie Klandt, Heinz et al.: Gesamtwirtschaftliche Wirkungen der Existenzgründungspolitik sowie Entwicklungen der mit öffentlichen Mitteln – insbesondere Eigenkapitalhilfe – geförderten Unternehmensgründungen. Abschlußbericht zum Forschungsprojekt IIA7-70 06 17/6 des Bundesministeriums für Wirtschaft. Dortmund-München 1994.

cherheitsgründen ist die Schriftform allerdings immer zu empfehlen. Werden in Personengesellschaften Grundstücke oder Grundbesitzungen eingebracht, ist der Vertrag notariell zu beurkunden. Bei Kapitalgesellschaften muss der Gesellschaftsvertrag grundsätzlich notariell beurkundet werden. Die GmbH & Co. KG erfordert sogar zwei Gesellschaftsverträge: einen für die Komplementär-GmbH und einen für die KG, d. h. die eigentliche GmbH & Co. KG.[75]

Die vertragliche Gestaltungsfreiheit ist für diejenigen Rechtsformen am höchsten, deren Gesellschafter persönlich haften, während die Verträge für Rechtsformen mit beschränkter Haftung weniger dispositiv sind. Dies ist mit Gläubigerschutzaspekten zu begründen.[76]

Neben dieser **strukturellen** Betrachtung (zeitpunktbezogene Fragen, Querschnittsbetrachtung) sind Aspekte der Gestaltung einer Unternehmung auch unter **prozessualen** Gesichtspunkten bzw. als zeitliche Längsschnittaspekte zu diskutieren (Gründung als dynamischer Vorgang).

2.3.5 Entwicklungsphasen

Unter dem Aspekt der **Unternehmensentwicklung** stellt sich die Frage, warum es überhaupt zu einer Unternehmensgründung, d. h. zur Erschaffung von Unternehmensstrukturen kommt, warum somit Leistungskollektive und nicht einzelne Marktteilnehmer (Personen) als Leistungsanbieter jeweils getrennt auftreten sollen. In manchen Bereichen wird uns diese Option z. B. durch einen Abbau oder Ausgliederung von Unternehmensteilen (**Outsourcing**) vor Augen geführt, wenn z. B. ein bisheriger angestellter Fahrer das Betriebsfahrzeug erwirbt und dann dem Unternehmen als selbständiger Unternehmer eine identische Transportleistung zur Verfügung stellt, wie bisher als Arbeitnehmer; in diesem Zusammenhang wird z. T. auch wertend von „Scheinselbständigkeit" gesprochen. Theoretisch mit der Frage des Zustandekommens von Unternehmen setzt sich u. a. die **Transaktionskostentheorie** auseinander. Hier wird u. a. thematisiert, wie **make or buy**-Entscheidungen (also die Frage, ob eine für die betriebliche Leistungserstellung notwendige Teilleistung intern selbst oder extern von Drit-

---

75 Vgl. Nathusius, Klaus: Rechtliche Fragen der Unternehmensgründung, in: Nathusius, Klaus (Hrsg.): Praxis der Unternehmensgründung – Hilfen für Existenzgründer, Hauptband, 4., neubearbeitete Aufl., Köln 1990, S. 83-133.

76 Vgl. z. B. Klamroth, Sabine: Heidelberger Musterverträge Nr. 9: Die Kommanditgesellschaft, 7. Aufl., Heidelberg 1985 und Klamroth, Sabine: Heidelberger Musterverträge Nr. 36: Der GmbH-Geschäftsführer-Vertrag, 7. Aufl., Heidelberg 1984 und auch Ehlers, Herwyn: Vorteilhafte Gesellschaftsverträge für OHG, KG, GmbH, GmbH & Co. KG, BGB-Gesellschaft, Stille Gesellschaft. Ein praktischer Ratgeber mit Musterverträgen, Formulierungsvarianten, Erläuterungen und Rechenbeispielen, 1. Aufl., Kissing 1980.

ten erbracht werden soll) im Hinblick auf die jeweils anfallenden Kosten der Abwicklung von Leistungstransfers wirtschaftlich sinnvoll erfolgen sollten.[77]

Es stellt sich für den Gründer auch die Frage, ob ein **abrupter** oder ein **gleitender** Übergang in die Selbständigkeit praktiziert werden soll, d. h. ob eine andere, abhängige Beschäftigung zunächst parallel zur Gründung fortgeführt werden soll. Dies kann zum Beispiel sinnvoll sein, um in der **Teilerwerbsselbständigkeit** den Markt oder die eigenen unternehmerischen Fähigkeiten zu prüfen, und erst dann ein größeres Engagement aufzunehmen, also den Übergang in die – bereits im Kontext mit den Gründungsformen besprochene – Vollerwerbstätigkeit als Selbständiger ins Auge zu fassen, um auf diese Weise Risiken überschaubar zu halten.

Unter Entwicklungsaspekten ist die Gründung die erste **genetische Phase** eines Unternehmens, der die Frühentwicklungsphase folgt. Mit den folgenden Abbildungen werden **Phasenmodelle** der Unternehmensentwicklung vorgestellt.[78] Auf den ersten Blick erscheint die Phasenfolge von der Gründung über die Frühentwicklung, über die Konsolidierungen bis hin zu Liquidierung des Unternehmens Ähnlichkeiten zu einem biologischen Ablauf zu haben, der zwingend ist. Pümpin und Prange gehen in ihrer Publikation aber so weit, dass sie auf der Basis der unterschiedlichen Lebensphasen mit Blick auf den Nutzen für die Stakeholder und ihren differenzierenden Anforderungen an das Management bzw. den sich daraus ableitenden Vorzügen und Nachteilen der einzelnen Entwicklungsphasen, den **Lebensphasenablauf** als einen **Gestaltungsparameter** betrachten. Es wird eine zentrale Managementaufgabe darin gesehen, unattraktivere Lebensphasen zu vermeiden oder abzukürzen und die attraktiveren Phasen zeitlich auszudehnen oder zu wiederholen.

Jede Phase kann in eine Ausweitung (Expansion) oder aber zu einer Schrumpfung (Kontraktion) der Unternehmensstrukturen und -aktivitäten führen: Alternative Formen dieser Expansions- oder Kontraktionsbewegungen sind in der folgenden Grafik aufgeführt.

---

77 Vgl. Picot, Arnold/Laub, Ulf-Dieter/Schneider, Dietram: Innovative Unternehmensgründungen. Eine ökonomisch-empirische Analyse, Berlin u. a. 1989.
78 Vgl. auch Pümpin, Cuno/Prange, Jürgen: Management der Unternehmensentwicklung. Phasengerechte Führung und der Umgang mit Krisen, Frankfurt, New York, 1991.

Abbildung 17: Phasenmodell der Unternehmensentwicklung

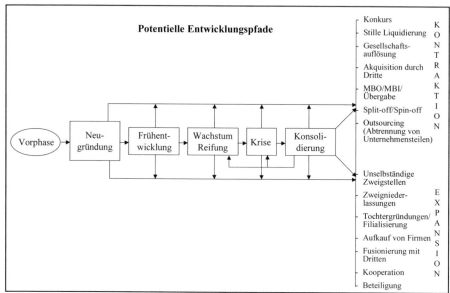

Quelle: Eigene Darstellung

Eine alternative Darstellung des Phasenmodells und somit der Entwicklungsstufen eines Unternehmens findet sich im Folgenden **Unternehmens-Lebenszyklus-Modell**, das die Gewinnentwicklung über sechs Lebensphasen visualisiert. Das Modell beruht auf der Annahme, dass sich analog zum **Produktlebenszyklus** auch für die Entwicklung eines Unternehmens eine idealtypische „Gewinnlebenskurve" darstellen lässt. Auch wenn diese für jedes reale Unternehmen anders verläuft, lässt sich z. B. für technologieorientierte, innovative Unternehmen ein idealtypischer Verlauf der Gewinnentwicklung darstellen: nach Verlusten sollte das Unternehmen in eine Phase steilen Wachstums eintreten, die allmählich abflacht und nach Erreichen der maximalen Größe auf einem bestimmten Gewinnniveau stagniert bzw. schrumpft.

Abbildung 18: Kurve des Unternehmenslebenszyklus

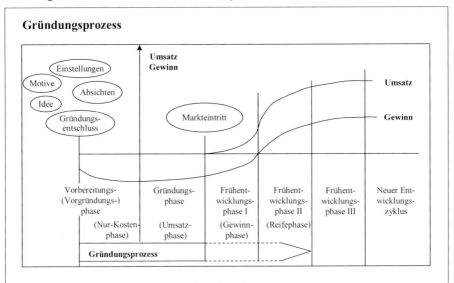

Quelle: Unterkofler, Günther: Erfolgsfaktoren innovativer Unternehmensgründungen – Ein gestaltungsorientierter Lösungsansatz betriebswirtschaftlicher Gründungsprobleme, 1989, S. 37.

Aus diesem Entwicklungsverlauf lassen sich die typischen Entwicklungsphasen eines Unternehmens ableiten, die je nach Gründungsform/Branche usw. unterschiedlich lang und intensiv ausfallen können:

- **Vorgründungsphase (Seed)**
  In der Vorgründungs- oder Seed-Phase finden die Vorbereitungen zur Gründung des Unternehmens statt. Ausgehend von der konkreten Geschäftsidee wird der Business Plan erarbeitet, Marktanalysen durchgeführt, in Abhängigkeit der Geschäftsidee Forschungs- und Entwicklungsarbeit betrieben und Kapitalgeber gesucht; kurz: es werden alle notwendigen Schritte unternommen, um die Geschäftstätigkeit aufnehmen zu können.

  Wichtige Entscheidungen, die in dieser Phase zu treffen sind, betreffen – neben der Branche und dem konkreten Tätigkeitsfeld bzw. Produktangebot – u. a. Struktur und angestrebte Größe des Unternehmens (kleine oder große Ausrichtung), den Standort und die Rechtsform.

- **Gründungsphase (Start-up)**
  In der Gründungs- oder Start-up-Phase findet die tatsächliche Gründung des Unternehmens statt. Einerseits umfasst dies die formalen Schritte, wie die

Eintragung ins Handelsregister und die Erstellung einer Satzung oder eines Gesellschaftsvertrags. Andererseits erfolgt auch die praktische Umsetzung der Planung bis hin zur Aufnahme der Geschäftstätigkeit. Das heißt, es müssen Büro- und Produktionsräume gefunden und eingerichtet, Betriebsmittel beschafft und mit der Produktion begonnen werden. Mitarbeiter müssen akquiriert werden, erste Pilotkunden sollten angeworben werden und durch gezielte Marketingaktionen muss begonnen werden, das Unternehmen bekannt zu machen.

- **Frühentwicklungsphase (Early Stage bzw First Stage Expansion)**
  Während der Frühentwicklungs- bzw. Early-Stage-Phase tritt das Unternehmen in eine erste Wachstumsphase ein. Es erfolgt i. d. R. die breite Markteinführung des Produktes und das Unternehmen erzielt erstmals (konstante) Umsätze, so dass im Laufe dieser Phase der Break-even-Punkt (die kumulierten Einnahmen decken erstmals die kumulierten Ausgaben) erreicht werden sollte. Die Hauptaktivitäten müssen demnach auf Vertrieb und Marketing gerichtet sein, um die Etablierung des Unternehmens und des Produktes am Markt voranzutreiben und langsam einen Kundenstamm aufzubauen. Die Produktionskapazitäten sollten für größere Serien evtl. sogar für die Massenproduktion angepasst werden.

- **Wachstumsphase (Second Stage Expansion, Third Stage Expansion)**[79]
  Nach erreichen der Gewinnschwelle sollte das Unternehmen in eine steile Wachstumsphase (sog. Second Stage Expansion) eintreten, da durch die breite Marktakzeptanz die Nachfrage sprunghaft ansteigt. Es muss darauf geachtet werden, dass ausreichende Vertriebs- und Produktionskapazitäten zur Verfügung stehen, um diese Nachfrage auch bedienen und somit in einen Erfolg des Unternehmens umwandeln zu können.

  In der darauf folgenden Phase der sog. Third Stage Expansion flacht das Wachstum allmählich ab. Dies ist z. B. darauf zurückzuführen, dass weitere Wettbewerber in den Markt eintreten. Das Unternehmen wird entweder seine Marketingaktivitäten verstärken müssen, um seine Marktposition zu halten, oder versuchen, sich in anderen Märkten zu positionieren. Denkbar sind die Ausweitung der Angebotspalette durch Neuentwicklungen oder Akquisitionen anderer Unternehmen oder aber der Eintritt in ausländische Märkte.

- **Konsolidierungsphase**[80]
  In der auf das Wachstum folgenden Konsolidierungsphase stagnieren die Gewinne auf einem (hohen) Niveau. Die Hauptaufgabe der Unternehmens-

---

[79] Entspricht bei Unterkofler der Frühentwicklungsphase II.
[80] Entspricht bei Unterkofler der Frühentwicklungsphase III.

führung muss nun darin bestehen, ein Absinken dieses Gewinnniveaus (Schrumpfung) durch geeignete Maßnahmen (z. B. Umstrukturierungen) zu verhindern.

Schaut man sich einmal empirische Daten an (hier aggregiert über mehrere hundert Unternehmen über acht Jahre hinweg), so zeigt sich allerdings nur eine kontinuierliche Steigerung der Durchschnittsumsätze, die sehr wenig Ähnlichkeit mit dem idealtypischen Verlauf hat.

Abbildung 19: Empirische Entwicklung des Durchschnittsumsatzes

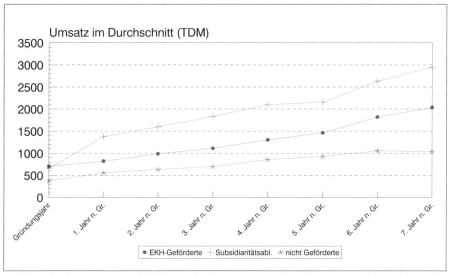

Quelle: Klandt, Heinz; Kirchhoff-Kestel, Susanne; Struck, Jochen: Zur Wirkung der Existenzgründungsförderung auf junge Unternehmen. Eine vergleichende Analyse geförderter und nicht geförderter Unternehmen, Köln/Dortmund/ Oestrich-Winkel, 1998, S. 118.

Die folgende Abbildung orientiert sich an einer idealtypischen Entwicklung eines Unternehmens über mehrere Lebensphasen hinweg. Sie zeigt die Anforderungen, die sich an die Organisationsstruktur und das Management im Laufe der Unternehmensentwicklung ergeben sowie die benötigten Fähigkeiten und Instrumente und geht damit weit über die hier ansonsten fokussierte erste Lebensphase hinaus. Die Wahl des angemessenen „Mode of Management" hängt dementsprechend von Entwicklungsstadium und Komplexität der Organisation ab.

Abbildung 20: Führungsaufgaben und Schlüsselfähigkeiten/Tools in unterschiedlichen Lebensphasen des Unternehmens

	Entwicklungsphase des Unternehmens			
	A	**B**	**C**	**D**
Situations-beschrei-bung	Junges, überschaubares Unternehmen	Zunehmend komplexeres Unternehmen	Große, komplexe Organisation	Etablierte, sehr große, hoch komplexe Organisation
zugrunde-liegende Annahmen	• Unzureichendes, relevantes (Planungs)-Wissen • Begrenzt „delegationsfähig"	• Unzureichende Kapazität des Eigentümerunternehmers • Mitarb. bedürfen der Anleitung	• Unzureichende Kapazität • Mitarb. erreichen vorgeg. Ziele mit eigenen Mitteln	• Starrheit, rigide Strukturen • Die „richtigen" Mitarb. im „geeigneten" Kontext
Führungs-aufgabe	• Arbeit „an vorderster Front" • „Mädchen für Alles" • Operatives und strateg. Handeln in einer Hand	• Standardisieren von Verhaltens-weisen/Prozessen • Beobachten, kontrollieren, coachen	• Begleiten von Meetings/Reviews • Verfeinern von Plänen/Vorgaben • Formatisiertes Controlling	• Strategische Personalpolitik und -entwicklung • „Kultur-/werteschaffende" Events
Schlüssel-fähigkeiten und -Tools	• Inhaltliches Arbeiten • Schnelles (und treffsicheres) Entscheiden	Entwickeln von • Prozessen • Verhaltensweisen • Qualitätsmgmt.	Umgang mit • Plänen • Budgets • Strukturen und Systemen	• Kommunikations-fähigkeit • Führen durch beispielhaftes Verhalten

Quelle: Modifiziert nach Malte Brettel.
(Legende: A = Gründungsphase; B = Wachstumsphase; C = Konsolidierungsphase; D = Etablierungsphase)

Da das vorliegende Buch das Thema Gründungsmanagement betrachtet, werden die folgenden Ausführungen sich weitgehend auf die Vorgründungs- und Gründungsphase beschränken.

2.3.6 Realprozesse

Die Gestaltung der innerbetrieblichen Realprozesse auf strategischer, taktischer und operativer Ebene gehört zu den selbstverständlichen Grundaufgaben des Unternehmers und entscheidet wesentlich über die Wettbewerbsfähigkeit des Unternehmens am Markt.

Unter Realprozessen ist der Bereich der Unternehmeraufgaben zu verstehen, der sich mit der realen Gütererstellung (Leistungserstellung/-verwertung) befasst. Die Realprozesse gliedern ein Unternehmen klassischerweise in die (Wertschöpfungs-)Stufen Beschaffung, Produktion und Absatz. Hier soll in einer erweiteren Definition auch die vorgelagerte Stufe der Forschung und Entwicklung inklusive ihr Ergebnis, die „Invention" (bzw. nach Markteinführung „Innovation" genannt) kurz als „Innovation i. w. S." bezeichnet zu den Realprozessen gezählt werden. Der Begriff „Innovation" ist in diesem Zusammenhang oft auf „ingenieurtechnische" Innovationen verkürzt. Wie unter 4.1 beschrieben ist bei Innovation aber auch an andere Erfindungen und Neuerungen z. B. betriebswirtschaftlich-organisatorischer Art zu denken.

Abbildung 21: Realprozesse – erweiterte Definition

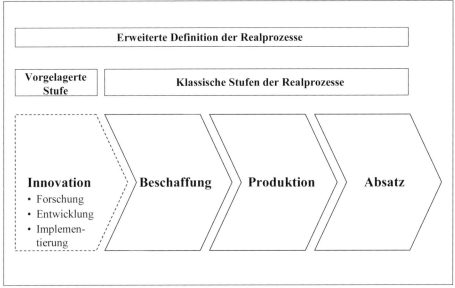

Quelle: Eigene Darstellung

Die **Innovation** bildet – zumindest bei technischen Produktinnovationen – die Grundlage für die Produktion. Im Rahmen der **Forschungs- und Entwicklungsarbeit** werden Prototypen für die späteren Produkte erstellt. Die Implementierung der Ergebnisse erfolgt durch die Übernahme in die Produktionsabläufe (**Innovationsmanagement**).[81]

Die **Beschaffung** ist der Produktion vorgelagert. Sie meint nicht nur den Einkauf von **Roh-, Hilfs- und Betriebsstoffen**, die zur Herstellung der jeweiligen Produkte benötigt werden, sondern i. w. S. beispielsweise auch die Beschaffung von **Humankapital** (Personal) und **Investitionsgütern** (Maschinen, Anlagen, Werkzeuge), sowohl im Fertigungsbereich als auch in der Verwaltung. Im weitesten Sinne gehört auch die Beschaffung von Finanzmitteln hierzu. In einer Ü-

---

81 Vgl. dazu auch die Monographie von Hauschildt, Jürgen: Innovationsmanagement, 2. Aufl., München 1997.

berflusswirtschaft (Käufermarkt) ist der Beschaffungsbereich meist eher unproblematisch, dagegen in einer Mangelwirtschaft (z. B. frühere DDR: Verkäufermarkt) eine zentrale Aufgabe insbesondere der Gründungsphase.

Die **Produktion** umfasst den gesamten Bereich der Gütererstellung. In klassischen Produktionsunternehmen ist dies die Herstellung von Realgütern (also z. B. Autos, Schrauben etc.), im Dienstleistungsbereich z. B. die Beratung von Kunden oder die Erstellung von Gutachten.

Der **Absatz**bereich eines Unternehmens beschäftigt sich schließlich mit dem Verkauf (und ggf. auch Transport) der erstellten Produkte an die Kunden. Hierzu stehen verschiedene Distributionskanäle und eine Reihe weiterer absatzpolitischer Instrumente zur Verfügung, die jedoch an dieser Stelle nicht näher erläutert werden sollen (s. hierzu Kapitel 2.4 von Teil II).

Bei reinen Dienstleistungen fällt die Erstellung und der Absatz auf einen identischen Zeitraum (z. B. Leistung eines Frisörs oder Reinigungsunternehmens).

2.3.7 Unternehmensführung

Die Gestaltung der **Unternehmensführung** wird in der traditionellen Betriebswirtschaftslehre vielfältig diskutiert und als die Gestaltungsaufgabe des Unternehmers schlechthin betrachtet. Inhaltlich umfasst diese Führungsaufgabe viele der bereits erwähnten **Gestaltungsparameter**. Der Ablauf einer solchen Führungsaktivität beginnt mit den Zielsetzungen für die Unternehmung, der Formulierung der **Unternehmenspolitik** und umfasst dann die Dreiteilung von **Planung, Realisation (Organisation)** und **Kontrolle**. Diese Dreiteilung entspricht der klassischen Gliederung der Betriebswirtschaftslehre nach **Formalprozessen**. Zur Planung zählen die Problem- und Aufgabendefinition, die Zielsetzung, die Alternativenplanung und die Entscheidung. Die Realisation umfasst die Organisation, die Information, die Kommunikation, die Motivation der Mitarbeiter und deren Koordination. Die Kontrolle basiert auf der Rückmeldung über Unternehmensergebnisse, Soll-Ist-Vergleichen und Abweichungsanalysen für die weitere Planung und Steuerung.[82] In der Vor-Gründungsphase liegt das Schwergewicht zunächst in den Planungsaufgaben, mit der Errichtungsphase verschiebt sich der Schwerpunkt dann auf die Realisation. Die Kontrolle (auch der umfas-

---

[82] Definitionen entnommen aus Gabler Wirtschaftslexikon (15. Auflage), Wiesbaden 2000; ausführlichere Darstellungen finden sich in beinahe allen Standardwerken der Betriebswirtschaftlehre, z. B. Wöhe, Günter; Döring,Ulrich: Einführung in die Allgemeine Betriebswirtschaftlehre, München Oktober 2002; Thommen, Jean-Paul; Achleitner, Ann-Kristin: Allgemeine Betriebswirtschaftslehre, Wiesbaden 2003.

sende Ansatz des Controlling) gewinnt mit zunehmendem Alter und Größe des Unternehmens an Bedeutung.

An dieser Stelle soll auch kurz auf die Gesichtspunkte **Information** und **Kommunikation** im Rahmen der Unternehmensführung eingegangen werden. Diese beeinflussen in hohem Maße die Qualität und somit den Erfolg der Unternehmensführung. Mit zunehmender Unternehmenskomplexität und Arbeitsteiligkeit gewinnt eine gut funktionierende Informations- und Kommunikationskultur zunehmend an Bedeutung, weil es der Führungsebene schlichtweg nicht mehr möglich ist, alle Vorgänge im Unternehmen intuitiv im Auge zu behalten. Um diesem Umstand Rechnung zu tragen, sollte bei Gründungsunternehmen mit Wachstumsambitionen die Einführung eines (erweiterungsfähigen) IT-gestützten Informationssystems bereits bei der Gründungsplanung mit bedacht werden, auch mit Blick auf die Implementierung eines unternehmensübergreifenden Controlling-Systems.

Ein weiterer wichtiger Aspekt der Unternehmensführung ist die Sicherheit der Betriebsprozesse bzw. das **Risikomanagement**, die Frage also wie man mit Unsicherheiten, außergewöhnlichen Ereignissen und Gefährdungen im Unternehmensprozess umgehen will.[83] Beschränkt man die Sicht auf eine grundsätzlich befriedete Region (also ohne Kriegseinwirkungen, Terrorismus), so sind gegebenenfalls relevante betriebliche Risiken in Einbruch-Diebstahlsschäden, Feuerschäden, Leitungswasserschäden, Sturm-, Hagel-, Elementarschäden und damit z. T. verbunden in der Betriebsunterbrechung sowie bezüglich der betrieblichen Haftpflicht (z. B. Verkehrssicherungspflicht, culpa in contrahendo), der Berufs- (z. B. Steuerberater, Arzt) und in jüngerer Zeit verstärkt in der Umwelt- und Produzentenhaftpflicht zu erkennen. Je nach **Branche** können auch andere Bereiche sehr wichtig sein (Explosion, Rechtskosten, Transportschäden).[84] Somit stellt sich u. a. die Frage bezüglich welcher Risiken **Versicherungen** abgeschlossen werden sollen bzw. welche Risiken sinnvollerweise selber getragen werden sollen. Eine Faustregel empfiehlt, überschaubare Risiken selbst zu tragen, existenzielle Risiken aber durch Versicherungen abzudecken. Hier spielt auch die Überlegung eine Rolle, dass bei Bagatellfällen der Verwaltungskostenanteil in den zu zahlenden Prämien unwirtschaftlich hoch wird.

Personalmanagement: Hierzu zählen u. a. die Feststellung und Planung des Personalbedarfs, die Suche und Auswahl geeigneter Bewerber, die Vertrags-

---

83 Vgl. Altenburger, Otto A.: Risikomanagement für Gründer, in: Dowling, Michael/Drumm, Hans Jürgen (Hrsg.): Gründungsmanagement - Vom erfolgreichen Unternehmensstart zu dauerhaftem Wachstum, Springer-Verlag Berlin Heidelberg 2002, S. 125-141.
84 Siehe dazu auch: Deutscher Versicherungs-Schutzverband e.V. (DSV; Hrsg.): Leitfaden für Existenzgründer und Selbständige, Bonn 2002.

gestaltung, die Personalführung und -verwaltung sowie die Entlassung von Mitarbeitern.

Abbildung 22: Aufgaben im Rahmen des Personalmanagements

Quelle: Collrepp, Friedrich: Handbuch Existenzgründung, 3. Aufl., Stuttgart 2000, S. 153.

Der Personalbedarf ergibt sich durch die innerbetrieblichen Leistungserstellungsprozesse, die Leistungsverwertung und Administration und verändert sich durch das Wachstum des Unternehmens und der zunehmenden Aufgabenbreite und –tiefe. Als einer der **Hauptkostenfaktoren**, denen sich ein Unternehmen gegenübersieht, sollte die Entwicklung des Personalbedarfs in den ersten Jahren u. a. mit Blick auf die Unternehmens-Finanzen sorgfältig geplant werden. Zur möglichst exakten Feststellung des tatsächlichen Bedarfs ist eine genaue Aufstellung der anfallenden Tätigkeiten und der dafür erforderlichen Qualifikationen sinnvoll (Anforderungsprofil), die dann in Stellenbeschreibungen überführt werden können.

Besteht in einer späteren Entwicklungsphase der Bedarf an zusätzlichen Mitarbeitern, so kann dieser intern oder extern gedeckt werden. Bei der internen Personalsuche ist bspw. an innerbetriebliche Stellenausschreibungen (Mitarbeiter in anderen Positionen, Auszubildende im letzten Lehrjahr, Praktikanten/Trainees) oder private Kontakte (Freunde, Bekannte, Verwandte, Geschäftspartner oder deren Empfehlungen) zu denken. Die externe Personalsuche kann durch die Veröffentlichung der Stellenbeschreibung und des Anforderungsprofils in Zeitungen, im Internet[85], durch Aushänge (z. B. in Hochschulen, beim Arbeitsamt) oder durch Einschaltung spezialisierter Dienstleister (Personalvermittlung, „Headhunter", Zeitarbeitsfirmen) erfolgen. Die Auswahl des geeigneten Mitarbeiters geschieht zum einen durch die Analyse der Bewerbungsunterlagen (voll-

---

[85] Siehe z. B. www.arbeitsamt.de, www.arbeitsagentur.de, www.jobpilot.de, www.stepstone.de, www.jobscout24.de, www.crosswater-systems.com, www.stellenmarkt.de, www.jobsintown.de, www.zeit.de, www.stellenanzeigen.de, www.jobboerse.de.

ständig, ansprechend, Qualifikationen stimmen mit Anforderungsprofil überein), zum anderen über den persönlichen Eindruck, den der Kandidat bei einem Vorstellungsgespräch o. ä. beim Arbeitgeber hinterlässt oder durch gezielte psychologische Testverfahren bis hin zum **Assessment Center**.

Bei der **Personaleinstellung** steht der Arbeitsvertrag im Mittelpunkt. Hier sind zahlreiche arbeitsrechtliche und evtl. auch tarifrechtliche Bestimmungen zu beachten (Bsp.: Mutterschutz, Kündigungsschutz, Beschäftigung von Minderjährigen, Behinderten usw.), die im Rahmen dieser Publikation nicht näher ausgeführt werden können.[86] Im Arbeitsvertrag werden die Rechte und Pflichten beider Parteien, die mit dem Beschäftigungsverhältnis verbunden sind, aufgeführt. Dazu gehören bspw. Art der Tätigkeit, Höhe der Vergütung, Arbeitszeiten, Urlaubsanspruch, Dauer der Probezeit und Kündigungsfristen sowie evtl. Zusatzleistungen etc. Grundsätzlich kann ein Arbeitsvertrag befristet (z. B. drei Monate oder zwei Jahre) oder unbefristet abgeschlossen werden. Gerade bei noch nicht gesicherter Auslastung beschränken Zeitverträge das Risiko des Arbeitgebers. Administrative Alternativen bieten für Aushilfskräfte die sogenannten Mini Jobs.[87]

Im Rahmen der **Personalverwaltung** muss vor allem die regelmäßige und rechtzeitige Auszahlung der Löhne sichergestellt werden. Weiterhin ist der Arbeitgeber zur Abführung der Sozialversicherungsbeiträge und der Lohnsteuer des Arbeitnehmers an die Krankenkassen, AOK bzw. das zuständige Finanzamt verpflichtet. Die Sozialversicherungsbeiträge (Rentenversicherung, Krankenversicherung, Arbeitslosenversicherung) werden jeweils zur Hälfte von Arbeitgeber und Arbeitnehmer getragen, wobei die Beiträge des Arbeitnehmers unmittelbar vom Bruttolohn abgezogen werden. An das zuständige Finanzamt überwiesen wird die Lohnsteuer (sowie evtl. Kirchensteuer und Solidaritätszuschlag), die jedoch vom Arbeitnehmer alleine zu tragen ist. Zur Berechnung der einzelnen Beiträge bietet sich die Anschaffung einer entsprechenden Software (z. B. Lohn & Gehalt von Lexware o. ä.) an. Zur besseren Übersicht ist zudem die Anlage einer Personalakte für jeden einzelnen Mitarbeiter notwendig, in der alle ihn betreffenden Unterlagen gesammelt werden.

Aufgabe der **Personalführung** ist es, die Mitarbeiter so einzusetzen, dass die Unternehmensziele möglichst effizient umgesetzt werden. Dazu ist eine sinnvolle Strukturierung der Arbeitsabläufe und deren Koordination ebenso erforderlich, wie die Fähigkeit Aufgaben zu delegieren und die Beschäftigten zu moti-

---

86 Darüber hinaus ist auf Standardwerke und die entsprechenden Gesetzestexte zu verweisen, z. B. Bröckermann, Reiner: Personalwirtschaft, Lehr- und Übungsbuch für das Human Ressource-Management, Schäffer-Poeschel, Stuttgart, 3. Auflage 2003.

87 Vgl. www.minijobzentrale.de

vieren. In diesem Rahmen spielt auch die Aus- und Weiterbildung eine bedeutende Rolle.

Die **Personalfreisetzung** beendet das Arbeitsverhältnis. Bei einem befristeten Arbeitsvertrag sind hierzu keine weiteren Maßnahmen erforderlich, indem der Vertrag einfach ausläuft und nicht verlängert wird. Bei einem unbefristeten Arbeitsverhältnis muss eine der beiden Parteien (i.d.R. schriftlich) die Kündigung einreichen. Zu beachten sind wiederum die Vorgaben des Arbeitsrechts hinsichtlich Kündigungsschutz, evtl. Abfindungen usw.

2.3.8 Unternehmensfinanzierung und Kapitalstruktur

Die Finanzierung ist eine klassische Gründungsaufgabe des angehenden Unternehmers. Hier werden auch von vielen potentiellen Gründern mehr oder minder berechtigterweise besondere Probleme erwartet. Die Finanzierung stellt neben den Realprozessen und den Formalprozessen eine eigene Aufgabenperspektive dar. Unter 2.3.8 werden definitorische und klassifikatorische Grundlagen der Finanzierung dargestellt, die unter 3.3 im zweiten Teil des Buches weiter differenziert werden.

Zum Einstieg sollen einige grundlegende Begriffe der Finanzierung eingeführt werden.

2.3.8.1 Finanzierungsformen

Die **Kapitalstruktur** beschreibt die Zusammensetzung des Gesamtvermögens eines Unternehmens. Grundsätzlich wird zwischen **Eigenkapital** und **Fremdkapital** unterschieden. Eine Zwischenform bildet das sogenannte **Mezzanine-Kapital**. Die Hauptcharakteristika dieser drei Finanzierungsformen sollen im Folgenden kurz beschrieben werden.

Eigenkapital

Eigenkapital (EK) wird dem Unternehmen von seinen Eigentümern/ Gesellschaftern/Aktionären dauerhaft zur Verfügung gestellt. Je nach Rechtsform haften Eigenkapitalgeber mit ihrer Einlage oder auch mit ihrem gesamten Privatvermögen für die Verbindlichkeiten des Unternehmens. Ein Rückzahlungsanspruch besteht nicht. Im Gegenzug haben die Gesellschafter ein Anrecht auf die Gewinne, die das Unternehmen erwirtschaftet, und die Möglichkeit, durch Mitsprache-, Stimm- und Kontrollrechte an der Unternehmensführung mitzuwirken. Existenzgründern sind aufgrund ihrer eher geringen Unternehmensgröße bestimmte Möglichkeiten der Eigen- und Fremdkapitalbeschaffung größerer Betriebe verwehrt (z. B. Börsengang, Emission von Obligationen).[88]

Dem Eigenkapital werden verschiedene Funktionen zugeschrieben, wie z. B. die Arbeitsfunktion, Voraushaftfunktion, Risikopufferfunktion, gesetzlich vorgeschriebene Errichtungsgrundlage und Gewinnverteilungsbasis.[89]

- **Arbeitsfunktion**
  Existenzgründungen haben i. d. R. einen (relativ zur späteren Phase des laufenden Betriebs) höheren Kapitalbedarf, da alle notwendigen Faktoren des wirtschaftlichen Handelns erstmals erworben werden müssen. Insbesondere Betriebsübernahmen weisen einen hohen Startkapitalbedarf auf, da hier alle bestehenden Einrichtungen (Inputfaktoren) zu genau einem Zeitpunkt akquiriert werden.[90] Hierzu gehört auch die Vorfinanzierung von **Betriebsmitteln** wie Löhnen und Mieten, die in der Gründungsphase getätigt werden muss, ohne dass Einnahmen aus entsprechender zeitlich früherer Geschäftstätigkeit vorliegen. Der zeitliche Abstand zwischen Vorsteuerzahlung der Unternehmen und Rückerstattung durch das Finanzamt führt ebenso zu Liquiditätsbelastungen zu Beginn eines Unternehmenslebens. Kredite zur Deckung dieser Kosten werden nur eingeschränkt gewährt, da ihnen meist keine ausreichenden dinglichen Sicherheiten gegenüberstehen. Je nach Marktgängigkeit und Alter werden Maschinen zu ca. 70 % ihres Kaufpreises, Immobilien zu ca. 80 % und das Warenlager zu ca. 60 % als Sicherheit betrachtet.[91] Aktuell werden Ratingfragen in diesem Kontext mit Blick auf BASEL II immer wichtiger. Die Arbeitsfunktion des Eigenkapitals (Einsatz des Kapitals zum Erwerb von Produktionsfaktoren) hat also aufgrund der relativ hohen Startkapitalbelastung und der Notwendigkeit der Vorfinanzierung von Betriebsmitteln bei Existenzgründungen eine besondere Bedeutung.

- **Voraushaftfunktion/Fremdkapitalbeschaffungsfunktion**
  Wenn ein neues Unternehmen gegründet wird bzw. eine natürliche Person ein bestehendes Unternehmen übernimmt, ergeben sich aus dieser Neuartigkeit der Situation Risiken, deren Besonderheiten vom Fremdkapitalgeber nur schwer abschätzbar sind. Bei Neugründungen fehlen unternehmensinterne

---

88 Vgl. Vormbaum, Herbert: Finanzierung der Betriebe, 8. vollständig überarbeitete Aufl., Wiesbaden 1990, S. 266 und Nowak, Ralf: Gesamtwirtschaftliche Aspekte von Existenzgründungshilfen des Bundes und der Länder, Köln 1991, S. 41.

89 Vgl. Vormbaum, Herbert: Finanzierung der Betriebe, 8. vollständig überarbeitete Aufl., Wiesbaden 1990, S. 35-37.

90 Vgl. Nowak, Ralf: Gesamtwirtschaftliche Aspekte von Existenzgründungshilfen des Bundes und der Länder, Köln 1991, S. 23f.

91 Hier sind aus Sicht der Banken u. a. die Vorschriften des Kreditwesengesetzes (KWG) zu beachten (www.bafin.de). Da die Ware typischerweise nur kurze Zeit im Betrieb verbleibt, ist diese besicherungsproblematisch, aber als Lösungsansatz bestehen die rechtlichen Möglichkeiten der Zession bzw. Globalzession.

Vergangenheitsdaten völlig, bei Übernahmen können der neue Unternehmer selbst oder eine zusätzlich vorgenommene Veränderung des Unternehmensgegenstands oder der Betriebsabläufe etc. schwer abwägbare Risiken darstellen. Diese Risiken wollen Fremdkapitalgeber besonders abgesichert wissen und verlangen eine höhere Eigenkapitalbasis (evtl. auch höhere Zinsen), als sie es bei bestehenden Unternehmen tun, oder entsprechende dingliche Sicherheiten. Ab einer gewissen Verschuldungsgrenze vergeben Fremdkapitalgeber i.d.R. keine Kredite mehr, da ihre Verlustrisiken zu groß werden (Kreditrationierungsstrategie) oder der verlangte Zins steigt erheblich an (BASEL II). Eine gesunde Eigenkapitalbasis ist also notwendig, um eine Voraushaftfunktion zu übernehmen und eine evtl. Begrenzung des Umfangs der Geschäftstätigkeit durch rationierte Kredite zu vermeiden (vgl. Eigenkapitalhilfe weiter unten). Da Fremdkapitalgeber die Höhe von Krediten an jeweils schon vorhandenem Eigenkapital bemessen, wird dieses zum Hebel für das Fremdkapital.

- **Risikopufferfunktion**
  Eine weitere für Gründungsunternehmen relevante Funktion des Eigenkapitals lässt sich unmittelbar ableiten: die Risikopufferfunktion.[92] Verfügt ein Unternehmen über nur wenig Eigenkapital, so liegt ein hoher Verschuldungsgrad (Fremdkapital/Eigenkapital) vor. Dieser führt zu hohen und starren Zins- und Tilgungszahlungen unabhängig von der jeweils aktuellen Gewinn- und Liquiditätssituation. Die niedrige Eigenkapitalquote führt somit dazu, dass das Unternehmen weniger widerstandsfähig gegenüber kurzfristigen Risiken (z. B. konjunkturelle Rezession, Forderungsausfälle) wird, da bei geringen Kapitalzuflüssen der Kapitaldienst nicht sinkt und die Liquiditätssituation zusätzlich belastet. Z. B. sind Zahlungsverzögerungen bei Kunden zwar nicht erfolgswirksam, die dadurch entstandene auch nur kurzfristige Illiquidität des Unternehmens ist jedoch unter Umständen ein „Knock-Out-Kriterium" für die Existenz des Unternehmens.

- **Gesetzlich vorgeschriebene Errichtungsgrundlage**
  Für Kapitalgesellschaften (vgl. auch Kapitel 2.3.4) ist die Einbringung einer Mindesthöhe von Stamm- bzw. Grundkapital gesetzlich vorgeschrieben. Somit ist die Ausstattung des Unternehmens mit Eigenkapital in einer bestimmten Mindesthöhe (z. B. 25.000 € bei einer GmbH bei zumindest 50 %iger Einzahlung) eine Gründungsvoraussetzung.

- **Gewinnverteilungsbasis**
  Neben den vorgenannten Funktionen fungiert Eigenkapital zusätzlich als Gewinnverteilungsbasis. Das heißt, anhand der Höhe des eingezahlten Eigen-

---

[92] Das heißt Indikator für risikopuffendes Reinvermögen.

kapitals wird meist bestimmt, welcher Anteil am erzielten Gewinn des Unternehmens den einzelnen Gesellschaftern zusteht. Dies ist aber disponibel.

Abbildung 23: Aufgaben im Rahmen des Personalmanagements

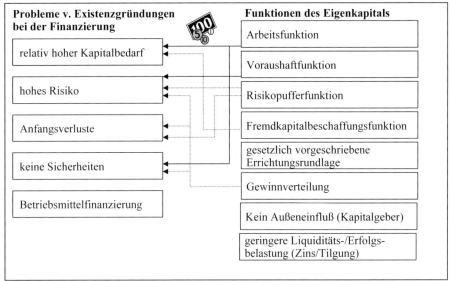

Quelle: Modifiziert nach Klandt u.a: Gesamtwirtschaftliche Wirkungen der Existenzgründungspolitik sowie Entwicklungen der mit öffentlichen Mitteln - insbesondere Eigenkapitalhilfe-geförderten Unternehmensgründungen. Ein Gemeinschaftsgutachten von ifo Institut für Wirtschaftsforschung (München) und bifego (Dortmund), München 1994, 2. Auflage 1996.

Fremdkapital

Fremdkapital (FK) wird einem Unternehmen von Personen oder Institutionen, die nicht am Unternehmen beteiligt sind, in Form von Darlehen oder Krediten für einen festgelegten Zeitraum zur Verfügung gestellt. Der Kapitalgeber/Gläubiger hat einen Anspruch auf vollständige Rückzahlung des Betrags (in Abhängigkeit der vereinbarten Zahlungsmodalitäten in einem Betrag oder in Raten) sowie auf eine angemessene Verzinsung. Eine Beteiligung an der Unternehmensführung oder am Gewinn ist grundsätzlich ausgeschlossen. Nach der Laufzeit wird unterschieden zwischen kurz-, mittel- und langfristigen Krediten, die typischerweise mit unterschiedlich hohen Zinsen verbunden sind, sowie – aufgrund der jeweiligen Laufzeitverteilung – mit unterschiedlich hohen Tilgungsraten.

Für Gründer bzw. Unternehmen in der Gründungsphase besteht in der Regel das Problem, dass sie die verlangten Sicherheiten, die dem FK-Geber die Absicherung der Rückzahlung des Kredits gewährleisten sollen, nicht vorweisen können (wie z. B. Grundstücke oder sonstige Vermögensgegenstände) und daher nur sehr begrenzt Fremdkapital aufnehmen können. Wie im letzten Abschnitt erläutert, kann hier eine solide Eigenkapitalbasis begünstigend wirken.

Mezzanine-Kapital

Als Mezzanine-Kapital (mezzanine = italienisch für Zwischengeschoss in der Renaissancearchitektur) werden eigenkapitalähnliche Finanzierungsinstrumente bezeichnet, die sowohl Eigenkapital- als auch Fremdkapital-Charakteristika beinhalten.[93] Denkbar sind eine Fülle von verschiedenen Ausgestaltungen im Kontinuum zwischen reinem Eigen- und Fremdkapital, die z.T. rechtsformabhängig sind. Typisch hierbei ist die Kopplung der Verzinsung an die Wert-/ Ertragssteigerung des Unternehmens und die Behandlung als nachrangiges Darlehen, d. h. im Insolvenzfall wird zuerst das klassische Fremdkapital, dann erst das Mezzanine-Kapital bedient. Auf diese Weise kann Mezzanine-Kapital der Stärkung der Eigenkapitalbasis des Unternehmens dienen und die Möglichkeiten zur Aufnahme von Fremdkapital verbessern. Beispiele für Mezzanine-Kapital sind Nachrangdarlehen, stille Beteiligungen, Wandelschuldverschreibungen oder Genussrechte.

- **Nachrangdarlehen**: Gegenüber klassischen Krediten wird eine höhere Verzinsung dafür gezahlt, dass das Nachrangdarlehen im Insolvenzfall erst nach den übrigen Fremdkapitalgebern bedient wird.

- **Stille Beteiligung**: zu unterscheiden sind die **typische** und die **atypische** stille Beteiligung. Bei der typischen stillen Beteiligung stellt ein Dritter dem Unternehmen gegen eine Gewinnbeteiligung Kapital zur Verfügung. Der Unterschied des still Beteiligten zu einem Gesellschafter besteht darin, dass er keine Mitsprache- und nur eingeschränkte Kontrollrechte hat. Dafür haftet er bei Verlusten maximal mit der Höhe seiner Einlage. Bei der Rückzahlung seiner Einlage hat er lediglich Anspruch auf den Nominalbetrag (zzgl. evtl. Gewinn- und Verlustanteile). Bei der atypischen stillen Beteiligung hat der Kapitalgeber zusätzlich Anspruch auf eine Beteiligung an den Gewinnen, die durch Auflösung der stillen Reserven entstehen – und somit an der Wertsteigerung des Unternehmens.

- **Wandelschuldverschreibung** (convertible bond): die Wandelschuldverschreibung sieht das Recht vor, zu, ab oder bis zu einem bestimmten Zeitpunkt, -raum ein Darlehen in Anteile/Aktien des Unternehmens umzuwan-

---

93   Vgl. hierzu Schefczyk, Michael/Pankotsch, Frank: Betriebswirtschaftslehre junger Unternehmen, Stuttgart 2003, S. 229-230.

deln; es wird damit im Laufe der Entwicklung des jungen Unternehmens eine Veränderung von Fremdkapital zum Eigenkapital möglich gemacht.

- **Genussrechte**: ähnlich wie Aktien verbriefen Genussscheine das Recht auf einen Anteil am Gewinn des Unternehmens und u. U. eine Haftungsverpflichtung für Verbindlichkeiten. Mitsprache- oder Kontrollrechte sind dagegen nicht vorgesehen. Der Rückzahlungsanspruch wird nachrangig behandelt und ist nur im Gewinnfall zu bedienen.

Abbildung 24: Unterscheidungsmerkmale von Eigen-, Fremd- und Mezzanine-Kapital

	Eigenkapital	Mezzanine-Kapital	Fremdkapital
Haftung	Haftung zumindest in Höhe der Einlage; Mitunternehmerschaft	Nur im Ausmaß des gewandelten Anspruches (Wandeldarlehen)	Keine Haftung; Gläubigerstellung
Erfolgsbeteiligung	Aliquot an Gewinn und Verlust	Erfolgsabhängige Verzinsungsanteile	Nein; fixer Zinsanspruch; erfolgsunabhängig
Vermögensbeteiligung	Ja	Ja; Equity Kicker (Option auf Anteile)	Nein; Nominalanspruch in Höhe der Gläubigerforderung
Geschäftsführung	Im Regelfall dazu berechtigt (Mitsprache, Stimm-, Kontrollrechte)	Stimm- und Kontrollrechte möglich	Nein, ausgeschlossen
Zeitliche Verfügbarkeit	Unbefristet	Befristetes Eigenkapital	In der Regel zeitlich befristet (Tilgungsplan)
Besicherung	Keine	Keine	Kreditsicherheit
Liquiditätssicherung	Nicht fix; nur bei Gewinnausschüttung	Geringe laufende Verzinsung	Fix (Zinsen- und Kapitaldienst)
Steuerbelastung	Gewinnbesteuerung	Zinsen steuerlich absetzbar	Zinsen steuerlich absetzbar

Quelle: Grabherr, Oliver: Risikokapitalinstrumente, Köln 2001, S. 32.

2.3.8.2 Finanzierungsquellen

Zur Ausstattung eines Unternehmens mit dem notwendigen Kapital kann auf verschiedene Finanzierungsquellen in Form von Personengruppen oder Institutionen zurückgegriffen werden. Typische Eigen- und Fremdkapitalgeber sollen nun vorgestellt werden.

Eigenkapitalgeber

Zu den typischen Eigenkapitalgebern gehören – neben den Gründern selbst – Familie, Freunde und Bekannte, Business Angels und Venture Capital-Gesellschaften. Mit einer Beteiligung am Unternehmen verfolgen sie jeweils unterschiedliche Ziele.

- **Gründer**
  Bevor sich potentielle Unternehmensgründer (Einzelgründer oder Gründermehrheiten) nach externen Kapitalquellen umsehen, sollten sie zunächst ermitteln, wie viel Kapital sie selbst in das Unternehmen einbringen können. Zum einen sichert eine möglichst hohe Eigenbeteiligung ihnen die Mehrheit der Unternehmensanteile – und somit sowohl Entscheidungsfreiheit, als auch hohe Gewinnanteile im Erfolgsfall. Zum anderen wird das Einbringen des überwiegenden Teils des Privatvermögens bei (professionellen) externen Eigenkapitalgebern als Zeichen des persönlichen ‚Commitments' der Gründer vorausgesetzt. Es gilt: sind Gründer nicht bereit, ihr Privatvermögen in die Geschäftsidee zu riskieren, sind sie auch nicht hundertprozentig davon überzeugt – und daher wird sich auch ein externer Investor eher zurückhalten.

- **Family & Friends ("Fools")**
  Familienmitglieder, Freunde und Bekannte stellen für den/die Gründer meist die erste Anlaufstelle auf der Suche nach finanziellen Mitteln dar. Da sich alle Beteiligten gut kennen, ist ein Vertrauen in die Person und die Idee des Gründers bereits gegeben. Für die Gründer ist es daher einfacher, in diesem Kreis Geld zu beschaffen als von fremden Investoren. Allerdings werden die Mittel aus dem Family & Friends-Kreis bei größeren Gründungsvorhaben i. d. R. nicht ausreichend sein.

Es sollte darauf geachtet werden, dass die Ansprüche aller Beteiligten im Vorhinein genau und schriftlich festgelegt werden, um evtl. späteren Streitigkeiten vorzubeugen – auch oder gerade weil private Beziehungen bestehen und nicht gefährdet werden sollen.

- **Business Angels – informelles Eigenkapital**
  Business Angels sind vermögende Privatpersonen, die i. d. R. selbst ein oder mehrere Unternehmen gegründet und erfolgreich geführt haben. Sie stellen ihr (Eigen-)Kapital, ihr Netzwerk und ihre Erfahrung vor allem Gründern in der Seed- und Start-up-Phase zur Verfügung.[94] Die Vorteile eines Business Angels liegen in der intensiven Betreuung. Dadurch dass er meist selbst als Unternehmer in der gleichen Branche tätig war, verfügt er über große Erfahrung und ein ausgeprägtes Kontaktnetzwerk. Finanziert werden von Business Angels vergleichsweise geringe Beträge (meist 25.000-250.000 €), die sich für Institutionen wie VC-Gesellschaften nicht lohnen würden.[95]

- **Venture Capital-Gesellschaften – institutionelles Eigenkapital**[96]
  Bei formellem Venture Capital (VC) handelt es sich um haftendes Eigenkapital, das wachstumsorientierten, innovativen Unternehmen vorwiegend in frühen Entwicklungsphasen gegen eine Minderheitsbeteiligung zur Verfügung gestellt wird.[97] Dabei ist der Venture Capital-Geber nicht primär an laufenden Erträgen in Form von Dividenden oder Gewinnausschüttungen interessiert, sondern an der Wertsteigerung des Beteiligungsunternehmens. Seine Rendite erzielt er nach ca. 3 bis 7 Jahren durch den Verkauf seiner Anteile, den sog. Exit.[98]

Ein weiteres Charakteristikum des Venture Capital-Konzepts ist die aktive Betreuung, die mit der Beteiligung einhergeht (sog. value adding).[99] Der Kapitalgeber steht dem Management beratend zur Seite und stellt sein Kontaktnetzwerk zur Verfügung. Oft handelt es sich um ein syndiziertes Engagement, d. h. es gibt neben dem **Leadinvestor** noch weitere VCs, die sich am Gesamtinvestment beteiligen.

Venture Capital Gesellschaften übernehmen die Rolle von Finanzintermediären.[100] Sie investieren kaum unternehmenseigenes Kapital, sondern bündeln

---

94 Vgl. Mittendorfer, Roland: Szenerie der Investoren, S. 47.
95 Vgl. Klandt, Heinz/Håkansson, Pär Ola/Motte, Frank: VADEMECUM für Unternehmensgründer, Business Angels und Netzwerke. Ein Beitrag zum Wissenstransfer zwischen Wissenschaft und Unternehmen. Verlag Books on Demand, Norderstedt, 2001, S. 119.
96 Hinweis: oftmals wird der Begriff „Venture Capital" mit dem Begriff „Private Equity" gleichgesetzt. Beide stehen für Risikokapital, das mit der Erwartung von hohen Renditen in Unternehmen investiert wird. Hier soll zur Abgrenzung jedoch die Definition des BVK verfolgt werden, der Venture Capital als Frühphasen-Private Equity beschreibt. Venture Capital steht daher für Risikokapital, das in einem frühen Stadium der Unternehmensentwicklung investiert wird.
97 Vgl. Schefczyk, Michael: Erfolgsstrategien Deutscher Venture Capital Gesellschaften, S. 15-21.
98 Vgl. Schmidtke, Axel: Praxis des Venture Capital-Geschäfts, S. 41.
99 Vgl. Nathusius, Klaus: Value Adding, S. 231-232.
100 Vgl. Nathusius, Klaus: Gründungsfinanzierung, S. 67.

Kapital von institutionellen Investoren (wie z. B. Banken und Versicherungen) in einem Fonds, aus dem sie in ein Portfolio von Beteiligungsunternehmen investieren.[101] Nach Ablauf des Engagements verkauft die VC-Gesellschaft die Anteile an ihren Beteiligungsunternehmen, wenn möglich im Rahmen eines Börsengangs oder Trade Sales, bzw. schreibt sie im Insolvenzfall ab.[102] Die Gewinne aus dem Gesamtportfolio werden an die Fonds-Investoren ausgeschüttet, wobei ein Teil als Provision bei der VC-Gesellschaft verbleibt. Dieser Venture Capital Prozess ist in der folgenden Abbildung veranschaulicht.

Abbildung 25: Die Architektur des Venture Capital-Geschäfts

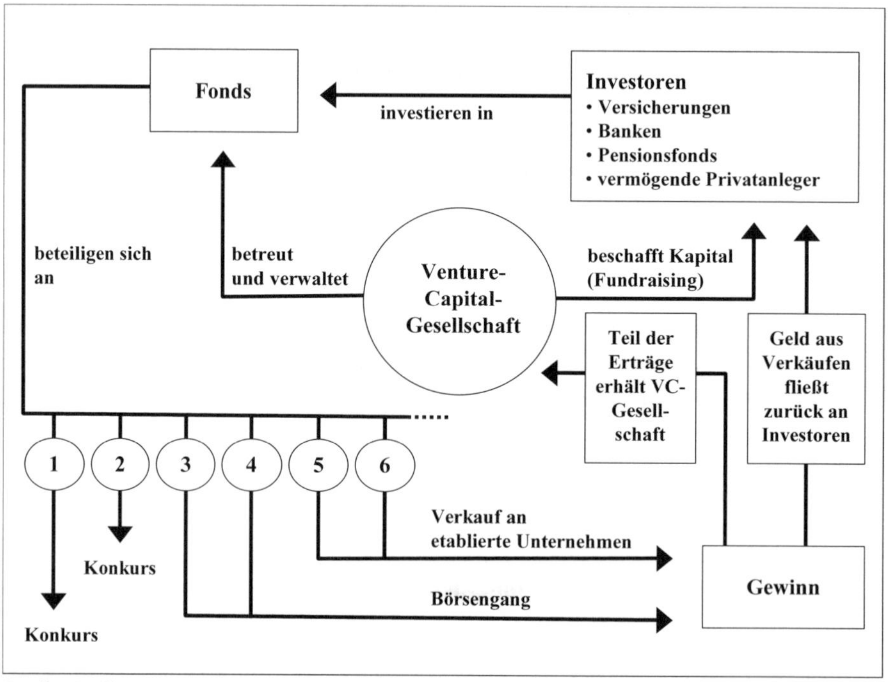

Quelle: Kollmann-E-Venture Capital 2003, S. 24 bzw. Papendick, Ulrich; Schmalholz, Claus G.: Viel gewagt – und verloren, in: Manager Magazin, Nr. 6/2002, S. 126-132.

---

101 Vgl. Kollmann, Tobias/Kuckertz, Andreas: E-Venture-Capital, S. 23.
102 Als Trade Sale wird der Verkauf des Unternehmens bzw. einer maßgeblichen Beteiligung an einen industriellen Investor bezeichnet. Der Investor – oft Unternehmen aus der gleichen Branche – verfolgt neben finanziellen oft auch strategische Ziele, wie den Zugang zu wertvollem Know-How oder die Erweiterung der eigenen Angebotspalette.

- **Corporate Venture Capital-Geber – strategisches Eigenkapital:**
  Eine weitere Form der formellen Venture Capital-Finanzierung ist das sog. Corporate Venture Capital (CVC). Hier stellen Konzerne und Industrieunternehmen jungen Unternehmen Eigenkapital zur Verfügung. Neben einer attraktiven Kapitalanlagemöglichkeit verfolgen diese Unternehmen vor allem das Ziel, sich Zugang zu technologischem Know-How und Innovationen zu verschaffen – also „am Puls der Zeit" zu bleiben (sog. „window on technology").[103] Demzufolge beteiligen sie sich hauptsächlich an branchenverwandten Gründungen, bei denen sie ein hohes Innovationspotenzial vermuten. Vorteil von CVC ist i.d.R. die Partizipation am großen Branchen-Know-How sowie der Zugang zu Kunden und Kontaktnetzwerken des etablierten Kapitalgebers unter Umständen ist es auch möglich den CVC-Geber als ersten Referenzkunden zu gewinnen.

- **IPO**
  Ein IPO (= Initial Public Offering), also ein Börsengang, kommt für Unternehmen in der Gründungsphase als Finanzierungsquelle nicht in Frage. Für spätere Finanzierungsphasen kann ein IPO aber durchaus in Betracht gezogen werden und – z. B. als möglicher Exitkanal für VC-Gesellschaften – auch im Business Plan erwähnt werden; denkbar sind aber unter Umständen auch Formen der vorbörslichen Platzierung (private placements).

Fremdkapitalgeber/-quellen

Als Fremdkapitalgeber kommen – neben den Banken – z. B. Lieferanten, Kunden und wiederum Freunde und Familienmitglieder in Betracht.

- **Banken, insbes. Hausbank**
  Die klassischen Formen von Fremdkapital sind mittel- und langfristige **Darlehen** (vorwiegend zur Finanzierung des Anlagevermögens), die von Kreditinstituten zur Verfügung gestellt werden. Erste Adresse für Gründer/Unternehmer ist hier meistens die Hausbank, da die Personen und die Situation des Unternehmens dort bekannt sind und evtl. durch eine mehrjährige Beziehung ein Vertrauensverhältnis und somit eher die Bereitschaft zur Unterstützung des Gründungsvorhabens besteht. Es sind vorwiegend die lokalen Sparkassen sowie die Volksbanken, die sich mit Existenzgründungen befassen. Allerdings sollten auch Vergleichsangebote anderer Banken gesucht werden. Neben dem Vorhandensein von Besicherungsmöglichkeiten (dinglichen Sicherheiten) oder Bürgschaften Dritter wird die Bank bei der Vergabe von Krediten vor allem darauf achten, dass die Liquiditätssituation und Er-

---

[103] Vgl. Mittendorfer, Roland: Szenerie der Investoren, S. 50.

tragslage des Unternehmens die Erfüllung des Kapitaldienstes (Annuität bestehend aus Zins- und Tilgungsraten) zulässt.

Neben diesen Darlehenstypen wird üblicherweise von Seiten der Bank ein **Kontokorrentrahmen** zur kurzfristigen Finanzierung der Betriebsmittel (z. B. Auftragsvorfinanzierung bzgl. Lohnkosten etc.) auf dem Girokonto eingeräumt. Die Zinsen hierfür liegen meist deutlich höher als für die lang- und mittelfristigen Darlehen, allerdings fallen meist keine zusätzlichen Bearbeitungsgebühren an (Agio etc.). Vorteil des Kontokorrents ist es, dass jeweils nur Zinsen für den in Anspruch genommenen Teil bezahlt werden müssen und eine Tilgung jederzeit erfolgen kann. Es ist von Seiten des Kreditinstituts erwünscht, dass dieses Kontokorrent in einem gewissen zeitlichen Rahmen immer wieder auf Null zurückgeführt wird. Als persönlicher Kredit sind meistens ca. 10.000 bis 15.000 € im Rahmen eines Kontokorrents auch in der Gründungssituation zu erhalten. Eine Erweiterung des Kontokorrentrahmens wird meist abhängig von der Auftragslage (Auftragsbestand) gemacht. Die Idee dahinter ist, dass das Kontokorrent der kurzfristigen Vorfinanzierung der Aufträge dient.

- **Lieferanten**
  Eine Möglichkeit zur Zwischenfinanzierung von Anlagevermögen, Waren oder Roh-, Hilfs- und Betriebsstoffen ist der **Lieferantenkredit**. Dabei werden die gelieferten Waren nicht unmittelbar nach Eingang, sondern z. B. erst nach einem Zahlungsziel von einem bis drei Monaten bezahlt. Bei Gründungsunternehmen ist es allerdings aufgrund des noch fehlenden Vertrauensverhältnisses und Erfahrungswerten fraglich, ob Lieferanten bereit sind, einen solchen Kredit zu geben. Zudem handelt es sich beim Lieferantenkredit typischerweise um ein vergleichsweise teures Finanzierungsinstrument (aufgrund des Verzichts auf Skonto von z. B. 2 %-3 %), das nur in Betracht gezogen werden sollte, wenn weder eine Erweiterung des Kontokorrentrahmens noch die Aufnahme von mittel- oder langfristigen Darlehen in Frage kommen.

- **Kunden**
  Kunden bzw. Auftraggeber spielen bei der Fremdkapitalfinanzierung vor allem im Rahmen von **Auftragsvorfinanzierungen** eine Rolle. Solche Vorauszahlungen sind bei größeren Entwicklungsprojekten bis zu einem Anteil von 33 % üblich. Sie dienen dazu, die bei aufwändigen Projekten oft sehr lange Phase zwischen Ausgaben (z. B. für teure Rohstoffe, Entwicklungs- und Personalkosten) und Einnahmen, die erst nach Abschluss des Auftrags erfolgen, zu überbrücken.

- **Family & Friends (Privatkredite)**
  Ein Darlehen von Freunden oder Familienmitgliedern ist wohl meist die günstigste Kreditvariante und bietet sich vor allem bei kurzfristigem Finanzbedarf oder Bürgschaften an. Zudem werden es enge Bekannte mit den banküblichen Sicherheiten nicht so streng nehmen. Allerdings sollten die Darlehenskonditionen (wie Laufzeit, Zinsen und Art der Tilgung) im Vorhinein schriftlich fixiert werden, um evtl. spätere Streitigkeiten zu vermeiden; typischerweise wird der Gründungsunternehmer persönlich der Darlehensnehmer sein und die Geldmittel dann als Eigenkapital in das Unternehmen einbringen.

- **Leasing**
  Leasing bietet sich als Alternative zum Kauf von Anlagevermögen (z. B. Maschinen, Fahrzeuge, Immobilien) insbesondere für Gründungsunternehmen mit geringer Eigenkapitalausstattung an. Der Vorteil ist neben der besseren Liquidität (der hohe Kaufpreis muss nicht zum Anschaffungszeitpunkt entrichtet werden) in einer genaueren Kalkulierbarkeit der einzusetzenden Produktionsfaktoren für die Erfolgsrechnung zu sehen. Gleichzeitig erhöhen sich durch die Leasingraten natürlich die fixen Kosten des Unternehmens. Es muss weiterhin berücksichtigt werden, dass zusätzliche Aufwendungen anfallen können, die beim Kauf nicht unbedingt notwendig sind, wie z. B. eine Vollkaskoversicherung beim Leasing von Fahrzeugen. Zudem entfallen evtl. Barzahlungsnachlässe, Skonto o. ä.. Leasing ist meist eine teure Finanzierungsvariante und daher erst nach Erschöpfung anderer Möglichkeiten zu erwägen. Unter Umständen sind Leasingvarianten auch unter Eigenkapital einzuordnen (Bilanzierung dann beim Leasingnehmer).

- **Factoring**[104]
  Beim Factoring werden die Forderungen aus Lieferungen und Leistungen eines Unternehmens gegen eine Prämie von einem sog. Factor (meist Tochtergesellschaften von Banken oder Versicherungen) übernommen, d. h. das Unternehmen muss nicht mehr auf den Eingang der Zahlungen seiner Kunden warten, sondern hat einen schnelleren Mittelzufluss. Allerdings kommt auch diese Finanzierungsvariante für Gründungsunternehmen kaum in Betracht, da ein veritabler Kundenstamm erst aufgebaut werden muss, die Solvenz der Kunden bzw. die Langfristigkeit der Beziehung noch nicht absehbar sind und meist das notwendige Volumen auch noch nicht erreicht ist; dieses sollte bei mindestens 250 T€ Jahresumsatz liegen. Unter **Forfaitierung** wird der spezielle Fall des Factorings mit Verzicht auf den Rückgriff gegenüber dem Verkäufer bei Zahlungsausfall verstanden.

---

104 Vgl. hierzu Nathusius, Klaus: Gründungsfinanzierung, Wie Sie mit dem geeigneten Finanzierungsmodell Ihren Kapitalbedarf decken, Frankfurt a. M. 2003, S. 140-141.

2.3.8.3 Öffentliche Finanzierungs-Förderprogramme[105]

Eine weitere Finanzierungsquelle stellen die öffentlichen Förderprogramme dar. Dabei handelt es sich um Gelder, die vom Bund, den Ländern und der EU zur Unterstützung von Unternehmens- und Existenzgründungen bereitgestellt werden.

Neben (Investitions-)Zuschüssen werden vor allem langfristige **Kredite** mit besonders günstigen Zins- und Tilgungskonditionen angeboten, in geringerem Umfang auch **Beteiligungskapital**.

Die Anzahl solcher Programme, die prinzipiell für einen Gründer oder Unternehmer in Frage kommen, liegt – je nach Zählweise – bei ca. 400-1.200 und ist selbst für Experten kaum zu überschauen. Die Bankensysteme (Sparkassen, Volksbanken, Geschäftsbanken etc.) und Berater setzen aber Datenbanken und Expertensysteme ein, die einen gewissen Überblick erlauben. Zum Teil sind solche Softwareprodukte auch für den einzelnen Gründer erhältlich[106], diese sind aber eher für die Hand des Beraters geeignet. Die meisten Programme werden ohnedies über die Hausbank abgewickelt, so dass die Einbeziehung von Förderprogrammen Teil des Finanzierungsmixes beim Finanzierungsgespräch in der Sparkasse oder Bank sein sollte.

Die **Fördermittel des Bundes** werden von der (staatlichen) **KfW Mittelstandsbank** (KfW = Kreditanstalt für Wiederaufbau) verwaltet. Beantragt werden müssen die Gelder durch die Hausbank, eine direkte Antragstellung des Gründers bei der KfW ist nicht möglich. Die wichtigsten Förderprogramme werden im Folgenden kurz beschrieben:[107]

- **Unternehmerkapital: ERP-Kapital für Gründung (0-2 Jahre) - Eigenkapitalhilfe-Darlehen (EKH)**[108]
  Bei EKH-Darlehen handelt es sich um eigenkapitalähnliche Mittel (Mezzanine-Kapital) in Form von **Nachrangdarlehen** (s. o), die von Existenzgründern und jungen Unternehmen innerhalb der ersten zwei Jahre nach Geschäftsaufnahme beantragt werden können.

Voraussetzung ist, dass die Gründer ausreichende fachliche und kaufmännische Qualifikationen vorweisen können und über eine „ausreichende unter-

---

105 Vgl. u. a. BMWA (Hrsg.): GründerZeiten – Informationen zur Existenzgründung und Sicherung Nr. 6 „Existenzgründungsfinanzierung", aktualisierte Ausgabe 2/2004.
106 Vgl. z. B. im Haufe Verlag: PC-Datenbank Öffentliche Fördermittel für Windows, Berater Version, ISBN 3-448-03493-2.
107 Die detaillierte Beschreibung aller von der KfW angebotenen Förderprogramme sowie die aktuellen Zins- und Tilgungskonditionen finden sich unter www.kfw.de.
108 ERP = European Recovery Programme.

nehmerische Entscheidungsfreiheit" verfügen.[109] Gefördert werden betriebliche **Investitionen** wie der Erwerb von Grundstücken und Gebäuden, Betriebs- und Geschäftsausstattung, Beschaffung oder Aufstockung eines Warenlagers aber auch branchenübliche Markterschließungskosten (z. B. Erstellung eines Marketingkonzepts oder Marktforschung).

Neben den langen Laufzeiten und günstigen Zins- und Tilgungskonditionen ist der Vorteil dieses Förderprogramms für Gründer vor allem in der Eigenkapitalfunktion von Nachrangdarlehen zu sehen: dadurch dass sie im Insolvenzfall erst nach allen anderen Fremdkapitalgebern bedient werden, werden sie im bankentechnischen Sinn als Eigenkapital behandelt und begünstigen somit die Aufnahme von (weiterem) Fremdkapital. Zusätzlich wird die Haftung für das Darlehen gegenüber der Hausbank in vollem Umfang von der KfW übernommen, mit Ausnahme der persönlichen Haftung müssen von den Gründern keine Sicherheiten gestellt werden.

- **Unternehmerkapital: ERP-Programm für Wachstum (2-5 Jahre)**
  Auch beim ERP-Kapital für Wachstum handelt es sich um Nachrangdarlehen mit Eigenkapitalfunktion. Es wird kleinen und mittleren Unternehmen zur Verfügung gestellt, die ihre Geschäftstätigkeit vor mehr als zwei und weniger als fünf Jahren aufgenommen haben. Gefördert werden wiederum betriebliche Investitionen sowie die Übernahme von bestehenden Unternehmen oder der Erwerb einer tätigen Beteiligung.

  Voraussetzungen für die Förderung sind, dass sich das Unternehmen bereits am Markt etabliert hat, über eine ausreichende Bonität (Kreditwürdigkeit) verfügt und positive Zukunftsaussichten vorweisen kann. Weiterhin muss die Hausbank bereit sein, einen Finanzierungsanteil (Fremdkapital) in gleicher Höhe wie die KfW zu übernehmen.

- **Unternehmerkapital: Kapital für Arbeit und Investitionen (über 5 Jahre)**
  Dieses KfW-Programm richtet sich an etablierte, mittelständische Unternehmen, bei denen die Aufnahme der Geschäftstätigkeit mehr als fünf Jahre zurückliegt. Bei der Förderung handelt es sich um eine kombinierte Finanzierung, jeweils zu 50 % bestehend aus einem klassischen Darlehen der Hausbank (also Fremdkapital) und einem Nachrangdarlehen der KfW.

  Voraussetzungen sind eine ausreichende Bonität und positive Zukunftsaussichten. Für das Darlehen der Hausbank sind die banküblichen Sicherheiten zu stellen, das Nachrangdarlehen muss nicht besichert werden. Gefördert werden – der Name ist Programm – langfristige Investitionen, durch die Ar-

---

109 „Ausreichende unternehmerische Entscheidungsfreiheit" besteht, wenn der Antragsteller einen Unternehmensanteil von mind. 10 % hält und eine Geschäftsführungsbefugnis hat.

beitsplätze geschaffen bzw. gesichert werden und die einen nachhaltigen wirtschaftlichen Erfolg für das Unternehmen versprechen.

- **Unternehmerkredit**
  Der Unternehmerkredit ist ein Investitionskredit, den Existenzgründer mit entsprechenden fachlichen und kaufmännischen Qualifikationen und etablierte, mittelständische Unternehmen mit einem Jahresumsatz von weniger als 500 Mio. € beantragen können. Die banküblichen Sicherheiten müssen gestellt werden. Gewährt wird der Kredit ebenfalls für langfristige Investitionen, die dem nachhaltigen wirtschaftlichen Erfolg des Unternehmens dienen.

- **StartGeld**
  Das StartGeld-Programm der KfW richtet sich an Existenzgründer und kleine Unternehmen mit geringem Kapitalbedarf. In Form eines Investitionskredits werden alle Formen der Existenzgründung (z. B. die Errichtung oder der Erwerb eines Betriebs) unterstützt. Gewährt wird der Kredit sowohl für betrieblich bedingte Investitionen als auch für Betriebsmittel.

  Besonderheit des StartGeldes ist, dass der Gesamtkapitalbedarf 50.000 € nicht überschreiten darf, eine Kombination mit anderen Förderprogrammen ist nicht möglich. Die zu stellenden Sicherheiten muss der Gründer mit seiner Hausbank, bei der er den Kredit beantragt, aushandeln.

- **Mikro-Darlehen**
  Ähnlich wie beim StartGeld handelt es sich auch beim Mikro-Darlehen um einen Investitionskredit für Existenzgründer und kleine Unternehmen mit geringem Kapitalbedarf. Übersteigt der Gesamtkapitalbedarf 25.000 €, so muss er mit Eigenmitteln finanziert werden. Eine weitere Aufnahme von Fremdkapital oder die Inanspruchnahme von weiteren Fördermitteln ist nicht zulässig. Gefördert werden wiederum betriebliche Investitionen und Betriebsmittel.

Weiterhin existieren **regionalbezogene Förderprogramme der einzelnen Bundesländer**, die teilweise mit den KfW-Mitteln kombiniert werden können (nähere Informationen hierzu bieten das BMWA, die KfW Mittelstandsbank und die Investitionsbanken der einzelnen Bundesländer).

Eigen- bzw. Mezzanine-Kapital wird auf Länderebene von den sog. Mittelständischen Beteiligungsgesellschaften (MBGs), auf Bundesebene (speziell für technologieorientierte Unternehmensgründungen) von der an die KfW angeschlossene **tbg** – Technologie-Beteiligungs-Gesellschaft[110] vergeben.

---

[110] Infos unter www.kfw-mittelstandsbank.de.

Förderprogramme für Existenzgründungen aus Hochschulen

Speziell mit Blick auf Gründungen aus den Hochschulen ist auch das Exist Programm des Bundesforschungsministeriums bedeutsam, das eine Sicherung des Lebensunterhaltes entsprechender Gründer in Höhe einer ½ BAT Stelle anbietet.[111] Die BMBF-Initiative EXIST offeriert die Maßnahme EXIST-SEED.[112] Auch hier sollen Hochschulabsolventen und wissenschaftliche Mitarbeiter bei der Entwicklung und Planung einer Geschäftsidee unterstützt werden. Allerdings steht hier weniger die Sicherung des Lebensunterhalts, sondern vielmehr die Deckung der Gründungs- und Entwicklungskosten im Vordergrund. Dazu werden Studenten für ein Jahr gründungsspezifische Aufwendungen in Höhe von maximal 21.000 €, wissenschaftlichen Mitarbeitern von maximal 40.000 € erstattet.

Eine Kombination dieser Förderung mit den regionalen Programmen zur Sicherung des Lebensunterhalts (wie FLÜGGE oder PFAU) oder einem Dienstverhältnis an einer Hochschule ist allerdings nicht zulässig.

Existenzgründung aus der Arbeitslosigkeit

Auch auf Länderebene gibt es eine Reihe von Förderprogrammen, die Hochschulabsolventen bei der Unternehmensgründung unterstützen. Als Beispiele seien an dieser Stelle FLÜGGE[113] (Bayrisches Förderprogramm zum leichteren Übergang in eine Gründungsexistenz) des Landes Bayern und PFAU[114] (Programm zur finanziellen Absicherung von Unternehmensgründern aus Hochschulen des Landes) des Landes Nordrhein-Westfalen genannt. Beide Programme bieten Gründern aus dem Hochschulumfeld die Möglichkeit, durch eine halbe BAT IIa-Stelle an ihrer Hochschule ihren Lebensunterhalt während der Konzeptions- und Gründungsphase ihres Unternehmens zu sichern. Die Dauer der Förderung beträgt ein, maximal zwei Jahre.

Von der **Bundesagentur für Arbeit** wird seit 2003 die Existenzgründung aus der Arbeitslosigkeit besonders gefördert. Arbeitslosen, die sich mit einer Kleingründung (Stichwort „Ich-AG") selbständig machen, wird der sog. **Existenzgründungszuschuss** zur Verfügung gestellt. Dabei handelt es sich um eine monatliche Förderung, die höchstens drei Jahre lang gewährt wird und vom Gründer nicht zurückgezahlt werden muss. Die Höhe der monatlichen Pauschale liegt derzeit bei

- 600 € im ersten Jahr,
- 360 € im zweiten Jahr und
- 240 € im dritten Jahr

111 Vgl. dazu www.exist.de/existseed/.
112 Die genauen Konditionen für EXIST-SEED sowie eine Zusammenstellung der Förderprogramme für Hochschulabsolventen der Bundesländer finden sich unter www.exist.de.
113 Weitere Infos und Antragsformulare unter www.fluegge-bayern.de.
114 Weitere Infos und Antragsformulare unter www.money-study-go.de.

und wird gewährt, solange der Gewinn aus der Ich-AG 25.000 € brutto pro Jahr nicht übersteigt. Als weitere Voraussetzungen muss der Gründer Arbeitslosengeld bezogen haben und die selbständige Tätigkeit hauptberuflich ausüben.

Der Existenzgründungszuschuss soll vor allem der sozialen Absicherung der Gründer dienen: aus den Fördergeldern müssen die Beiträge für Renten- und Krankenversicherung bestritten werden. Hierbei sind die Gründer von Ich-AGs für die Dauer der Förderung in der gesetzlichen Rentenkasse pflichtversichert und können in der gesetzlichen Krankenkasse vergünstigte Konditionen in Anspruch nehmen.

Anstelle des Existenzgründungszuschusses haben Arbeitslose, die sich selbständig machen möchten, auch die Möglichkeit, für ein halbes Jahr das sog. **Überbrückungsgeld** zu beantragen. Es soll den Lebensunterhalt der Gründer für die erste Anlaufzeit der Geschäftstätigkeit sicherstellen. Die Höhe des Überbrückungsgeldes richtet sich nach dem zuletzt bezogenen Arbeitslosengeld. Der Antrag auf Überbrückungsgeld muss bei der jeweils zuständigen Arbeitsagentur gestellt werden, wobei ein ausgearbeitetes Geschäftskonzept vorgelegt werden muss, das einer sog. „fachkundigen Stellungnahme" unterzogen wurde. Dabei handelt es sich um eine Art Tragfähigkeitsprüfung, die z. B. von IHKs oder Berufsverbänden vorgenommen werden kann.

2.3.8.4 Finanzierung im Verlauf der Unternehmensentwicklung

Nach der Beschreibung der verschiedenen Finanzierungsmöglichkeiten für Unternehmen stellt sich die Frage, welchen Finanzierungsmix Gründer in welcher Phase der Unternehmensentwicklung wählen sollten. Eine pauschal richtige Antwort auf diese Frage lässt sich zwar nicht geben – alle Finanzierungsformen und -quellen bringen sowohl Vor- als auch Nachteile mit sich – jedoch lassen sich unter Rückgriff auf die oben skizzierten Unternehmensentwicklungsphasen Empfehlungen geben. Einen Überblick gibt die Abbildung 26.

Insbesondere in der Gründungs- und Frühentwicklungsphase kann sich die Finanzierung mit Fremdkapital für junge Unternehmen schwierig gestalten: zum einen können sie nur selten die von Banken geforderten Sicherheiten vorweisen, zum anderen können die Zins- und Tilgungszahlungen oft nicht aus den ersten Einnahmen beglichen werden und das Insolvenzrisiko steigt durch die starke Erhöhung des Fixkostenblocks.

Gleichzeitig besteht bei den meisten Gründungsunternehmen hoher Beratungsbedarf in kaufmännischen und rechtlichen Fragen (z. B. bzgl. der Tragfähigkeit der Geschäftsidee, der Personalauswahl oder bei Patentanmeldungen).

Aus diesen Gründen bietet sich zu Beginn des Lebenszyklus eine hauptsächliche Finanzierung mit Eigenkapital – vorzugsweise die Zusammenarbeit mit Business Angels oder Venture Capital-Gesellschaften, die eine entsprechende Betreuung gewährleisten können – und ergänzend die Inanspruchnahme von öffentlichen Fördermitteln an.

In späteren Entwicklungsphasen treten die Probleme bei der Aufnahme von Fremdkapital in den Hintergrund – die banküblichen Sicherheiten sollten inzwischen vorhanden sein, die Liquiditätssituation des Unternehmens sollte die Zahlung von Zinsen und Tilgungsraten zulassen und auch der Beratungsbedarf wird sich auf andere Bereiche erstrecken. Attraktiv wird die Fremdkapitalfinanzierung für die Gesellschafter/Eigentümer aber vor allem dadurch, dass eine weitere Verwässerung der Unternehmensanteile vermieden werden kann (d. h. es müssen keine weiteren Gesellschafter aufgenommen werden, denen Mitspracherechte und Gewinnbeteiligungen eingeräumt werden müssen). Zudem wird die Höhe des Kapitalbedarfs rasch die Möglichkeiten der klassischen Eigenkapitalgeber übersteigen.

Abbildung 26: Finanzierungsphasen

Finanzierungs-phase	Early Stage		Expansion Stage	Later Stage	
	Seed	Start-up	Expansion	Bridge	MBO/MBI
Unternehmens-phase	• Produkt-konzept • Marktanalyse • Grundlagen-entwicklung	• Unternehmens-gründung • Entwicklung bis zur Produk-tionsreife • Marketing konzept	• Produktions-beginn • Marktein-führung oder • Wachstums-finanzierung	• Vorbereitung eines - Börsen-gangs oder - Verkauf an industriellen Investor	• Übernahme durch vorhan-denes (MBO) oder externes (MBI) Management
Gewinn-/ Ver-lusterwartung des Portfolio-unternehmens					
Typische Finanzierungs-quellen	◄- - - - - - - Eigene Mittel - - -► ◄- - - - - - öffentl. Fördermittel ◄- - - - - - - - - - Venture Capital		◄- - - - - - - - - - - - -► ◄- - - - Fremdfinanzierung - -► ◄- - - - - - - - Börse -► - - - - - - - -►		
Typische Management-probleme	• Einschätzung von Produkt-idee und Markt • Professiona-lität	• Misstrauen der Kapitalgeber • Suche nach Führungs-kräften und Personal	• Suche nach Fremdkapital-gebern • Aufbau von Marktposition und Image	• Verstärkung des Wettbewerbs • Organisations-probleme	• Finanzkraft des Managements • Dynamik des Management-teams

Quelle: Schefczyk, Michael: Erfolgsstrategien deutscher Venture Capital Gesellschaften, Stuttgart 1998, S. 37.

2.4 Unternehmungsumfeld

Im Wesentlichen stellt das Unternehmungsumfeld den externen Bedingungs-
kranz der Gründungsunternehmung dar, ist also aus Sicht des Unternehmensgründers eher als Gegebenheit denn als Gestaltungsparameter zu betrachten und
nur in Teilen zu beeinflussen oder zu gestalten. Allerdings sind die äußeren
Strukturen eines Unternehmens (z. B. Beschaffungs- und Absatznetzwerk), die
in dieses Umfeld hineingreifen, eine unabdingbare und zentrale Gestaltungsaufgabe in der Gründungs- und Frühentwicklungsphase.

Das Unternehmungsumfeld ist in der Abbildung 27 aufgegliedert in den **Gründungskontext** und die **Gründungsinfrastruktur**. Als Gründungskontext ist das
generelle Umsystem zu betrachten, das sich einem Gründungsunternehmen wie
jedem anderen Unternehmen prinzipiell in gleicher Weise darbietet. Hingegen
wird mit dem Begriff Gründungsinfrastruktur das speziell für Gründungsunternehmen dedizierte Umsystem angesprochen bzw. das Umsystem, das sich auf
die spezielle Zielgruppe der Gründungsunternehmer ausrichtet.

2.4.1 Generelles Unternehmens-Umsystem

Die bewusste Auseinandersetzung mit dem Unternehmens-Umsystem gehört als
Standortwahl – wie die Gründungsfinanzierung – zu den klassischen betriebswirtschaftlichen Denkansätzen des Gründungsmanagements. Gestaltungsmöglichkeiten ergeben sich u. a. durch eine bewusste Auswahl des Standortes auf
Makro- oder Mikroebene, da solche regional unterschiedlich definierten Standorte sich jeweils mit einem partiell abweichenden Kranz von Umfeldbedingungen darstellen. Die detailliertere Behandlung von Standortaspekten mit Schwerpunkt Absatzmarkt findet sich in Teil II des Buches unter 2.6.

Unter **Inkubatoren** im ursprünglichen Sinne sind sowohl erwerbswirtschaftli-
che als auch öffentliche und ähnliche Organisationen, Unternehmen etc. zu verstehen, aus denen heraus bisher abhängig Beschäftigte mit einem **Know-How-
Transfer** aus der jeweiligen Organisation in die unternehmerische Selbständigkeit wechseln. Das Vorhandensein solcher Inkubatoren bzw. die Struktur dieser
Inkubatoren haben eine wichtige Wirkung auf die Zahl und die Art von entstehenden Existenzgründungen in einem bestimmten regionalen Bereich. Heute
wird unter „Incubators" meist eine spezielle Form des Venture Capital oder der
Gründungsförderung verstanden, bei der für in Gründung befindliche oder junge
Unternehmen durch zur Verfügung gestellte räumliche Facilitäten, Büroinfra-
struktur, Coaching, Kontaktnetzwerke der Weg zum Erfolg beschleunigt oder

erleichtert werden soll.[115] Ähnliche Funktionen haben auch Acceleratoren und im weitesten Sinne Technologiezentren, -parks oder Gründerzentren, -parks.

Dieser Aspekt ist auch mit dem Begriff **Gründerpotenzial** angesprochen, das i.w.S. ganz unspezifisch mit der Wohnbevölkerung beginnt und dann über die Berufsstruktur eine Konkretisierung erfährt. Hier steht die Erfahrung im Hintergrund, dass bei unterschiedlichen Berufsgruppen unterschiedlich starke Neigungen zum Wechsel in die Selbständigkeit existieren. Diese ist z. B. besonders niedrig bei Beamten und im öffentlichen Dienst, während sie bei Mitarbeitern im handwerklichen, kleinbetrieblichen Bereich besonders hoch ist. Der handlungsrelevante Aspekt der **Inkubatororganisation** bzw. implizit der Berufsstruktur wurde im Zusammenhang mit der Person bereits thematisiert. Diese Aggregate stellen aber auch zugleich einen Teil des Bedingungsrahmens der eigenen Aktivitäten dar.

Die das Unternehmen umgebenden **Märkte** sind bzgl. der Gestaltungsmöglichkeiten ebenfalls ambivalent, d. h. einerseits sind sie als Teile des Bedingungsrahmens, zum anderen aber auch als Gestaltungsparameter zu sehen. So sind die noch nicht existierenden Kunden- und Lieferantenbeziehungen ein wesentlicher Teil des in der Gründungs- und Frühentwicklungsphase aufzubauenden, **externen Netzwerkes** eines Unternehmens. Das marketingpolitische Instrumentarium ist auf die Einflussnahme insbesondere bei den Absatzmärkten ausgerichtet. (Dazu 2.4 im zweiten Teil des Buches detaillierter).

Das vorhandene allgemeine und berufsbildende **Ausbildungssystem** ist einerseits hinsichtlich der weiteren Fortbildung des Unternehmers und zum anderen im Hinblick auf die Gewinnung qualifizierter Mitarbeiter für die Gründungsunternehmen von Interesse. Bzgl. der spezifischen Unternehmerausbildung siehe 2.4.2 .

---

115 Klandt, Heinz: "ebscubator" - Der Inkubator für studentische Gründungen aus der ebs, Arbeitspapier, ebs, September 2001.

Abbildung 27: Unternehmungs-Umfeld

Unternehmungs-Umfeld (Standortaspekte)

Kontext generelles Umsystem	Infrastruktur dediziertes Umsystem

• Inkubatoren i. urspr. Sinn
letzter Arbeitgeber
  - erwerbswirtschaftliche
  - öffentliche u.ä.
• Gründerpotential
  - Wohnbevölkerung
  - Berufsstruktur
• Märkte
  - etablierte Konkurrenz
  - Kunden
  - Lieferanten
  - Arbeitnehmer
  - Geldgeber
• Ausbildungssystem
  - allgemeinbildend
  - berufsbildend (akademisch/ nicht
   akademisch)
• Konjunkturlage, Marktphase,
  Saison
• F&E-Umfeld
• Technologietransfer
• Rechtliche/steuerliche
  Sphäre
• Makro-soziales Umfeld
  - öffentliche Meinung (Unter-
   nehmerbild, Partnerschaftsbild)
  - Leistungsklima, Ideologie
• Natürliches Umfeld
  - topologisches, klimatisches
	• Instrumente
	  - für konzeptionelle Arbeit des
	   Gründers (Geschäftsplan)
	  - für Prüfung des Konzepts
	  - für Test der Person(en)
	• Netzwerk der Helfer
	  - Staatliche Helfer (z.B. Kredit-
	   anstalt für Wiederaufbau (KfW),
	   Wirtschaftsförderungsgesell-
	   schaften, Technologiezentren,
	   Incubators i.e.S.)
	  - Verbände, Kammern
	   (Handwerkskammern, IHK)
	  - Private Helfer (Unternehmens-
	   berater, Kreditinstitute, Venture
	   Capitalists)
	• Förderprogramme
	  - Finanzierungshilfen (Tilgungs-
	   bzw. Zinsaussetzung/Zins-
	   verbilligung/Zuschüsse)
	  - Information/Beratung/Lotsen
	• Ausbildungssystem
	  - Kammern/Verbände
	  - (Fach-)Hochschulen
	  - VHS
	• Forschung
	  - grundlagenorientiert
	  - anwendungsorientiert

Quelle: Modifiziert nach Müller-Böling, Detlef/Klandt, Heinz: Unternehmensgründung, in: Hauschildt, Jürgen/Grün, Oskar (Hrsg.): Auf dem Wege zu einer Realtheorie der Unternehmung. Ergebnisse empirischer betriebswirtschaftlicher Forschung, Stuttgart 1993, S. 135-178.

Bezüglich der **Konjunkturlage** ist festzustellen, dass es durchweg einfacher ist, bei einem Konjunkturaufschwung ein Gründungsvorhaben zu realisieren, als in Phasen der Stagnation oder der Kontraktion, in denen die existierenden Wettbewerber auf dem Markt besonders hartnäckig ihre Anteile verteidigen werden. Es ist für die Gründer aber sehr wichtig, unabhängig von der Gesamtkonjunkturlage auch die Konjunktur einzelner Branchen in ihren Sonderbewegungen zu beachten. So ergeben sich zum Teil aus der Verlagerung von hochwertigen Qualitäten zu weniger anspruchsvollen Qualitäten in Zeiten knappen Geldes und generell schwieriger Konjunkturlagen durchaus konjunkturelle Aufwärtsbewegungen in bestimmten Branchen (so z. B. für Lebensmitteldiscounter wie ALDI oder LIDL). Es gibt auch immer wieder Fälle, in denen innovative Gründer in eher negativen Konjunkturlagen oder in scheinbar saturierten **Marktphasen**[116] mit ihren Gründungsvorhaben in den Markt einsteigen; etablierte Anbieter erleben existentiell bedrohende Situationen, aber durch die Innovativität des „newcomers" gewinnt dieser trotzdem sehr schnell nennenswerte Marktanteile.[117]

Ähnlich der **örtlichen Wahlmöglichkeit** besteht also entsprechend auch eine **zeitliche Option**, durch die es z. B. möglich wird, das Gründungsvorhaben in eine spezielle konjunkturelle Situation (Gesamtkonjunktur, Branchenkonjunktur oder Marktphase) hin zu platzieren oder die Gründung im Hinblick auf die Saison abzustimmen.

Im Hinblick auf technologieorientierte Unternehmensgründungen aus dem Ingenieurbereich hat das **F&E-Umfeld** – z. B. Einrichtungen des Technologietransfers, Technologiezentren/-parks – eine wesentliche Bedeutung. Dies betrifft die Erreichbarkeit von Know-how oder Möglichkeiten, begleitende Dienstleistungen für das eigene Unternehmen zu erhalten bzw. sie anzubieten.

Ein besonders wirksamer Teil der Rahmenbedingungen eines Unternehmens ist in der **rechtlich-steuerlichen Sphäre** zu sehen. Die Wahlmöglichkeiten im Zusammenhang mit Rechtsformen wurden bereits unter der Gestaltung des Unternehmens angesprochen und sind in Teil I in Kapitel 2.3.4 weiter ausgeführt. Insgesamt ist die Zahl der für einen Unternehmensgründer in Frage kommenden Rechtsvorschriften kaum zu überblicken.

Als Beispiele sollen hier genannt werden: Gewerberecht, Handelsrecht, Handwerksrecht, Insolvenzrecht, Arbeitsrecht, Berufsrecht, Sozialrecht, Steuerrecht, Umweltschutzrecht, Wettbewerbsrecht oder Mahnwesen. Eine Vielzahl von einzelnen Gesetzen sind in diesem Kontext prinzipiell von Bedeutung: so z. B. neben dem Bürgerlichen Gesetzbuch das Handelsgesetzbuch, das GmbH- und Ak-

---

116 Vgl. Heuss, Ernst: Allgemeine Markttheorie, Tübingen/Zürich 1965.
117 Beispiel des ”2001” Buchhandels und Verlages (Frankfurt) mit einem innovativen Vertriebs- und Produktdarstellungskonzept.

tien-Gesetz, die Gewerbeordnung, die Handwerksordnung, das Gesetz gegen den unlauteren Wettbewerb, die Arbeitsstättenverordnung oder das Jugendarbeitsschutzgesetz.[118]

Als Gründer und Unternehmer sollte man sicher einen gewissen Überblick über die jeweils branchen- und situationsbezogen besonders wichtigen Normen gewinnen, dies alles zu überschauen gelingt aber heute noch nicht einmal professionellen Juristen. Im Bedarfsfall muss man daher auch sehr sorgfältig nach einem entsprechend spezialisierten Anwalt Ausschau halten!

Ein vielfältig in das Betriebsgeschehen hineinwirkender Bereich ist das **Steuerrecht**. Besonders wichtig sind Grundkenntnisse bezüglich der folgenden Steuerarten: **Umsatzsteuer**, **Körperschaftsteuer** (nur bei Kapitalgesellschaften), **Einkommensteuer** und **Gewerbesteuer**.[119] Im Folgenden sollen daher einige knappe Hinweise zu den für den Gründer wichtigsten Steuerarten gegeben werden, um die notwendige Sensibilisierung beim Unternehmensgründer zu erreichen:

- **Umsatzsteuer (Mehrwertsteuer; UStG)**
  Alle Produkte, Waren und Dienstleistungen sind grundsätzlich beim Verkauf (d. h. bezüglich der Rechnungslegung zum Zeitpunkt der Rechnungsstellung als vereinbartes Netto-Entgelt) dem Kunden gegenüber mit einem Umsatzsteuersatz von z.Zt. 16 % Regelsteuersatz zu belasten; einige Leistungen sind nur mit einem ermäßigten Steuersatz (z.Zt. 7 %) belastet wie z. B. Lebensmittel im Einzelhandel (aber Gastwirtschaft: 16 %!) oder Bücher (Druckwerke). Andere Leistungen unterliegen gar nicht der Umsatzsteuer (z. B. Unterrichtsleistungen an gemeinnützigen Hochschulen oder auch Versicherungen, aber dort spezielle Versicherungssteuer von z.Zt. 10-15 %). Die Umsatzsteuerpflicht trifft den Unternehmer im Sinne des §2 UStG; das ist jeder, der nachhaltig gegen Entgelt Leistungen erbringt. Von der Umsatzsteuer als Mehrwertsteuer können sich **Kleinunternehmer** bis zu einem Umsatz von 17.500 € im Vorjahr und einer Umsatzerwartung von nicht mehr als 50.000 € (Stand 2005) im laufenden Kalenderjahr befreien lassen (§19 UStG); diese Werte kann man bei vielen Gründungen dem Finanzamt gegenüber plausibel machen. Die Befreiung macht im Allgemeinen aber nur dann Sinn, wenn man private Endverbraucher als Kunden hat, da die Umsatzsteuer für gewerbliche Kunden nicht kostenrelevant ist.

---

118 Vgl. Stück, Hans-Hermann: Wirtschaftsrecht. Ratgeber für Unternehmensgründer und Selbständige, Band 1, Bonn 1987.
119 Vgl. Meyer-Scharenberg, Dirk E.: Steuerliche Grundlagen für Neugründungen, in: Dowling, Michael/Drumm, Hans-Jürgen (Hrsg.): Gründungsmanagement - Vom erfolgreichen Unternehmensstart zu dauerhaftem Wachstum, Springer-Verlag Berlin Heidelberg 2002, S. 167-202 oder Lichtner, Ulrich: Ihre Steuerpflichten, in: Kirst, Uwe (Hrsg.): Selbständig mit Erfolg. Unternehmensgründung und -führung in der Praxis, Köln, 1994, S. 221-245.

Die eingenommene Umsatzsteuer ist in der Regel mit dem Finanzamt monatlich bis zum 10. Tage des Folgemonats abzurechnen (mtl. USt.-Voranmeldung).[120]

Der Name „Mehrwertsteuer" beruht darauf, dass grundsätzlich effektiv auf jeder **Wirtschaftsstufe** bei einem Produkt nur der Mehrwert (im einfachsten Fall: Verkaufspreis minus Einkaufspreis) mit der Umsatzsteuer zusätzlich belastet werden soll. Mit dem Finanzamt können daher bei der Anmeldung der Umsatzsteuer gleichzeitig die Vorsteuerbeträge, die auf Vorleistungen Dritter beruhen (Eingangsrechnungen), verrechnet werden; die Vorsteuer fällt i.d.R. z. B. bei Wareneinkäufen an. Die Ausübung des **Vorsteuerabzugs** stellt **besondere Anforderungen** an die Angaben auf der zugrunde gelegten Rechnung (grundsätzlich: §14 Abs. 1 UStG). Dies sind insbesondere Name und Anschrift des leistenden Unternehmens und des Empfängers, Menge sowie Art der Leistung, Lieferzeitpunkt, Nettoentgelt, Steuerbetrag und Steuersatz. Bei so genannten Kleinbetragsrechnungen bis 100 € (§33 UStDV) kann Name und Adresse des Leistungsempfängers, Lieferzeitpunkt und der Steuerbetrag entfallen bzw. durch den Steuersatz ersetzt werden. Seit dem 1.7.2002 muss auch die Steuernummer oder Umsatzsteuer-Identifikationsnummer des leistenden Unternehmens aufgeführt werden, seit dem 1.1.2004 ist jede Rechnung zusätzlich mit einer eindeutigen, fortlaufenden Rechnungsnummer zu versehen.

Berechnungsgrundlage der bis zum 10. des Folgemonats zu erstellenden Umsatzsteuer-Voranmeldung (Verlängerung um einen Monat per Option möglich, sog. Dauerfristverlängerung) sind i.d.R. die **vereinbarten** Entgelte (Eingangs- bzw. Ausgangsrechnungen auf Antrag beim Finanzamt stattdessen: nach vereinnahmten Entgelt, d. h. bei Zahlungseingang). Bei hohen Anfangsinvestitionen und damit verbundenen Umsatzsteuerzahlungen an **Lieferanten**, kann eine zügige Abwicklung der Rückforderung gezahlter Vorsteuer liquiditätsmäßig für den Gründer interessant sein; das Finanzamt lässt sich aber z.T. bis zu drei Monaten Zeit!

Sonderregeln gelten im Verkehr mit dem Ausland. Grob betrachtet, wird bei Exportleistungen, die nach außerhalb der EU erfolgen, keine (deutsche) USt. berechnet; innerhalb der EU entfällt die Berechnung, wenn die EU-weit einheitlich vergebene **USt.-Identifikationsnummer** des Leistungsbeziehers im EU-Ausland vorliegt. In der Gründungssituation von besonderem Interesse: Nach einem Urteil des Europäischen Gerichtshofes (v. 29.2.96, C-110/94) braucht ein vom Finanzamt erstatteter Vorsteuerbetrag nicht an das Finanz-

---

120 Bei einer Zahllast unter 512 € kann auf Voranmeldungen ganz verzichtet werden, man hat nur eine Jahreserklärung im Nachhinein abzugeben. Lag die Zahllast im Vorjahr unter 6.136 €, so genügt eine vierteljährliche Voranmeldung. Seit dem 1.1.2002 müssen aber Gründungsunternehmen ihre Umsatzsteuer in den ersten zwei Jahren grundsätzlich monatlich anmelden und hohe Vorsteuerüberschüsse werden vom Finanzamt nur gegen eine Bankbürgschaft (Kosten ca. 1 % p.a.) ausgezahlt.

amt zurückgezahlt zu werden, wenn sich in der Folge zeigt, dass die Tätigkeit nur kurzfristig oder überhaupt nicht ausgeübt wird.

Die **Umsatzsteuer** ist in einem kaufmännisch geführten Unternehmen (doppelte Buchführung) zwar liquiditätswirksam, aber ergebnisneutral, d. h. sie hat keinen Einfluss auf die G&V Rechnung. Bei der Einnahmenüberschussrechnung des Minderkaufmanns bzw. der **Freiberufler** sind die Umsatzsteuer-Vorgänge aber auch ergebnisrelevant.

- **Einkommensteuer**
  Aufgrund der umfangreichen (diverse Einkunftsarten) und der individuell sehr verschiedenen Tatbestände, die in der Summe erst ein Gesamtbild ergeben, lässt sich in Kürze sehr schlecht etwas für den Gründer direkt Anwendbares zu dieser persönlichen Steuer sagen. Die Einkünfte aus Gewerbebetrieb (z. B. aus einer OHG, KG), aus freiberuflicher selbständiger Arbeit sowie aus Land- und Forstwirtschaft gehören hier ebenso dazu wie die Kapitalerträge (wie z. B. der ausgeschüttete GmbH-Gewinn oder die Dividenden aus Aktienbesitz sowie die Zinserträge) und weitere Einkunftsarten (Vermietung und Verpachtung, Sonstige).[121] Eine Versteuerung nach der Einkommenstabelle erfolgt unter Berücksichtigung von Freibeträgen, Werbungskosten, Sonderausgaben und unter Berücksichtigung der persönlichen Bedingungen (Ehestand, Kinderzahl).[122]

  Die Ermittlung der zugrunde gelegten Gewinne erfolgt entweder durch die Einnahmen-Ausgaben-Gegenüberstellung (Einnahmenüberschussrechnung, nach §4 Abs. 3 EStG für Freiberufler. Für Gewerbetreibende sowie Land- und Forstwirte gilt dies nur soweit sie unter bestimmten Größenordnungen (§141 AO) liegen oder durch bilanzielle Gewinnermittlung (§§4 und 5 EStG).

- **Körperschaftsteuer**
  Diese fällt bei **Kapitalgesellschaften** wie der GmbH oder AG an. Bei anderen **Rechtsformen** sind anfallende Gewinne unmittelbar im Rahmen der **Einkommensteuer** der Betroffenen (Unternehmer, Gesellschafter) als Einnahmen aus selbständiger Tätigkeit zu berücksichtigen, Ausschüttungen von Kapitalgesellschaften sind dagegen Erträge aus Kapitalvermögen (wie Zinsen), die allerdings – da schon durch die Körperschaftssteuer belastet – nur zur Hälfte angerechnet werden. Seit 1.1.2002 sind sie nicht mehr abzugsfähig, müssen dann aber auch nur noch zur Hälfte versteuert werden.

---

121 Außer Spekulationsgewinnen auch Einkommen aus Unterhaltsleistungen und Leibrenten.
122 Der Grundsteuerfreibetrag liegt 2004 bei 7.664 €. Der Eingangssteuersatz sinkt zum 1. Januar 2005 auf 15 %, der Spitzensteuersatz sinkt auf 42 % (ab einem Einkommen von 52.152 €). Hinzu kommt dann noch der auf die Steuerlast bezogene Solidaritätszuschlag von z.Z. 5,5 % (Stand 2005).

Unabhängig davon, ob die jährlichen Gewinne tatsächlich ausgeschüttet oder aber „thesauriert" werden (d. h. im Unternehmen belassen, also nicht ausgeschüttet werden), ist seit 2001 ein Steuersatz von 25 % **Körperschaftssteuer** an das Finanzamt abzuführen. Hinzu kommt auch hier der Solidaritätszuschlag.

Es sind i.d.R. **Vorauszahlungen** aufgrund von zu erwartenden Gewinnen quartalsweise (per 10.3., 10.6., 10.9., 10.12. eines jeden Jahres) zu leisten; nach der Gründung setzt das Finanzamt diese Vorauszahlungen aufgrund der im **Fragebogen** artikulierten Gewinnerwartungen der Geschäftsführung fest. Schätzt man die Gewinne niedrig oder erwartet man Verluste, so sind zunächst keine Vorauszahlungen zu leisten, was zu einem Liquiditätsgewinn führt. Nach der ersten Steuererklärung (in der Praxis ca. neun Monate nach Abschluss des ersten Rechnungsjahres) sind gegebenenfalls Nachzahlungen für das erste Jahr, korrigierte Vorauszahlungen für das zweite Jahr und zugleich für das laufende Jahr auf Basis dieser Erklärung zu leisten, was zu einer Liquiditätsspitze führen kann, die frühzeitig eingeplant werden sollte.

• **Gewerbesteuer**
Die Gewerbesteuer wird von den Kommunen/Gemeinden auf alle Gewinne eines Unternehmens erhoben. Basis der Bemessung dieser Steuer ist der **Gewerbeertrag**. Der Gewerbeertrag wird aus dem einkommensteuerlichen **Gewinn** unter Berücksichtigung bestimmter Hinzurechnungen und Kürzungen ermittelt und mit der Steuermesszahl (5 %) multipliziert.[123] Der so erhaltene Steuermessbetrag wird dann je nach **Standort** mit dem Hebesatz der Gemeinde multipliziert; Resultat ist die zu zahlende Jahressteuer.[124] Die Hebesätze liegen je nach Standort meist in einer Größenordnung von 300 % oder 450 %, in der Spitze bis ca. 500 %.

Bei der **Gewerbesteuer** sind Vorauszahlungen an das Finanzamt/die Finanzkasse der Gemeinde aufgrund der zu erwartenden Steuerlast alle drei Monate (per 15.2., 15.5., 15.8. und 15.11. eines jeden Jahres) zu leisten. Für die Freien Berufe entfällt die Gewerbesteuer ganz (§18 EStG). Dies gilt auch für die Land- und Forstwirtschaft (§13 EStG).

• **Lohnsteuer**
Jeder **Mitarbeiter** (auch der Unternehmer als Geschäftsführer einer GmbH) hat von seinem Bruttolohn Lohnsteuer (eine spezielle Form der Erhebung der **Einkommensteuer**) zu bezahlen; für die korrekte Abwicklung hat der Unter-

---

[123] Bei Personengesellschaften gilt ein Staffeltarif je 12.000 €.
[124] Diese beträgt bei einem Freibetrag von 24.500 € (nicht bei Kapitalgesellschaften!) im Ergebnis bei einem Gewerbeertrag von 50.000 € ca. 2.000 € (abhängig von der Standortgemeinde).

nehmer gerade zu stehen.[125] Der Betrag wird i.d.R. monatlich direkt vom Arbeitgeber an das Finanzamt abgeführt.

Spezielle – sich laufend ändernde! – Regeln existieren bezüglich **geringfügig beschäftigter Arbeitnehmer**. Diese sind zwar administrativ leichter zu handhaben – für den Arbeitnehmer fallen keine Sozialabgaben an, sondern lediglich eine Pauschale; diese ist allerdings vom Arbeitgeber zusätzlich zu zahlen.[126] Weitere Sonderregelungen bestehen für Schüler und Studenten.

Der **Sozialversicherungsbeitrag** setzt sich bei Normalbeschäftigungsverhältnissen aus Krankenversicherung, Arbeitslosenversicherung, Rentenversicherung und Pflegeversicherung zusammen und beträgt rund 40 % vom Bruttolohn. Arbeitgeber und Arbeitnehmer tragen diesen jeweils zur Hälfte.

Wichtig sind auch eine Vielzahl von Bestimmungen bezüglich **öffentlicher Abgaben und Zwangsmitgliedschaften**: dies betrifft z. B. Mitgliedschaften in der Industrie- und Handelskammer (z. B. kleine GmbH ca. 250 € p.a.) bzw. Handwerkskammer oder den Freiberufler-Kammern (Ärzte, Apotheker, Rechtsanwälte) sowie in den Berufsgenossenschaften.

Vielfältig wird in die Entscheidungs- und Handlungsmöglichkeiten des Unternehmers z. B. durch das **Sozialschutzrecht** eingegriffen, so im Hinblick auf Kündigungen, Mutterschaft, Erziehungsurlaub, Bildungsurlaub, Beschäftigung von **Frauen**, Beschäftigung von Behinderten etc. Es werden dem Unternehmer auch erhebliche administrative Leistungen abverlangt (z. B. Abwicklung der **Lohnsteuer** und der **Sozialabgaben**), die ihn zeitlich und finanziell stark belasten.

Das **makro-soziale Umfeld** mit Teilaspekten der **öffentlichen Meinung**, insbesondere der Frage des **Unternehmerbildes**, der Akzeptanz des Unternehmers, gesellschaftlicher Wertschätzung, Aspekte des Leistungsklimas mit seinen Auswirkungen auf die Arbeitsdisziplin (hohe Absentismusquote in Deutschland) und das ideologische Umfeld berühren die unternehmerische Aktivität und das Selbstverständnis der Betroffenen in erheblichem Maße. Gestaltungsmöglichkeiten für den Gründer ergeben sich hier – wenigstens langfristig – durch Mitwirkung in Unternehmervereinigungen, wie z. B. der ASU.[127]

---

[125] Nach bestimmten Freigrenzen (je nach Steuerklasse) beträgt der Grenzsteuersatz 2005: 42 %.
Dazu kommt zur Zeit der Solidaritätszuschlag in Höhe von 5,5 % der zu zahlenden Lohnsteuer.
[126] Die Pauschale liegt bei 25 % des Lohns (12 % Rentenversicherung, 11 % Rentenversicherung, 2 % Lohnsteuer), die an die Minijob-Zentrale bei der Bundesknappschaft abzuführen ist (Stand 2004). www.bundesknappschaft.de.
[127] Arbeitsgemeinschaft selbständiger Unternehmer e.V., Berlin.

Als letzter Punkt des Gründungskontextes ist in Abbildung 27 das **natürliche Umfeld** mit seinen topologischen und klimatischen Aspekten angeführt. Eine Skischule gründet man meist besser in den Alpen als an der Nordsee. Hochseeyachten kann man andererseits besser dort als in den Alpen verkaufen. Hier ist also eine Gestaltung durch angemessene Auswahl des natürlichen Umfeldes denkbar, die Umformung einer natürlichen Region wird sich für den Gründer selten als aktiver **Gestaltungsparameter** ergeben, obwohl z. B. im Zusammenhang mit dem Braunkohletagebergbau oder bei Vergnügungsparks auch dies prinzipiell denkbar ist.

2.4.2 Dediziertes Unternehmens-Umsystem

Im Zusammenhang mit der **Gründungsinfrastruktur**, also dem Teil der Infrastruktur, der speziell auf den Gründer ausgerichtet ist, sind die Instrumente, die **Helfer**, die Förderprogramme, das **Ausbildungssystem** für Gründer und die **Gründungsforschung** zu nennen.

Bezüglich der Gründungs**instrumente** ist zu unterscheiden zwischen solchen, die die konzeptionelle Arbeit des Gründers erleichtern sollen, also z. B. die Entwicklung des **Unternehmensplans** unterstützen (hierzu dienen insbesondere vorliegende Softwareprogramme[128]), und solchen, die der Überprüfung eines Konzeptes dienen (hier ist z. B. an den Einsatz entsprechender Informationssysteme auf der Basis von **Betriebsvergleichszahlen** u.ä. zu denken). Schließlich ist eine dritte Gruppe von Gründungsinstrumenten auf den Test der Unternehmerfähigkeit ausgerichtet.[129]

Als **Gründungshelfer** werden diejenigen betrachtet, die in irgendeiner Form als Person oder Institution den Gründer in seiner Gründerrolle bzw. seiner Gründeraufgabe unterstützen. Hierzu gehören entsprechend spezialisierte Unternehmensberater (Gründungsberater), Venture Capitalists als Mitarbeiter von Venture Capital-Gesellschaften und spezielle Corporate Venture Capital Akteure innerhalb von etablierten **Unternehmen** (z. B. im Zusammenhang mit **Spin-off** Gründungen).

Als Kontaktbörse fungieren auch die **Business Plan- bzw. Gründerwettbewerbe**, die mittlerweile von den verschiedensten Institutionen ausgeschrieben werden. Sie dienen den (kommerziellen) Initiatoren als Quelle für interessante

---

[128] Vgl. hierzu z. B. die Übersicht im Anhang dieses Buches.
[129] Vgl. z. B. www.ebs-gruendertest.de bzw. "UTe" Der Unternehmertest des bifego Institutes c/o European Business School sowie das Planspiel "EVa": Klandt, Heinz: "EVa" Das Computer-Planspiel für Unternehmer und solche, die es werden wollen. Einführung und Beschreibung der Entscheidungsmöglichkeiten, 3. überarbeitete Aufl. Köln-Dortmund 1999.

Unternehmenskonzepte, Innovationen und Gründerpersönlichkeiten (wodurch sich u. U. attraktive Beteiligungsmöglichkeiten ergeben); für die Gründer ergibt sich zum einen die Möglichkeit wichtige Kontakte zu knüpfen, zum anderen erhalten sie ein kritisches Feedback über die Erfolgschancen ihres Konzepts und – im Falle des Siegs – eine Starthilfe zur Umsetzung ihres Vorhabens (die meisten Wettbewerbe vergeben Geldprämien in Verbindung mit Coaching-/Beratungsangeboten und PR). Zu den bekanntesten Wettbewerben gehört der von den Sparkassen in Kooperation mit McKinsey, dem Stern und dem ZDF ausgeschriebene „StartUp-Wettbewerb". Er ist überregional (d. h. deutschlandweit) angelegt, nicht auf bestimmte Branchen beschränkt und findet einmal im Jahr statt. Eine Auflistung und Auswertung der Business Plan-Wettbewerbe in Deutschland findet sich unter www.businessplan-info.de.

Wichtig sind auch sogenannte **Gründerzentren, -parks, Gewerbeparks, Inkubatoren** etc., die einerseits besonders geeignete (flexible) Grundrisse bieten und zum großen Teil auch vom Mietpreis her günstige Immobilien und damit Standorte für Gründungen (z. T. speziell Technologiegründungen) bereitstellen.[130] Darüber hinaus bieten sie ein entsprechendes Zentrumsmanagement und weitere Dienstleistungen an. Hierzu gehören z. B. Bürofacilitäten mit einem zentralen Telefondienst, zentralen Kopierdiensten, Datenverarbeitung sowie Kommunikationsdienste (Faxgeräte etc.). Wichtiger ist aber die Managementunterstützung, die Schaffung von Kontakten zu Geldgebern, Lieferanten, Auftraggebern etc., die z. T. von der Geschäftsführung solcher Einrichtungen erbracht wird. Last but not least ist das positive **Image** eines solchen Zentrums attraktiv.

Schließlich sei noch auf die Beratungs- und Unterstützungsleistungen der regionalen **Wirtschaftsförderung** bzw. auf spezielle Angebote von Industrie- und Handelskammern und Handwerkskammern sowie von Verbänden hingewiesen.

Eine große Bedeutung im Zusammenhang mit der Gründungsinfrastruktur haben die öffentlichen **Gründungsförderprogramme**, die insbesondere in Finanzierungshilfen bestehen.[131] Die wichtigsten dieser Programme wurden bereits in Kapitel 2.3.8.3 beschrieben. Darüber hinaus werden durch die Förderprogramme auch Finanzierungen für Beratungs- und Lotsendienste geboten bzw. werden Kosten für die Seminarteilnahme von Unternehmensgründern und potentiellen Gründern bezuschusst.

---

130 Vgl. Sternberg, Rolf: Technologie- und Gründerzentren als Instrument kommunaler Wirtschafts- und Technologieförderung. In: Regionale Wirtschaftsförderung in der Praxis, hrsg. von R. Ridinger; M. Steinröx, Köln 1995, S. 201-224.

131 Huber, Roman: Förderprogramme, in: Dowling, Michael/Drumm, Hans-Jürgen (Hrsg.): Gründungsmanagement - Vom erfolgreichen Unternehmensstart zu dauerhaftem Wachstum, Springer-Verlag Berlin Heidelberg 2002, S. 113-124.

Die **Ausbildung** für die selbständige Unternehmerrolle in ihren vielfältigen Varianten, wie es dies für die abhängige Beschäftigung gibt, hat sich in der Bundesrepublik Deutschland in den letzten Jahren deutlich weiterentwickelt. Das **Gründerausbildungssystem** in Deutschland wurde traditionell im Wesentlichen von Kammern, Verbänden, Volkshochschulen und freien Ausbildern getragen. So werden im Handwerksbereich im Rahmen der Meisterkurse entsprechende Schulungen durchgeführt, oder es werden von Seiten der Industrie- und Handelskammern Wochenendseminare zum Thema Existenzgründung angeboten. Auch Franchisegeber/Partnerfirmen sowie die Volkshochschulen, manche Kreditinstitute und Verbände bieten entsprechende Schulungen an.

Die Hochschulen und Fachhochschulen bieten heute einerseits ein großes Spektrum an traditioneller betriebswirtschaftlicher **Ausbildung** an und gehen andererseits aber auch zunehmend auf die besonderen Ausbildungsbedürfnisse und Anforderungen von selbständigen Unternehmern bzw. Gründern ein.[132] Nach einer umfassenden Spezialisierung auf die selbständige Unternehmerrolle, vergleichbar mit anderen Fachausrichtungen, suchte man in Deutschland bis Ende der Neunziger Jahre vergebens, wenn auch hier und da an Hochschulen Möglichkeiten der Spezialisierung auf die **Probleme** kleiner und mittlerer Unternehmen bestanden.[133] Möglichkeiten der **Unternehmerausbildung** im Hochschulbereich sind im Ausland insbesondere in Nordamerika nach wie vor wesentlich weiter ausgebaut; dort bieten rd. 400 Universitäten und Business Schools spezielle Entrepreneurship-Kurse an bzw. existieren dort rd. 170 spezielle Professuren aus diesem Bereich, wozu noch 50 weitere zum Bereich des Private Enterprise, Family Business, Free Enterprise kommen.[134] Auch in Mittel- und Osteuropa bzw.

---

132 Vgl. dazu Weihe, Hermann J. et al.: Unternehmerausbildung - Ausbildung zum Entrepreneur. Band 4 der Reihe FGF Entrepreneurship-Research Monographien, Verlag Förderkreis Gründungs-Forschung, Köln- Dortmund 1991 und Klandt, Heinz/Müller-Böling, Detlef (Hrsg.): IntEnt92 - Internationalizing Entrepreneurship Education and Training, Proceedings of the IntEnt92 Conference, Dortmund, June 23-26, 1992. Band 5 der Reihe FGF Entrepreneurship-Research Monographien, Verlag Förderkreis Gründungs-Forschung, Köln/Dortmund 1993 und Klandt, Heinz/Mugler, Josef (Hrsg.): IntEnt93 - Internationalizing Entrepreneurship Education and Training, Proceedings of the IntEnt93 Conference, Vienna, July 05-07, 1993, Band 6 der Reihe FGF Entrepreneurship-Research Monographien, Verlag Förderkreis Gründungs-Forschung, Köln/Dortmund 1994.
133 Vgl. Schulte, Reinhard/Klandt, Heinz: Aus- und Weiterbildungsangebote für Unternehmensgründer und selbständige Unternehmer an deutschen Hochschulen, herausgegeben vom Bundesministerium für Bildung, Wissenschaft, Forschung und Technologie.
134 Wichtige US-amerikanische Literatur zum Bereich Entrepreneurship ist z. B.: Vesper, Karl H.: New Venture Strategies, Englewood Cliffs/NJ: Prentice Hall 1980; Vesper, Karl H.: New Venture Mechanics, Englewood Cliffs/NJ: Prentice Hall 1993; Vesper, Karl H.: New Venture Experience, Vector Books, Seattle/Washington, revised ed. 1996; Timmons, Jeffrey A./Spinelli, Stephen: New Venture Creation. Entrepreneurship in the 21st Century, McGraw-Hill Higher Education, 6th International Edition, 2003 sowie Hisrich, Robert D./Peters, Michael P.: Entrepreneurship. Starting, Developing, and Managing a New Enterprise, second edition, irwin, Homewood/Boston 1992.

in Entwicklungsländern wird die Bedeutung des Entrepreneurshipansatzes zunehmend thematisiert.[135]

Die Entwicklung in jüngerer Zeit in der BRD hat aber an den Hochschulen wesentliche Veränderungen gebracht. So wurde 1997 an der EUROPEAN BUSINESS SCHOOL, International University, Schloß Reichartshausen in der Nähe von Wiesbaden ein Lehrstuhl für Allgemeine Betriebswirtschaftslehre insbesondere Gründungsmanagement und Entrepreneurship auf Initiative des Bundeswirtschaftsministeriums durch die Deutsche Ausgleichsbank (2003 in der KfW Mittelstandsbank aufgegangen) gestiftet. Bis Ende 2004 entstanden in der Folge insgesamt 54 derartig spezialisierte Professuren in Deutschland, von denen zu diesem Zeitpunkt 42 bereits besetzt waren.[136]

Als ein Beispiel moderner Didaktik in diesem Bereich soll kurz auf ein speziell für Gründer und Jungunternehmer entwickeltes Planspiel eingegangen werden, das als Basisversion schon 1986-1988 an der Universität zu Köln im Rahmen eines DFG-Projektes entstand.

Dieses speziell auf die Gründungs- und Frühentwicklungsphase eines Unternehmens ausgerichtete Planspiel (EVa) wurde seit 1988 mit weit mehr als 3.000 Teilnehmern in über 200 Veranstaltungen an verschiedenen Hochschulen in Deutschland und im Ausland sowie in Kooperation mit Kammern, Technologieparks, Wirtschaftsförderern etc. durchgeführt.[137] Dazu folgt eine kurze Beschreibung. „EVa" gibt dem Spieler die Möglichkeit, die Rolle eines Unternehmers ohne tiefgreifende Risiken, also sozusagen im „Sandkasten", auszuprobieren. So kann er Erfahrungen sammeln, eigene Stärken erkennen und Schwächen aufdecken. Das Planspiel „EVa" simuliert eine ganzheitliche Unternehmerrolle und richtet sich an alle Unternehmer und potentielle Gründer, die sich mit einem anspruchsvollen Vorhaben auseinandersetzen. Der Spieler kann im Laufe der

---

[135] Vgl. Rosa, Peter/Scott, Michael G./Klandt, Heinz: Introduction: Educating Entrepreneurs in Modernising Economies, in: Rosa, Peter/Scott, Michael G./Klandt, Heinz (Hrsg.): Educating Entrepreneurs in Modernising Economies, Aldershot et al: Avebury 1996, S. 1-21.

[136] Vgl. Klandt, Heinz/Koch, Lambert T./Knaup, Ulrich: FGF-Report Entrepreneurship-Professuren 2004. Eine Studie zur Entrepreneurshipforschung und -lehre an deutschsprachigen Hochschulen. Januar 2005; Klandt, Heinz: Entrepreneurship Education and Research in German-Speaking Europe. Academy of Management, Learning & Education, 2004, Vol. 3, No. 3, p. 293-301.

[137] Vgl. Klandt, Heinz: "EVa" Das Computer-Planspiel für Unternehmer und solche, die es werden wollen - Einführung und Beschreibung der Entscheidungsmöglichkeiten, Band 4 der Reihe FGF Entrepreneurship-Research Monographien, Verlag Förderkreis Gründungs-Forschung, Köln-Dortmund, 3. überarbeitete Aufl. 1999 und Klandt, Heinz: Unternehmensmodellierung: Konzept und Erfahrungen mit einem computergestützten Simulator der mittelständischen Unternehmeraufgabe., in: Pleitner, Hans Jobst (Hrsg.): Strukturen und Strategien in Klein- und Mittelunternehmen als Wegbereiter des Aufschwungs, Beiträge zu den "Rencontres de St. Gall" 1994, St. Gallen, September 1994, S. 105-114.

Gründungs- und Frühentwicklungsphase eines Unternehmens in den Bereichen Herstellung, Handel und Dienstleistung aktiv werden. Er trifft alle typischen Entscheidungen der Unternehmensgründung und des laufenden Geschäftsbetriebes. Dies reicht von der **Standortwahl** über Personal- und Finanzierungsentscheidungen, von der **Beschaffung** über die **Produktion** bis hin zum Marketing sowie zum Informationsmanagement.

Das Spiel umfasst neben der Gründungsphase auch die 36 Monate der Frühentwicklungsphase. „EVa" setzt die Rahmenbedingungen und gibt laufend Rückmeldungen über die Unternehmensentwicklung. Aufgabe des Spielers ist es, vor allem dafür zu sorgen, dass sein Unternehmen die ersten drei Jahre überlebt und sich in dieser Zeit positiv entwickelt. „EVa" bietet dem Spieler realitätsnahe Arbeitsbedingungen bis hin zu Auswirkungen des deutschen Steuersystems. Vom „Unternehmer" werden rasche Entscheidungen in einem komplexen, vernetzten und oft undurchschaubaren Problemfeld verlangt. Die Situation ist oft mehrdeutig und zwingt zu aktiver Informationssuche. Es werden eigenständige Zielbestimmungen und reaktive, entwicklungsabhängige Eingriffe erwartet. Der Computer reagiert auf die getroffenen Entscheidungen, berücksichtigt aber auch vom Spieler unvorhersehbare und unbeeinflussbare Entwicklungen, wie z. B. Konjunktur- oder Marktschwankungen. Alle diese Faktoren machen „EVa" zu einem Ausbildungs- und Testinstrument, das wertvolle **Hilfen** für die Selbstprüfung und gezielte persönliche Weiterentwicklung bietet.

Schließlich ist als Teil der Gründungsinfrastruktur auch die **Gründungsforschung** aufgeführt.[138] Sie ist aus der Perspektive des Unternehmensgründers als ein „Zulieferer" des Ausbildungssystems mit einschlägigen d. h. **gründungspraktischen** Erkenntnissen und Handlungsempfehlungen zu betrachten. Darüber hinaus ist sie auch eine wichtige Basis für eine sinnvolle **wirtschaftspolitische** Entscheidungsfindung auf Bundes- und Landesebene. Sie hat in der Vergangenheit wesentliche Impulse für die Weiterentwicklung der öffentlichen Statistik in diesem Bereich gegeben, durch Evaluierungen von **Förderprogrammen** ein Feedback über die Wirksamkeit ermöglicht oder z. B. durch **Entwicklung** von Ausbildungs- und Planungskonzepten Hilfestellung geleistet.[139]

---

138 Vgl. zum Stand der Gründungsforschung in Deutschland Heinz Klandt: State of the art of entrepreneurship and SME research and education in Germany, in: Landström, Hans/Frank, Hermann/Veciana, José (Hrsg.): Entrepreneurship and Small Business Research in Europe. An ECSB Survey, Avebury, Aldershot et al 1997, S. 112-137 sowie Müller-Böling, Detlef/Klandt, Heinz: Unternehmensgründung, in: Hauschildt, Jürgen/ Grün, Oskar (Hrsg.): Auf dem Wege zu einer Realtheorie der Unternehmung. Ergebnisse empirischer betriebswirtschaftlicher Forschung, Stuttgart 1993, S. 135-178.

139 Vgl. z. B. ifo Studien zur Finanzpolitik 56. Gesamtwirtschaftliche Wirkungen der Existenzgründungspolitik sowie Entwicklungen der mit öffentlichen Mitteln - insbesondere Eigenkapitalhilfe-geförderten Unternehmensgründungen. Kurzfassung des Abschlussberichts. Ein Gemeinschaftsgutachten von ifo Institut für Wirtschaftsforschung, München und bifego Institut, c/o Universität Dortmund, 2. Aufl., München 1996.

1998-2004 wurden im Rahmen von drei Wellen des von der DFG (Deutsche Forschungs-Gesellschaft[140]) geförderten Forschungsschwerpunktes „Interdisziplinäre Gründungsforschung" eine Vielzahl von Forschungsprojekten im Bereich der Volkswirtschaft, der Soziologie, der Wirtschaftsgeographie, der Psychologie, der Betriebswirtschaft und der Jurisprudenz realisiert. Die führende deutschsprachige Forschungskonferenz G-Forum des FGF (Förderkreis Gründungs-Forschung e.V. Entrepreneurship Research[141]) ist von kleinen Anfängen Ende der 90er-Jahre inzwischen auf regelmäßig über 300 Teilnehmer mit ca. 50 Forschungspaperpräsentationen gewachsen. Sehr deutlich ist die Zahl der Promotionsstudenten gestiegen, die durch den FGF mit zwei jährlichen Forschungskolloquien unterstützt werden, sowie durch die FGF-Literaturdatenbank ELIDA und andere Infrastrukturangebote.[142]

Im Hinblick auf die genannten Helfer, Förderprogramme, das Ausbildungssystem und die Forschung bestehen typischerweise für den Gründer keine direkten Gestaltungsmöglichkeiten. Es handelt sich also auch hier um Optionen, die im Umfeld existieren und die der Unternehmensgründer je nach seinen eigenen Bedürfnissen durch Auswahl wahrnehmen kann und sollte.

---

140 Siehe auch unter www.dfg.de.
141 Vgl. www.fgf-ev.de.
142 Vgl. www.entrepreneurship-phd.org.

3 Basisüberlegungen zur Gründungsplanung

3.1 Spezifika der Gründungsplanung

3.1.1 Grundlegende Überlegungen

Wenn man sich über die Besonderheiten der Unternehmensplanung bei Neugründungen klar werden will, so muss man sich fragen, worin sich diese Unternehmen von den gereiften **Großunternehmen** typischerweise unterscheiden.

Die Abbildung 28 versteht sich als eine Ideensammlung zu dieser Frage, die reflektierend zusammengestellt wurde, bislang aber in keiner Weise systematisch oder gar empirisch abgesichert ist. Die aufgeführten Kategorien sind sicherlich nicht überschneidungsfrei, auch können sie keine vollständige Abdeckung möglicher relevanter Unterschiede in der Unternehmer-Rolle im Vergleich junger Unternehmungen mit gereiften großen Unternehmungen für sich in Anspruch nehmen. Sie sollen lediglich als eine Anregung zur weiteren Reflexion dienen.

Die Verbindung zwischen Unternehmer und Unternehmung und die **gegenseitige Abhängigkeit** ist in der Gründungs- und Frühentwicklungsphase kleiner Unternehmungen extrem stark. Daraus resultiert auch die nahezu völlige **Interessendeckung** zwischen der Person des Gründers und dem System der Unternehmung. Typischerweise liegt die **Leitungsfunktion** voll in der Hand des Gründers oder des **Gründerteams**, eine Delegation von Leitungsaufgaben hat noch nicht stattgefunden.

Ebenso verhält es sich mit der **Übernahme des Risikos** durch das unternehmerseits eingesetzte Eigenkapital bzw. der meist weit darüber hinaus gehenden Verknüpfung mit dem eigenen privaten Vermögen (Haftung im Konkursfall bis zu 30 Jahren). Dagegen ist bei einer durch einen angestellten Geschäftsführer geführten Unternehmung keine **Einheit von Leitung und Eigentum** bzw. Risiko gegeben. Insofern sind durchaus Konfliktsituationen zwischen dem Unternehmensinteresse und den Eigeninteressen des angestellten Managers zu erwarten.

Abbildung 28: Junge versus gereifte Unternehmung[143]

Der jeweilige Aspekt ist bei jungen, kleinen (im Vergleich zu gereiften, großen) Unternehmen wie folgt ausgeprägt:	
• Interessendeckung von Unternehmung und Leitungsebene (Führung durch Unternehmer: Union von Leitung + Risiko)	Stärker
• Fristigkeit des Denkens (keine „Ehe auf Zeit" des Managements)	Langfristiger
• Identifikation der Mitarbeiter mit der Unternehmung	Größer
• Engagierte/unternehmerische Mitarbeiter	Eher

• Historische Belastung bzw. faktische Bindung und frühere Entscheidungen wie
  – Noch nicht abgeschriebene Investitionen in Produktion
  – Imagefestlegung/Investitionen in den Markt
	Geringer

• Überschaubarkeit/Einblick der Unternehmensleitung in Teilbereiche	Größer

• Integration der Führung
  – Von strategischer bis operativer Ebene
  – Über alle Real-/Formalprozesse hinweg
	Größer

• Marktnähe der Entscheidungsträger	Größer
• Flexibilität/Anpassungsfähigkeit (bzgl. Hierarchiestufen, Länge der Entscheidungswege)	Höher
• Innovationsdruck/-motivation (um überhaupt am Markt bestehen zu können)	Größer
• Entwicklungspotenziale/-druck	Höher

• Entwicklungskosten
  – Durch Personen-/Know-How-Transfer vom Inkubator
  – Durch Extraengagement neben Arbeitszeit
  – Durch geringen Verwaltungsoverhead
	Geringer

• Verfügbare Ressourcen/Spielräume
  – Finanzielle (Liquiditätsprimat)
  – Personelle (eingespieltes Team)
  – Zeitliche/sachliche
	Geringer

• Marktzutritt
  – Unbekanntes Unternehmen, unbekannte Leistungen
  – Kein externes Netzwerk
	Schwieriger

• Robustheit des Systems (hohe Fehlerempfindlichkeit)	Geringer

• Risikomix/-ausgleich
  – Produkte in unterschiedlichem Lebens-/Marktzyklus
  – Produkte in unterschiedlichen Märkten/Nachfragegruppen
	Geringer

• Erfahrungsschatz (Lernkurve)
  – Markterfahrungen
  – Innerbetriebliche Organisation
	Geringer

• Kosten der Leistungserstellung
  – Economies of scale
  – Kein vorhandener Name/Image
  – Geringe Arbeitsteiligkeit
  – Geringe Routine/Standardisierung von Abläufen
	Zum Teil höher

• Gestaltungsbedarf (intern, extern)	Höher
• Einflussnahme auf die Umwelt	Geringer
• Beeinflussung durch die Umwelt	Größer
• Vergangenheitsdaten für Planung	Keine/wenige
• Planungs-/Entscheidungs-Rentabilität	Geringer

---

143 Vgl. zu dieser Abildung Klandt, Heinz: Zur Existenzberechtigung einer speziellen Betriebswirtschaftslehre des Gründungsmanagements, in: Müller-Böling, Detlef/Seibt, Dieter/ Winand, Udo (Hrsg.): Innovations- und Technologiemanagement, Poeschel Verlag, Stuttgart 1991, S. 479-494 und vgl. dazu auch die Einschätzungen durch Mitglieder der Geschäftsleitung von Industrieunternehmen zu Unterschieden zwischen jungen und gereiften Unternehmen: Szyperski, Norbert/Klandt, Heinz: Venture-Management-Aktivitäten mittelständischer Industrie-Unternehmen, Arbeitsbericht Nr. 52 des Planungsseminars der Universität zu Köln, August 1983, S. 57-60.

Eng zusammen mit dieser Konstellation steht auch die Vorstellung des Unternehmers/Unternehmerteams von der **zeitlichen Unbefristetheit** des Engagements in seinem Gründungsvorhaben. Dies gilt zumindest für die überwiegende Zahl der Fälle, da es eher die Ausnahme ist, dass ein Gründer schon in der Startsituation seine Planungen auch auf Exitalternativen ausdehnt. In Einzelfällen ist es allerdings so, dass auch Unternehmer (**multiple Gründer**) eine zeitlich befristete Aufgabe in der Gründung und der Entwicklung eines Unternehmens bis zu einer bestimmten Größenordnung und Alter sehen und von vornherein ein Unternehmensverkauf geplant ist. Das Engagement eines angestellten Managers hingegen ist durchweg als eine **Ehe auf Zeit** definiert. Es ergeben sich unter der Perspektive der Fristigkeit potentiell Konflikte zwischen dem Zielsystem des Unternehmens und dem des angestellten Managers; beim Manager wird im Allgemeinen eine Ausrichtung auf kurzfristige Gewinn- oder Umsatzmaximierung als eine langfristige Entwicklungsperspektive für das Unternehmen dominieren; er will die eigenen Fähigkeiten z. B. das realisierte **Wachstum** im Sinne eines Meilensteins für die eigene Karriere instrumentalisieren, um sich so den nächsten, noch attraktiveren, Job zu erschließen.

Der enge persönliche Kontakt der **Mitarbeiter** mit der Unternehmensleitung bzw. dem Gründungsunternehmer wirkt einer anonymen Atmosphäre im Unternehmen entgegen, wie sie in großen **gereiften Unternehmen** üblich ist. Insofern kann mit einer stärkeren **Identifikation der Mitarbeiter** mit der Unternehmung gerechnet werden, was sich vermutlich auch in geringeren Absentismusquoten, geringeren Diebstahlquoten, größerer Bereitschaft zu Mehrarbeit etc. ausdrückt. Es kann davon ausgegangen werden, dass die Mitarbeiter in einem jungen Pionierunternehmen durchweg engagierter sind. Schon die Bereitschaft, in einem solchen Unternehmen zu arbeiten, drückt – zumindest in einer entspannten Arbeitsmarktlage – ein solches Engagement aus.

Etablierte Unternehmen haben sich durch die aufgebaute Struktur, durch Investitionen in Mitarbeiter und Anlagen auf bestimmte Perspektiven der Zukunft ausgerichtet. Veränderungen in der Umweltkonstellation können unerwartet de facto zu einer Entwertung der **bisherigen Investitionen** führen. Sind diese dann noch nicht im akzeptablen Maße bereits abgeschrieben oder ist (ähnlich gelagert) einmal mit erheblichem Aufwand ein bestimmtes **Image** auf dem Markt aufgebaut, so ist einerseits die Bereitschaft und andererseits auch die Fähigkeit der gereiften Unternehmung, sich von diesen **früheren Entscheidungen** wieder zu trennen, zu distanzieren, mit erheblichem Entscheidungsschmerz verbunden. Insofern bewegen sich junge, kleine Unternehmen in der Gründungssituation historisch weitaus unbelasteter und können auf die aktuelle Situation und jüngst eingetretenen Veränderungen der Situationen ohne Hemmnisse aus früheren Entscheidungen eingehen.

Die typische Größenordnung von Gründungsunternehmen führt zu einer **Transparenz und Überschaubarkeit**, die es der Unternehmensleitung erlaubt, über alle Teilbereiche durch unmittelbare persönliche und häufige Ansicht bestens informiert zu sein. Dies gilt sowohl für die betriebsinterne Situation als auch für die marktliche Position, für die Akzeptanz der Produkte und Leistungen bei den Kunden.

Die sich so ergebende **Integration und Einheitlichkeit der Führungsaktivitäten** bezieht sich einerseits auf die Spanne von der **strategischen bis zur operativen** Ebene bzw. der **Formalprozesse** von der Planung über die Realisation bis hin zum Controlling, die durch die Einheitlichkeit der Leitung in einem kleinen bis mittleren Unternehmen bzw. Gründungsunternehmen besser gewährleistet werden kann, als bei einem großen Unternehmen, bei dem durch die gegebene Arbeitsteilung auch erhebliche Kommunikationsbrüche entstehen. Des Weiteren ist auch die Integration der Führungsaktivitäten über die **Realprozesse** von der Entwicklung über die Beschaffung über die Produktion bis hin zum Absatzbereich gewährleistet, d. h. die Abstimmung der Betriebsprozesse wird nicht durch kommunikative oder willensbildende Verwerfungen gestört.

Die damit ebenfalls verbundene **Marktnähe der Entscheidungsträger** ist von besonderer Bedeutung, wenn man davon ausgeht, dass der Absatzmarkt meistens als **Engpassfaktor** der Unternehmensprozesse zu betrachten ist. Bei großen Unternehmen ist die obere Leitungsebene sehr oft weit von konkreten marktlichen Vorgängen und Entscheidungen abgekoppelt und betreibt z. T. nur ein Management auf der Ebene von Finanz- und sonstigen abstrakten Leistungskennziffern. Die Reaktionen der oberen Führungsebene sind dann ähnlich abstrakt wie diese Denkweisen und führen außerdem von der abstrakten Vorgabe bis zur Umsetzung in konkrete marktbezogene Aktivitäten zu langen Reaktionszeiten und möglicherweise durch Kommunikationsbrüche und mangelnde Zielkonformität der Mitarbeiter auf den unterschiedlichen Ebenen zu suboptimalen Ergebnissen.

Die hiermit angesprochene hohe Zahl von **Hierarchiestufen** in etablierten großen Unternehmen ist ein wesentlicher Grund für lange Entscheidungswege und damit für eine sinkende Flexibilität und Anpassungsfähigkeit sowohl in zeitlicher als auch in qualitativer Hinsicht.

Wer als Gründungsunternehmer einen Platz auf dem Markt erobern möchte, hat sich in weitaus stärkerem Maße mit einem **Innovationsdruck** und einer Innovationsmotivation auseinander zu setzen. Will man Kunden von ihren bisherigen Bezugsquellen fortlocken, muss man ihnen gegenüber attraktive Zusatzleistungen bzw. eine verbesserte Bedürfnisbefriedigung darstellen können. Wer nur Leistungen anbietet, die die bisherigen Konkurrenten bereits angeboten haben, wird sich schwer tun bei seiner Etablierung auf dem Markt. Innovationen bilden – und damit sind nicht nur ingenieurtechnische Produkt- und Fertigungsinnovationen gemeint – einen zentralen Ansatzpunkt, um sich von der **Konkurrenz** abzusetzen.

Die Notwendigkeit, eine positive Entwicklung für das eigene Gründungsvorhaben zu schaffen, führt zu einer besonderen **Sensibilisierung** hinsichtlich der allgemeinen zukünftigen **Entwicklungsperspektiven**; ein Basisgeschäft bzw. ein Stammgeschäft, das lediglich administriert werden muss, existiert für die Gründungsunternehmung noch nicht. Alle Hoffnungen können sich nur auf eine zukünftige Entwicklung und den Aufbau neuer Geschäftsbereiche konzentrieren. Hingegen ist der Druck – zumindest kurzfristig – sich neue Entwicklungspotenziale zu erschließen, für eine gereifte Unternehmung mit einem gut ausgebauten Leistungsspektrum, etablierten Kunden und Märkten bei weitem nicht so groß.

Etablierte und große Unternehmen müssen einen erheblichen Teil ihrer Erträge in die Neuentwicklung investieren. Junge Unternehmen (Spin-off-Gründungen) partizipieren z. T. dadurch an diesen Entwicklungsinvestitionen der gereiften Unternehmen, dass sie durch **Personen oder Know-how Transfer** vom letzten Arbeitgeber nicht schützbares oder nicht geschütztes Know-how und möglicherweise auch Netzwerkteile in die eigene Gründung transportieren und dort in der ersten Zeit zu ihrem Vorteil unternehmerisch nutzen. Die Entwicklungskosten im jungen Unternehmen werden des Weiteren durch das weit über das normale hinausgehende **Arbeitszeitengagement** niedrig gehalten sowie durch die Tatsache, dass noch nicht ein erheblicher **Verwaltungsoverhead** aufgebaut worden ist, viele Dinge also eher informell und nebenbei geregelt werden.

Problematisch für die kleinen Gründungsunternehmen sind Fragen der **Ressourcenverfügbarkeit**, dies betrifft insbesondere den finanziellen Bereich, wo die Liquiditätsrestriktionen in der Gründungs- und Frühentwicklungsphase besonders deutlich werden. Zum Teil ist aber auch die Neuformierung des Teams in der Gründungsunternehmung mit erheblichen Anlauf- und Koordinierungsreibungen verbunden. Generell sind die sachlichen und zeitlichen Ressourcen, auf die zurückgegriffen werden kann, wesentlich beschränkter, als dies in einem gereiften Großunternehmen der Fall wäre.

Der **Marktzutritt** auf der Beschaffungsseite, aber insbesondere auf der Absatzseite, ist für ein junges Gründungsunternehmen, das sich bisher noch nicht durch andere Leistungsangebote einen Namen hat machen können, von erheblicher Schwierigkeit. Notwendigerweise werden z. B. potentielle Kunden mit einigem Misstrauen bzw. Vorsicht dem Unternehmen (Seriosität, Lebensperspektive bzgl. Garantie und Wartungsleistungen) sowie den angebotenen Produkten (Qualität) entgegentreten.

Es ist davon auszugehen, dass junge, kleine Unternehmen bei weitem nicht die **Robustheit** eines etablierten Unternehmens besitzen; es besteht eine hohe Fehlerempfindlichkeit z. B. in dem Sinne, dass bei einer mangelhaften Markteinführung des ersten Produktes schon alle Ressourcen, die zur Verfügung standen, verspielt werden.

In diesem Zusammenhang ist auch der Aspekt des **Risikomixes bzw. des Ausgleichs** unterschiedlicher Risiken zu diskutieren. In gereiften, großen Unternehmen gibt es typischerweise im Leistungsprogramm Produkte und Dienstleistungen, die in unterschiedlichen Lebensphasen bzw. in unterschiedlichen Marktentwicklungsphasen stehen. Der Investitionsbedarf für den aktuell notwendigen Marktaufbau, der bei der einen Leistung besteht, wird kompensiert durch die positive Cashentwicklung im Bereich einer anderen Leistung. Des Weiteren ist durch die Breite des Leistungsspektrums auch ein Engagement auf unterschiedlichen regionalen Märkten bzw. bei unterschiedlichen Nachfragergruppen gegeben, was bei einer meist vorhandenen zumindest partiellen Unabhängigkeit der **Konjunkturentwicklung** in verschieden Teilmärkten auch zu einem **Risikoausgleich** führt. All dies ist in der typischen kleinen Gründungsunternehmung nicht der Fall. Sehr oft beginnt sie als ein Einproduktunternehmen bzw. zumindest mit einem vergleichbar kleinen Leistungsspektrum und kann somit einen solchen Risikoausgleich nicht durchführen.

Erfahrungen können im Gründungsunternehmen lediglich auf der Ebene der einzelnen Akteure bestehen. Das Unternehmen oder auch nur das Führungsteam des Unternehmens wird meistens keine gemeinsamen früheren Erfahrungen einbringen können. Außerdem werden von den Akteuren im erheblichen Umfang auch subjektiv neue Tätigkeitsfelder zu erarbeiten sein. Dies betrifft sowohl die innerbetriebliche Sphäre als auch das marktliche und sonstige Umfeld. Insofern muss das Unternehmen erst eine Lernkurve durchleben, um sich einer größeren Effizienz anzunähern.

Für Gründungsunternehmen stellt sich auch oft die Frage, inwieweit eine als optimal erkannte Leistungserstellungs- und -verwertungsgröße (bzw. Produktionsgröße etc.) auch tatsächlich realisiert werden kann. Sehr oft liegt wegen personeller oder finanzieller Einschränkungen eine Suboptimalität der Größenordnung vor. Insofern können prinzipiell mögliche Mengenvorteile (**economy of scale**) nicht realisiert werden.

Es ergeben sich auch **weitere Kostennachteile** im Vergleich zu gereiften Unternehmen. Es muss z. B. in vielen Bereichen in den Neuaufbau von Strukturen investiert werden, bei denen eine gereifte Unternehmung nur noch einen gewissen Erhaltungsaufwand hat (z. B. Image). Durch die geringe Arbeitsteiligkeit ist eine geringere Spezialisierung und damit möglicherweise eine geringere Professionalität bezüglich der Leistungserfüllung bei Teilaufgaben gegeben. Des Weiteren bestehen noch keine routinierten und standardisierten Abläufe, wie in einem etablierten Unternehmen. Dies kann allerdings durchaus sowohl positive (geringere Betriebsblindheit) als auch negative (Suboptimalität, Ineffizienz) Folgen haben.

Da noch keine Strukturen definiert sind, ist der interne betriebsbezogene und der externe (marktbezogene etc.) **Gestaltungsbedarf** im Gründungsunternehmen sehr hoch. Die bereits genannten Einschränkungen in den Ressourcen führen dazu, dass auf das Umfeld der Unternehmung relativ **wenig Einfluss ausgeübt** werden kann und somit umgekehrt eine **stärkere Einwirkung der Umwelt** auf das Unternehmen gegeben ist, also mehr **Anpassungsleistung** zu leisten ist.

Auf die Problematik der nicht vorliegenden **Planungsdaten** aus der eigenen betrieblichen Vergangenheit und der sich ergebenden **geringeren Planungs- und Entscheidungsrentabilität** wird unter den folgenden Punkten noch näher einzugehen sein.

Die Besonderheiten der Gründungsplanung gegenüber einer traditionellen betriebswirtschaftlichen Planung in etablierten Betrieben ergeben sich aus grundsätzlich zwei miteinander korrelierenden Aspekten.

Einerseits wird mit dem auf den Lebenszyklus einer Unternehmung bezogenen Gründungsbegriff unmittelbar die **Altersdimension** angesprochen. Andererseits resultiert aber aus der Tatsache, dass Gründungsunternehmen typischerweise kleine Unternehmen sind, eine Konzentration auch auf die **Größendimension**. Damit verbindet sich der Blickwinkel der genetischen Betrachtungsweise (hier die Gründung als 1. Phase, Geburtsphase der Unternehmung) mit einer größenspezifischen Betrachtungsweise, die im deutschsprachigen Bereich traditionell im Zusammenhang mit dem Mittelstandsbegriff und im angelsächsischen mit dem Small Business-Begriff (oder auch „SME": Small and Medium-Sized Enterprises bzw. in deutsch „KMU": kleine und mittlere Unternehmen) vorzufinden ist.

Bezogen auf die **Altersdimension** haben wir es bei einem Neugründungsvorhaben mit einer Unternehmung ohne Vergangenheit zu tun, d. h. es bestehen keine **unternehmensinternen Vergangenheitsdaten**, auf die bei der **Prognose** oder Planung zurückgegriffen werden könnte. Es gibt insbesondere keine Gewinn- und Verlustrechnungen (GuV) oder Bilanzen der letzten Jahre, die über die interne Entwicklung oder über die Aktivitäten in den relevanten Marktsegmenten Auskunft geben können.

Abbildung 29: Zusammenfassung: Spezifika Gründungsplanung

Spezifika der Gründungsplanung

Altersdimension (keine Vergangenheit)

* *Keine eigenen historischen Unternehmensdaten, aber:*
   - *Betriebsvergleich mit ähnlichen Unternehmen, wenn imitatorisches Konzept*
   - *Beurteilungsmöglichkeiten beim Management, dem Konzept und dem Markt*
* *Großer Gestaltungsbedarf:*
   - *Noch keine internen Unternehmensstrukturen vorhanden*
   - *Noch keine externen Strukturen (Image, Bekanntheit ...)*
* *Geringe Stabilität des Systems*

Größendimension (meist klein)

* *Mehr Bedingungen, weniger Gestaltungspotential (Macht)*
* *Geringe Ressourchen (Planung, Marktbeeinflussung etc.)*
* *Planungskompetenz geringer (keine Spezialisierung)*
* *Planungsrentabilität ungünstiger*

Quelle: Eigene Darstellung

Soweit man es mit imitatorischen Gründungen im Sinne der Wiederholung einer Gründung in der Großstadt X, die bereits in der Großstadt Y seit Jahren mit Erfolg betrieben wird, zu tun hat, kann oft auf **Betriebsvergleichszahlen** ähnlicher Unternehmen zurückgegriffen werden. Dies gilt insbesondere in traditionellen Einzelhandelsbereichen, bei Handwerksgründungen oder im Rahmen eines Franchisesystems. Je innovativer aber ein Unternehmenskonzept ist und je einzigartiger es in einem Land – oder gar weltweit – dasteht, desto geringer ist die Chance, auf Betriebsvergleichszahlen ähnlicher Unternehmen zurückgreifen zu können. Dass Betriebsvergleichszahlen meist nur für einen Altersmix aus vorzugsweise gereiften Unternehmen, nicht aber für vergleichbar junge Unternehmen erreichbar sind, ist ein weiteres Problem für die Übertragung auf die Situation von Gründungsunternehmen.

Wenn keine eigenen unternehmensinternen Vergangenheitsdaten oder Betriebsvergleichszahlen ähnlicher Unternehmen vorliegen, stellt sich die Frage, worauf eine Gründungsplanung und damit verbunden eine realistische Abschätzung der Erfolgsaussichten alternativ basieren kann. Als mögliche Ansatzstelle bietet sich einerseits das **Management** der Unternehmung (Initiatoren: Gründer, Gründerteam) an, das mit seiner **Biographie**, seinen spezifischen Karrierepfaden und Kompetenzen das Rückgrat der Unternehmung bilden soll. Zum anderen ist die Darstellung der **Unternehmensidee** bzw. das ausformulierte **Unternehmenskonzept** im Hinblick auf die Produkte und Leistungen, Perspektiven der Absatzmärkte der Dreh- und Angelpunkt für eine solche Einschätzung.

War das eine Spezifikum der auf die **Altersdimension** bezogenen Besonderheiten der Gründungsplanung der Mangel an eigenen Vergangenheitsdaten, so ist das zweite der **umfassende Gestaltungsbedarf** – oder anders betrachtet – der große Gestaltungsfreiraum in der Gründungssituation.

Dieser Gestaltungsbedarf oder Gestaltungsfreiraum ergibt sich aus der Tatsache, dass „zur Stunde Null" einer Gründung noch keine internen oder externen **Unternehmensstrukturen** definiert sind. Während im laufenden Betrieb eines etablierten Unternehmens aufgrund der zurückliegenden Entscheidungen, z. B. bezogen auf das Leistungsprogramm, auf den Standort, auf Mitarbeiter etc., also aufgrund einer Vielzahl von mehr oder minder verbindlichen Festlegungen auch für die Zukunft, meist die eher marginale Fortführung der bisher getroffenen Entscheidungen ansteht, ist der Gestaltungsbedarf in der Gründungsunternehmung umfassend und erstreckt sich auf Entscheidungen über alle Gestaltungsparameter von der strategischen Ebene bis hin zur operativen Ebene. Erste Einschränkungen ergeben sich durch die **Gründungsidee** und meistens auch durch die finanziellen und kompetenzbezogenen individuellen Gegebenheiten der Initiatoren.

Eine weitere Besonderheit der Gründungsplanung kann darin gesehen werden, dass in einem Gründungsunternehmen zunächst eine geringere **Stabilität** zu finden ist. Im Hinblick auf eine notwendige Flexibilität und Reagibilität gegenüber Marktentwicklungen, dürfen Planungen nicht zu rigide gehandhabt werden. Es muss die Bereitschaft bestehen, einmal erarbeitete Planungen aufgrund von Rückmeldungen z. B. des marktlichen Umfeldes zu überarbeiten oder wieder zu verwerfen.

Die meisten Unternehmensneugründungen sind relativ klein und überschaubar.[144] Großgründungen als selbständige Neugründungen sind ausgesprochen

---

144 Vgl. Klandt, Heinz: Aktivität und Erfolg des Unternehmungsgründers. Eine empirische Analyse unter Einbeziehung des mikrosozialen Umfeldes, Bergisch-Gladbach 1984 oder Klandt, Heinz et al.: Gesamtwirtschaftliche Wirkungen der Existenzgründungspolitik sowie Entwicklungen der mit öffentlichen Mitteln - insbesondere Eigenkapitalhilfe- geförderten Unternehmensgründungen, Abschlussbericht zum Forschungsprojekt IIA7-70 06 17/6 des Bundesministeriums für Wirtschaft, Dortmund-München 1994: Startkapital durchschnittlich 151.445 €, 75,2 % bis 150.000 € und 35,7 % bis 50.000 €, durchschnittlich gibt es 4 Beschäftigte im Gründungsjahr, bei 70 % bis 2 Beschäftigte und bei 44,3 % bis 1 Beschäftigter.

selten und eher in der Form von Tochtergründungen oder aber als Betriebsübernahmen bzw. Management-Buy-Outs anzutreffen. Damit ist die Gründungsplanung typischerweise eine Planung **kleinerer und mittlerer Unternehmen** (KMU).

Im Vergleich zu großen Unternehmen muss man somit durchweg davon ausgehen, dass **Ressourcen**, seien sie finanzieller oder personeller Art, in wesentlich geringerem Umfang zur Verfügung stehen. Für das Entscheidungsfeld kleinerer Unternehmen resultiert daraus, dass eine **größere Zahl von Faktoren** (Inputfakoren, Erfolgsfaktoren) als **Bedingungen** bzw. als Gegebenheiten betrachtet werden müssen und dass eine **kleinere Zahl** von Faktoren mögliche **Gestaltungsparameter** darstellen. Vor diesem Hintergrund wird man bei einem kleineren Unternehmen eher zu **Anpassungsstrategien** als zu Durchsetzungsstrategien die Möglichkeit haben und muss daher entsprechend z. B. eher **Märkte** finden als Märkte machen, was insbesondere bei innovativen Gründungen, die neuartige Produkte und Leistungen mit erklärungsbedürftigem Charakter anbieten wollen, erhebliche Probleme aufwerfen kann. Ein solches Pionierunternehmen wird möglicherweise erleben, dass ein wesentlicher Teil seiner Investitionen für die Marktvorbereitung durch einen schnellen Imitator (fast-second), der wirtschaftlich potenter ist, später ausgebeutet wird.

Bezogen auf die Planungsarbeiten ergibt sich aufgrund der geringeren Arbeitsteiligkeit bei einer kleineren Betriebsdimension, dass die Planungsträger meistens keine Spezialisten für Planung sein können und die Planungsaufgaben neben einer Vielzahl anderer Führungsaufgaben wahrnehmen müssen. Insofern muss davon ausgegangen werden, dass die spezifische **Planungskompetenz** der Akteure geringer ist als in etablierten und größeren Unternehmen. Vor allen Dingen stehen aber zeitliche, personelle und finanzielle Ressourcen für die Planung nur in geringem Umfang zur Verfügung, typischerweise kann auf keine professionelle Planungsabteilung oder Stabsstelle zurückgegriffen werden. Als Kompensation ist allerdings die Einschaltung externer Kompetenz meist möglich (z. B. Gründungsberater: z. T. bestehen öffentliche Fördermöglichkeiten!).

Da Planungsaktivitäten nicht nur positive Ergebnisse (Planungsnutzen) produzieren, sondern auch Planungskosten verursachen, stellt sich im Hinblick auf die Größendimension des Gründungsvorhabens auch die Frage nach der **Planungsrentabilität**. Wie groß darf der Planungsaufwand sein, damit die zu erwartenden Früchte, die Planungsergebnisse, in einem Maße eingefahren werden können, der den Aufwand kompensiert und überkompensiert, der praktizierte Planungsumfang sich somit lohnt. Es bleibt aber Fakt, dass der Planungshebel bei einer KMU-Gründung typischerweise kürzer ist als es bei einem großdimensionierten Vorhaben der Fall wäre.

3.1.2 Das Timmons-Modell

In der US-Literatur ist das von Timmons entwickelte Modell zur Strukturierung des unternehmerischen Prozesses verbreitet (siehe Abbildung 30). Entsprechend dieses Modells ist der Entrepreneurshipansatz dadurch gekennzeichnet, dass er von Geschäftsideen bzw. Geschäftschancen (opportunities) getrieben wird. Dies steht im Gegensatz zur klassischen Managementansätzen, wo die Aktivitäten des Managements eher durch die zur Verfügung stehenden Mitteln und Kapazitäten (resources) inspiriert sind. Der Unternehmer/das Unternehmerteam sucht also in einem offenen, undefinierten Wahrnehmungsfeld mit viel Kreativität nach Geschäftschancen und beschafft danach z. B. durch Ansprache von Freunden, von Business Angels oder von Venture Capital Gesellschaften die für die Realisation notwendigen Ressourcen. Der Business Plan steht als Koordinationsinstrument in der Mitte und offenbart, inwieweit Anforderungen und vorhandene Quellen zur Deckung kommen bzw. wo noch eventuelle Lücken bestehen.

Abbildung 30: Timmons' "Model of the Entrepreneurial Process"

Timmons Model of the Entrepreneurial Process

Communication

Opportunity - - - - - - - - - Resources

Business Plan
Fits and gaps

Ambiguity   Exogenous forces

Creativity   Leadership

Uncertainty   Team   Capital market context

Founder

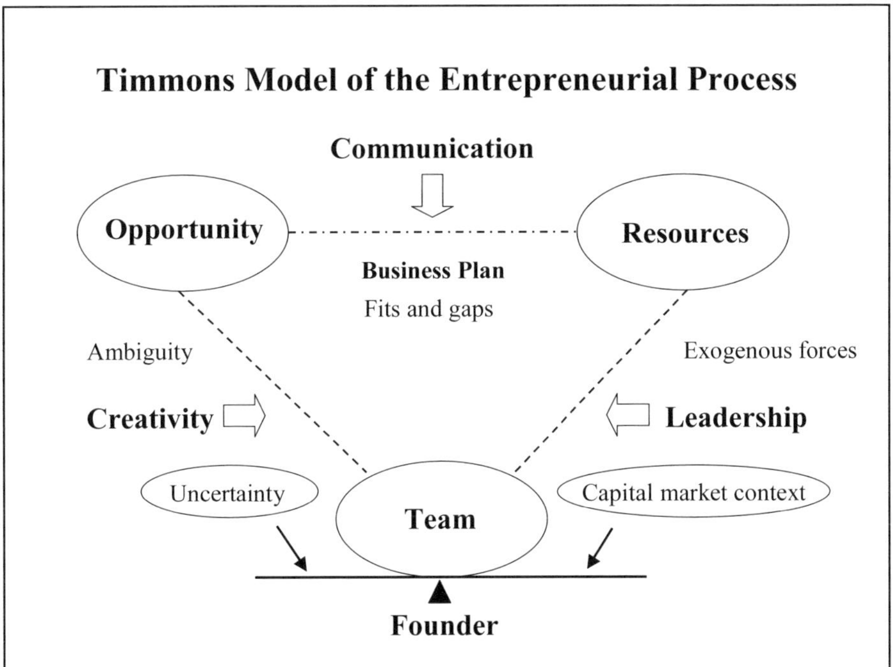

Quelle: Timmons, Jeffrey A.; Spinelli, Stephen: New Venture Creation: Entrepreneurship for the 21st Century, 2003, S. 57.

3.2 Phasenmodell der Gründungsplanung

Wie bereits in Kapitel 2.3.5 erläutert, kann man in Analogie zum menschlichen Leben bei einem Unternehmen verschiedene Lebensphasen unterscheiden. So könnte man von der Geburt (Gründung), der Kindheit und Jugend (Frühentwicklung), der Reifung, von Konsolidierung und Krisen bis hin zum Tod (stille Liquidierung/Konkurs) reden. Solche Phasenmodelle sind uns im Zusammenhang mit Produkten (**Produktlebenszyklus**[145]) oder auch im Zusammenhang mit Märkten (z. B. Marktphasenmodell von Heuss[146]) vertraut. In der Gründungs- (Entrepreneurship-) Literatur gibt es eine Vielzahl phasenorientierter Ansätze, die mit unterschiedlichen Anzahlen von **Entwicklungsstufen** arbeiten und mit diesen Entwicklungsstufen bestimmte charakteristische Aspekte verbinden.

Die Problematik dabei ist, dass solche Modelle bisher eher intuitiv gewonnen wurden und lediglich terminologischen Charakter haben, der überzeugende empirische Nachweis der Sinnträchtigkeit dieser Differenzierung bzw. Aussagen darüber, welche unterschiedlichen **Anforderungen** sich an den Unternehmer in den jeweiligen Phasen stellen (Wandel der **Unternehmeraufgabe**) aber fehlt. Es bleibt somit offen, wie viele Lebensphasen sinnvollerweise unterschieden werden sollten, wann sie anfangen oder enden.[147]

Im Gegensatz zur menschlichen Existenz ist die Existenz eines Unternehmens bezüglich des Beginns und des Endes nicht eindeutig definiert. So stellt sich z. B. die Frage, ob man es noch mit derselben Unternehmenseinheit zu tun hat, wenn Eigentum und Management ganz oder teilweise gewechselt haben (Beitritt neuer Teilhaber, Ausscheiden von Teilhabern, Wechseln der tätigen Unternehmer) oder wenn Unternehmen mit anderen verschmolzen werden, wenn sie aktiv andere Unternehmen akquirieren oder selbst akquiriert werden. Leider liegt bislang weder eine terminologisch systematische Aufarbeitung aller möglichen **Entwicklungspfade** vor, noch existiert eine befriedigende Zahl von empirischen Untersuchungen, die typische charakteristische **Entwicklungsstufen**, Entwicklungspfade von Unternehmungen vom Markteintritt bis zum Marktaustritt belegen.

Wir wollen uns hier auf die zuvor angesprochene Problematik des relativ gut abzugrenzenden Bereichs der Gründung und Frühentwicklung beschränken, bzw. versuchen, eine weitergehende idealtypische Ausdifferenzierung im Rahmen der Gründungsphase vorzunehmen. Die Abgrenzung zwischen der Grün-

---

145 Vgl. Nieschlag, Robert/Dichtl, Erwin/Hörschgen, Hans: Marketing. 12. Aufl. Berlin 1981, S. 202 ff.
146 Vgl. Heuss, Ernst: Allgemeine Markttheorie, Tübingen/Zürich 1965.
147 Vgl. Pümpin, Cuno/Prange, Jürgen: Management der Unternehmensentwicklung. Phasengerechte Führung und der Umgang mit Krisen, Frankfurt, New York 1991; vgl. auch Ripsas, Sven: Entrepreneurship als ökonomischer Prozess. Perspektiven zur Förderung unternehmerischen Handelns, Wiesbaden 1997, insbesondere S. 84 ff.

dungs- und der Frühentwicklungsphase eines Unternehmens ist relativ klar und operationabel durch die Eröffnung des Unternehmens im Sinne des „ersten Anbietens von Produkten und Leistungen am Markt" vorzunehmen. Bildlich gesprochen, endet die Gründungsphase und beginnt die Frühentwicklungsphase mit dem Aufschließen der Ladentür und dem Erwarten der ersten Kunden.

Hinsichtlich der Planung dieser Phasen sind personenbezogene und konzeptbezogene Aktivitäten zu unterscheiden, die zu bestimmten Resultaten führen. Die Aktivitäten und somit auch die Anforderungen an die Gründer/das Management ändern sich dabei im Verlauf der Unternehmensentwicklung.

In diesem Phasenmodell werden bezogen auf die einzelnen (Teil-)Phasen jeweils die anstehenden Aktivitäten des Gründers sowie die abschließenden Arbeitsergebnisse (Resultate) aufgeführt. In der Vorgründungsphase sind zwei Ebenen zu betrachten: die auf den Gründer oder das Gründerteam selbst bezogenen Überlegungen zur grundsätzlichen Selbständigkeitsbereitschaft (Abwägen der persönlichen Eignung, der Vor- und Nachteile gegenüber einer abhängigen Beschäftigung etc., also der „Selbstprüfung") einerseits, deren Ergebnis ein entsprechender Selbständigkeitswunsch bzw. –entschluss sein kann, sowie andererseits die Ebene der Geschäftsidee/-chance (opportunity), die – soweit nicht schon vorhanden – mit der Suche nach Ideen beginnt, die in der Folge ersten Prüfungen unterworfen werden (Grobprüfung bis hin zur Machbarkeitsstudie).[148] Als Ergebnis entsteht dann die Beschreibung der Idee bzw. das Grobkonzept.

Die eigentliche Gründungsphase ist in der Grafik (Abbildung 31) in die Teilphasen Planung und Errichtung geteilt. In der Planungsphase liegen die ausstehenden Aktivitäten vor allem in der intensiveren Marktanalyse und der verbalen wie auch quantitativen Konkretisierung und Ausformulierung aller inhaltlichen Teilbereiche. Dies entspricht dem Fokus des 2. Teils des Buchs. Resultat ist dann der Unternehmensplan.

Von besonderer Bedeutung während der Gründungsplanung ist der sog. „**point of no return**", der Punkt also, ab dem die Gründer ihr Vorhaben nicht mehr problemlos „in der Schublade verschwinden" lassen können. Spätestens bis zu diesem Zeitpunkt, müssen also alle Zweifel auf Seiten der Gründer ausgeräumt sein.

Die Errichtung in der Gründungsphase, d. h. die faktische und rechtliche Umsetzung der Planung, als deren Ergebnis die konkrete Unternehmensstruktur ent-

---

[148] Vgl. Gründertest im Anhang sowie www.ebs-gruendertest.de.

steht, sowie die Aktivitäten und Resultate der Frühentwicklungsphase sind nicht mehr Gegenstand des Buches.

Abbildung 31: Phasenmodell der Gründungsplanung

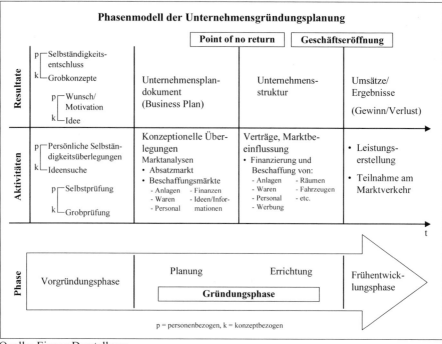

Quelle: Eigene Darstellung

4 Gründungsidee

4.1 Ideengenerierung

Ein zentraler Schritt auf dem Weg zu einer Unternehmensgründung ist die Ideenfindung: Womit will man sich selbständig machen, mit welchen Produkten und Leistungen, welchem Leistungserstellungsprozess, in welcher Branche auf welchen Märkten mit welchen Zielgruppen etc.?

Manchmal sind Gründungen „ideengetrieben": die vorhandene **Gründungsidee** ist der eigentliche Auslöser der unternehmerischen Aktivität, d. h. der Gründungsprozess wird durch eine spontane Idee initiiert. Die Frage „soll ich mich unternehmerisch selbständig machen?" folgt dem. In vielen Fällen ist aber zunächst der amorphe Wunsch nach beruflicher Selbständigkeit vorhanden, ohne dass sich damit schon eine **Geschäftsidee** verbindet. Dann stellt sich die Frage nach der Generierung einer solchen Idee.

Grundsätzlich sollte man versuchen, durch die Geschäftsidee einen Ansatz für ein sich vom **Wettbewerb** unterscheidendes, dem Wettbewerb überlegenes oder in einer bestimmen Region noch nicht vertretenes Konzept zu finden (USP: unique selling proposition).

Der Kern eines solchen Ansatzes könnte z. B. bestehen in:

- *einem andersartigen **Distributionskanal** (z. B. Versandhandel statt stationärem Handel)*
- *einem effizienteren **Leistungserstellungsprozess** (neues Arbeitszeitmodell, andere Informationsprozessorganisation, Produktionsmaschinen etc.)*
- *der Ausrichtung auf andere **Zielgruppen** (z. B. gewerbliche statt private **Abnehmer**)*
- *einem **neuartigen Produkt** oder einer neuartigen **Dienstleistung** (weltweit oder auch nur in einer bestimmten Region bisher noch nicht angeboten)*
- *in einer neuen Akquisitionsstrategie (z. B. Telefonmarketing, **Werbung** über **Internet** statt in den **Printmedien**)*
- *in der Erschließung anderer **Beschaffungskanäle** (z. B. Bauteile aus Vietnam statt aus Japan oder Korea)*
- *einer **Kombination** mehrerer vorgenannter oder anderer Aspekte.*

Es wird deutlich, dass es bei der **Geschäftsidee** nicht nur um bestimmte Produkte oder Dienstleistungen geht, sondern es sich im Kern einer solchen Idee um alle Facetten einer unternehmerischen Aktivität drehen kann. Erfolgreiche Unternehmenskonzepte basieren oft auf relativ einfachen Grundideen, durch die sie sich aber von weitaus weniger erfolgreichen Mitbewerbern unterscheiden; so war es die einfache Grundidee des seit Jahrzehnten erfolgreichen „ALDI"-Konzeptes, sich auf problemlos lagerbare Schnelldreher, d. h. Lebensmittel mit geringer Verweildauer und geringer Verderblichkeit in Läden mit einfacher Ausstattung zu konzentrieren, um attraktive Preise bieten zu können. Erfolgreich war auch das Unternehmen „1 & 1 Marketing GmbH" (heute: United Internet) mit der einfachen Idee, in der Standardsoftwarebranche unter einer einheitlichen Oberfläche („Die Softwarebörse") die Produkte vieler – meist mittelständischer – Softwarehäuser aufzulisten, und so en bloc günstig gemietete Werbeflächen in Magazinen, Illustrierten und Fachzeitschriften an diese Softwarehäuser in kleinen Teilflächen weiter zu veräußern; das einheitliche Erscheinungsbild wird durch das Sammeln von Informationsgesuchen der Leser unter einer 1&1 Adresse/Telefon-/Fax-/E-Mail-Nummer unterstrichen.

In der US-amerikanischen Literatur zu „Entrepreneurship" wird mit dem als Synonym zu Geschäftsidee verwendeten Begriff der **„opportunity"** deutlich gemacht, dass der Wert einer Gründungsidee oder Geschäftsidee sich erst durch das damit verbundene Potenzial der Umsetzbarkeit erschließt, also z. B. vom Marktpotenzial abhängt.[149]

Etwas Neues zu wollen, sich von der Konkurrenz zu unterscheiden reicht also nicht; eine wirksame Geschäftsidee erfordert eine tragfähige Gesamtkonstellation. Ein hervorragender Gründungsunternehmer zeichnet sich u. a. dadurch aus, dass er einen „Blick" für solche Konstellationen hat, die oft auch nur für ein bestimmtes Zeitfenster bestehen. Oft sind es Marktunbalanciertheiten, die durch neue Technologien, neue Gesetze, Auseinanderentwicklungen von Arbeitsmärkten, politische Umbrüche entstehen, die „opportunities" eröffnen.

Von der Geschäftsidee hängt – neben anderen im Bezugsrahmen im Teil I in Kapitel 2 aufgezeigten Faktoren – der langfristige Geschäftserfolg eines Gründungsvorhabens ganz wesentlich ab. Die Wege zu einer solchen Idee sind vielfältig und nicht erschöpfend aufzuzeigen oder abzugrenzen. Das folgende soll dazu aber einige Anstöße geben.

Auch hier soll, wie schon vorher angesprochen, nicht das etablierte Großunternehmen, sondern die Gründung von Kleinbetrieben im Mittelpunkt des Interesses stehen. D. h. es wird bspw. nicht auf solche Fälle abgestellt, bei denen sich aus dem laufenden Geschäftsbetrieb neue Ideen ergeben, die dann zu einer Unternehmensgründung führen (z. B. als Spin-off Gründungen).

---

[149] Vgl. Z. B. die Lehrbücher von: Timmons, Hisrich, Bygrave, Vesper im Literaturverzeichnis.

Zur Verfügung stehen verschiedene Ansätze bzw. Möglichkeiten der Ideengenerierung, auf die nun eingegangen werden soll.

Generell kann die Suche durch eine **Einzelperson** vonstatten gehen oder verbunden in der Gruppe, einem **Team**. Es kann sich um eine **systematische** oder **gelegentliche** Suche handeln, um eine völlig **freie Suche** oder eine Suche, die sich schon auf eine konkrete Branche oder einen konkreten Markt etc. bezieht; es können ganz offen alle Ideen akzeptiert werden oder nur solche, die in gleicher oder ähnlicher Form bereits (z. B. im Ausland) **erprobt** sind und sich schon **bewährt** haben.

Möglichkeiten der **Ideengenerierung** bestehen zum einen in einem eher intuitiv, **kreativen Vorgehen**, zum zweiten in einer strengen **logischen Ableitung von Ideen** aus grundlegenden Entwicklungen und Trends, zum anderen in **systematischen Erhebungen** oder Sammlungen von Alternativen durch Beobachtungen, Befragungen oder Dokumentenanalysen. Bezogen auf den erstgenannten Ansatz stehen eine Vielzahl von **Kreativitätstechniken** zur Verfügung.

Abbildung 32: Geschäftsideengenerierung

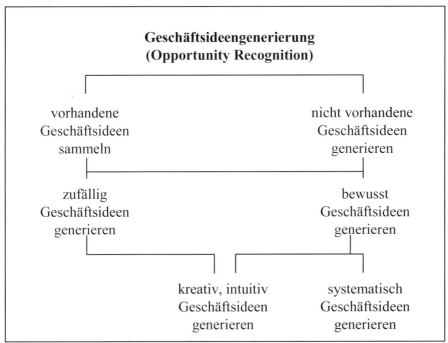

Quelle: Eigene Darstellung

Jede Vorgehensweise der **Ideensuche** hat ihre Vor- und Nachteile und der Erfolg hängt sehr stark von den beteiligten Personen ab. Nicht jeder arbeitet gerne im Team, andere nicht gerne allein. Meistens ergeben sich zumindest mehr (wenn nicht bessere) Ideen, wenn nicht nur eine Person alleine überlegt, sondern mehrere Personen mit möglichst unterschiedlichem Erfahrungshintergrund beteiligt sind.

Im Folgenden werden die kreative, intuitive, die systematische sowie die vorhandene Geschäftsideengenerierung näher erläutert.

4.1.1 Neue Ideen und Kreativitätstechniken

Der Begriff der **Kreativität** wird gerne auf künstlerisches und wissenschaftliches Handeln bezogen, er ist aber darauf nicht eingeengt: er hat seine Berechtigung in allen Daseinsbereichen. Kreativität lässt sich als das Schöpferische im Menschen verstehen. Es bezeichnet die Fähigkeit eines Menschen, neue Denkergebnisse hervorzubringen. Kritisch ist in dieser Definition der Begriff „neue Denkergebnisse" im Umfang seines Anspruchs. Bei einem solchen neuen Denkergebnis könnte es sich in unserem Kontext auch lediglich um ein vorhandenes Produkt in einer anderen Farbe, aus einem anderen Werkstoff handeln (Kühlschrank in schwarz, PKW aus Aluminium). Andererseits kann es auch um eine ganz neue Technologie (Mobiltelefon mit Palm in Kombination) gehen oder gar um neue Weltsichten oder Basisparadigmen (wie in den Naturwissenschaften durch Gallilei, Keppler, Newton, Einstein, Planck). Geographisch gesehen muss „neu" nicht zwangsweise Weltneuheit heißen, es kann sich also auch nur auf eine spezielle Region beziehen. Nicht nur Produkte können im einzelwirtschaftlichen Kontext Träger der Neuigkeitseigenschaft sein, diese kann sich auch z. B. auf eine Methode der Sortimentszusammenstellung (leicht lagerbare Schnelldreher usw.) beziehen.

Neben der „**Neuigkeit**" ist die „Nützlichkeit" (oder „Brauchbarkeit", „Praktikabilität", „Nutzbarkeit", „Einsetzbarkeit") einer Idee ein unabdingbarer Aspekt. Neuigkeit ist im Zusammenhang mit Geschäftsideen kein Selbstzweck. Im Zweifelsfall ist die **Imitation** einer – z. B. im Ausland oder bei einer anderen Zielgruppe im Inland – bereits bewährten Idee für die Existenzgründung erfolgsträchtiger.

Von **Kreativitätstechniken** spricht man als „systematische, strukturierte Techniken, um das kreative Potenzial eines Individuums oder einer Gruppe zu fördern und zu erhöhen, vorwiegend mit dem Ziel, Probleme und Fakten zu finden sowie Ideen, Alternativen und Lösungen zu einem Problem zu entwickeln."[150] Das heißt, mittels solcher Kreativitätstechniken können u. a. auch Gründungsideen gewonnen werden.[151]

Im Folgenden werden einige Kreativitätstechniken kurz umrissen, um eine Vorstellung über die Ausgestaltung zu geben. Bezüglich weiterer Details wird auf die einschlägige Literatur verwiesen. Man sollte sich als Anwender auch kreativ mit diesen Techniken auseinandersetzen und eigene Kreativitätskonzepte aus diesen Anregungen entwickeln! Die vorhergehenden Erkenntnisse über die Auswirkungen der Gestaltungselemente der Kreativitätstechniken sind jedenfalls bisher nicht so definitiv, dass man z. B. eine eindeutige Aussage über die Sinnträchtigkeit der Ausgestaltung zu bestimmten Persönlichkeitstypen von Teilnehmern oder bestimmten zu lösenden Problemtypen machen könnte.

Die **intuitiv-kreativen Kreativitätstechniken** lassen sich in vier Hauptgruppen unterscheiden: **Brainstorming**, **Brainwriting**, **Synectics** und **Checklisten**.

Das **Brainstorming** ist eine kreative Konferenz mit dem Ziel, Ideen zu produzieren, die zur Lösung eines klar umrissenen Problems führen könnten. Es ist die bekannteste Kreativitätstechnik, die schon in den 30er Jahren von Alex F. Osborn kreiert wurde.[152] Die Gruppe der Ideenproduzenten sollte möglichst hierarchiefrei sein. Berücksichtigen sollte man bei der Anwendung solcher Techniken, dass es zahlreiche Kreativitätshemmnisse wie Auffassungsgabe, Ausdrucksfähigkeit, Emotionen, Erfahrungen, Alter, Kultur, Umwelt, Intellekt usw. gibt. Um diese Hemmnisse abzubauen und die Effizienz der Methoden zu steigern, sollte bei Kreativitätssitzungen eine möglichst entspannte, zwanglose und „kritiklose" Atmosphäre herrschen.

Die Teilnehmerzahl liegt typischerweise zwischen drei und zwölf Personen; der Zeitraum der „Ideensitzung" sollte ca. 10 bis 30 Minuten betragen. Es soll hierbei nicht beurteilt oder kritisiert werden. So genannte „Killer-Phrasen" wie „Das geht doch nicht." oder „Das ist zu teuer." sind verboten. Das freie Assoziieren steht im Vordergrund; Quantität und nicht Qualität ist gefragt. Urheberrechte sind irrelevant. Das Sortieren, Bewerten und Auswählen, also die Überprüfung

---

[150] Johansson, Björn: Kreativität und Marketing. Die Anwendung von Kreativitätstechniken im Marketingbereich, Bern 1985, S. 12.

[151] Vgl. zur Beschreibung der einzelnen Verfahren insbesondere die ausführliche Darstellung in Johansson, Björn: Kreativität und Marketing. Die Anwendung von Kreativitätstechniken im Marketingbereich, Bern 1985, S. 85-232. In kurzen Übersichtsartikeln wie Appelt, Jutta/Appelt, Horst G.: Mit Kreativitätstechniken neue Produkte finden, in: Fortschrittliche Betriebsführung und Industrial Engineering, 33 Jg., 1984, Heft 6, S. 334-343 oder Ruhleder, Rolf H.: Kreativitätstechniken für Manager. Vier Methoden der Ideenfindung, in: Markenartikel, 51. Jg., 11/1989, S. 580f werden einige wesentliche Techniken ebenfalls dargestellt.

[152] Vgl. Osborn, Alex F.: Applied Imagination, 1953.

der Realisierbarkeit erfolgt erst nach der Sitzung. Es existieren zahlreiche Varianten dieses klassischen Brainstormings.

Abbildung 33: Kreativitätstechniken[153]

Kreativitätstechniken	
intuitiv-kreative	**systematisch-analytische**

• Brainstorming-Techniken
  - Klassisches Brainstorming
  - Phillips 66
  - Progressives Brainstorming
  - Little-Technik
  - Inverses Brainstorming
  - sonstige
 	
• Brainwriting-Techniken
  - Methode 635
  - Brainwriting-Pool
  - Ideen-Delphi
  - Collective Notebook Methode
  - Metaplan Technik etc.
 	
• Synectics und synectics-
  ähnliche Techniken
  - Synectics
  - Basic Synectics
  - Bionics
  - Sonstige
 	
• Checklisten
	• Morphologische Methode
	
	• Eigenschaftsliste
	
	• Funktionsanalyse
	
	• Wertanalyse
	
	• Sonstige

Quelle: Eigene Darstellung

---

153 Vgl. Johansson, Björn: Kreativität und Marketing. Die Anwendung von Kreativitätstechniken im Marketingbereich, Bern 1985, S. IX und S. 85-232.

Die Methode **Phillips 66** (auch Buzz Session oder Discussion 66) bietet sich bei Teilnehmerzahlen von über 20 Personen an, die in sechs Untergruppen eingeteilt werden und pro Phase jeweils nur sechs Minuten Zeit haben.

Beim **progressiven Brainstorming** oder „Stop and go"-Brainstorming werden kreativitätsfördernde Elemente im Wechsel mit einer kritischen Bewertung verbunden. D. h. „Stopp" bedeutet „kritisch denken" und „go" bedeutet „kreativ denken".

Für besonders komplexe Probleme eignet sich die **Little-Technik** (Didaktisches Brainstorming), da die Teilnehmer sukzessive an das Problem herangeführt werden, indem sie nur die für die jeweilige Sitzung relevanten Teilprobleme kennenlernen. Solche Sitzungen können extrem lange (mehrere Stunden bis zu Tagen) dauern. Typischerweise geht es hierbei nicht um die Ermittlung möglichst vieler Ideen, sondern um die beste Idee.

Beim **inversen Brainstorming** oder destruktiv-konstruktiven Brainstorming werden in einer ersten Phase alle möglichen Schwächen, Mängel oder Unzulänglichkeiten einer bisherigen Lösung ermittelt, für die in der zweiten Phase neue Lösungsmöglichkeiten gesucht werden.[154]

Gruppendynamische Einflüsse können beim Brainstorming nachteilig wirken. Auch stellt das Verfahren hohe Ansprüche an den Moderator. Diese Nachteile versuchen die **Brainwriting-Techniken** z. B. durch größere Anonymität zu verhindern. Die bekannteste unter den Brainwriting-Techniken, die sich insgesamt insbesondere für schlecht strukturierte Probleme eignen, ist die **Methode 635**. Hierbei entwickeln sechs Personen jeweils drei Lösungsvorschläge, die jeweils an den Nachbarn weitergegeben werden, der wiederum seine drei Lösungsvorschläge ergänzt. Die zur Verfügung gestellte Zeit beträgt maximal fünf Minuten. Auch hier gelten die beim Brainstorming vorgestellten Regeln: keine Kritik, freie Assoziation, Quantität.

Beim **Brainwriting-Pool** wird die Zeitbeschränkung aufgehoben, um auch diesen Stressfaktor auszuschalten. Außerdem liegt schon zu Beginn in der Mitte des Tisches ein Formular, das mehrere Lösungsansätze enthält. Diese gelten als anregende Beispiele, auf die bei Bedarf von jedem zurückgegriffen werden kann. Das Formular in der Mitte des Tisches kann jederzeit ausgetauscht werden, so dass die Ideen aus dem Teilnehmerkreis kursieren.

---

[154] Es existieren noch weitere Brainstorming-Varianten wie anonymes Brainstorming, "And Also"-Technik, Creative Collaboration Technique, imaginäres Brainstorming, Sukzessive Integration von Lösungselementen oder Wildest Idea Technique, auf die hier aber nicht näher eingegangen wird.

Experten stehen im Mittelpunkt beim **Ideen-Delphi**.[155] Fünf bis dreißig Personen als Experten für den jeweiligen Problemkreis erhalten gleichzeitig eine Problemstellung, die sie unabhängig voneinander an verschiedenen Orten in einem vorgegebenen Zeitraum von bspw. zwei bis vier Wochen bearbeiten. Die zurückgemeldeten Lösungsvorschläge werden zusammengestellt und allen Experten wieder zugesandt zur Weiterentwicklung, für Ergänzungen, Erweiterungen usw. Dieser Prozess kann solange fortgesetzt werden, bis zufriedenstellende Lösungen ermittelt worden sind.

Eine Technik, die eher auf das tagtägliche Sammeln von Ideen ausgerichtet ist, ist die **Collective-Notebook-Methode**. Eine Gruppe von 10 bis 30 Experten erhält von einem Problemverantwortlichen so genannte Ideenbücher mit einer genauen Problembeschreibung, in die neue Problemdefinitionen sowie Ideen und Lösungen einzutragen sind. Diese werden nach einer vorgegebenen Zeit (z. B. ein Monat) zusammengefasst und an den Koordinator zurückgesendet. Dieser wertet aus und teilt das Ergebnis schriftlich mit. Abschließend wird in einer Kreativitätssitzung versucht, aus den Vorschlägen ein Lösungskonzept zu erarbeiten.

Eine weitere Brainwriting-Technik ist die Kärtchen-Befragung. Die Kärtchen-Befragung oder **Metaplan-Technik** kann in der Regel von 3 bis zu 30 Personen bestritten werden. Innerhalb einer begrenzten Zeit schreiben sie auf Karten ihre Ideen auf, die im Anschluss (gemeinsam) nach noch zu bestimmenden oder auch vorgegebenen Kriterien sortiert und systematisiert werden.

Anspruchsvoller sind die synektischen Techniken, da der Problemlösungsprozess umfassend organisiert ist. Der Begriff „Synectics" leitet sich aus den griechischen Wörtern „syn" = zusammen und „ektos" = außerhalb ab. D. h. es sollen Zusammenhänge zwischen eigentlich weit auseinander liegenden Bereichen geschaffen werden. Meist stehen sehr komplexe Probleme zur Lösung durch Fachleute an. Die vier grundlegenden Aktivitäten sind: intensive Beschäftigung mit dem Problem, Ver- oder Entfremdung vom Problem mittels Bildung direkter, persönlicher und symbolischer Analogien, Herstellung von Verbindungen und spontanes Bewusstwerden von Lösungsideen.

Bionics ist eine Technik, bei der die Strukturen und Funktionsweisen von Pflanzen und Tieren studiert werden, um hieraus über die Analogienbildung neue Ideen für Problemlösungen in ganz anderen Bereichen zu gewinnen.

Neben diesen grundlegenden Synectics-Techniken gibt es noch eine Vielzahl von Methoden, die auf dem Grundprinzip der Synectics beruhen, also dem Ver-

---

155 Dieses Verfahren kann auch zu Prognosezwecken eingesetzt werden und wird z. T. eher den Prognoseverfahren als den Kreativitätstechniken zugerechnet.

binden zweier unabhängiger Strukturen zur Schaffung einer neuen, dritten Struktur, die als Problemlösung dient.

Letztlich werden unter die intuitiv-kreativen Verfahren noch **Checklisten** subsumiert. Diese beinhalten bspw. Fragen wie: Wie kann das Produkt anderweitig verwendet werden? Was kann modifiziert werden? Was kann weggelassen/erweitert werden? Was kann ersetzt werden? usw. Man kann hier zur Inspiration der Fragenentwicklung z. B. einfach mit einer Liste von vielen „W"-Wörtern arbeiten.

Abbildung 34: Checkliste W-Wörter

W-Wörter		
Wer	Wo	Wie groß
Wen	Wohin	Wie klein
Was	Wobei	Wie stark
Wem	Wodurch	Wie sehr
Wie	Wozu	Wie schön
Wann	Womit	Wie weit
Warum	Wonach	Wie oft
Weshalb	Wofür	Wie lange
Wieso	Wogegen	Wie…

Quelle: Eigene Darstellung

Bei den intuitiv-kreativen Methoden ist divergentes Denken erwünscht, gewohnte Denkmuster sollen verlassen und möglichst neue Wege erschlossen werden. Insofern ist bei diesen Verfahren gegebenenfalls nach einer Phase der individuellen Auseinandersetzung mit dem Problem das Arbeiten in Gruppen, zusammengesetzt aus Personen aus den unterschiedlichsten Lebensbereichen, meist von Vorteil.

Bei den **systematisch-analytischen Methoden** wird im Gegensatz dazu ein vorhandenes Ausgangsproblem in seine Teilaspekte zerlegt, die jeweils einzeln gelöst werden sollen. Die Kombination der Einzellösungen ergibt die Gesamtlösung. Aufgrund dieser systematischen Vorgehensweise eignen sich diese Methoden auch gut zur Einzelarbeit.

Der Grundgedanke der **morphologischen Methode** (morphologischer Kasten) ist die Zerlegung eines Problems in seine Parameter und die Suche von Lösungsvorschlägen für jeden Parameter des Problems; die Kombination der Einzelansätze ergibt dann eine Vielzahl von Lösungsmöglichkeiten des Gesamtproblems. Es schließt sich eine Bewertungsphase zur Suche der besten Lösung an. Besonders geeignet ist diese Methode für komplexe Probleme, im Gegensatz zu Brainstorming und Brainwriting, die vorzugsweise der Lösung von zwar schlecht, aber eher einfach strukturierten Problemen dienen.

Der morphologischen Methode sehr ähnlich sind die Verfahren der **Eigenschaftsliste** (*Attribute Listing)* und **Funktionsanalyse,** bei denen jeweils Eigenschaften bzw. Funktionen eines Objektes aufgelistet werden, um im nächsten Schritt mögliche Alternativen dazu aufzuzeigen. Durch die Kombination der verschiedenen Alternativen entsteht eine neue Lösung des Gesamtproblems.

Bei der **Wertanalyse** werden zusätzlich zu den Funktionen die Kosten berücksichtigt. Durch die Ermittlung und Verwendung kostengünstigerer Alternativen soll das gleiche Produkt, in gleicher Qualität preiswerter herstellbar werden.

Sonstige gebräuchliche systematisch-analytische **Kreativitätstechniken** sind z. B. die Problemfelddarstellungen, die Sequentielle Morphologie oder die Heuristic Ideation Technique. Dazu kommen weitere Techniken wie progressive abstraction und laterales Denken.

Dieser kurze Aufriss möglicher Kreativitätstechniken soll an dieser Stelle genügen.

4.1.2 Ableitung von Geschäftsideen aus gesellschaftlichen Entwicklungen und Trends

Die systematische Suche nach Geschäftsideen kann auch theoriegeleitet (z. B. ausgehend vom System menschlicher Bedürfnisse, typischen Verhaltensmustern, Werten etc.) sein oder auf der Basis empirischen Wissens aus der amtlichen Statistik beginnen, um aus demographischen Entwicklungen (wie dem zunehmenden Anteil von älteren Menschen und Singles in unserer Gesellschaft) zukunftsträchtige Unternehmensideen zu formen. „Megatrends" d. h. umfassende, übergeordnete, weitgreifende Entwicklungstendenzen, die von Zukunftsforschern wie Naisbitt vorgestellt werden, sind von besonderem Interesse.[156]

---

[156] Vgl. Naisbitt, John: Megatrends 2000, Bonn, 1994.

Demographische Trends – also die absehbaren Änderungen der Strukturen der Bevölkerung (eines Landes, eines Wirtschaftsraumes) z. B. hinsichtlich der Altersstruktur, der Geschlechtsstruktur, der ethnologischen, religiösen und Ausbildungsstruktur – sind von besonderer Bedeutung für die frühzeitige Abschätzung von neuen Geschäftschancen, da sie in fast alle anderen Lebensbereiche hineinwirken und eine Vielzahl von Veränderungen, z. B. im konsumnahen Nachfrageverhalten auslösen. So hat die relativ gut fortschreibbare Veränderung der Alterspyramide der Bundesrepublik Deutschland gravierenden Einfluss auf eine Reihe von Branchen. Die relative Nachfrage nach Kinderkleidung, -möbeln, -bücher, -fahrzeuge, Spielzeug wird weiter abnehmen, während die Zielgruppe „Senioren" an Bedeutung gewinnt (z. B. bzgl. spezieller Urlaubsreisen, Treppenfahrstühle, Geh- und Fahrhilfen, Seniorenstudienangebote, medizinische Versorgung).

Schwieriger zu beurteilen und abzusehen sind **technologische Entwicklungen**, speziell das Auftreten von Technologiebrüchen (disruptive technologies). Hier sind bei schnellem Erkennen und Umsetzen darauf aufbauender „opportunities" aber die Chancen für Gründungsunternehmen besonders groß, insbesondere, da gereifte große Unternehmen als Wettbewerber meist nicht so schnell zu erwarten sind. Diese sind offensichtlich eher darauf ausgerichtet, inkrementelle Verbesserungen und Optimierungen als diskontinuierliche Prozesse zu handhaben. Beispiele dafür sind im PC-Bereich Apple, Tandy, Commodore, Microsoft, Sun, Dell, die dem Platzhirsch IBM trotz seiner massiven F&E-Aufwendungen über lange Zeit trotzen konnten, oder Borland und Netscape gegenüber dem dann schon selbst etablierten Microsoft. Allerdings ist für die Gründungsunternehmen das langfristige Überleben nicht garantiert, wenn etablierte Großunternehmen wie IBM auch mit erheblicher Verzögerung, den Markt betreten; so sind Tandy und Commodore PC schon lange wieder vom Markt verschwunden.

Seit Mitte der 90er-Jahre bieten sich aufgrund insbesondere rasanter Entwicklungen in der IuK-Technikund speziell in Zusammenhang mit dem Internet für Unternehmensgründungen ungeahnte Möglichkeiten[157]. In diesem Kontext wurde gerne von der **„new economy"** gesprochen, die nach beeindruckenden Höhenflügen am Börsensegment NASDAQ/Neuer Markt etc. inzwischen wieder Bodenhaftung gewonnen hat. Eine zeitlang schien es, als könnte diese „Neue Ökonomie" die klassischen Gesetze der „Alten Ökonomie" sprengen und eigene Regeln aufbauen. Tatsächlich lassen sich einige Besonderheiten in den Produkten, Märkten und Prozessen dieser Branchen aufführen, die nach alternativer Handhabung rufen bzw. neue Chancen und Perspektiven öffnen. Greift man die für diesen Bereich besonders signifikanten Märkte für Informationsgüter (IG) heraus, so lassen sie sich wie folgt charakterisieren. Diese sind typischerweise

---

[157] IuK steht für Information und Kommunikation.

- **Öffentliche Güter (vs. private)**
  Öffentliche Güter sind Güter, bei denen keine Rivalität in der Verwendung entsteht, d. h. die Qualität dieser Produkte wird nicht dadurch gemindert, dass sie von vielen Konsumenten (gleichzeitig) genutzt werden und sie nutzen sich durch den Konsum/die Verwendung auch nicht ab. Weiterhin ist es kaum durchsetzbar, einzelne (nicht zahlende!) Konsumenten von der Nutzung auszuschließen (sog. Ausschlussprinzip) und eine Vervielfältigung (Duplizierung) des Produktes/der Leistung ist nahezu kostenlos möglich.

  Beispiele für öffentliche Güter sind Informationen (z. B. der Musikindustrie, der Softwareindustrie oder der Videoindustrie) oder Straßen.

  Eine effiziente Preisgestaltung ist wegen der Nicht-Abnutzung und der Nicht-Ausschließbarkeit kaum realisierbar. Die Zahlungsbereitschaft der Konsumenten richtet sich nach dem individuellen Grenznutzen, den diese Güter beim Konsumenten erzeugen. Sie wird aber in den meisten Fällen gegen Null tendieren, wenn durch das Charakteristikum der Nicht-Ausschließbarkeit die Nutzung auch ohne Bezahlung möglich ist (sog. Free-Rider- oder Trittbrettfahrerverhalten, wie z.B in der Musik- und Anwendungssoftwareindustrie). Volkswirtschaftlich betrachtet führen diese Umstände oft zu einem Unterangebot von öffentlichen Gütern auf dem Markt, das durch den Eingriff der öffentlichen Hand kompensiert werden muss.

  Bezogen auf die Anbieter von Informationsgütern ist somit die Entwicklung von alternativen Wettbewerbsstrategien erforderlich. Eine gängige Variante bspw. von Internet-Content-Providern oder Fernsehveranstaltern ist die Kopplung von kostenlosen Informationen mit Werbung (in Form von Bannern oder Werbespots), die von der werbetreibenden Industrie vergütet wird.

- **Netzwerkgüter**
  Bei Netzwerkgütern handelt es sich um Produkte/Leistungen, die für den Konsumenten erst den vollen Nutzen entfalten, wenn sie von vielen anderen Konsumenten ebenfalls genutzt werden. Einprägsame Beispiele sind etwa das Telefon oder E-Mail/Internet: sinnvoll nutzbar sind diese nur, wenn zumindest der überwiegende Teil der Personen, mit denen kommuniziert werden soll, diese Produkte ebenfalls nutzt und somit darüber auch erreichbar sind.

  Bei der Einführung neuer Produkte dieser Art ist daher vor dem eigentlichen Markterfolg die Überwindung eines kritischen Schwellenwerts in der Verbreitung notwendig. Dies führt dazu, dass bei Netzwerkgütern häufig ein Anbieter/eine Technologie (man denke z. B. an Microsoft und Windows) den Markt mit einer Monopolstellung dominiert (the winner takes it all).

- **Erfahrungsgüter**
  Erfahrungsgüter sind Produkte bzw. Dienstleistungen, deren Qualität – insbesondere den individuellen Wert für sich selbst – der Käufer vor dem Konsum/der Benutzung nicht beurteilen kann (z. B. der Geschmack eines Bonbons oder das Fernsehprogramm). Deshalb ist er entweder auf Erfahrungswerte aus früheren Käufen (diese Sorte Bonbons hat mir beim letzten Mal gut geschmeckt!) oder – vor dem ersten Kauf oder bei neuen Produkten – auf Erfahrungsberichte anderer Personen (meiner Frau hat dieser Film gefallen) oder auf den Transfer von Erfahrungen mit anderen Produkten des Unternehmens (ich kenne zwar die Bonbons nicht, aber die Schokoriegel von Firma XY sind sehr lecker!) angewiesen. In diesem Zusammenhang ist das Image eines Unternehmens besonders wichtig. Für Gründungsunternehmen, die Erfahrungsgüter anbieten möchten, erwächst daraus eine nicht zu unterschätzende Markteintrittsbarriere, der nur durch einen möglichst raschen Image- und Markenaufbau begegnet werden kann.

Neue Technologien wie im IT-Bereich Wireless LANs, Mobile Communication (UMTS; Navigation durch GPS) oder im Life Science Bereich, der Nanotechnik und das Gebiet neuer Materialien lassen vollkommen neue Industrien erwarten, und Gründungsunternehmen haben dort die besten Chancen für eine Branchenführerschaft.

4.1.3 Systematische Erhebung bereits praktizierter Geschäftsideen

Neben dem Ansatz des kreativen, ungestützten Generierens von Geschäftsideen nach den beschriebenen etablierten Kreativitätstechniken und der speziellen Ableitung von Geschäftsideen aus Entwicklungstrends kann und sollte man auch Methoden zur bewussten **Realitätsbeobachtung** bereits mit Erfolg praktizierter Geschäftsideen nutzen, um zu Anstößen für die gesuchten eigenen Geschäftsideen zu gelangen; diese sind dann meist zwar absolut nicht neu und innovativ, haben dafür aber schon Bewährungen bestanden und lassen daher mit größerer Sicherheit einen kommerziellen Erfolg erwarten, als wenn man sich auf noch vollkommen unerprobte Konzepte einlässt.

Inländische wie ausländische Entrepreneurship-Fachjournale, aber auch Publikumszeitungen mit ihren redaktionellen Teilen und Anzeigen, Handzettel und Neueröffnungsankündigungen von Geschäften, Messen, Ausstellungen usw. bieten die Möglichkeit, sich über derartige Entwicklungen zu informieren.[158] Sie

---

[158] Vgl. die Geschäftsidee (VNR Bonn); impulse Sonderhefte zum Thema Gründungsideen (Verlag Gruner u. Jahr) oder US-Zeitschriften wie: Entrepreneur (www.entrepreneur.com.)

können auch die Basis dafür bieten, aus diesen Ansätzen wieder neue Ideen zu entwickeln.

Die Begehung von führenden Weltstädten im In- und Ausland (z. B. New York, Los Angeles, Hong Kong, Taipeh, Tokio, Mexiko, Rio de Janeiro) kann zahlreiche Hinweise auf mögliche neue Geschäftsfelder aufzeigen. Gerade in Weltmetropolen sind oft frühzeitig neue Spezialisierungen zumindest für konsumnahe Bereiche sehr gut z. B. in den Einkaufszonen zu entdecken.

Zur Ideengenerierung bedarf es generell bei dem potentiellen Gründer einer permanenten Offenheit und Sensibilität für sein Gründungsvorhaben, damit Anregungen aus dem eigenen Umfeld aufgenommen werden.

Abbildung 35: Zusammenfassung: Generierung von Geschäftsideen

Beispiele für Aktionen zur Generierung von Geschäftsideen

- *Introspektion im eigenen Kämmerlein:*
  eigene Hobbies, Kompetenzen, Alltagsprobleme, unbefriedigte Wünsche
- *Beobachtung im eigenen beruflichen Umfeld*
- *Beobachtungen bei (Auslands-)Reisen, spez. Weltstädte (New York, Shanghai, Tokio, Paris, Rio)*
- *Private Gespräche (was fehlt, war schlecht, ist neu, ...?)*
- *Konsumentenbefragung, Kundenbefragung*
- *Reklamationsanalysen, Beschwerdeanalysen*
- *Konkurrentenbefragung*
- *Beratungsleistungen kaufen (Gründungs-, Technologieberater)*
- *Expertenbefragung allgemein (Berater, Wissenschaftler, ...)*
- *Unternehmensbesichtigung, -begehung*
- *Praktika*
- *Datenbankrecherche*
- *Eigene Forschung und Entwicklung (F&E)*
- *F&E-Kooperationen*

Quelle: Eigene Darstellung

Von besonderer Relevanz ist oft das eigene berufliche Umfeld, da man dort sehr differenzierte und intime Einblicke im Rahmen einer speziellen **Branche** gewinnt, die der breiten Masse anderer Interessenten verschlossen bleibt. Hier erkennt man u. U. mit hoher Professionalität Unzulänglichkeiten, Nuancen der Nachfrageverschiebung zu frühen Zeitpunkten etc.

Eine Übersicht über Informationsquellen zur Generierung und evtl. Überprüfung von Geschäftsideen (Machbarkeitsstudie), die auch im Rahmen der Markt- und Standortanalyse Anwendung finden können – findet sich im Anhang.

4.2   Ideenbewertung/Machbarkeitsprüfung

Die im Anhang aufgeführten Informationsquellen dienen potentiell nicht nur der Ideengenerierung, sondern auch der Ideenbewertung. Aus den zahlreichen zu Beginn des Suchprozesses entworfenen Ideen müssen in einem mehrstufigen Selektionsprozess einige wenige ausgewählt werden, die einer genaueren Bewertung unterzogen werden, bis schließlich nur eine Idee übrig bleibt, für die ein umfangreicher Unternehmensplan inklusive ausführlicher Marktrecherchen erstellt wird.

Da die Erstellung eines ausführlichen Business Plans sehr aufwändig und zeitintensiv ist, sollte zuvor mit überschaubaren Mitteln geprüft werden, ob die identifizierten Ideenalternativen ökonomisch und technisch umsetzbar und plausibel sind. Eine solche **Machbarkeitsstudie** soll es dem potentiellen Gründer ermöglichen, eine fundierte Entscheidung darüber zu treffen, ob eine Geschäftsidee weiter verfolgt wird oder nicht. Über die Machbarkeitsstudien (feasibility studies) wird versucht, aus dem ersten Ideenpool die erfolgversprechenden Ideen ohne zu großen Aufwand zu selektieren. Dies kann durch eine Diskussion mit ausgesuchten Personen wie Freunden, Bekannten, Kollegen usw. oder fremden Experten unterstützt werden. Wann welche Idee warum ausgesondert wird, hängt in diesem frühen Stadium des Entscheidungsprozesses in erster Linie aber von der persönlichen und subjektiven Einschätzung des Gründers ab.

Eine fundierte Machbarkeitsstudie sollte – in Anlehnung an den späteren Business Plan – folgende Elemente beinhalten:

- Charakterisierung von Produkt oder Dienstleistung
- Aussagen zu Markt und Wettbewerb
- Erste Vorstellungen zu Marketing und Vertrieb
- Erwartete Profitabilität und Rentabilität

Die Machbarkeitsstudie unterscheidet sich vom späteren Business Plan:

- durch eine reduzierte Zahl von Gliederungspunkten
- durch eine weniger aufwändige Bearbeitung
- mehr Schätzwerte als präzise ermittelte Zahlenwerte, Fakten

Produkt oder Dienstleistung

Das potentielle Gründungsvorhaben könnte auf einer innovativen Produkt- bzw. Dienstleistungsidee beruhen, d. h. z. B. neuartige Technologien (zur Herstellung etc.) verwenden und/oder neue Zielgruppen ansprechen. In jedem Fall aber müssen deutliche Nutzenvorteile für die anvisierten Abnehmer erkennbar sein und eine klare Abgrenzung gegenüber dem Leistungsangebot der künftigen Wettbewerber im Markt möglich sein. Hilfreich ist es, hierfür die Sichtweise des Kunden einzunehmen und zu versuchen, das eigene und die Konkurrenzprodukte sowie die jeweiligen Vor- und Nachteile mit seinen Augen zu betrachten. Darüber hinaus sollten auch der aktuelle Stand der Produktentwicklung und die weiteren erforderlichen Schritte bis zur Marktreife dokumentiert werden. Zu prüfen sind in diesem Rahmen auch ggf. Patent- und Lizenzfragen und eine Auslotung des (realistischen) Erfolgspotenzials und der Risiken, die sich bei der weiteren Entwicklung ergeben können (z. B. ein Wettbewerber ist schneller in der Entwicklung, das Produkt ist leicht kopierbar bzw. schwer durch Patente o. ä. zu schützen, gesetzliche Hürden).

Markt und Wettbewerb

Gute Kenntnisse des Markts und des Wettbewerbs sind ein kritischer Erfolgsfaktor für einen Gründungsunternehmer.

Um eine Bewertung des Marktes für eine Geschäftsidee und somit des Erfolgspotenzials vornehmen zu können, müssen Informationen über **Marktgröße** und **Marktwachstum** gesammelt werden. Diese sollten jeweils in Mengeneinheiten (Anzahl der Kunden, Menge der abgesetzten Produkte) und Werteinheiten (voraussichtlicher Umsatz in €) beziffert werden. Von besonderer Bedeutung ist die zukünftige Entwicklung des Marktes, die auch das Wachstumspotenzial des Gründungsunternehmens abbildet.

Der Arbeitsaufwand sollte hierbei von vornherein durch die Auflistung zu beantwortender Fragen begrenzt werden. Als Informationsquellen bieten sich neben dem Internet z. B. an: Literatur (Marktstudien, Zeitschriften, Fachjournale etc.), Branchenverzeichnisse, Verbände und Behörden (z. B. IHK, Statistisches Bundesamt, Patentamt) oder Telefoninterviews mit Experten/potentiellen Kunden/Lieferanten. Anhand der gesammelten Informationen kann eine ungefähre Einschätzung der Marktsituation erfolgen. Eine solche Schätzung ist allerdings nur sinnvoll, wenn sie realistisch ist, d. h. auf einer verlässlichen Datenbasis beruht und die Lage besser sehr vorsichtig beurteilt wird als zu optimistisch, das Vorgehen bei der Schätzung auch für Dritte logisch nachvollziehbar ist und das Ergebnis schließlich plausibel ist.

Abbildung 36: Zusammenfassung: Machbarkeitsstudie: Produkt und Dienstleistung

---

Leitfragen: Produkt und Dienstleistung

- *Welche Endkunden sprechen Sie an?*
- *Welche Kundenbedürfnisse liegen dort vor?*
- *Welchen Kundennutzen hat Ihr Produkt/Dienstleistung?*
- *Worin besteht die Innovation Ihrer Idee? Wie sieht der aktuelle Stand der Technik aus?*
- *Welche Partnerschaften sind zur vollen Realisierung des Kundennutzens erforderlich?*
- *Welche Konkurrenzprodukte zu Ihrem Produkt existieren bereits oder sind in Entwicklung?*
- *Ist Ihr Produkt/Ihre Dienstleistungserstellung vom Gesetzgeber zugelassen?*
- *Welche Voraussetzungen sind für die Entwicklung und Herstellung erforderlich?*
- *In welchem Entwicklungsstadium befindet sich Ihr Produkt/Dienstleistung?*
- *Besitzen Sie notwendige Patente oder Lizenzrechte?*
- *Welche Entwicklungsschritte planen Sie? Welche Meilensteine müssen erreicht werden?*
- *Welche Versionen Ihres Produkts/Dienstleistung sind für welche Kundengruppen und Anwendungsarten gedacht?*
- *Müssen Lizenzen genommen werden und zu welchen Kosten?*
- *Wie sieht Ihr Service- und Wartungsangebot aus?*
- *Welche Produkt-/Dienstleistungsgarantien geben Sie?*
- *Vergleichen Sie Stärken und Schwächen vergleichbarer Produkte/ Dienstleistungen mit Ihren in einer Übersicht!*

Quelle: Eigene Darstellung

Nach der allgemeinen Einschätzung des Gesamtmarktes kann auch schon eine **Marktsegmentierung** vorgenommen werden, d. h. es werden konkrete Zielgruppen und der zugehörige Absatz/Umsatz bestimmt. Die Segmentierung sollte so erfolgen, dass die einzelnen Kundengruppen sich klar voneinander abgrenzen lassen, innerhalb der Gruppe aber weitgehend homogene „Eigenschaften" aufweisen und somit mittels der gleichen Absatzstrategie erreichbar sind. Die Segmentierung kann nach unterschiedlichen Kriterien erfolgen, wie z. B. geographischen, demographischen Gegebenheiten oder nach dem Einkaufsverhalten.

Weiterhin müssen die potentiellen **Wettbewerber** des Gründungsunternehmens identifiziert und hinsichtlich ihrer Stärken und Schwächen beurteilt werden. Kriterien können hier beispielsweise sein: Absatz/Umsatz, Marktanteil, Wachstum, Absatzstrategie oder Vertriebskanäle. Im Rahmen einer Machbarkeitsstudie brauchen diese Untersuchungen aber nicht zu detailliert ausfallen. Zur Bewertung der eigenen Geschäftsidee sollte diese in die Wettbewerbsbewertung einbezogen und den Geschäftskonzepten der Konkurrenz gegenübergestellt werden. Daraus lassen sich erste Strategien zur **Positionierung gegenüber den Wettbewerbern** ableiten: aus Sicht des Kunden muss die Einzigartigkeit (USP = unique selling proposition) des Produktes klar erkennbar sein.

Abbildung 37: Zusammenfassung: Machbarkeitsstudie: Markt und Wettbewerb

Leitfragen: Markt und Wettbewerb

- *Welches Marktvolumen (Wert und Menge) schätzen Sie für die einzelnen Marktsegmente über die nächsten fünf Jahre?*
- *Wodurch wird das Wachstum in den Marktsegmenten beeinflusst?*
- *Wie schätzen Sie die aktuelle und zukünftige Profitabilität der einzelnen Marktsegmente ein?*
- *Welchen Marktanteil halten Sie je Marktsegment? Welchen streben Sie an? Welche Referenzkunden können Sie vorweisen? Wie wollen Sie Referenzkunden gewinnen? Welche Rolle spielen Service, Beratung, Wartung und Einzelverkauf? Inwieweit hängen Sie von Großkunden ab? Was sind die kaufentscheidenden Faktoren?*
- *Wie vollzieht sich der Wettbewerb? Welche Strategien werden verfolgt?*
- *Welche Markteintrittsbarrieren bestehen und auf welche Weise lassen sich diese überwinden?*
- *Welche Marktanteile halten Ihre Wettbewerber in den jeweiligen Marktsegmenten?*
- *Welche Zielgruppen sprechen Ihre Wettbewerber an?*
- *Wie profitabel arbeiten Ihre Wettbewerber?*
- *Welche Marketingstrategien verfolgen Ihre Mitbewerber?*
- *Welche Vertriebskanäle nutzen Ihre Mitbewerber?*
- *Wie nachhaltig wird Ihr Wettbewerbsvorteil sein? Warum?*
- *Wie werden die Wettbewerber auf Ihren Markteintritt reagieren? Wie wollen Sie deren Reaktion beantworten?*
- *Vergleichen Sie Stärken und Schwächen der wichtigsten Mitbewerber mit Ihren eigenen in einem Übersichtsprofil (Entwicklung, Vertrieb, Marketing und Standort)!*

Quelle: Eigene Darstellung

Marketing und Vertrieb

Unentbehrliches Element eines gut durchdachten Geschäftskonzepts ist eine schlüssige Planung der Marketing- und Vertriebsaktivitäten. Im Einzelnen geht es um die überzeugende Darstellung der Strategie für den Markteintritt, des Absatzkonzepts und der geplanten Maßnahmen zur Absatzförderung. Konkret bedeutet dies die Planung des Einsatzes der vier absatzmarktpolitischen Instrumente: Produktpolitik, Preispolitik, Distributions- und Kommunikationspolitik. Diese werden in Kapitel 2.4 des Teils II genauer dargestellt, weshalb an dieser Stelle auf eine weitergehende Erläuterung verzichtet wird.

Abbildung 38: Zusammenfassung: Machbarkeitsstudie: Marketing und Vertrieb

---

Leitfragen: Marketing und Vertrieb

- *In welchen Teilsegmenten finden Sie den Markteintritt? Wie wollen Sie das Teilsegmentgeschäft in ein Volumengeschäft überführen?*
- *Welche Endverkaufspreise sollen Ihre Produkte/Dienstleistungen je Marktsegment erzielen (detaillierte Angaben)?*
- *Welchen Absatz wollen Sie erreichen (detaillierte Angaben je Marktsegment)? Wie sieht der typische Prozess eines Produktverkaufs/Dienstleistungsabsatzes aus? Wer entscheidet bei Ihren Abnehmern über den Kauf?*
- *Welche Zielgruppen erreichen Sie durch welche Vertriebskanäle?*
- *Wollen Sie mit einem niedrigen Preis schnell den Markt durchdringen (Penetration) oder von Beginn an einen möglichst hohen Ertrag abschöpfen? Begründen Sie Ihre Entscheidung!*
- *Wie lenken Sie die Aufmerksamkeit der Zielkundengruppen auf Ihr Produkt/ Ihre Dienstleistung?*
- *Wie gewinnen Sie Referenzkunden?*
- *Wie viel – an Zeit und Kapazitäten – wird es kosten, einen Kunden zu gewinnen?*
- *Welche Werbemittel nutzen Sie dabei?*
- *Welche Bedeutung haben Service, Wartung und Hotline?*
- *Wie schwer wird es sein bzw. was wird es kosten, einen Kunden dauerhaft zu binden? Welche weiteren Planungsschritte sind bis zur Einführung Ihres Produkts/Dienstleistungsangebots erforderlich? Entwerfen Sie einen Zeitplan mit den wichtigsten Meilensteinen!*

Quelle: Eigene Darstellung

Profitabilität und Rentabilität

Der letzte wichtige Baustein der vorgeschlagenen Struktur der Machbarkeitsstudie besteht aus der „rechnerischen" Machbarkeit – dem Blick auf die Profitabilität und Rentabilität des Vorhabens.

Dazu ist es sinnvoll, auch die Methode der Kritischen Erfolgsfaktoren (KEF; vgl. Teil II, Kapitel 2.2.3) und/oder das Instrument „Discovery Driven Planning" (DDP) Kapitel 5.6 in Teil II des Buches anzuwenden.

Abbildung 39: Zusammenfassung: Machbarkeitsstudie: Profitabilität und Rentabilität

---

Leitfragen: Profitabilität und Rentabilität

* *Welche **Erfolgsfaktoren** werden Ihr geplantes Unternehmen beeinträchtigen? Wählen Sie die fünf kritischsten Faktoren aus und begründen Sie Ihre Auswahl!*

* *Wie viel **Umsatz** müssen Sie erzielen, um kostendeckend zu arbeiten?*

* *Wie viel **Gewinn** benötigen Sie, damit Ihr Unternehmen rentabel arbeitet bzw. die Gründung für Sie attraktiv wird?*

* *Welche **Annahmen** haben Sie bei der Ermittlung Ihrer Profitabilität und Rentabilität zugrunde gelegt? Benennen und begründen Sie diese.*

Quelle: Eigene Darstellung

Je weiter man im Selektionsprozess fortschreitet, um so mehr und detailliertere Informationen werden benötigt. Es sollten möglichst von den entsprechenden Instituten Betriebsvergleiche, Branchenbriefe und ähnliche Gründungskonzepte herangezogen werden. Eine Vielzahl von Informationsquellen sind im gleichnamigen Anhang des Buches aufgelistet.

Die Industrie- und Handelskammern/die Handwerkskammern helfen generell bei der Klärung von Fragen zur Existenzgründung; Informationsbroschüren aber auch Seminare für Unternehmensgründer werden angeboten. Kammern und Verbände beraten u. a. im Hinblick auf Finanzierung, Organisation und **Standortwahl**. Sie helfen bei der Anmeldung und Eintragung neuer Betriebe. Vielfältiges Zahlenmaterial zu Vergleichszwecken ist auch über das Statistische Bundesamt Wiesbaden, die Ämter für Statistik der einzelnen Bundesländer und bei Städten oder Kreisen zu bekommen. **Auslandsinformationen** bietet die Bundesstelle für Außenhandel in Köln. Es können dort z. B. demographische und gesamtwirtschaftliche Statistiken abgefragt werden (direkt oder über statistische Jahrbücher u. a.). Interessant ist die Frage, ob die eigene Idee eventuell schon an anderer Stelle einmal verwirklicht worden ist, also schon entsprechende Gründungskonzepte vorliegen (Pressearchive und Verlage), die zu einem direkten Vergleich herangezogen werden können. Evtl. hilft hier zur Klärung auch ein „Surf" im **Internet**/WWW. Auch **Transferstellen**, die die Verbindung zwischen Universität und Wirtschaft herstellen sollen, können wichtige Hinweise liefern; hier finden insbesondere technisch orientierte Gründer einen Kontakt zu speziellen Forschungseinrichtungen (auch für Kooperationen), um spezifische Fragen zu klären.

Sehr nützlich für die Machbarkeitsstudie sowie für die Entwicklung und Überprüfung des **Unternehmensplans** sind **Betriebsvergleichszahlen**, die Gegenstand des Kapitels 5.2 in Teil II sind.

Bei der Ideenselektion können verschiedene **Beurteilungs- und Bewertungsmethoden** herangezogen werden. Man beginnt meist mit einer rein qualitativen Bewertung. Es werden Kriterien entwickelt, dann geprüft, inwieweit diese erfüllt werden, und anschließend wird eine Gesamtbeurteilung abgegeben. Checklisten, die mögliche Kriterien vorgeben, können die Bewertung erleichtern. Einen Schritt weiter gehen Punktwert-Methoden, Nutzwertanalysen oder Scoring-Modelle, bei denen die **Ideenbewertung** durch Vergabe von Punktwerten, die den Erfüllungsgrad bezüglich der Beurteilungskriterien ausdrücken, erfolgt. Mittels einer Gewichtung kann der Einfluss der verschiedenen Beurteilungskriterien berücksichtigt werden. Erst in einem fortgeschritteneren Stadium kann die Ideenbewertung anhand betriebswirtschaftlicher Kennzahlen erfolgen.

Die Informationssuche sollte möglichst breit angelegt sein und alle möglichen aufgeführten Medien umfassen. Es sollten auch gerade neuere Techniken wie elektronische Datenbanken, Internet usw. genutzt werden.[159]

Letztlich sollte vor der endgültigen Erstellung des Gründungsplans der Markt vor Ort grob getestet werden. D. h. es können potentielle Kunden befragt werden, es können Markttests z. B. durch Bewerbung von noch nicht existierenden Produkten, und/oder Leistungen oder durch Testverkäufe durchgeführt werden, um so den potentiellen Umsatz realistischer abschätzen zu können. Beispielsweise könnte das Interesse an Kunstdrucken bei potentiellen Lesern und damit Abonnenten durch ein Subskriptionsangebot in einer Kunstzeitschrift geweckt werden, um auf diese Weise zu einer ersten Einschätzung des Absatzvolumens für eine noch zu produzierende Zeitschrift zu gelangen.

Grundsätzlich kann man bei der Beurteilung von Ideen zwei verschiedene Fehler machen:

- Eine schlechte, nicht tragfähige Idee akzeptieren und weiter verfolgen (Fehler der 1. Art)
- Eine gute, tragfähige Idee ablehnen, verwerfen, fallen lassen (Fehler der 2. Art)

Für Fehler der 2. Art: „der Nicht-Erkennung des Potenzials einer Idee" zeigt die folgende Auflistung einige berühmt-berüchtigte Beispiele:

---

[159] Es gibt zum Beispiel zur Gründungsforschung die Datenbank ELIDA vom Förderkreis Gründung-Forschung FGF e.V., www.fgf-ev.de.

Abbildung 40: Berühmte Irrtümer bei der Ideenbewertung

Einige Beispiele für Experten-Irrtümer bei der Bewertung von „Geschäftsideen"

- „Das Erdöl ist eine klebrige Flüssigkeit, die stinkt und in keiner Weise verwendet werden kann."
  (Akademie der Wissenschaft, St. Petersburg, 1806)

- „Die Amerikaner haben vielleicht das Telefon. Wir haben sehr viele Eilboten!"
  (Sir William Preece, Chefingenieur der britischen Post, 1896 zu Alexander Graham Bell, dem Erfinder des Telefons)

- „Auf das Fernsehen sollten wir keine Träume vergeuden, weil es sich einfach nicht finanzieren lässt."
  (Lee De Forest, Vater des Radios, 1926)

- „Wer in drei Teufels Namen will schon Schauspieler sprechen hören?"
  (H.M. Warner von Warner Brothers im Jahr 1927, der Hochphase der Stummfilme)

- „Atomenergie lässt sich weder zivil noch militärisch nutzen."
  (Nicole Tesla, 1856-1943, kroatisch-amerikanischer Physiker, Erfinder des Drehstrommotors)

- „Uns gefällt ihr Sound nicht, und Gitarrenmusik ist ohnehin nicht gefragt!"
  (Die Plattenfirma Decca 1962 zu den Beatles)

- „Es gibt überhaupt keinen Grund, warum irgendjemand einen Computer bei sich zu Hause haben will."
  (Ken Olson, Gründer und Präsident der Großrechnerfirma Digital Equipment, 1977)

Quelle: Eigene Darstellung

Diese Beispiele machen deutlich, dass auch Menschen, die als Experten in ihrem Bereich galten, erhebliche Fehleinschätzungen geben können. Die Lektion für den Gründer ist schwierig. Einerseits erscheint es vernünftig, seine Ideen mit Experten aus der angepeilten Branche oder potentiellen Kunden zu diskutieren und hinterfragen zu lassen, andererseits kann speziell bei großen innovativen Schritten (disruptive technologies) die Befangenheit und „Betriebsblindheit" genau dieser Experten falsche Signale aussenden. Dann ist der eigene Duktus des Gründers, seine Fähigkeit zur Vision einer anderen Welt und ein gewisses Maß an Sturheit gefordert.

Der Prozess von der Ideengenerierung bis hin zur Ideenbewertung und –findung ist in der folgenden Abbildung nochmals veranschaulicht und zusammengefasst.

Abbildung 41: Von der Ideengenerierung zur Ideenbewertung

Intuitiv, kreativer Ansatz	Systematische Erhebungen/ Ableitungen von Geschäftsideen	Ideenbewertung
Abfolgetrichter bei der Ideensuche: • einzeln, isoliert • einzeln, mit Kontaktwellen • gruppenbezogen arbeiten **Ansätze** bei der Ideensuche, z.B.: • Analogieschluss • Umkehrschluss • Extremdenken (Möglichkeitskontinuum) • von bekanntem Produkt Schluss auf andere Nutzung • von bekanntem Bedürfnis Schluss auf neue Befriedigung	**Wichtige Bereiche:** • Demographische Entwicklungen (amtliche Statistik) • Technische, gesellschaftliche Trends **Mögliche Quellen:** • Ausländische Entrepreneurship Fachjournale • Deutsche Entrepreneurship Fachjournale • Anzeigen bzgl. Neueröffnungen, in Zeitungen, Handzettel etc. • Erfinder-Journale, Patentpublikationen • Messen, Ausstellungen, Kongresse, Konferenzen • City-Begehungen	**Selektionsprozess**, z.B.: • Ideengewinnung 100 Ideen • Ideenbewertung 10 Ideen • Unternehmensplan 1 Idee **Vorgehensweise:** Bei zunehmendem Informationswert, aber auch -aufwand • Zufallsmeinungen • Expertenmeinungen • Befragung potentieller Kunden • Markttest mit Anzeige, Leerwerbung • Machbarkeitsstudie

Quelle: Eigene Darstellung

4.3 Ideenschutz

Sehr oft befürchten angehende Gründer, dass ihre Geschäftsidee durch Dritte imitiert wird, möglicherweise noch bevor sie selber diese richtig umsetzen können. Dies wirft die Frage auf, inwieweit eine Geschäftsidee überhaupt schützbar ist bzw. was man tun kann, um diese vor **Imitationen** zu bewahren. Grundsätzlich gilt, dass eine Geschäftsidee als solche kaum durch rechtliche Maßnahmen vor einer Imitation zu schützen ist. Es gibt aber rechtliche Schutzmöglichkeiten im Umfeld einer Geschäftsidee, die die Kopie der Geschäftsidee erschweren. Man sollte allerdings auch nicht zu ängstlich in der für die Weiterentwicklung und Abrundung sehr wichtigen Kommunikation mit Dritten sein und bedenken, dass eine Idee sehr oft nur in Verbindung mit einer bestimmten Person oder Personengruppe den entscheidenden Wert besitzt, weil nur diese Personen auch die Kompetenzen haben (und sicherlich auch oft die einzigen sind, die das Interesse haben), diese konkrete Geschäftsidee mit allen wichtigen begleitenden Details umzusetzen. Außerdem bleibt auch zu bedenken, dass der rechtliche Schutz z. T. (Patent) mit einer detaillierten Offenlegung der Idee verbunden ist.

Das deutsche und die internationalen Rechtssysteme bieten eine Reihe von Schutzmechanismen, die zwar die Geschäftsidee nicht also solche, aber eben in Teilaspekten schützen können. Diese werden unter dem Oberbegriff „Schutzrechte" zusammengefasst. Derartige Schutzrechte sind als Verbotsrechte gegenüber Dritten zu verstehen und verschaffen für eine bestimmte Zeit und/oder für ein bestimmtes geographisches Gebiet z. B. so etwas wie eine Monopolstellung.[160]

Dies gilt insbesondere für das sogenannte **Patent**, das im **Patentgesetz (PatG ab 1877)** geregelt ist. Mit einem Patent lassen sich allerdings nur ganz bestimmte Dinge schützen; dies sind einerseits Substanzen oder Vorrichtungen, andererseits Verfahren. Grundsätzlich geht es hier um **technische Erfindungen**, die als Voraussetzung erstens den **Neuheitscharakter** (also nicht Stand der Technik), zum zweiten eine **erfinderische Tätigkeit** auf Seiten des Erfinders und drittens eine **gewerbliche Anwendbarkeit** (d. h. Verkäuflichkeit) erkennen lassen sowie – bei Unterstützung durch eine Beschreibung – **nacharbeitbar** durch einen Fachmann sein müssen. Bezüglich der Neuheit ist strikt darauf zu achten, dass keine öffentliche Verwendung oder Vorabpublikation erfolgt.[161] Das Vorliegen einer erfinderischen Tätigkeit setzt voraus, dass sich eine Technologie nicht ohne weiteres aus dem bis daher Experten bekannten Stand der Technik ergibt. Von einer Patenterteilung werden insbesondere Entdeckungen von Dingen ausgeschlossen, die bereits vorhanden sind oder der Schutz nichttechnischer Phänomene, also z. B. der Schutz von bestimmten Tierarten. Ebenso sind Geschäftsverfahren, Buchführungssysteme und Behandlungsverfahren in der Medizin, Spiele, Programme und Algorithmen durch Patente nicht schützbar. Der Patentschutz entsteht erst durch eine Anmeldung von Seiten des Erfinders und der nachfolgenden Erteilung eines Patentes seitens des Patentamtes. Dieses prüft die vorgelegte Erfindung inhaltlich, bevor es ein entsprechendes Patent erteilt, das dann vom Tag der Anmeldung an bei einer jährlichen Verlängerung maximal 20 Jahre laufen kann. Der Patentinhaber hat in dieser Zeit die Möglichkeit, bei einer Patentverletzung auf Schadensersatz nach BGB § 823 sowie Unterlassung zu klagen, wenn Dritte seine Erfindung ohne Lizenz benutzen. Das Prozedere einer Patenterteilung beginnt mit der Anmeldung, der zunächst nur eine formelle Prüfung folgt. Werden hier Mängel festgestellt, so erfolgt eine Zurückweisung, sofern nicht eine fristgemäße Beseitigung von Formmängeln vorgenommen wird. Das Patentamt gibt als erste Rückmeldung an den Anmelder eine Bestätigung des Anmeldetages und ein Aktenzeichen. Unabhängig vom sonstigen Verfahrensstand wird eine Offenlegung des Patentes 18 Monate nach der Anmeldung vorgenommen. Innerhalb eines Zeitraumes von bis zu sieben Jahren nach der Anmeldung kann ein Antrag auf eine, dann auch inhaltliche, Prüfung der materiellen Patentfähigkeit von Seiten des Antragsstellers gestellt werden. Das Ergebnis dieser materiellen und inhaltlichen Prüfung der Patentfähigkeit wird in Prüfbescheiden festgelegt. Bei eventuellen unvollständigen Be-

---

[160] Vgl. zum Folgenden: Rebel, Dieter: Handbuch der gewerblichen Schutzrechte: Anmeldung-Strategie-Verwertung, 4. Auflage, Köln 2003 sowie o.V.: Ideen sichern – Vorsprung schaffen. Gewerbliche Schutzrechte als Erfolgsfaktor für Unternehmen. Deutsche Bank AG Frankfurt, (Selbstverlag) 2000.

[161] Es gibt Länder mit Neuheitsschonfrist (wie z. B. USA für ein Jahr), die man notfalls nutzen kann. Für Deutschland: Siehe Gebrauchsmuster.

antwortungen oder nicht fristgemäßer Beantwortung seitens der vom Patentamt gestellten Fragen kann auch in dieser Phase eine Zurückweisung des Patentes erfolgen. Mit der Veröffentlichung der Patenterteilung im Patentblatt beginnt die gesetzliche Wirkung des Patentes. Es besteht eine Einspruchsfrist, die bis zu drei Monate nach der Veröffentlichung dauert und die Möglichkeit der Aufrechterhaltung oder des Widerrufs durch den Antragsteller beinhaltet. Wie sieht es nun mit den Patentgebühren aus? Soll das Patent nur in Deutschland angemeldet werden, belaufen sich die Erstkosten (Anmeldegebühr, Recherchegebühr, Prüfungsgebühr) auf rund 660,- €uro; danach sind jährliche Verlängerungsgebühren zu zahlen, die z. B. im dritten Jahr bei rund 60,- Euro liegen und dann weiter ansteigen, so dass sie sich im zwanzigsten Jahr auf z.Z. knapp 2.000,- Euro belaufen. Für internationale Patente sind die Gesamtkosten deutlich höher; ein Europäischer Patentschutz kostet ca. 30-50T€, ein weltweiter ab 125T€.[162]

Eine zweite Möglichkeit des Schutzes bietet der sogenannten **Gebrauchsmusterschutz**, der auch als kleines Patent bezeichnet wird. Dieser schützt wiederum technische Erfindungen, die zum einen neuartig sind und zum anderen gewerblich anwendbar. Auch hier muss ein gewisser erfinderischer Schritt vorliegen, der allerdings nicht die Höhe haben muss, wie sie für eine Patenterteilung erwartet wird. Auch dieser Schutz wird nur durch die Anmeldung beim Patentamt möglich. Ausarbeitungen der Anmeldungen durch einen Patentanwalt und die Kosten der Anmeldung und Eintragung für ein Gebrauchsmuster liegen in einer Größenordnung von gut 2.000,- Euro. Im Gegensatz zum Patent ist das Gebrauchsmuster ein Registerrecht, d. h. es gibt keine inhaltliche Prüfung. Die Laufdauer eines Gebrauchsmusterschutzes beträgt nur 10 Jahre. Während beim Patent nicht nur Produkte und Gegenstände, sondern auch Verfahrensweisen geschützt werden können, besteht diese Möglichkeit beim Gebrauchsmusterschutz nicht. Im Gegensatz zum Patent wird beim Gebrauchsmusterschutz eine Nachprüfung des Gebrauchsmusters erst im Streitfall durch die Löschungsabteilung des Patentamtes geprüft und durchgeführt. Wenn man Risiken vermeiden will, macht es u.U. Sinn, eine freiwillige Prüfung bzgl. des Standes der Technik beim Patentamt durchführen zu lassen. Mitunter wird der Gebrauchsmusterschutz auch als Vorstufe für ein Patent genutzt, da er im Verfahren wesentlich schneller abläuft und so die unsichere Phase der Patenterteilung überbrücken kann. Wer Inhaber eines Gebrauchsmusters ist, hat die Möglichkeit bei einer Verletzung den Dritten auf Unterlassung und Schadensersatz zu verklagen. Ein weiteres mögliches Zusammenspiel mit dem Patentschutz ist dann gegeben, wenn wegen einer leichtfertigen oder irrtümlichen Veröffentlichung vorweg ein Patenschutz nicht mehr erteilt werden kann. Es bleibt dann noch die Möglichkeit, ein Gebrauchsmuster innerhalb der folgenden sechs Monate anzumelden. Grundlage für den Schutz des Gebrauchsmusters ist das **Gebrauchsmusterge-**

---

162 Persönliche Information von Dr. André Kasche, Patentanwalt Ritscher & Partner AG, Zürich (25.5.2005).

setz (GbmG). Der Ablauf der Gewinnung eines Gebrauchsmusterschutz ist kurz beschrieben. Es beginnt hier mit einer formellen Prüfung nach der Anmeldung, die u.U. zur Zurückweisung führen kann, wenn nicht nachholbare Erfordernisse vorliegen oder eine Nichterfüllung vorliegt. Es ergeht eine Empfangsbescheinigung, in der der Anmeldetag sowie eine Aktenzeichen vergeben wird. Nach einer pünktlichen Bezahlung erfolgt die Eintragung in die Gebrauchsmusterrolle und die Bekanntmachung im Patentblatt.

1987 trat ein spezielles **Halbleiterschutzgesetzt (HalbLSchG)** in Kraft, das ebenfalls beim deutschen Patent- und Markenamt beantragt werden kann. Dieses ist ein spezielles Gebrauchsmusterschutzrecht für Schaltkreise oder Chipdesign. Voraussetzung ist bei der Topographie der Halbleiter, dass diese nicht nur als ein alltägliches Ergebnis der normalen geistigen Arbeit angesehen werden können. Der Schutz beläuft sich hier auf maximal 10 Jahre. Wie beim Gebrauchsmusterschutz wird auch hier keine inhaltliche Prüfung der Schutzfähigkeit durchgeführt, es sei denn, es käme zu einer Strittigkeit. Geschützt werden können Topographien von Halbleitererzeugnissen, sogenannte Mikrochips sowie selbständig verwertbare Teile solcher Topographien oder die Darstellung zur Herstellung dieser Topographien. Durch das Halbleiterschutzgesetz sind die reine Funktion des Halbleiters bzw. technische Merkmale desselben nicht schützbar. Das Prozedere zur Erreichung des Halbleiterschutzes beginnt wieder mit einer Anmeldung, der lediglich eine formelle Prüfung durch das Patentamt folgt, ggs. verbunden mit der Aufforderung zur Beseitigung von Mängeln. Das Eingangsdatum dieser Anmeldung ist zugleich der Anmeldetag insofern eine mängelfreie Einreichung erfolg. In anderen Fällen ist der Zeitpunkt der Beseitigung der evtl. Mängel als Anmeldetag zu bewerten. Die Empfangsbescheinigung des Patentamtes bestätigt den Anmeldetag und vergibt ein Aktenzeichen. Es erfolgt dann die Registrierung im Patentamt.

Außerhalb der Welt der technischen Erfindungen gibt der **Markenschutz** Möglichkeiten einer Verteidigung bestimmter Ideen gegenüber Dritten. Als eine sogenannte **Marke** können einzelne Wörter bzw. allgemein Kombinationen von Zahlen und Buchstaben oder Bilder, sogenannte Logos aber auch eine typische Aufmachung (durch eine entsprechende Verpackung mit einer bestimmten Farbgestaltung) geschützt werden. Nach außen hin wird der Markenschutz durch ein R mit einem umfassenden Kreis (®), der für „registriert" steht, kenntlich gemacht. Marken dienen insbesondere der Unterscheidung von Waren oder Diensten oder beziehen sich z. B. auf geographische Herkunftsangaben. Weiter können auch Filmtitel oder auch Zeitungstitel als Marken betrachtet werden bzw. können akustische Hörmarken (Jingles) geschützt werden. Grundlage bildet das **Markenrechtsreformgesetz (MRRG)**. Voraussetzungen für die Vergabe einer Marke ist, dass diese eine Unterscheidungskraft besitzt, dass sie nicht beschreibenden Charakter hat und dass sie nicht irreführend ist. Nicht schutzfähig sind z. B. Angaben, die über die Beschaffenheit oder Bestimmtheit von Waren gemacht werden oder die reine Darstellung der Ware selbst. Mit dem Markenschutz hat der Inhaber das Recht auf Unterlassung, auf Schadensersatz und Auskunftsansprüche gegenüber einem Markenverletzer zu klagen. Die Kosten für den Schutz einer Marke in Deutschland mit einer Reichweite von bis zu drei Waren- und Dienstleistungsklassen und einer verlängerbaren Schutzdauer von 10 Jahren liegen bei einer Höhe von etwa 800,- Euro. Die Marke kann jeweils in einem Intervall von 10 Jahren beliebig oft verlängert werden. Die Vorgehensweise zur Gewinnung des Markenschutzrechts beginnt mit der Anmeldung, der eine formelle Prüfung und die Festlegung der gebührenpflichtigen Schutzklassen durch das Patentamt folgt. In der Empfangsbescheinigung des Patentamts wird ein Aktenzeichen vergeben und werden die gebührenpflichtigen Klassen benannt. Nach einer positiven Prüfung erfolgt die Eintragung und die Veröffentlichung im Markenblatt. Damit beginnt einer Widerspruchsfrist von drei Monaten. Wird innerhalb dieser Zeit einem Widerspruch stattgegeben, so wird die Anmeldung der Eintragung versagt. Mit Beginn der Eintragung startet eine Fünfjahresfrist innerhalb derer die Benutzung der Marke begonnen werden muss.

Ein weiterer nicht technischer Schutz ist das **Geschmacksmuster** auf der Basis des **Geschmacksmustergesetzes (GeschmMG)**. Dieses wird für ein besonderes Design, für gewerbliche Muster in Flächen oder Modelle in Raumform gewährt. Es kann sich hierbei z. B. um charakteristische Schriftzeichen, um die Muster auf Textilien und Tapeten, Gebrauchsgegenstände innerhalb des Haushalts etc. handeln. Als Voraussetzung für die Gewährung eines Geschmacksmusters ist zum einem die Neuheit des Designs, eine gewisse ästhetische und eine schöpferische Eigenart des Designs gefordert, die nicht durch den Gebrauchszweck oder die dahinterstehende Technologie bestimmt und definiert ist. Des Weiteren ist Voraussetzung, dass dieses Design reproduzierbar ist. Ein Geschmacksmusterschutz wird nicht für Immobilien gewährt, ebenso wenig für Verfahren oder Produkte, die in der Natur entstehen. Für die Gewährung des Geschmacksmusters ist, wie auch schon beim Gebrauchsmuster, eine Vorveröffentlichung unschädlich. Es gibt hier, wie auch beim genannten Gebrauchsmuster, eine sechsmonatige Neuheitsschonfrist. Die Anmeldung ist grundsätzlich einfach. Die Kosten für ein deutsches Geschmacksmuster liegen bei etwa 1.000 Euro. Die maximale Laufzeit beträgt 20 Jahre, die in jeweils Fünfjahresintervallen zu erreichen ist. Nach der Anmeldung erfolgt die formelle Prüfung. Sollten fehlende grundlegende Voraussetzungen vorliegen, wird der Anmelder benachrichtigt. Bei eventueller Nichterfüllung noch nachzuholender Erfordernisse kann eine Zurückweisung erfolgen. Von Seiten des Patentamtes werden der Anmeldetag mit der Empfangsbescheinigung bestätigt und ein Aktenzeichen vergeben. Soweit eine mängelfreie Anmeldung vorliegt, erfolgt danach die Eintragung im Musterregister mit nachfolgender Bekanntmachung im Geschmacksmusterblatt.

Schließlich bietet auch das sogenannte **Urheberrecht** Möglichkeiten einer partiellen Schützung von Geschäftsideen. Der Gegenstand des Schutzes auf der Basis des Urhebergesetztes **(UrhG)** können Werke aus der Literatur, der Wissenschaft, der Musik und Kunst, bzw. der angewandten Kunst sein, wie z. B. Texte, Software, Photographien, Gemälde, Skulpturen, Filme, Musikwerke oder aber auch Möbel und Designobjekte. Im Gegensatz zu den vorgenannten Schutzrechten entsteht das Urheberrecht in Deutschland mit dem Werk selber und endet erst 70 Jahre nach dem Tode des Urhebers. Somit entstehen auch für den Urheber grundsätzlich keine Kosten, da eben keine Registrierung des Urheberrechtes (bis auf unter Pseudonym veröffentlichten Werken) erfolgen muss. Voraussetzung für die Entstehung des Urheberrechts ist, dass es sich beim zu schützenden Objekt um eine persönliche und geistige Schöpfung handelt und dass es auch eine gewisse schöpferische Gestaltungshöhe gibt. Nicht als schutzfähig sind z. B. Texte in amtlichen Werken zu betrachten. Vom Urheberrecht nicht geschützt sind weiter z. B. Schaltpläne bzgl. der dort offenbarten technischen Lösungen, dagegen aber die äußerliche Gestaltung des Plans. Eine besondere Problematik bezüglich des Urheberrechts besteht im Kontext der in den modernen Medien üblichen sekundenschnellen Verbreitung über Ländergrenzen hinweg, die eine klare rationale Zurechnung erschwert. Hier greift die revidierte Berner Übereinkunft und dass TRIPS-(Trade-related Aspects of interlectual Property Rights) Abkommen ein, nachdem ein Urheber entsprechend des Rechtes geschützt ist, dass in dem Mitgliedsland gilt, in dem das jeweilige Werk publiziert wurde.

Eine besondere Problematik ist die Frage des **Schutzes von Software**, eine Diskussion, die sich über viele Jahre erstreckt. Der ursprüngliche Schutz für Softwareprogramme ist im Urheberrechtsschutz zu sehen, der wie zuvor festgestellt durch die Schaffung der Software selber entsteht, ohne dass eine Registrierung vorausgesetzt wird. Unabhängig vom Inhaltsbereich des Softwareprogramms kommt dieser Urheberschutz nahezu jedem Softwareprogramm zu. Einen besonderen Schutz genießen Softwareprogramme, die einen unmittelbaren technischen Bezug, eine direkt Auswirkung auf eine bestimmt Hardware haben. So z. B. Simulationsprogramme zur Herstellung von Halbleiterschaltkreisen. Grundsätzlich lässt sich feststellen, dass der Schutz von Software einerseits über den Urheberschutz gehen kann, andererseits aber auch über den Patentschutz. Letzteres ist aber nur dann möglich, wenn es einen unmittelbaren technischen Bezug gibt, wenn also ein Programm z. B. dem technischen Betrieb eines Elektroversorgungsunternehmens dient oder durch das Programm eine Steuerung von NC-Maschinen erfolgt, wohingegen bei Software, die keinen technischen Hintergrund hat, wie z. B. Buchführungsprogramme oder Programme, die der Übersetzung von Fremdsprachen dienen, bis auch zu CAD-Programmen, die im Architekturbereich eingesetzt werden, lediglich durch den Urheberschutz geschützt werden.

Im Kontext von Geschäftsideen (und Softwareprogrammen) ist besonders wichtig, dass das Europäische Patentübereinkommen diese ausdrücklich bei den patentfähigen Erfindungen ausschließt.[163] Die Situation in den USA weicht davon z. T. deutlich ab.[164]

---

163 Vgl. EPÜ, Art 52 (2): „Als Erfindungen im Sinne des Absatzes 1 werden insbesondere nicht angesehen: a) ... b) .... c) Pläne, Regeln und Verfahren für geschäftliche Tätigkeiten sowie Programme für Datenverarbeitungsanlagen.
164 Siehe z. B. den Schutz für „one-click-shopping" durch Amazon und den Bereich „life science".

II Der Business Plan als integrierter Unternehmensplan

1   Grundlagen

Im Zentrum der Betrachtungen dieses Buches steht die Überlegung, wie ein detaillierter Unternehmensplan entwickelt werden soll. Dazu ist der Begriff des **Unternehmensplans** sowie sein genereller Aufbau zu klären. Es sind die Anlässe, Aufgaben und Zielgruppen eines Unternehmensplans zu bestimmen und es sind die Anforderungen, die an ein solches Instrument zu stellen sind, zu umreißen.

1.1   Begriff und Aufbau des Unternehmensplans

Der **Unternehmensplan** ist ein Ergebnisdokument, in dem die Resultate der Gründungsplanungs-Aktivitäten festgehalten werden. Er stellt ein integriertes Unternehmensgesamtkonzept dar, d. h. es wird versucht, einerseits alle wichtigen Teilaspekte der Gründungsplanung zu berücksichtigen und andererseits, diese Teilaspekte aufeinander so zu beziehen, dass sowohl auf verbaler als auch auf quantitativer Ebene ein einheitliches Gesamtkonzept entsteht.

Als Synonyme findet man in der Literatur auch die Begriffe **Geschäftsplan, Gründungsplan, Geschäftskonzept** und ähnliches. Dieser spezielle Planungsansatz wurde insbesondere in Nordamerika kultiviert; dort wird üblicherweise vom „**Business Plan**" gesprochen.[165] Wesentlich stärker als im deutschsprachigen Raum gehört in den USA die Vorlage eines solchen Business Plans nicht nur im Venture Capital- Bereich, sondern generell zur Erreichung von Finanzierungen bei Gründungsvorhaben zu den selbstverständlichen Erwartungen der Zielpersonen. In mehreren hundert Business Schools der USA werden Kurse angeboten, die das Rüstzeug zur **Entwicklung** solcher Geschäftspläne vermitteln sollen.

Integrierte Unternehmenspläne – Business Plans – sind etwa ab den frühen 60ger Jahren in der US Venture Capital Szene kultiviert worden. Um die Entstehung eines der ersten Business Pläne rankt sich die folgende Geschichte. Ken Olson und Harlan Anderson, die Gründer von Digital Equipment (DEC) wollten eine Venture Capital Finanzierung durch American Research & Development (AR&D) erreichen, die als Pioniere des amerikanischen Venture Capital gelten. Man sagte den Gründern dort, dass man an dem Projekt interessiert sei, aber geplante finanzielle Details wissen wolle. Die beiden Unternehmer hatten zunächst

---

[165] Vgl. zum Aufbau: Mancuso, Joseph R.: How to write a winning business plan. Prentice Hall Press, New York, 1985 oder Rich, Stanley/Gumpert, David: Geschäftspläne. So sichern Sie Finanzierung und Erfolg Ihres Unternehmens. Verlag Norman Rentrop, Bonn 1986.

keine Vorstellung, wie sie eine solche Planung entwickeln sollten, aber einer der Gründer, nämlich Ken Olson, verfügte über Paul Samuelson's klassische Einführung in die Volkswirtschaft. In diesem Lehrbuch wurde anhand einer fiktiven Firma, der Tepto Glitter Company, ein Beispiel für eine G+V Rechnung (income statement) und einer Bilanz (balance sheet) mit fiktiven Zahlen geliefert. So griffen die beiden Gründer beherzt zu und übernahmen die Planstruktur der Glitter Company für das eigenen Unternehmen, wechselten den Namen in Digital Equipment und änderten einige der Zahlen. Olson hört hinterher von leitenden Mitarbeitern der Venture Capital Gesellschaft, dass der von ihnen gelieferte Plan einer der feinsinnigsten gewesen sei, den sie jemals gesehen hätten.[166]

Dem Unternehmensplan vorgeschaltet ist aus der Warte der betroffenen Initiatoren nach einer Phase der Ideenentwicklung typischerweise ein weniger umfangreiches und weniger ausführliches Papier, das als ein **Grobkonzept** für mehrere Alternativen, als Hilfsmittel zur Beurteilung der Machbarkeit (feasibility study), überschlägig eingesetzt wird. Aufgabe eines solchen Grobkonzeptes ist es also, aus einer Mehrzahl von Alternativen die attraktivsten in einer Vorauswahl zu ermitteln (siehe Teil I, 4.2). Insofern ist der Ablauf sinnvoller weise in vier Stufen aufzubauen (siehe Abbildung 42).

Der Unternehmensplan enthält eine detaillierte Beschreibung eines vollständigen Gründungskonzepts und gibt insbesondere Auskunft über das Leistungsangebot, das **Gründungsmanagement (Gründerperson, Gründerteam)** und die Marktsituation. Die Aussagen zielen einerseits auf Liquiditätsaspekte/Finanzierung und zum anderen auf die Ertragsaussichten des Unternehmenskonzepts. Die Darstellung umfasst einen qualitativen (verbalen, graphischen) und einen quantitativen (vorzugsweise tabellarischen) Teil und Belege.

Der Unternehmensplan gliedert sich also typischerweise in die drei folgenden Hauptbereiche:

- Die **verbale Beschreibung** des Vorhabens in all seinen Teilaspekten,
- die **zahlenmäßige Darstellung** der wirtschaftlichen und finanziellen Tragfähigkeit
- und schließlich der **Anhangsteil**, in dem bspw. Angebote, Prospekte, technische Zeichnungen als Belege zu den quantitativen und verbalen Aussagen gesammelt sind.

Diese drei Hauptbereiche bauen aufeinander auf: der verbale Teil stellt die Basis für die Entwicklung des quantitativen Teils dar. Im letzteren wird im Detail

---

[166] Robert, Edward B.:Entrepreneurs in High Technology, Oxford University Press, Inc., New York 1991.

(quantitativ und zeitlich differenziert) untermauert, was der verbale Teil aussagt. Der Anhangsteil des Unternehmensplans weist die Belege für die im quantitativen Teil verwendeten Fakten und Zahlen auf. Andererseits stellt der qualitative Teil auch eine Zusammenfassung des quantitativen Teils dar.

Die folgende Abbildung soll den Ablauftrichter von vielen ursprünglich gesammelten Ideen über erste Selektionen folgenden Machbarkeitsstudien für einige Ideen bis hin zur Erstellung des Unternehmensplans für die schließlich herausgefilterte Idee verdeutlichen.

Abbildung 42: Von der Ideensammlung zum Unternehmensplan

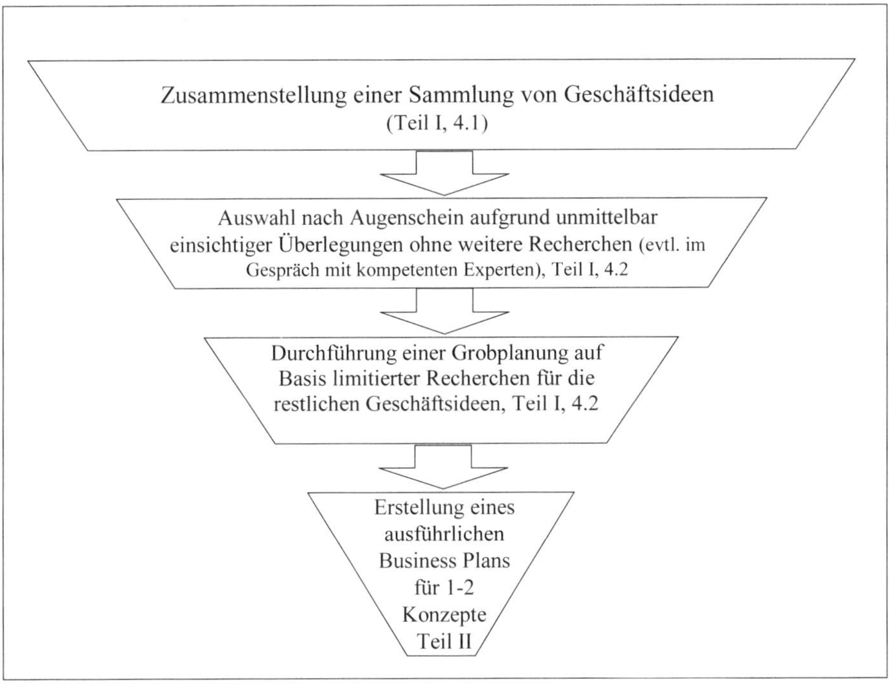

Quelle: Eigene Darstellung

Der innere Zusammenhang der einzelnen Planteile wird mit der folgenden Abbildung veranschaulicht (INDUG; dieses Akronym steht für Integrationsmodell der Unternehmensgesamtplanung), die zugleich den Zusammenhang der Buchkapitel in Teil II herstellt. Die Punkte II 2.2-2.5 beziehen sich auf den verbalen Teil des Business Plans; die quantitativen Aspekte der letzten beiden Punkte finden sich in Punkt II 3.2., die Ergebnispläne in Teil II 3.3. Die Zeitplanung schließlich ist in Teil II Kapitel 3.4 angesprochen.

144

Abbildung 43: INDUG: Grobmodell

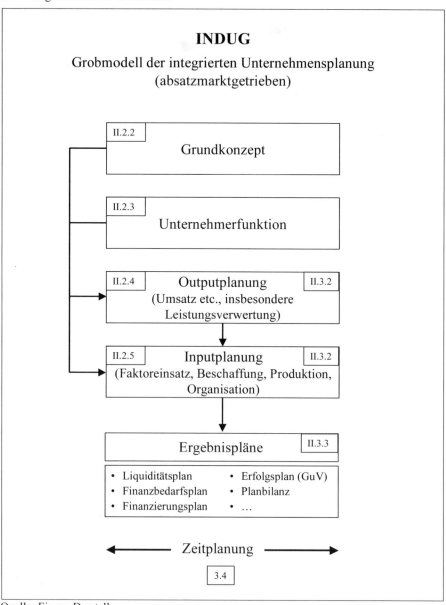

Quelle: Eigene Darstellung

Die **Abfolge der Erstellung** sieht also grob so aus:

Abbildung 44: Abfolge bei der Erstellung eines Business Plans

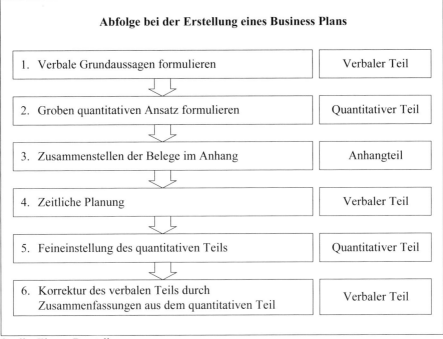

Quelle: Eigene Darstellung

1.2   Anlässe, Zielgruppen und Aufgaben

Der typische Anlass für die Erstellung eines **Unternehmensplans** im hier disku-
tierten Sinne ist die **Neugründung** eines Unternehmens, d. h. das Vorhaben,
vollkommen neue Strukturen aufzubauen. Insofern orientiert sich die Detaildar-
stellung in diesem Buch vorzugsweise an diesem Anlass.[167]

Aber auch andere Fälle der Existenzgründung, wie die **Übernahme** eines Unternehmens z. B. in der Form eines Management-Buy-In (MBI) oder Management-Buy-Outs (MBO) oder die **Beteiligung** an einem existierenden **Unternehmen**, können Anlässe sein, bei denen die hier beschriebene Vorgehensweise
eine wesentliche Hilfe ist. Andere Situationen, in denen die **Unternehmensentwicklung** an einem markanten Punkt ihres Entwicklungspfades steht, lassen den
Aufbau einer integrierten Unternehmensgesamtplanung ebenfalls sinnvoll er-

---

[167] Vgl. als Einführung auch Szyperski, Norbert/Nathusius, Klaus: Probleme der Unternehmensgründung, 2. Auflage, Josef Eul Verlag, Köln - Lohmar, 1999.

scheinen; hier ist z. B. an die Unternehmenserweiterung durch die Akquisition eines anderen Unternehmens oder durch die geplante Einführung einer neuen Produktlinie zu denken. Auf Besonderheiten, die bei diesen weiteren möglichen Anlässen für die Erstellung von Unternehmensgesamtplänen auftreten, wird allerdings im Rahmen dieser Gesamtdarstellung nur am Rande eingegangen.

Wo liegen nun die **Aufgaben** des **Unternehmensplans**? Diese sind zum einen interner Natur, d. h. auf die **Initiatoren** und bereits gefundenen **Partner** eines Unternehmens gerichtet und zum anderen externer Natur, also auf mögliche **Kapitalgeber**, **Kunden** etc. gezielt.

Oftmals wird der zweitgenannte Bereich, insbesondere im Zusammenhang mit der **Akquisition von Eigen- oder Fremdkapital**, als wichtigster Aspekt der Entwicklung eines Unternehmensplans gesehen. Dabei wird aber unterschätzt, dass gerade der internen Aufgabe des Unternehmensplans eine besondere Bedeutung zukommt. Die Initiatoren eines Gründungsvorhabens finden im Unternehmensplan ein Instrument **der Orientierung in der Planungsphase**, der **Steuerung** bei der Realisierung der Pläne und im weiteren Verlauf die Basis für die Entwicklung eines **Kontrollinstrumentariums** für die Gründungs- und Frühentwicklungsphase.

Der Unternehmensplan soll und kann dabei helfen, die Ziele des Gründungsvorhabens schriftlich zu fixieren, sie auf diesem Wege bewusst zu machen und bei einer Teamgründung einen Abstimmungsprozess zwischen den Gründungspartnern herbeizuführen. Darauf aufbauend können mögliche Wege der Realisierung reflektiert, Alternativen entwickelt und deren Machbarkeit geprüft werden. So können die Beteiligten die interne **Konsistenz** des Vorhabens, die aufeinander bezogene Stimmigkeit aller Teilaspekte, evtl. Schwachstellen und Möglichkeiten ihrer Korrektur überprüfen. Gleich, ob es sich um eine Einpersonengründung oder um eine Teamgründung handelt, die schriftliche Formulierung und Elaborierung des Gründungskonzeptes hilft in jedem Falle, bewusster und systematischer die Gedankengänge aufzubauen und eine Orientierung in der Planungsphase herbeizuführen.

In einem nächsten Schritt kann der Unternehmensplan **zur Steuerung der Realisierung des Gründungsvorhabens** eingesetzt werden. Insbesondere kann er dann die Grundlage für eine zeitliche Koordination der Einzelaktivitäten bieten. Einfache Ansätze, wie aus dem Gründungsplan abgeleitete Balkendiagramme, bis hin zu komplexen **Netzplänen** sind Hilfsmittel, die in diesem Zusammenhang verwendet werden können. Neben der zeitlichen Koordination ist der Aspekt der Aufgabenteilung bzw. auch der Delegation von Einzelaktivitäten ebenso aus dem Gründungsdokument abzuleiten.

Schließlich gehört zu den internen Aufgaben des Unternehmensplans, dass er den Initiatoren Ansätze zur **Kontrolle** im Sinne einer Soll-Ist-Abweichung schon in der Gründungsphase bietet. Geprüft werden kann auf diese Weise, inwieweit die Realisierung im Rahmen der Errichtungsphase mit den Gründungsplanungen übereinstimmt. Evtl. erforderliche Zielmodifikationen und daraus abzuleitende Planungs- und Realisations-Aktivitäten werden offensichtlich. Darüber hinaus ist der Unternehmensplan auch für eine Erweiterung zu einem **Frühentwicklungs-Controlling** eine wichtige Ausgangsdokumentation.

Abbildung 45: Zusammenfassung: Aufgaben des Unternehmensplans

Aufgaben des Unternehmensplans

Interne:
- *Orientierung in der Planungsphase*
  - *Ziele fixieren, abstimmen*
  - *Mögliche Wege überlegen*
  - *Machbarkeitsprüfung*
  - *Schwachstellen*
  - *Interne Konsistenz*
- *Steuerung bei Realisierung*
  - *Zeitliche Koordination*
  - *Delegation*
- *Kontrolle*
  - *Soll-Ist-Abweichung*
  - *Zielmodifikation*

Externe:
- *Kommunikation*
  - *Vertrauensbildung*
  - *Kapitalbeschaffung*

Quelle: Eigene Darstellung

Im Hinblick auf seine externen **Aufgaben** stellt der Unternehmensplan im Wesentlichen ein **Kommunikationsinstrument** dar, mit dessen Hilfe eine Vertrauensbasis bei den verschiedenen externen Zielgruppen erreicht werden soll.

Zu den externen **Zielgruppen** gehören in einem ersten Schritt potentielle **weitere tätige Partner** des Initiators oder der Initiatorengruppe, die auf der Basis des Unternehmensplans mit dem Vorhaben vertraut gemacht werden sollen, bevor sie sich finanziell und tätig im Gründungsvorhaben mit engagieren.

Traditionellerweise ist der Kreis potentieller Eigen- und Fremdkapitalgeber die wichtigste Zielgruppe, für die ein Unternehmensplan erstellt wird. Insbesondere im Bereich der **Kapitalbeteiligungsgesellschaften** bzw. **Venture Capital**-Gesellschaften wird ein Unternehmensplan als eine unerlässliche Grundlage für ein späteres Engagement gesehen. Im Venture Capital-Bereich ist das Instrument des Unternehmensplans und seine Handhabung am weitesten kultiviert. Oftmals werden Venture Capital-Gesellschaften mehrere Hundert solcher Geschäftspläne im Jahr vorgelegt und in ein *Auswahlverfahren* einbezogen. Typischerweise beginnt das Auswahlverfahren aus der Perspektive der Venture Capital-Gesellschaft mit einem Screening (d. h. groben Abchecken) der **Kurzfassung** (executive summary), auf dessen Basis etwa 80 % der vorgelegten Konzepte bereits ausgesondert werden. Nur wenn bereits die Kurzfassung den/die Seniorpartner der Venture Capital-Gesellschaft zu einer intensiveren Auseinandersetzung mit dem vorgelegten Konzept bewegt, wird diese mehr Zeit in die Beurteilung des Konzeptes investieren. Die verbleibenden etwa 20 % werden einer genaueren Durchsicht (vollständige Kenntnisnahme des Dokumentes) unterzogen. Nach dieser Stufe werden etwa weitere 15 % der Ausgangsmenge aus dem Verfahren ausscheiden und nur etwa 5 % werden in einer dritten Stufe des Selektionsprozesses weiterverfolgt; in dieser Phase werden externe Vergleichsrecherchen bezüglich der Branche vorgenommen, der Kontakt mit dem Gründer wird aufgenommen, erste persönliche Gespräche finden zwischen dem Initiator und dem Venture Capital-Gesellschafter statt, die ihrerseits wieder die Basis für die Entscheidung über ein intensiveres Engagement bilden.

Mit anderen möglichen **Kapitalgebern** als Zielgruppe des Unternehmensplans finden ähnliche, aber meist verkürzte Kommunikationsprozesse statt. Das Sichten, Bewerten, Auswählen von Unternehmensplänen ist für diese meist nicht ein mit Venture Capital-Gesellschaften vergleichbares Mengengeschäft. Neben potentiellen Teilhabern im Sinne einer informellen Eigenkapitalbeteiligung sind es vor allen Dingen Kreditinstitute und über diese auch die öffentliche Hand, die im Hinblick auf die Fremdkapitalakquisition durch einen Unternehmensplan typischerweise angesprochen werden sollen. Die Erwartungen dieser Institutionen an die Detailliertheit und Ausführlichkeit eines Unternehmensplans sind im Allgemeinen nicht so groß wie bei der Venture Capital-Gesellschaft. Dennoch besteht gerade hierin eine Chance für den einzelnen Gründer, sich in besonderer Weise als kompetenter Partner gegenüber diesen Fremdkapitalgebern zu profilieren und damit seinem Kreditbegehren besonderen Nachdruck zu verleihen. Es ist im übrigen auch bei Kreditinstituten die Tendenz festzustellen, bei der **Kre-**

ditwürdigkeitsbeurteilung vom Denken in dinglichen Sicherheiten etwas abzu-rücken und sich in Richtung auf eine stärkere Beachtung der unternehmerischen Konzeption zu bewegen und auch deutlicher die Frühentwicklungsphase bei ei-nem Engagement zu begleiten.

Abbildung 46: Zusammenfassung: Zielgruppen

Zielgruppen eines Unternehmensplans

- *Initiator(en), auch Übergeber/Übernehmer (MBO/MBI)*
- *Tätige Partner*
- *Kapitalgeber*
  - *Teilhaber*
  - *Banken*
  - *Öffentliche Hand*
  - *VC-Gesellschaften/Private Equity Gesellschaften*
- *Kunden*
- *Lieferanten*
- *Mitarbeiter*
- *Medien*

Quelle: Eigene Darstellung

Neben diesen typischen Zielgruppen sollte aber nicht vergessen werden, dass der Unternehmensplan in jeweils angepassten Varianten ein sehr nützliches Hilfsmittel für die Vertrauensbildung auch bei Lieferanten, Kunden, Mitarbei-tern und Medien sein kann. Lieferanten von Waren und Hilfsstoffen sind für den Gründer potentiell wichtige Quellen von **Fremdkapital**, wenn auch **Lieferan-tenkredite** meistens ein relativ teures Finanzierungsinstrument sind. Da noch keine langjährige vertrauensbildende Erfahrung beim Lieferanten bezüglich der Solvenz des Abnehmers in der Gründungsphase besteht, kann dieses Defizit zumindest teilweise mit einem stringenten Gründungsdokument kompensiert werden. So wird der Lieferant möglicherweise auch im Gründungsfall davon überzeugbar sein, dass er Lieferung nicht gegen sofortige Zahlung, sondern auf Ziel leistet.

In manchen Bereichen gehen die Erwartungen der möglichen Kunden auch in Richtung mittel- und langfristiger Gewährleistungen, Wartungsleistungen etc. In solchen Fällen ist der Aufbau einer Vertrauensbasis bezüglich der Leistungskraft des Gründungsunternehmens und seiner langfristigen Stabilität eine wichtige Voraussetzung, um Kunden zu gewinnen. Der überzeugende Gründungsplan in einer Variante für potentielle Kunden kann dafür eine wichtige unterstützende Funktion übernehmen.

Wer qualifizierte **Mitarbeiter** für ein Gründungsvorhaben gewinnen will, muss diese, wenn sie entsprechend langjährige Erfahrungen haben sollen, meist aus einem bestehenden Beschäftigungsverhältnis bei einem etablierten Unternehmen herauslocken. Dies kann nur dann glücken, wenn dem Stellenanwärter bezogen auf die zu erwartende Stabilität des Gründungsvorhabens eine zufriedenstellende Antwort gegeben werden kann. Allein über den Preis (Höhe des Leistungsentgeltes, des Lohnes, Gehaltes etc.) mit etablierten Unternehmen konkurrieren zu wollen, ist für das Gründungsunternehmen meistens eine weniger ratsame Alternative. Daher wird dem Gründungsplan auch hier die mögliche Rolle zuwachsen, die notwendige Vertrauensbasis in das Vorhaben aufzubauen, ja vielleicht sogar Begeisterung für die Pioniersituation zu wecken.

Schließlich kann eine deutlich gestraffte Variante, die zu einer ca. zweiseitigen Pressenotiz verkürzt sein sollte, für den Einsatz bei und die Kommunikation mit Print- und elektronischen Medien hilfreich sein. Speziell bei innovativen Gründungsvorhaben, aber auch (mit Beschränkung auf regionale Medien) bei imitatorischen Gründungen, können hier durch ein entsprechendes Papier werbliche und Public Relations- Effekte kostengünstig und wirkungsvoll erreicht werden.

1.3 Anforderungen

Bevor auf den detaillierten Aufbau eines Unternehmensplans eingegangen wird, sollen grundsätzlich Überlegungen bezüglich der Anforderungen an ein solches Instrument erfolgen. Diese Anforderungen sind bezogen auf die einzelnen Teilbereiche des Unternehmensplans jeweils getrennt zu reflektieren.

Bezüglich der zeitlichen Dimensionen sind zwei Anforderungen zu diskutieren. Die eine betrifft die **zeitliche Differenzierung** (Periodizität) der Einzelpläne und die andere den **zeitlichen Horizont**, die Reichweite der Planung.

Die zeitliche Differenzierung und Strukturierung betrifft insbesondere die quantitativen Teilpläne im Erfassungsteil (Ertrags-/Einnahmenplan bzw. Aufwands-/Ausgabenplan) sowie im Ergebnisteil (Liquiditäts-/Erfolgsplan). Sinnvolle Dif-

ferenzierungen sind hier in der Spanne zwischen Monatsschritten über Quartals-
bis hin zu Jahresschritten zu sehen. Bezogen auf **Liquidität** und Finanzierung
sollte mit monatlichen Schritten gearbeitet werden, während bei Ertragsüberle-
gungen Quartalsschritte für das erste Jahr und Jahresschritte für die folgende
Jahre ausreichend erscheinen.

Beim **zeitlichen Horizont** sind Perspektiven von 3-5 Jahren die übliche Zeitspanne, die bei Unternehmensplänen abgegriffen werden. Je nach Art des Vorhabens ist aber auch eine zehnjährige Spanne denkbar; so kann in einzelnen Fällen allein die Errichtung von umfangreichen **Produktionsanlage**n schon Zeit-
räume von 3 Jahren für sich in Anspruch nehmen.

Spricht man von einem Unternehmensplan im Sinne einer integrierten Gesamtplanung, erscheint die Aussage, dass für eine solche Planung **Vollständigkeit**
gefordert werden muss, trivial. Im konkreten Einzelfall ist allerdings diese Vollständigkeit nicht immer ohne weiteres zu erreichen. Hier kann nur der abstrakte
Hinweis gegeben werden, dass man durch Hinzuziehen von Literatur, **Checklisten** und Expertengesprächen mit Branchenkennern diese Vollständigkeit möglichst umfassend gewährleisten sollte. Vollständigkeit bedeutet allerdings auch
hier eine Konzentration auf die wichtigsten Positionen (d. h. Positionen mit hohem Wert bzw. Geldbetrag), um zu verhindern, dass man sich in Details verliert.
Es sollte die Regel gelten, dass man die in Einzelplänen aufgeführten Positionen
in ihrer Zahl so balanciert, dass sie jeweils in ihrer Höhe einen unteren Grenzbereich nicht unterschreiten bzw. einen oberen Grenzbereich nicht überschreiten.
Also je höher der Wert, umso differenzierter die Darstellung bzw. umgekehrt je
niedriger der Wert, um so pauschaler und undifferenzierter die Darstellung.

Im Zusammenhang mit der **Vollständigkeit** und der Differenziertheit der Ein-
zelpositionen muss auch an die möglichst unkomplizierte Handhabung des Ge-
samtplans gedacht werden. Durch den Einsatz von **Tabellenkalkulationsprogrammen** bieten sich vielfältige Möglichkeiten der Handhabung komplexer
quantitativer Bausteine.

Im Hinblick auf inhaltlich differenzierte Betrachtungsperspektiven sollten zwei
Aspekte den Unternehmensplan dominieren. Das eine ist der **Liquiditätsaspekt**,
das andere der **Erfolgsaspekt**.

Beim **Liquiditätsaspekt** geht es um die Zahlungsströme des Unternehmens
bzw. des Vorhabens, die im Hinblick auf die zu jeder Zeit sicherzustellende
Zahlungsfähigkeit und dem sonst drohenden Konkurs von existentieller Bedeutung für das Gründungsvorhaben sind.

Beim **Erfolgsaspekt** dagegen geht es um die mittel- und langfristige Substanzerhaltung und Substanzvermehrung, die insbesondere unter Einkommensaspekten für die Initiatoren von größter Bedeutung sind. Rechnet sich ein Unternehmenskonzept unter Erfolgsgesichtspunkten mittel- und langfristig nicht, so ist die Sinnhaftigkeit des Vorhabens unter ökonomischen Gesichtspunkten infrage gestellt. Der heute vielfach ermittelte „**Cash Flow**" – inspiriert durch die angelsächsische Welt – liegt in seiner Aussage zwischen der reinen Liquiditätsbetrachtung und der Erfolgsbetrachtung mit größere Nähe zur Liquidität und hebt auf Disponibilität und Verfügbarkeit ab. In Annäherung errechnet sich der Cash Flow sehr schnell, wenn zum Gewinn die Abschreibungen addiert werden.

Unter langfristigen Perspektiven sollte auch bei Gründungsvorhaben der **Potenzialaspekt** nicht vergessen werden. Hier geht es um die langfristigen Perspektiven, die **Märkte** von morgen, die Produkte der nächsten Generation etc. Sicherlich ist der Initiator oder die Initiatorengruppe oft überfordert, wenn sie sich bereits in der Gründungsphase auf die Perspektiven der nächsten Dekade konzentrieren sollen, aber spätestens im Verlauf der Frühentwicklungsphase sollten solche Aspekte auch angedacht werden.

Auf die in der Betriebswirtschaftslehre darüber hinaus vorgenommene Differenzierung auf der Outputseite im Sinne von **Leistung** und **Einzahlung** neben den hier angesprochenen Aspekten der Erträge und Einnahmen bzw. auf der Inputseite von **Kosten** und **Auszahlung** neben den angesprochenen Aufwands- und Ausgabenaspekten, sollte im Rahmen der Gründungsplanung und der Entwicklung eines integrierten Unternehmensplans in Hinblick auf die Übersichtlichkeit verzichtet werden. Dies gilt insbesondere, da bei prognostischen und Planungswerten zu einem erheblichen Teil mit Schätzungen und unsicheren Informationen gearbeitet werden muss. Die Verwendung dieser weitergehenden Differenzierung würde nur eine Scheingenauigkeit vorspielen.

Damit wird der Aspekt der **Qualität von Informationen** im Hinblick auf ihre Sicherheit hinsichtlich unterschiedlicher Informationsquellen angesprochen. Wichtig ist, dass man nicht nur die Informationsinhalte sieht, sondern gleichzeitig auch bewusst eine Bewertung der Informationsqualität auf dem Hintergrund der Sicherheit der Informationsquellen vornimmt und gezielt die sichereren Informationsquellen beim Informationssuchprozess ansteuert. Die Güteskala reicht hier einerseits von verbaler bis zu quantitativer Information, andererseits von Meinungen bis zu Fakten, von explorativen Experteneinschätzungen bis zu großzahligen repräsentativen Stichproben unter Einsatz von standardisierten Erhebungsinstrumenten. Da es den Informationssuchenden kaum möglich sein wird, im Einzelfall den Prozess der Informationsgewinnung bei seinen Informationsquellen nachzuvollziehen, ist oft die Reputation und Seriosität der Informationsquelle (amtliche Statistik, Marktforschungsinstitut, Verband, persönliches

Vertrauensverhältnis) der einzig handhabbare Ansatzpunkt zu einer solchen Gütebewertung.

Oft wird sich derjenige, der den Unternehmensplan entwickelt, in der Situation befinden, auf der Basis vorhandenen Datenmaterials Schätzungen anstelle von exakten Daten in das Planungskonzept aufnehmen zu müssen. Hierbei ist es wichtig, bewusst solche Schätzungen mit der Tendenz zur **sicheren Seite** vorzunehmen, d. h. konkret auf der Outputseite (Einnahmen/Ertrag) eher eine vorsichtige, konservative, niedrige Schätzung vorzunehmen und auf der Inputseite (Ausgaben/Aufwand) eher einen höheren Wert einzusetzen. Bezogen auf Bewertungsaspekte sollten bei der Entwicklung eines Unternehmensplans steuerlich/handelsrechtliche Ansätze nur dort genutzt werden, wo diese sich nicht zu sehr von der (betriebswirtschaftlichen) **Realität** entfernen. Sie können dort hilfreich sein, wo inhaltlich-sachlich begründete spezifischere Darstellungen nicht vorliegen, oder aber wo diese nur mit relativ großem Aufwand eingesetzt werden könnten bzw. zu relativ komplizierten Ergebnissen führen. Dies betrifft z. B. im Bereich der Abschreibungen den Abschreibungszeitraum und die Art der **Abschreibung** (linear, degressiv, progressiv) und den **Restwert**. Der Unternehmensplan sollte sich generell betriebswirtschaftlichen, speziell Verursachungsvorstellungen verpflichtet fühlen und daher auch dort, wo es sinnvoll ist (Ertragsermittlung) mit kalkulatorischen Größen wie kalkulatorischen Zinsen für das **Eigenkapital** und kalkulatorischem Unternehmerlohn arbeiten.

Steuerliche Aspekte sollten in der Planung dort berücksichtigt werden, wo sie liquiditätsmäßig oder ertragsmäßig aus der Perspektive der Initiatoren oder der anderen **Zielgruppen** von Bedeutung sind. So erscheint es aus Liquiditätsgründen auch bei vollkaufmännischer doppelter Buchführung sinnvoll, die **Umsatzsteuer** in Form der Mehrwertsteuer zu berücksichtigen, da sie erheblich in das Liquiditätsgeschehen eingreift (positiv: Vorsteuer/-erstattung). Abgesehen von der Umsatzsteuer sollte man sich aber mit pauschalen Berücksichtigungen der Körperschaftssteuer, **Gewerbesteuer** und evtl. **Lohnsteuer** (bei Pauschalversteuerung durch den Arbeitgeber) begnügen.[168]

Ein wichtiger Aspekt bei der Entwicklung von Unternehmensplänen ist die Tatsache, dass in der Gründungsphase der Unternehmensbereich und der **private Bereich** der Initiatoren (Gründungsunternehmer, tätige Partner) so stark miteinander verbunden sind, dass insbesondere der **Liquiditätsaspekt** wesentlich von der privaten Sphäre beeinflusst sein könnte. Über die Positionen *Entnahmen, Einlagen, Gewinnausschüttungen, Nachschusspflichten* findet eine Verknüpfung

---

[168] Vgl. auch Teil I Kapitel 2.4 Das Unternehmensumfeld, wo auf verschiedene Steuerarten kurz eingegangen wird.

der Sphären statt, die innerhalb der entsprechenden quantitativen Einzelpläne im Erfassungsbereich näher diskutiert werden sollen.

Für die Entwicklung eines Unternehmensgesamtplans wurde die **Integration** der Teilpläne gefordert. Hier ist zu beachten, dass mit einer solchen Integration auch der Aspekt der **Abhängigkeiten zwischen den Plänen** zu berücksichtigen ist. Im Zusammenhang mit der gegenseitigen Abhängigkeit der Pläne (z. B. des Finanzierungsplans vom Investitionsplan oder des Absatzplans vom Investitionsplan) ist zu berücksichtigen, dass abhängig von der Reihenfolge der Erarbeitung der Planzahlen, die dadurch bewirkte Festschreibung auch der anderen Pläne zu jeweils unterschiedlichen Gesamtresultaten führt. Beginnt man z. B. mit dem zur Verfügung stehenden Eigenkapital und den sich daraus ergebenden Fremdfinanzierungsmöglichkeiten, so schreibt man auf diesem Wege die Obergrenze des Investitionsvolumens und dadurch die Absatzkapazitäten fest.

Es stellt sich somit die sehr wichtige Frage, mit welchem Teilplan man eine integrierte Gesamtplanung beginnen soll bzw. in welcher Reihenfolge man die einzelnen Teilpläne festschreiben sollte.

Ein sinnvoller Lösungsansatz der Festschreibung erscheint dem Autor die Vorgehensweise zu sein, zunächst den vermuteten **Engpassbereich** des Unternehmenskonzeptes zu identifizieren und von dort ausgehend die anderen Teilbereiche festzuschreiben.

In der für die westlichen Industriestaaten typischen postindustriellen Überflussgesellschaft ist der **Engpassfaktor** der betrieblichen Prozesse zumeist auf dem hart umkämpften Absatzmarkt zu sehen. Allerdings sollte je nach Branche und Gründungskonzept überprüft werden, ob dies auch für das konkrete Vorhaben so zutrifft. Geht man von dieser Gegebenheit aus, so wäre der Einstieg der Gründungsplanung über eine Abschätzung des Marktgesamtvolumens, der Konkurrenzsituation und der auf dieser Basis daraus zu erwartenden eigenen Umsätze zu beginnen.

Sehr oft wird allerdings der Umsatz bei der Entwicklung von Unternehmensgesamtplänen unsinnigerweise als Residualgröße über den Weg der gegebenen Finanzmittel und der Produktionskapazitäten festgeschrieben, da es sich meist als schwierigste Aufgabe erweist, eine realistische Schätzung der Umsatzmöglichkeiten vorzunehmen und Inputgrößen (Aufwand/Ausgaben) sich durchweg wesentlich einfacher ermitteln lassen. Auch die typische Struktur des traditionellen **Rechnungswesens** mit ihrer starken Differenzierung der Aufwand-/ Ausgabenpositionen und der vergleichsweise geringen Differenzierung der Ertrag-/ Einnahmenpositionen (Kontenrahmen) verführt den Planenden zu dieser Verhaltensweise.

In speziellen Fällen ist es durchaus denkbar, z. B. im Sammelhandel[169], im Finanzierungsbereich, oder bezüglich der optimalen Produktionsgröße (economies of scale), dass Überlegungen zu anderen Einstiegen als den Absatzbereich in das integrierte Planungssystem veranlassen. Dies dürfte allerdings eher die Ausnahme als die Regel darstellen.

Abbildung 47: Zusammenfassung: Anforderungen

Anforderungen an einen Unternehmensplan

- *Zeitliche Differenzierung*
- *Weite des Zeithorizontes*
- *Vollständigkeit: „alles Wichtige"*
- *Sicherheit der Informationsquellen*
- *Schätzungen auf der „sicheren Seite"*
- *Je höher der Wert, umso differenzierter die Gliederung*
- *Differenzierung in („Perspektiven"):*
    - *Liquiditätsaspekt*
    - *Erfolgsaspekt*
    - *(Potentialaspekt)*
- *Auch Privatbereich berücksichtigen*
- *Steuern (speziell wegen Liquidität) integrieren*
- *Unkompliziertheit in der Handhabung*
- *Integration der Teilpläne*
- *Festschreiben durch Engpassfaktor*
- *Flexibilität/Anpassbarkeit an Veränderungen*
- *Kompatibilität mit späterem Rechnungswesen*

Quelle: Eigene Darstellung

1.4   Aufbau des Unternehmensplans

Beim Aufbau eines Business Plans sind die inhaltliche Gliederung und die Anforderungen an die äußere Form (Gestaltung) zu unterscheiden.

---

169 Dieser liegt vor, wenn es Aufgabe des Handels ist, kleine Mengen zusammenzutragen, um sie in größeren Partien der Weiterverarbeitung oder Weiterverwendung zuzuführen, so z. B. bei Naturkautschuk.

1.4.1 Inhaltlicher Aufbau: Die Mustergliederung

Wenn auch die sachlichen Gegebenheiten bei konkreten Geschäftsideen sehr unterschiedlich sein können und man darauf auch flexibel reagieren sollte, wird hier doch der Versuch unternommen, eine generell einsetzbare **Mustergliederung** eines **Unternehmensplans** zu präsentieren. Je nach Art des Vorhabens sind in dieser Gliederung die Schwerpunkte anders zu setzen. So wird z. B. dem Investitionsplan im Rahmen einer Produktionsunternehmung ein wesentlich größeres Gewicht zukommen und dieser daher auch umfangreicher darzustellen sein, als bei einem Servicekonzept. Bei hoch innovativen technologieorientierten Gründungen ist möglicherweise die eingesetzte Technologie im Produktionsverfahren oder die sich im Produkt manifestierende Technologie so erklärungsbedürftig, dass ein ganz erheblicher Teil des Unternehmensplans auf diesen Aspekt en Detail eingehen sollte.

Insofern stellt die Mustergliederung, wie sie hier vorgeführt wird, eine Orientierungshilfe für Standardfälle dar und muss im Einzelfall Punkt für Punkt hinterfragt werden bzw. auch möglicherweise eine Erweiterung und Ergänzung finden. Dies betrifft sowohl die qualitative Darstellung des Vorhabens als auch den quantitativen Teil, der insbesondere bei großvolumigen Vorhaben um eine Reihe weiterer Rechnungen ergänzt werden sollte, die aus der allgemeinen Betriebswirtschaftslehre bekannt sind, wie z. B. der Deckungsbeitragsrechnung, Zielkostenrechnung (target costing) oder Prozesskostenrechnung.

1.4.2 Äußere Form

Durch die Verfügbarkeit und den Einsatz von Computern und Laserdruckern sind die Ansprüche an die äußere Form wesentlich gestiegen. Von externen Lesern des Unternehmensplans wird heute sehr oft ein wesentlich höherer formaler Anspruch gestellt. Insgesamt ist es sehr wichtig, eine angemessene äußere Form vorzulegen. Hierzu gehört ein sauberes Schriftbild, ein guter Einband (z. B. Thermobindung oder Ringheftung) ebenso wie eine fehlerlose Orthographie und Interpunktion. Oft ist es auch eine Gratwanderung, an dieser Stelle nicht zu überziehen, d. h. nicht den Eindruck zu vermitteln, dass durch eine hochgestochene formelle Form über inhaltliche Schwächen hinweggetäuscht werden soll.

Im Hinblick auf den Umfang sollte der Gründungsplan insgesamt nicht mehr als 30-40 Seiten umfassen, wozu allerdings je nach Art des Vorhabens noch umfangreichere Anlagen kommen können. Die **Kurzfassung** sollte wirklich nur das Wichtigste in gut lesbarer Form enthalten. Überhaupt ist es mitentscheidend, im Hinblick auf die jeweilige Zielgruppe verständlich zu schreiben, insgesamt einen klaren Aufbau in der Dokumentation zu haben und spezifische **Fachterminolo-**

gien zu vermeiden; also bspw. beim Gründungsplan für ein Finanzierungsinstitut komplexe technische Vorgänge und Sachverhalte in einer für einen Nichttechniker verständlichen Form darzustellen.

Abbildung 48: Mustergliederung

Mustergliederung eines integrierten Unternehmensplans

A Kurzfassung – Executive Summary

Gründer(-team), Gründungsform, Geschäftszweck, Herkunft der Idee, Vorhabenbeginn, Investitionsvolumen/Finanzierung, Chancen und Risiken

B Verbale Darstellung des Vorhabens

- Unternehmenskonzept
  (Geschäftszweck, Philosophie, Werte, Ziele, strategische Ausrichtung, KEF, Corporate Identity, Rechtsform)
- Management/Gründer(-team)
- Markt und Wettbewerb (Umsatz-, Outputplanung)
  - Marktnachfrage/-volumen
  - Wettbewerb/Konkurrenz
  - Marketing/Absatzpolitik
  - Chancen und Risiken
- Produktion und Produktionsfaktoren (Inputplanung)
  Eigene Kapazitäten: Aus Umsatz abgeleitetes Soll
  - Faktor Anlagen
    (Investitionen: Immobilien, Einrichtungen, Maschinen)
  - Faktor Material/Waren
    (Roh-, Hilfs-, Betriebsstoffe, Handelswaren)
  - Faktor Arbeit
    (Personal, Freie Mitarbeiter, Subunternehmer)
- Zeitorientierte Darstellung der
  - Meilensteine
  - Aktivitäten

C Quantitative, zeitlich differenzierte Darstellung

(Gründung/Markteinführung/Kosten des laufenden Betriebs)
- Erfassungsbereich
  - Ertrags-/Einnahmenplan (Umsatzplan etc.; Outputgrößen)
  - Aufwands-/Ausgabenplan (Investitions-/Abschreibungsplan, Material-/Warenausstattung/Lager, Personalplan; Inputgrößen)
- Auswertungsbereich
  - Liquiditätsplan, Finanzbedarfs-/Finanzierungsplan
  - Erfolgsplan (GuV, Planbilanz)
  - Risiko-/Sensibilitätsanalyse
  - Mindestumsatzrechnung, Break-even-Analyse etc.

D Anhang

Gutachten, Marktanalysen, Angebote für Anlagen oder Waren, Vertragsentwürfe, Testate, Sonstiges

---

Quelle: Eigene Darstellung

Man sollte auch versuchen, dem Leser den Zugang zum Text durch ein klar auf-
gebautes Titelblatt, eine **Kurzfassung**, eine umfassende detaillierte Gliederung,
Nummerierung der Seiten, Übersichten und Anlagen möglichst zu erleichtern.

Schließlich ist es auch wichtig, mit dem Gründungsplan wirklich eine Vertrauensbasis zu schaffen, die nur dann gegeben ist, wenn der Leser sich ernst genommen fühlt, Äußerungen nicht zu optimistisch oder euphorisch sind und
durchaus vielleicht der eine oder andere Ansatzpunkt für eine Kritik erhalten
bleibt. Vermeiden Sie **Scheingenauigkeiten**, die leicht als solche identifiziert
werden können.

Abbildung 49: Zusammenfassung 1: Äußere Form

Äußere Form des Unternehmensplans

- *Auf eine gute, angemessene äußere Form achten!*
  - *Maschinenschriftlich sauberes Schriftbild*
  - *Guter Einband*
  - *Saubere Kopien*
  - *Aber: nicht zu aufwendig*
- *Knapp schreiben!*
  - *Kurzfassung/Executive Summary (1-2 Seiten)*
  - *Insgesamt maximal 30-40 Seiten (zzgl. Anhang)*
- *Verständlich schreiben!*
  - *Klarer Aufbau*
  - *Keine Fachterminologien/Fremdwörter ohne Erläuterung/Definition*
- *Zugang erleichtern!*
  - *Titelblatt/Executive Summary/Gliederung*
  - *Nummerierung der Seiten, Übersichten, Anlagen*
- *Mit den Füßen auf dem Boden bleiben!*
  - *Nicht zu optimistisch*
  - *Leser „ernst nehmen"*
  - *Lieber ungefähr richtig, als ganz genau falsch*
  - *„Ansatzpunkte zur Kritik" lassen*

Quelle: Eigene Darstellung

2 Verbaler (qualitativer) Teil des Unternehmensplans

Im Rahmen dieses Kapitels werden die einzelnen Punkte des qualitativen Teils des **Unternehmensplans** diskutiert und erläutert.

2.1 Kurzfassung – Executive Summary

Aufgabe des **Executive Summary** ist es, das Interesse des Lesers an der Unternehmenskonzeption zu wecken, ihn zu veranlassen, die detaillierteren Darstellungen ebenfalls zu lesen. Daher muss dieser Teil in besonders sorgfältiger Weise auf seine sprachlichen Qualitäten wie Verständlichkeit und Attraktivität der Formulierungen ausgearbeitet werden. Diese Darstellung sollte etwa eine Seite umfassen, aber in keinem Fall länger als zwei Seiten sein. Es kommt also darauf an, zielgruppenangepasst die Terminologie, den Inhalt und die Form so zu gestalten, dass der Leser ohne Probleme einen Einstieg in die Materie gewinnt.

Es muss an dieser Stelle deutlich werden, wo der Nutzen für die anvisierten Kunden zu sehen ist, wo die Besonderheiten des Konzeptes liegen („unique selling proposition", kurz: USP) und wie sich das Konzept „rechnet", d. h. ob es dauerhaft attraktive Gewinne verspricht.

Des Weiteren sollte dargestellt werden, wer die Initiatoren des Vorhabens sind, ob es sich um eine **Neugründung** oder **Übernahme** handelt, und welche Funktionen die Initiatoren im Vorhaben übernehmen sollen. Es sollte erläutert werden, woher die Idee, das Konzept, das Vorhaben stammt, ob es bereits derartige Unternehmen gibt bzw. seit wann und mit welchem Erfolg diese arbeiten.

Hinsichtlich der zeitlichen Vorstellung sollte gesagt werden, wann die Errichtung des Unternehmens, die Aufnahme der Geschäftstätigkeit erfolgen soll, bzw. welchen Stand das Vorhaben bis zum aktuellen Zeitpunkt bereits erreicht hat.

Abschließend ist darauf einzugehen, was in welcher Größenordnung finanziert werden soll, bzw. welche Vorstellungen über die Zusammensetzung der Finanzierungsquellen bisher vorliegen und welches Eigenkapital von Seiten der Initiatoren eingebracht werden kann. In der Kurzfassung sollten auch die besonderen Stärken und Schwächen des Managementteams bzw. die Chancen und Risiken der dokumentierten Konzeption deutlich werden.

Alle Punkte der Kurzfassung/des Executive Summary werden im Folgenden in wesentlich vertiefter Form bei den Einzelpunkten des qualitativen Teils darzustellen sein.

Abbildung 50: Zusammenfassung: Kurzfassung

Beispielfragen zur Kurzfassung (Executive Summary)

- *Worin besteht und woher kommt die Idee/das Konzept? Wo liegen Kundennutzen und USP („unique selling proposition")*

- *Wer will gründen?*

- *Welcher Umsatz wird erwartet? Welcher Gewinn wird erwartet?*

- *Wie sieht die Zeitplanung aus? Erreichter Stand?*

- *Was soll in welcher Rechtsform gegründet (übernommen) werden?*

- *Was soll finanziert werden? Wie soll finanziert werden?*

Quelle: Eigene Darstellung

2.2 Unternehmenskonzeption

In diesem Abschnitt geht es vorzugsweise darum, die Grundideen und -vorstellungen des Konzeptes darzulegen und die Eckpunkte des geplanten Vorhabens zu charakterisieren.

2.2.1 Allgemeine Grundlagen der Unternehmenskonzeption

Ein etabliertes Unternehmen ist meist ein evolutionär gewachsenes soziales System, in dem die individuell eingebrachten oder gemeinsam entwickelten **Wertvorstellungen** aller Beteiligten eine wesentliche Bedeutung für das Handeln des Unternehmens als organisatorische Einheit haben. Diese gelebte Unternehmenskultur ist oft eher implizit vorhanden und nur langsam veränderbar. Der Gründer hat die große Chance, die Entwicklung der **Unternehmenskultur** von Beginn an ganz bewusst und systematisch zu steuern. Dazu muss er seinen Mitarbeitern und Kunden frühzeitig deutlich machen, für welche Werte sein Unternehmen stehen soll. Termintreue, Kundennähe, Kreativität, optimale Qualität sind mögliche positive Werte eines Unternehmens. Die Gesamtheit der angestrebten Werte lässt sich auch unter dem Begriff der Unternehmensphilosophie zusammenfassen.

Wenn die **Unternehmensphilosophie** einheitlich nach innen und außen wirken soll, ist es notwendig, dass der Gründer auch selbst nach den entsprechenden Werten lebt, diese Philosophie also gleichermaßen vorlebt. Er muss daher selbstkritisch prüfen, ob die gewählten **Werte** und **Ziele** auch tatsächlich zu seiner eigenen Persönlichkeit passen. Persönliche Ziele sind in unternehmensbezogene Zielgrößen umzusetzen (z. B. Rentabilität, Gewinn, Umsatz, Mitarbeiterzahl) und das angestrebte Zielerreichungsniveau ist zu definieren (z. B. maximal, saturierend).

Im Rahmen der Unternehmenskonzeption sollte auch deutlich gemacht werden, auf welchem grundsätzlichen Wege die gesetzten Ziele erreicht werden sollen, also welche **strategische Ausrichtung** das Unternehmen haben soll. Welcher Entwicklungspfad angestrebt wird; ob also z. B. schnelles oder langsames, kontinuierliches oder schubweises Wachstum angestrebt werden soll, ob man eine Technologie-, Preis- oder Qualitätsführerschaft anstrebt, eine Nischenstrategie anstrebt, ob man Pionier oder „fast second" (auch „second mover") sein will oder erst in der Diffusionsphase in Märkte eintreten will. Will man nur regional, national, international oder global tätig werden? Will man sich – auch langfristig – nur auf das Kerngeschäft beschränken, eine geringe Leistungsbreite haben, was in der Gründungs- und Frühentwicklungsphase meist selbstverständlich erscheint, oder aber eine Diversifikationsstrategie praktizieren? Es sollte auch deutlich gemacht werden, welche Art von Sicherheitsdenken persönlich bevorzugt wird (nur geringes oder auch hohes Risiko akzeptiert?) und ob dieses Engagement aus der Perspektive des/der beteiligten Unternehmer zeitlich begrenzt oder unbegrenzt („Lebensaufgabe"), alleinstehend d. h. als einziges unternehmerisches Engagement oder neben anderen Engagements betrieben werden soll. Auf Bereichsstrategien kann im Zusammenhang mit den einzelnen Aktionsfeldern eingegangen werden (Beschaffungs-, Produktions-, Absatzstrategie etc.)

Für den Einstieg in die Konkretisierung dieses Teils des Unternehmensplans eignet sich am besten die Formulierung der Kernidee des geplanten Vorhabens. Sodann sollte man darauf eingehen, woher diese Idee stammt bzw. wer der Urheber ist, wie der Initiator oder die Initiatoren auf diese gestoßen sind, ob es Referenzfälle gibt z. B. an anderen Standorten innerhalb des eigenen Landes oder außerhalb des Landes, seit welcher Zeit Unternehmen mit der Idee arbeiten und möglichst auch, welchen Erfolg diese Unternehmen bisher haben, ob es z. B. bereits Tochtergründungen, Franchisesysteme etc. in diesem Bereich gibt.

Im nächsten Schritt sollte die **Unternehmenskonzeption** bezüglich der **Branche** (Baugewerbe, Textil etc.) und der **Wirtschaftsstufe** (Urproduktions-, Verarbeitungs-, Handels- oder Dienstleistungsvorhaben) eingeordnet werden. Schließlich sollte detailliert beschrieben werden, worin das geplante **Leistungsangebot** im einzelnen bestehen soll, also je nach **Wirtschaftszweig** gesagt werden, welches Produktionsprogramm bzw. Handelssortiment bzw. Dienstleistungsspektrum angestrebt wird.

Unter dem Punkt Unternehmenskonzeption muss weiterhin deutlich werden, welche **Abnehmerkreise** grob (Konsumenten, gewerbliche Verwender) und im Detail (z. B. Senioren mit hohem **Einkommen**) vermutlich an dem Angebot interessiert sein werden bzw. gewonnen werden sollen. Hier sollte auch deutlich werden, welches regionale **Einzugsgebiet** angestrebt wird, ob also ein lokales Geschäft, ein nationales oder ein internationales Geschäft initiiert werden soll und welche **Vertriebswege** geplant sind.

Schließlich sollte an dieser Stelle gesagt werden, worin die neuen Anbieter sich von den Konkurrenten und dem bisherigen Marktangebot unterscheiden wollen, ob sie vielleicht in irgendeiner Weise eine „**unique selling proposition**" (USP), also eine einzigartige Angebotsstellung erreichen können, wo Wettbewerbsvorteile gesehen werden.

2.2.2 Geschäftsmodell

Zur anschaulichen Darstellung der Unternehmenskonzeption ist die Entwicklung eines detaillierten grafischen Geschäftsmodells hilfreich. Als Basis für die Analyse und Entwicklung des Geschäftsmodells eignet sich das Konzept der **Wertschöpfungskette** (auch: value chain). Sie stellt den im Unternehmen ablaufenden Wertschöpfungsprozess und die zugehörigen Unternehmensaktivitäten dar.

Abbildung 51 zeigt exemplarisch eine solche Wertschöpfungskette. Neben den Primäraktivitäten, die die unmittelbare Leistungserstellung darstellen, existieren unterstützende Aktivitäten (z. B. das Personalmanagement), die zur Erfüllung der Primäraktivitäten notwendig sind und den ganzen Leistungserstellungsprozess begleiten. Die Pfeilrichtung hin zum Kunden drückt die Absatzmarktorientierung des Unternehmens aus: alle Wertschöpfungsaktivitäten sind letztlich auf den Kunden ausgerichtet.

Abbildung 51: Grundstruktur einer unternehmensinternen Wertschöpfungskette

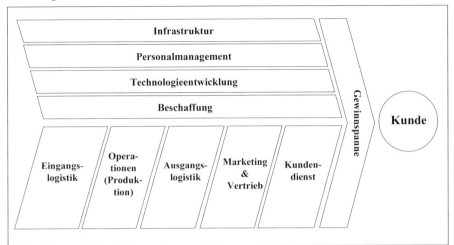

Quelle: In Anlehnung an Grant, Robert M.: Contemporary Strategy Analysis, 3. Aufl., Malden-Oxford 2000, S. 234.

Durch das Geschäftsmodell wird die in der Wertschöpfungskette nur in groben Schritten dargestellte Leistungserstellung konkretisiert. In stark vereinfachter und aggregierter Form wird abgebildet, welche Ressourcen in die Unternehmung fließen und wie diese durch den innerbetrieblichen Leistungserstellungsprozess in vermarktungsfähige Informationen, Produkte und/oder Dienstleistungen transformiert werden.[170]

Die Entwicklung des Geschäftsmodells eignet sich zur Ausarbeitung und Überprüfung der Geschäftsidee. Dabei kann ein integriertes Geschäftsmodell aus den folgenden Partialmodellen bestehen:

- Marktmodell (bestehend aus Wettbewerbs- und Nachfragermodell)
- Beschaffungsmodell
- Leistungserstellungsmodell
- Leistungsangebotsmodell
- Distributionsmodell
- Kapitalmodell (bestehend aus Finanzierungs- und Erlösmodell)

Im **Marktmodell** wird dargestellt, welchen Akteuren (Nachfrager und Wettbewerber) das Gründungsunternehmen in welchen Märkten gegenübersteht und

---

[170] Vgl. hierzu Wirtz, Bernd W.: Medien- und Internetmanagement, 2. Aufl., Wiesbaden 2001, S. 50-52.

wie diese strukturiert sind. Die Ausarbeitung steht in engem Zusammenhang mit der Markt- und Wettbewerbsanalyse, die in Teil II, Kapitel 2.4 dargestellt wird. Das Nachfragermodell enthält somit Informationen darüber, wer die Leistungen des Unternehmens in welcher Menge und zu welchem Preis nachfragt, während das Wettbewerbsmodell die Struktur und das Verhalten der Marktakteure auf dem Absatzmarkt darstellt.

Im **Beschaffungsmodell** werden die Beschaffungsmärkte des Gründungsunternehmens mit ihren Strukturen und Rahmenbedingungen betrachtet. Ausgangspunkt hierfür ist eine Analyse, welche Inputfaktoren für die Leistungserstellung benötigt und inwieweit diese von externen Lieferanten bezogen werden sollen.

Das **Leistungserstellungsmodell** bildet den Leistungserstellungsprozess ab, gibt also Auskunft darüber, in welcher Weise die einzelnen Produktionsfaktoren kombiniert und transformiert werden, um die geplanten Produkte herzustellen.

Das **Leistungsangebotsmodell** stellt dar, welches Leistungsspektrum welcher Kundengruppe angeboten werden soll. Dabei ist eine genaue Kenntnis der Wünsche und Bedürfnisse der Kunden erforderlich, um ihnen ein passendes Angebot zusammenstellen zu können.

Im **Distributionsmodell** wird abgebildet, wie die fertigen Produkte vom Unternehmen zum Kunden transportiert werden sollen. Im Einzelnen bedeutet dies: welcher Absatzkanal wird genutzt (z. B. Direktvertrieb vs. Vertrieb über Einzelhandel; auch dieser Aspekt wird in Teil II, Kapitel 2.4.4 noch näher erläutert), zu welchem Zeitpunkt oder zu welchem Preis die Distribution erfolgen soll.

Das **Kapitalmodell** schließlich gibt Auskunft darüber, welche finanziellen Mittel dem Unternehmen wann und in welcher Form zufließen (Finanzierungsmodell, vgl. hierzu auch im Teil I Kapitel 2.3.8 sowie im Teil II Kapitel 3.3.4 und 3.3.5) und wie das Unternehmen sich refinanzieren bzw. Einnahmen erzielen will (Erlösmodell).

Wichtigste Ergebnisaussage des dargestellten Geschäftsmodells sollte in der Auskunft darüber bestehen, wie man einen attraktiven Gewinn erzielen, also „Geld verdienen" will.

Grafisch ist das integrierte Geschäftsmodell in der folgenden Abbildung zusammengefasst:

Abbildung 52: Bestandteile des integrierten Geschäftsmodells

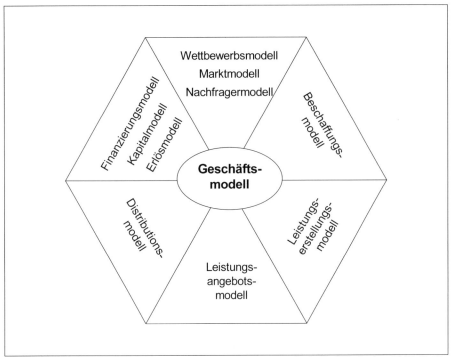

Quelle: Wirtz, Bernd W.: Medien- und Internetmanagement, 2. Aufl., Wiesbaden 2001, S. 51.

Die vorangegangenen abstrakten Ausführungen sollen zum besseren Verständnis an einem Beispiel veranschaulicht werden: Abbildung 53 zeigt das (vereinfachte) Geschäftsmodell des Online-Versandhandels Amazon.com. Dargestellt sind die Akteure und die Transaktionen, die für die Beschaffung der Produktionsfaktoren und den Absatz/die Erlösgenerierung der Produkte erforderlich sind sowie die wesentlichen Aspekte der Leistungserstellung und des Angebots.

Abbildung 53: Beispiel: Geschäftsmodell von Amazon

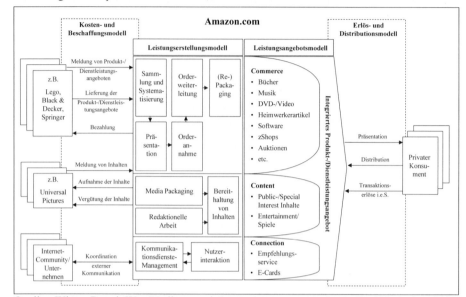

Quelle: Wirtz, Bernd W.: Medien- und Internetmanagement, 2. Aufl., Wiesbaden 2001, S. 424.

Es lässt sich festhalten, dass das Geschäftsmodell alle wichtigen Prozesse und Akteure, die die Geschäftstätigkeit des Gründungsunternehmens bestimmen, veranschaulicht. Aus der Betrachtung der Partialmodelle wird deutlich, dass die Entwicklung des Geschäftsmodells im Grunde ein vorweggenommenes Resumee der diversen Teilpläne des Business Planes ist. Ausgehend von der Idee wird zuerst anhand eines groben Geschäftsmodells die zukünftige Geschäftstätigkeit umrissen (was soll wem wie angeboten werden?). Nach der Ausarbeitung von Markt-/Wettbewerbsanalysen, Finanzierungsplan etc. kann dann nach und nach das detaillierte/komplexe Geschäftsmodell erstellt werden.

2.2.3 Kritische Erfolgsfaktoren: Der KEF-Ansatz

Mit dem nächsten Schritt sollen die wichtigsten Einflussfaktoren (also die sogenannten „Kritischen Erfolgsfaktoren", kurz KEF) für den **Erfolg** des Vorhabens dargelegt werden. Dazu folgt nun ein Exkurs zum KEF-Ansatz.

Der Erfolg einer Gründung hängt von sehr vielen verschiedenen Faktoren ab. Meistens lässt sich jedoch eine überschaubare Anzahl von Faktoren identifizieren, die für das Vorhaben von besonderer Bedeutung sind.[171] Diese Faktoren unterscheiden sich u. a. in dem Grad, in dem sie durch den Gründer beeinflussbar sind. Sie bewegen sich somit im Kontinuum zwischen Bedingungen und Gestaltungsparametern im Hinblick auf ihre zeitbezogene, umfangsbezogene Gestaltbarkeit bzw. Selektierbarkeit. Die **Konjunkturlage** ist z. B. für den Unternehmer nicht beeinflussbar, aber längerfristig gesehen als Einstiegszeitpunkt auswählbar d. h. selektierbar.

Bei der Gründung eines Einzelhandelsgeschäftes könnten kritische Erfolgsfaktoren beispielsweise der **Standort** und die Warenpräsentation sein, bei einem Softwareproduzenten vermutlich die Termintreue, eingesetzte Softwaretechnologie und Qualitätskontrolle. Der Ermittlung solcher individuellen „kritischen Erfolgsfaktoren" (KEF) sollte bei der Gründungsplanung besondere Aufmerksamkeit geschenkt werden.

Mit der KEF-Methode, die von Ron Daniel, einem ehemaligen Chef der McKinsey Unternehmensberatung entwickelt wurde, sollen etwa drei bis sieben kritische Erfolgsfaktoren ermittelt werden, die für das einzelne zu betrachtende Unternehmen zutreffend sind.[172]

Es ist in diesem Kontext zu bedenken, dass Gründungen unter spezifischen besonderen Rahmenbedingungen stattfinden. Die **Standortwahl** ist zum Gründungszeitpunkt sehr häufig ein „KEF" und Gestaltungsparameter, verliert aber meistens unmittelbar anschließend als Handlungsparameter an Bedeutung, um möglicherweise im Zuge einer starken Wachstumsphase wieder in den Vordergrund zu rücken. Veränderungen in der Konjunkturlage, ein Wertewandel bei den Konsumenten können eine neue Bedingungslage mit anderen Anforderungen an das Unternehmen, seine Produkte etc. schaffen. Da sich also die Zusammensetzung des Satzes von kritischen Erfolgsfaktoren im Zeitverlauf der Entwicklung eines Unternehmens verändert, ist die KEF-Analyse bei Bedarf erneut zu praktizieren.

Kritische Erfolgsfaktoren lassen sich u. a. als minimierende Faktoren in einem **Netzwerk** von Einflüssen interpretieren. So kann z. B. ein großes Absatzpotenzial – bei sonst optimalen Bedingungen – allein wegen nicht genügend verfügbarem Fachpersonal nur teilweise erschlossen werden; das Fachpersonal wäre also hier ein KEF. In ähnlicher Weise könnte sich eine begrenzte Kapitalausstattung als **Engpassfaktor** erweisen und eine bessere Auslastung des Standortes

---

171 Vgl. z. B. Rentrop, Norman: Ausgewählte Strategien im Gründungsprozess. Die Strategie der innovativen Imitation und das Konzept der kritischen Erfolgsfaktoren als strategische Ansätze zur Verbesserung der Qualität von Unternehmungsgründungen, Bergisch Gladbach-Köln 1985·

172 Vgl. Daniel, Ronald D.: Management Information Crisis, in: Harvard Business Review, Volume 39, Sept.-Okt. 1961, Nr. 5, S. 111-121.

verhindern, z. B. weil nicht genügend Maschinen erworben werden können. Ein KEF muss aber nicht immer ein Faktor sein, der die Realisierung der Ziele und die optimale Ausgestaltung der anderen Faktoren verhindert oder zumindest einschränkt.

Grundlage der KEF-Methode ist ein systematisches Vorgehen bei der Identifizierung der kritischen Faktoren. Dazu sollten sieben Schritte in dieser Reihenfolge vollzogen werden:

1. Strategischen Bezugsrahmen generieren.
2. Eigene Ziele analysieren.
3. Kritische Erfolgsfaktoren ermitteln.
4. Meßkriterien ermitteln.
5. Standards für jedes Meßkriterium festlegen.
6. Steuergrößen ermitteln.
7. Veränderungen erfassen.

Die **Identifizierung der kritischen Faktoren** ist also nur ein Ergebnis der KEF-Methode. Darüber hinaus wird ein Konzept zur Messung des Zielerreichungsgrades erarbeitet und es erfolgt ein (laufender) Soll-Ist-Vergleich.

Zur Umsetzung der sieben Schritte sind keine besonderen Hilfsmittel erforderlich. Empfohlen wird lediglich Ruhe und Zeit (ca. einTag). Um eine umfassende (gedankliche) Analyse durchführen zu können, sind ablenkende Rahmenbedingungen in jeder Hinsicht zu vermeiden. Die Analyse kann auch gemeinsam mit einem in diesem Verfahren erfahrenen **Berater** durchgeführt werden, der die Rolle des Moderators übernimmt.

Im ersten Schritt ist das zu gründende Unternehmen in seinen strategischen Rahmen zu stellen. Die Frage nach der Art des Unternehmenskonzeptes ist ebenso zu beantworten wie die Frage, wo Stärken und Schwächen liegen oder mit welcher Entwicklung langfristig in der Branche zu rechnen ist. Am Ende steht ein **Bezugsrahmen**, der alle wichtigen Punkte zum Gründungszeitpunkt und deren Entwicklungsmerkmale aufzeigt.

Im zweiten Schritt erfolgt die Formulierung der eigenen Ziele. Dabei sind strategische Ziele, z. B. die **Konkurrenz** in der Qualität der angebotenen Leistungen zu übertreffen, ebenso zu konkretisieren wie operative Ziele, zu denen u. a. die Realisierung bestimmter Umsatzrenditen zählt. Hier ist die möglichst konkrete und exakte Definition der Ziele wichtig, da dies Voraussetzung für die Entwicklung der kritischen Erfolgsfaktoren wie auch der Messkriterien und Standards ist. Unscharf formulierte Ziele lassen sich nur schwer auf ihren **Zielerreichungsgrad** hin überprüfen.

Grundsätzlich sollte ein Ziel folgende Charakteristika besitzen: es sollte

- realistisch und erreichbar,
- konkret und messbar,
- zeitlich begrenzt,
- motivierend und sinnvoll,
- flexibel und
- möglichst schnell schriftlich fixierbar sein.

Die Erfolgsfaktoren werden im dritten Schritt identifiziert. Dazu werden zunächst **alle denkbaren** Erfolgsfaktoren notiert d. h. alle Faktoren, von denen Auswirkungen auf den Erfolg erwartet werden können. In einem zweiten Durchgang sind dann die ca. drei bis sieben Faktoren auszuwählen, die für den Erfolg entscheidend (kritisch) sind. Es werden fünf Arten von Erfolgsfaktoren unterschieden:

- branchentypische,
- gründungsspezifische,
- strategiebestimmte,
- zeitweilige,
- umweltbestimmte.

Die meisten Erfolgsfaktoren finden sich in der Regel in der Kategorie „branchentypisch". Während die gründungsspezifischen Faktoren u. a. die **Rechtsformwahl** beinhalten, kann ein strategiebestimmter Erfolgsfaktor z. B. die Realisierung von zeitlichen Angebotsvorsprüngen sein, wenn man sich darin von der Konkurrenz unterscheiden möchte. Zur Kategorie der zeitweiligen Erfolgsfaktoren könnte beispielsweise die Eröffnungswerbung und die Standortwahl zum Gründungszeitpunkt zählen. Von besonderer Bedeutung sind oftmals die umweltbestimmten Erfolgsfaktoren (Bedingungen). Diese sollte man auch dann in die Analyse einbringen, wenn sie vermutlich nicht beeinflussbar sind. So kann für einen mobilen Eisverkäufer das Wetter sehr entscheidend sein. Wenn man es schon nicht beeinflussen kann, könnten zumindest die damit verbundenen Risiken beachtet und Maßnahmen zur Früherkennung vorbereitet werden. Aber auch **Verhaltensweisen** von Behörden können sich zum kritischen Erfolgsfaktor entwickeln, wenn ausgerechnet zur geplanten Gründungszeit die Straße vor dem Ladenlokal aufgerissen und so ein Besuch des Geschäftes erschwert wird.

Nachdem nun die (kritischen) Erfolgsfaktoren benannt sind, gilt es im vierten Schritt, diese zu operationalisieren, also Messkriterien zu finden, mit denen sich messen lässt, wie gut oder schlecht der einzelne Faktor wahrscheinlich jeweils erfüllt wird. Der Realisierungsgrad zeitlicher Angebotsvorsprünge könnte durch eine einfache Gegenüberstellung des Angebotszeitpunkts im Vergleich zur Konkurrenz gemessen werden, die Produktionsqualität durch stichprobenartige Gebrauchstests.

Messkriterien allein sagen jedoch noch nichts über den **Zielerreichungsgrad** aus. Daher sind in einem fünften Schritt die Standards festzulegen. Standard für die Produktionsqualität könnte beispielsweise die Festlegung einer Obergrenze an Ausschuss oder Reklamationsfällen in Prozent von Verkaufsakten sein oder zur Realisierung der zeitlichen Angebotsvorsprünge die Festlegung eines bestimmten Zeitraumes.

Nun sind die Ziele und die Erfolgsfaktoren identifiziert, für jeden einzelnen Erfolgsfaktor die Messkriterien ermittelt und Standards bestimmt. Offen ist hingegen noch die Definition der Steuergröße: Mit welchen Mitteln sollen die Standards erreicht werden? Im sechsten Schritt geht es um die Eingrenzung dieser Steuergrößen. Zur Realisierung einer bestimmten Produktqualität könnten beispielsweise folgende Mittel dienen:

- Qualitätskontrollen: Mit ihrer Häufigkeit sinkt das Risiko schwankender Produktqualität und das Auftreten von Reklamationen
- Lieferantenbeziehungen: Je exakter die Vorgaben und je detaillierter die Umsetzungsvereinbarungen, um so höher die Qualität der gelieferten Produkte
- Preis: Ein höherer Preis schafft Spielräume für eine bessere Qualität, da mehr und bessere Ressourcen für die Leistungserstellung eingesetzt werden können

Sind diese sechs Schritte durchlaufen, ist jedoch noch keineswegs der Erfolg für alle Zukunft gesichert. Die Rahmenbedingungen ändern sich insbesondere für Unternehmensgründungen oft so schnell, dass in einem siebten Schritt in regelmäßigen Abständen eine erneute KEF-Analyse (Schritte drei bis sechs) durchzuführen ist. Im ersten Jahr nach der Gründung empfiehlt sich eine quartalsweise Wiederholung, danach sollte alle 12 Monate die Analyse praktiziert werden. Auf diese Weise kann man sich neue Entwicklungen und deren Bedeutung für die eigenen Aktivitäten frühzeitig bewusst machen.

Nach einer ersten Wachstumsphase kann beispielsweise die Personalkostenkontrolle zu einem kritischen Erfolgsfaktor werden, ohne den das mögliche Ziel „15 % Umsatzrendite" nicht zu erreichen ist.

Für die Personalkostenkontrolle können sich als Messkriterien (vierter KEF-Schritt) ergeben:

- Verhältnis der Personalkosten zum Umsatz
- Fluktuationsrate
- Auslastung der Mitarbeiter

Als Standards naturgemäß in Abhängigkeit von der jeweiligen Branche werden z. B. festgelegt (fünfter Schritt):

- Personalkosten dürfen höchstens 20 % vom Umsatz ausmachen
- die Fluktuationsrate bei Ganztagskräften darf 15 %, bei Teilzeitkräften 80 % nicht übersteigen
- die Auslastung der Mitarbeiter muss mindestens 75 % betragen

Steuergrößen dafür können sein (sechster Schritt):

- Finanzielle Beteiligung der Führungskräfte an erfolgreicher Personalkosten-kontrolle
- Inhaltliche Arbeitszuweisung: Während sich Ganztagskräfte unter Kontinui-tätsgesichtspunkten besser für Führungsarbeiten eignen (Motivation, Anwe-senheitszeiten etc.), sind Teilzeitkräfte kostengünstig an der Kasse einzuset-zen
- Einstellungspolitik: Ein niedriger Anteil von Studenten im Examenssemester schafft eine geringere Fluktuationsrate

Direkt für die Erstellung des Unternehmensplans sollte als Ergebnis aus der KEF-Analyse die Benennung und Erläuterung der kritischen Erfolgsfaktoren unter dem Punkt „Unternehmenskonzept" genutzt werden. Die KEF-Analyse selbst könnte als Teil des Anhangs platziert werden, sie ist aber vielfältig mit dem Gründungsplanungsprozess und der Frühentwicklung des neuen Unterneh-mens zu verbinden, worauf hier nicht weiter eingegangen werden soll.

2.2.4 Rechtsformwahl

Im Zusammenhang mit der generellen Beschreibung des Unternehmenskonzep-tes sind auch Fragen der **Rechtsform** zu beantworten. Welche Rechtsform ist zunächst und gegebenenfalls welche Rechtsform ist zu einem späteren Zeitpunkt geplant?

Die Entscheidung für eine Rechtsform ist weit mehr als eine Formsache. Sie hat wirtschaftliche, steuerliche und rechtliche Folgen. Durch die Klärung einiger grundsätzlicher Aspekte kann der Kreis relevanter Formen aus der Vielzahl der zur Verfügung stehenden Rechtsformen eingegrenzt werden. Die relevanten Rechtsformen hierfür wurden bereits in Kapitel 2.3.4 in Teil I vorgestellt.

Spezialfragen der Betriebsaufspaltung werden in der folgenden Diskussion außer acht gelassen, da sie i.d.R. keine geeigneten Rechtsgestaltungen für Gründungsunternehmen darstellen.[173]

(1) Wird allein oder mit Partnern gegründet?

Einzelgründer können als Kleingewerbetreibende/Einzelkaufleute oder als Einmann-GmbH tätig werden. Es stehen zwar auch kompliziertere Konstruktionen zur Verfügung, wie z. B. die Einmann-Stille-Gesellschaft, die Einmann-GmbH & Co. KG oder die Einmann-Betriebsaufspaltung, diese sind aber nur in besonderen Ausnahmefällen und i.d.R. nicht bei kleinen Gründungen zu empfehlen.[174]

Gründungen mit mehreren Personen steht ein größeres Feld an Rechtsformen offen: Sie können – ebenso wie der einzelne Gründer – zwischen der Personengesellschaft oder der Kapitalgesellschaft wählen, aber das Spektrum innerhalb dieser Gesellschaftsformen ist weiter.

(2) Bestehen beim Betrieb der Unternehmung besondere Risiken, die nicht oder nur schwer versicherbar sind?

Darunter sind Gewährleistungsrisiken und Risiken zu verstehen, die sich z. B. aus der Produzentenhaftung, also von der Outputseite der Unternehmung her, ergeben und deren Umfang gewöhnlich nicht versicherbar ist.[175] Bei einem Softwarehaus z. B. bestehen Risiken, die sich aus Fehlern im Programm ergeben können. Die Risiken sind vom Umfang her unvorhersehbar und damit nicht/schwer versicherbar.

Wenn diese Risiken dominant sind, sollte eine Kapitalgesellschaft oder eine GmbH & Co. KG (bei Freiberuflern: auch Partnerschaftsgesellschaft) als Rechtsform ausgewählt werden, um einen unbegrenzten Zugriff auf das persönliche Vermögen der Gründer im Haftungsfall zu verhindern. Eine Beschränkung der Haftung auf der Inputseite des Unternehmens, also z. B. um einen Zugriff der Kapitalgeber (Banken u.ä.) zu verhindern, ist auch bei

---

173 Die Betriebsaufspaltung ist aufgrund der komplizierten Verwaltung und Rechnungslegung nur bei größeren mittelständischen Unternehmen zu empfehlen, bei denen entweder eine Trennung der Leitung des Geschäftsbetriebs von der Vermögensverwaltung oder eine extreme Haftungsbeschränkung aufgrund eines sehr hohen Vermögens gewünscht ist.

174 Vgl. Rose, G.: Unternehmensrechtsformwahl. Versuch einer Auflistung kautelarjuristischer und betriebswirtschaftlicher Schwerpunkte. In: Jahrbuch der Fachanwälte für Steuerrecht 1986/1987, Herne/Berlin 1987, S. 55-78, hier S. 63-67.

175 Seit dem 1.1.2002 läuft die Gewährleistungspflicht, die gegenüber Verbrauchern nicht einschränkbar ist, allgemein zwei Jahre (Baubereich fünf Jahre). Sie kann bei Gebrauchtwaren (z. B. KFZ) auf ein Jahr reduziert werden.

Kapitalgesellschaften meist nicht möglich, da Kreditgeber für ihre Darlehen durchweg entsprechende Sicherheiten bzw. persönliche Bürgschaften verlangen.

(3) Möchte ein Gründer alleiniger Leiter der Unternehmung sein, aber aufgrund von Kapitalmangel, oder der Notwendigkeit zusätzlicher Fach- oder kaufmännischer Kompetenz o. ä. Beteiligungspartner aufnehmen?

In diesem Fall bieten sich die stille Gesellschaft, die KG und die GmbH & Co. KG an. Diese Rechtsformen ermöglichen eine alleinige Geschäftsführung und Vertretung einer Einzelperson und bieten für weitere Personen beschränkte Haftungsmöglichkeiten.

(4) Welches Ansehen genießt die Rechtsform in der Branche?

Die Wahl einer branchenüblichen Rechtsform ist zu empfehlen. In bestimmten Branchen sind GmbH-Gründungen üblich, um einen Eindruck von Größe des Unternehmens zu vermitteln. Eine Einmann-GmbH-Geschäftsführer-Visitenkarte wirkt besser als die eines Einzelunternehmers. Dies lässt sich zum Beispiel in der Softwarebranche beobachten.[176]

In anderen Branchen ist es jedoch aufgrund des möglichen Eindrucks der Unseriosität ratsam, auf die Gründung von Rechtsformen mit beschränkter Haftung zu verzichten, wie z. B. bei Juwelieren. Hier sind die OHG oder die KG zu empfehlen.

(5) Sollen steuerliche Vorteile realisiert werden, Nachteile vermieden werden?

Personengesellschaften und **Kapitalgesellschaften** weisen jeweils steuerliche Vorteile/Nachteile auf, die in konkreten Einzelfällen unterschiedlich wirksam werden.[177] So entfallen bei den Kapitalgesellschaften bezüglich der **Gewerbesteuer** Freibeträge, die bei Einzelunternehmen oder Personengesellschaften genutzt werden können (24.542,01 €). Freiberufliche Unternehmer zahlen überhaupt keine Gewerbesteuer (auch innerhalb einer GbR oder einer Partnerschaftsgesellschaft nicht).

Zur Realisierung steuerlicher Vorteile sollte auf jeden Fall ein Steuerberater hinzugezogen werden, der anhand des vorliegenden quantitativen Unter-

---

176 Vgl. Klandt, Heinz/Kirschbaum, Günter: Software- und Systemhäuser: Strategien in der Gründungs- und Frühentwicklungsphase, GMD-Studien Nr. 105, St. Augustin 1987, S. 93-96.

177 Z. B. sind Verluste aus Personengesellschaften als Einkünfte aus Gewerbebetrieb mit anderen Einkunftsarten verrechenbar, während bei Kapitalgesellschaften Verluste nur bei der Gesellschaft vor- oder zurückgetragen werden dürfen, d. h. mit Gewinnen aus den Vor- oder Folgejahren ausgeglichen werden. Bei Kapitalgesellschaften sind die Geschäftsführergehälter steuerlich absetzbar.

nehmensplans steuerliche Belastungsvergleiche verschiedener Rechtsformen durchführen kann.[178]

(6) Muss in der Anfangsphase des Unternehmensbetriebs mit der Möglichkeit der Überschuldung (Verluste übersteigen das Eigenkapital) gerechnet werden?

Die Überschuldung eines Gründungsunternehmens kann z. B. durch lange Forschungs- und Entwicklungsarbeiten, die nicht in der Bilanz aktivierbar sind, oder durch eine langfristige Vorfinanzierung von Aufträgen entstehen, und tritt gerade in der Frühentwicklungsphase relativ häufig auf.

Da bei den Rechtsformen der AG und der GmbH die Überschuldung einen Insolvenzgrund darstellt, sollte in einer solchen Situation zunächst eine Einzelfirma/GbR/KG/OHG gegründet werden, die später in eine GmbH oder AG umgewandelt wird. Der Geschäftsführer muss aktiv werden, wenn er die Überschuldung zur Kenntnis nimmt, was unterjährig aber oft latent bleibt.

(7) Steht der rechtsformbedingte Verwaltungsaufwand (Kosten) in akzeptabler Relation zum geplanten Geschäftsumfang?

Wichtig bei einer Entscheidung bezüglich der Rechtsform ist es, die finanziellen und zeitlichen Belastungen durch die Erfordernisse der Rechtsform nicht zu vergessen. Gerade in der Anfangsphase kann ein umfangreicher Formalismus, z. B. bezüglich der Vorschriften bei der Rechnungslegung (z. B. bei der GmbH) von der eigentlichen unternehmerischen Kernaufgabe ablenken und auch für Liquidität und wirtschaftlichen Erfolg unnötige Belastungen mit sich bringen.[179]

Einzelunternehmen (soweit Minderkaufmann) und GbR haben nur geringe formale Anforderungen bezüglich Gründung und laufendem Geschäftsbetrieb; auch im Rahmen der freiberuflichen Partnerschaftsgesellschaft besteht keine Bilanzierungspflicht, wohl aber eine Eintragungspflicht beim Amtsgericht. Die Anforderungen bei Kapitalgesellschaften, wie der GmbH sind dagegen wesentlich umfangreicher. Dies betrifft z. B. die Eintragungspflichten (Notar, Amtsgericht) bei Gründungen, Beriebsverlegungen, Änderungen etc. in der Geschäftsführung sowie die Buchführungs-, Prüfungs-

---

178 Vgl. Meyer-Scharenberg, Dirk E., Rechtsformwahl, in: Dowling, Michael/Drumm, Hans Jürgen (Hrsg.): Wachstumsstrategien für Neugründungen und Wachstumsfelder, in: Gründungsmanagement - Vom erfolgreichen Unternehmensstart zu dauerhaftem Wachstum, Springer-Verlag Berlin Heidelberg 2002, S. 41-44.

179 Vgl. z. B. die Gegenüberstellung von Einzelunternehmen, Personengesellschaften und Kapitalgesellschaften bei Scherrer, Gerhard: Rechnungslegung und Prüfung bei Gründungen, in: Dowling, Michael/Drumm, Hans Jürgen (Hrsg.): Wachstumsstrategien für Neugründungen und Wachstumsfelder, in: Gründungsmanagement - Vom erfolgreichen Unternehmensstart zu dauerhaftem Wachstum, Springer-Verlag Berlin Heidelberg 2002, S. 143-166.

und Publizitätspflichten. Bei den Kapitalgesellschaften gibt es in der Steuerbehörde eine große Sensibilität bezüglich vermuteter Missbräuche, die vielfach sicherlich überzogen ist. Diese führt dazu, dass sich für Geschäftsführer und Gesellschafter eine große Zahl möglicher Fallen ergibt, in die sie leicht geraten können, wenn sie sich in dieser Materie nicht detailliert auskennen und nicht laufend die aktuellen Änderungen verfolgen. Aus dieser Sicht ergibt sich: lieber mit einer möglichst einfachen Rechtsform beginnen (Einzelunternehmen, GbR) und erst bei konkretem Bedarf zu einer anspruchsvolleren Rechtsform wechseln.

(8) Wie hoch ist das gesetzlich geforderte Mindestkapital?
Während bei Einzelunternehmen und Personengesellschaften keine formellen Mindestanforderungen bezüglich des Gründungskapitals bestehen, ist bei Kapitalgesellschaften ein gesetzlich vorgeschriebenes Mindestkapital auf zubringen (GmbH: 25.000 €, AG: 50.000 € Stammkapital bzw. Grundkapital). Oft gehen allerdings die sachlichen Anforderungen an die Finanzierungshöhe ohne dies deutlich darüber hinaus.

(9) Weitere rechtsformenspezifische Themen sind z. B. Fragen der **Offenlegungspflichten** und der **Prüfungspflicht** von Abschlüssen und der **Arbeitnehmer-Mitbestimmung**.

Eine ideale Rechtsform wird in den wenigsten Fällen – schon aufgrund der Planungsunsicherheit – ermittelbar sein. Der/die Gründer muss/müssen somit selbst seine/ihre Prioritäten in Bezug auf Rechtsformwahlkriterien einbringen.

2.2.5 Sonstige Aspekte der Unternehmenskonzeption

An dieser Stelle des Punktes „Unternehmenskonzept" sollte auch die **generelle Rechtslage und ihre Besonderheiten** Erwähnung finden. Handelt es sich bei der Gründung um eine gewerbliche Unternehmung oder um eine freiberufliche? Soweit es sich um eine gewerbliche Konzeption handelt, gehört diese zum Handwerksbereich (Handwerksbetrieb oder Handwerksähnliche Betriebe lt. erschöpfender Liste der Handwerksordnung), was u. U. Einschränkungen des Marktzutrittes bedeuten kann (Meisterprüfung). Je nach gewähltem Unternehmenskonzept sind hier möglicherweise bestimmte Arten von Zulassungen zu berücksichtigen (Apotheken, Taxiunternehmen, Ärzte, Rechtsanwälte etc.). Ein weiterer Fragenkreis betrifft die Nutzung fremder Rechte.

Schließlich sollte im Rahmen der Unternehmenskonzeption gesagt werden, welchen **Stand** das Vorhaben bisher erreicht hat, ob es sich noch in der reinen Planungsphase befindet, ob mit der Errichtung, d. h. mit Vertragsabschlüssen begonnen wurde, ob bereits am Absatzmarkt agiert wird, wann die Geschäftseröffnung geplant ist oder ob diese bereits erfolgte.

2.2.6 Besonderheiten: Übernahmen/Beteiligungen/Franchise

Unter dem Punkt Unternehmenskonzept sollte dargelegt werden, in welcher konkreten Form die Unternehmenseinheit geschaffen werden soll, welche **Gründungsart** also geplant ist:

- Neugründung,
- Franchisegründung,
- Übernahme,
- tätige Beteiligung.

Im Falle einer **Franchisegründung** ist an dieser Stelle zu erläutern, seit wann das Franchisesystem besteht, wie viele Franchisenehmer in welchen regionalen Gebieten national oder international und seit wie langer Zeit existieren, welche Erfolge sie realisiert haben.

Bei einer **Übernahme** sollte hier eine Beschreibung des bisher bestehenden Unternehmens erfolgen, unter Berücksichtigung des Leistungsangebotes, der Größenordnung (Mitarbeiterzahl, Umsatz) und der Gewinnsituation. Geplante Veränderungen, Entwicklungen sollten hier ebenfalls erwähnt werden. Ähnlich sieht es auch bei der **Beteiligung** aus. Auch hier wäre deutlich zu machen, welcher Stand bisher vorliegt und wie dieser Stand in Zukunft verändert wird. Bei der Ausweitung eines bestehenden Unternehmens kann an dieser Stelle deutlich gemacht werden, ob diese Ausweitung in der Form der Neuschaffung eines profit center, einer unselbständigen Zweigstelle oder einer Tochtergründung erfolgen soll. Das Ergebnis einer erfolgten **Unternehmensbewertung** sollte hier summarisch dargelegt werden; die ausführliche Analyse ist im Anhang zu platzieren.

Soll ein bestehendes Unternehmen ganz oder teilweise erworben werden bzw. will man in ein solches Unternehmen als Teilhaber einsteigen, so stellt sich die Frage nach dem Wert des Unternehmens bzw. dem für die Übernahme oder die Beteiligung zu zahlenden Preis. Grundsätzlich bieten sich zwei unterschiedliche Ansätze an, einen solchen Preis zu definieren. Zum einen die Ermittlung des **Substanzwertes**, die eine Bewertung aller Aktiva (Anlagevermögen, Umlaufvermögen etc.) der Unternehmung beinhaltet, zum anderen die Ermittlung des **Ertragswertes**, der die Frage nach gegenwärtigen bzw. in Zukunft zu realisierenden Erträgen zugrunde liegt.

Ausgangsmaterial einer Unternehmensbewertung sind vorzugsweise die Jahres-abschlüsse der letzten 5 Jahre mit Bilanz, **GuV-Rechnung** und evtl. vorliegen-der, betriebswirtschaftlicher Auswertung. Bei höheren Werten und schwierigen Beurteilungen sollten auch Gutachten von vereidigten Sachverständigen vorlie-gen (insbesondere bei Immobilien, größeren Anlagen etc.). Für Kraftfahrzeuge gibt meistens schon die Schwacke-Liste genügend präzise Auskunft. Evtl. be-stehende Pacht-/Miet- oder Leasingverträge, Gesellschaftsverträge, Arbeits- und Tarifverträge sind ebenfalls wichtig, um auch ggf. nicht bilanzierte rechtliche Verbindlichkeiten abschätzen zu können. Außerdem ist es hilfreich, Marktanaly-sen von Marktforschungsinstituten und Wirtschaftsverbänden aus der entspre-chenden Branche sowie **Betriebsvergleichszahlen** mit heranzuziehen (vgl. An-hang).

Bei der **Substanzwertermittlung** sind alle (betriebsnotwendigen) Vermögens-gegenstände einer Bewertung zu unterziehen. Je nach Sicht kann man hier von dem **Liquidationswert** (Preis, der bei einer Einzelveräußerung erzielbar wäre) oder dem **Wiederbeschaffungswert** (Preis, der bei einer Einzelbeschaffung zur Zeit auf dem Markt zu bezahlen wäre) ausgehen. Geht man im Normalfall von einem positiven Wert aus, so sind in Einzelfällen aber auch durchaus Negativ-werte denkbar, wenn z. B. die Entsorgungskosten höher sind als ein eventueller Entsorgungsgewinn, z. B. bei abbruchreifen Immobilien, Computerschrott, kon-taminierten Grundstücken etc. Bei Übernahme größerer Warenbestände im Handel ist z. B. darauf zu achten, wie die bisherige Verweildauer der Waren aussieht (Ladenhüter!). Im Hinblick auf evtl. vorhandene Forderungen ist die Solvenz der Schuldner zu prüfen und ggf. wertzuberichtigen. Man sollte mög-lichst auf eine **Übernahme** der Forderungen ganz verzichten und auch evtl. Verbindlichkeiten, für die der Übernehmende bei Fortführung der Firma haftet, vor der Übernahme glattstellen lassen (hier: Brutto- vs. Nettomethode). Insge-samt gesehen basiert die Substanzbewertung auf der aktuellen Bilanz, ist also zeitpunktbezogen.

Die **Ertragswertmethode** hat eher zeitraumbezogenen Charakter. Sie fußt auf dem Durchschnittsgewinn der vergangenen Jahre, wobei die aktuelleren Gewin-ne sinnvollerweise höher zu gewichten sind als die weiter zurückliegenden Ge-winne, und beinhaltet auch eine Formulierung der zukünftig zu erwartenden Gewinne, die auf den aktuellen Bewertungsstichtag abgezinst werden müssen. Wird bei der **Substanzwertermittlung** eine Korrektur des steuer-lich/handelsrechtlich definierten Rechnungswesens vorgenommen, z. B. im Sin-ne der Auflösung von stillen Reserven, Neubewertung der Warenvorräte (unver-käufliche Ladenhüter), so muss beim Ertragswertverfahren eine rechtsformab-hängige Korrektur der üblicherweise ermittelten steuerlich/handels-rechtlichen Gewinne vorgenommen werden. Insbesondere sollten kalkulatorische Größen wie der kalkulatorische Unternehmerlohn (soweit nicht bereits ein Geschäftsführergehalt z. B. in der GmbH angesetzt worden ist), eine kalkulatorische Zinsberücksichtigung bei betrieblich genutzten privateigenen Immobilien und schließlich eine kalkulatorische Verzinsung des durchschnittlich eingesetzten Eigenkapitals zur Minderung des steuerlich/handelsrechtlichen Gewinns herangezogen werden. Meistens ist es sinnvoll, die steuerlich definierten Abschreibungen zunächst aus dem Gewinn wieder hinzuzurechnen und dann durch kalkulatorische Abschreibungen mit wirtschaftlich realistischen Nutzungsdauern und Restwertermittlungen (u. U. auch negativ) zu vermindern. Auf der Basis des so ermittelten Gewinns kann der Ertragswert des Unternehmens nach der Formel:

Ertragswert = Betriebsergebnis / Kapitalisierungszinssatz * 100

errechnet werden (Barwert einer ewigen Rente). Als Kapitalisierungszinssatz sollte ein Äquivalent der langjährigen durchschnittlichen Rendite öffentlicher Anleihen zuzüglich eines Risikozuschlages angesetzt werden; letzterer, da unternehmerische Aktivitäten im Allgemeinen riskanter sind als sich dies bei Anlagen in öffentlichen Anleihen widerspiegelt. Dieser Risikozuschlag könnte je nach Branche zwischen 2 % und 15 % liegen.

Bei einem weiteren ertragsorientierten Verfahren – neben der bereits angesprochenen Ermittlung des Ertragswertes als Barwert einer ewigen Rente – wird mit branchenüblichen **Multiplikatoren des Jahresgewinns** ähnlich wie im Immobilienbereich gearbeitet. Solche Multiplikatoren des Jahresgewinnes liegen je nach **Wirtschaftsstufe** und Branche meist zwischen 1 und 10. Sie sind wegen der einfachen Handhabung in der Praxis sehr beliebt.

Im Zusammenhang mit der Ermittlung des Wertes einer Unternehmung wird oft auch vom so genannten **Goodwill oder Firmenwert** gesprochen, der neben den unmittelbar greifbaren Werten auf der Basis des Anlagevermögens als eine Art immaterielles Vermögen des Unternehmens betrachtet wird und damit ein Äquivalent insbesondere für ein bestehendes vitales Netzwerk von Kunden, eingespielten Lieferantenbeziehungen sowie innerbetrieblich für die routinierten, gut organisierten Mitarbeiter darstellt. Man kann einen ermittelten Substanzwert um einen solchen Firmenwert erhöhen und erhält damit auf der Basis dieses alternativen Ansatzes den Unternehmenswert.

Generell ist davon auszugehen, dass der Substanzwert normalerweise unter dem Ertragswert eines Unternehmens liegt und aus der Sicht des Verkaufenden eine Preisuntergrenze darstellt, da in der Liquidierung des Unternehmens für ihn eine Alternative zur gesamtheitlichen Veräußerung liegt. Bei firmeneigenem, seit vielen Jahren in der Abschreibung befindlichen Immobilien haben sich oft erhebliche stille Reserven angesammelt, die besonderer Aufmerksamkeit bedürfen.

Abbildung 54: Zusammenfassung 2: Unternehmenskonzeption

Beispielfragen zur Gründung-/Unternehmenskonzeption

- *Werte, Ziele, Unternehmenskultur, -philosophie*
- *Strategische Ausrichtung*
- *Idee woher/wer?*
- *Zu welcher Branche zählt das Vorhaben? Was soll angeboten/verkauft werden? Welches Produktprogramm/Handelssortiment/Dienstleistungsspektrum wird angestrebt?*
- *Welche Abnehmerkreise werden am ehesten an Ihrem Angebot interessiert sein? (unique selling proposition) Welche Abnehmer sollen wie angesprochen werden?*
- *Welchen zusätzlichen Nutzen soll der Kunde gewinnen?*
- *Welches sind die kritischen Erfolgsfaktoren?*
- *Rechtsform, generelle und besondere Rechtslage*
- *Handelt es sich um*
  - *Neugründung*
  - *Franchising*
  - *Übernahme*
  - *Beteiligung*
  - *Ausweitung?*
- *Welchen Stand hat Ihr Vorhaben erreicht?*

Quelle: Eigene Darstellung

2.3 Wahrnehmung der Unternehmerfunktion: Management/Unternehmensführung

Selten einmütig sind die verschiedenen Experten (Venture Capitalists, Banker, öffentliche Förderer, Wissenschaftler) darüber, dass im Zweifelsfalle gilt:

„Lieber ein erstklassiger Unternehmer mit einer zweitklassigen Unternehmensidee, als ein zweitklassiger Unternehmer mit einer erstklassigen Idee!"

Daher erfordert dieser Punkt des Unternehmensplans auch besondere Sorgfalt. Es sollte an dieser Stelle dargelegt werden, ob das Unternehmenskonzept durch eine Einzelperson oder durch ein Gründerteam realisiert werden soll, ob die Eigentümer sich nicht nur finanziell sondern auch unternehmerisch tätig engagieren wollen, oder ob ein Managementbetrieb, d. h. eine Unternehmensführung unter angestellten Managern geplant ist. Im Einzelnen sollte bezogen auf die Führungskräfte erläutert werden:

- warum sie sich im geplanten Vorhaben engagieren wollen
- warum sie mit dem Vorhaben ihre persönliche Existenzgründung vornehmen wollen
- über welchen beruflichen Hintergrund die Inhaber der Führungspositionen verfügen, welchen beruflichen Werdegang sie im einzelnen durchlaufen haben
- welche Branchenkenntnisse sie im Rahmen ihrer beruflichen Tätigkeit haben erwerben können.[180]

Zur Beschreibung der **Vita** der **Initiatoren** und unternehmerisch beteiligten Personen gehören des Weiteren Aussagen über die allgemeinen Ausbildungsabschlüsse (Hauptschulabschluss, Realschulabschluss, Abitur) sowie über die berufsbildenden Abschlüsse (Gesellenprüfung, Meisterprüfung, Fachhochschul- oder Hochschulabschluss etc.). Wichtig sind ebenso bisherige Führungserfahrung z. B. bei Leitung einer Abteilung oder Niederlassung sowie evtl. vorhandene Erfahrungen bei früheren Gründungsvorhaben (Gründung einer Niederlassung, Aufbau einer neuen Abteilung).

Neben der detaillierten Beschreibung der Initiatoren ist es auch sinnvoll, das Profil zukünftiger **Mitarbeiter in Schlüsselpositionen**, die zum Zeitpunkt der Unternehmensplanentwicklung bereits bekannt sind, darzustellen bzw. die Anforderungen der Positionen zu definieren.

Aus verschiedenen Gründen, z. B. da bestimmte Kompetenzen nur punktuell eingesetzt werden müssen, oder weil eine fortlaufende Finanzierung zu teuer ist, kann es auch ratsam sein, neben internen Mitarbeitern externe Funktionsträger einzubeziehen. Insofern sollte in diesem Zusammenhang gesagt werden, inwie-

---

180 Lt. verschiedener empirischer Belege sind gerade Branchenkenntnisse, in der Branche, in der man das Vorhaben umsetzen will, für den Erfolg von besonderer Bedeutung, vgl. Klandt, Heinz: Aktivität und Erfolg des Unternehmensgründers. Eine empirische Analyse unter Einbeziehung des mikrosozialen Umfeldes, Bergisch Gladbach 1984, S. 112.

weit **Berater**, wie Steuerberater, Unternehmensberater oder Rechtsberater in das Unternehmen einbezogen werden und welche Aufgabenstellungen sie übernehmen sollen. Desgleichen sollten Überlegungen über evtl. zu engagierende **Subunternehmer** angestellt werden.

Hierhin gehört auch die Überlegung, ob – im Hinblick auf eine Verbesserung der Reputation, des Ansehens, der Vertrauenswürdigkeit, aber auch um sich z. B. strategisch weiterführende Inputs zu erschließen, Zugang zu interessanten Netzwerken zu bekommen – ein **Beirat** eingerichtet werden soll. Dies ist meist ein relativ preiswertes und sehr nützliches Instrument, das oft schon durch ein Business Dinner und 500 € Auslagenerstattung pro Jahr und Person abgegolten ist, aber für den Gründer eine sehr wertvolle Hilfe darstellt.

Abbildung 55: Zusammenfassung 3: Fragen

Beispielfragen Management

Vita Gründerperson:
* *Warum wollen Sie sich selbständig machen?*
* *Welche beruflichen Stationen haben Sie im einzelnen durchlaufen?*
* *Welche Branchenkenntnisse haben Sie erwerben können?*
* *Nennen Sie Ihre Ausbildungsstationen!*
* *Hatten Sie bereits früher einmal eine Abteilung, Niederlassung o.ä. zu leiten?*
* *Haben Sie schon einmal eine Abteilung, Niederlassung o.ä. gegründet und aufgebaut?*

Partner (Gründerteam):
* *Werden Sie allein oder mit Partnern gründen?*
* *Über welchen beruflichen Hintergrund verfügen Ihre Partner?*
* *Welche Geschäftsaufgabenverteilung sehen Sie vor?*

Externe:
* *Ist es geplant, einen Beirat einzurichten?*
* *Welche Berater werden das Unternehmen begleiten und mit welchen Aufgabenstellungen? (Steuerberater, Rechtsberater, Unternehmensberater)*
* *Subunternehmer*

Mitarbeiter:
* *Wenn bereits wichtige zukünftige Mitarbeiter bekannt sind, stellen Sie kurz deren Profil vor.*

Quelle: Eigene Darstellung

Insbesondere bei Teamgründungen stellt sich die Frage, wie die einzelnen Teammitglieder sich im Management einbringen können. Wie sehen – auf der Basis der jeweiligen Ausbildung und bisherigen Laufbahnerfahrungen - die Kompetenzen des Gründerteams aus? Wer soll welche Aufgaben in den Kernbereichen Marketing, Unternehmensorganisation, Finanzierung etc. übernehmen? Wer soll im Führungsteam den Vorsitz haben? Wie sieht es mit den Haftungsmöglichkeiten, der Risikobeteiligung aus, je nach gewählter Rechtsform: wer zeichnet welche Geschäftsanteile? Soll eine davon abweichende Verteilung der Gewinne erfolgen, z. B. weil einer der Partner sich zeitlich mehr engagiert als die anderen oder weil er eine besondere Schlüsselqualifikation einbringt? Sollen alle Partner die gleichen Entnahmen tätigen können oder soll es aufgrund unterschiedlicher Beiträge, Rangposition eine Differenzierung geben?

Abbildung 56: Zusammenfassung 4: Aspekte

Wichtige Aspekte bezüglich des Managements

- *Management-Profil*
- *Kompetenzen*
- *Aufgabenteilung*
- *Risikoteilung*
- *Gewinnverteilung*
- *Entnahmen*

Quelle: Eigene Darstellung

2.4 Markt und Wettbewerb (Bausteine der Umsatzplanung)

Bereits im Zusammenhang mit den Überlegungen zur Planintegration und Planabhängigkeit (vgl. Kapitel 1.3 in Teil II) wurde darauf hingewiesen, dass dieses Buch ein absatzmarktgetriebenes Unternehmen zugrunde legt. D. h. der betriebliche Engpassbereich des Unternehmens wird im Absatz der Produkte/Dienstleistungen gesehen, so dass insbesondere der Umsatzplanung als primären Einfluss des ganzen Planungssystems besondere Bedeutung zukommen muss.

Die erzielbaren Umsätze eines Gründungsunternehmens sind in hohem Maße abhängig von der (Absatz-)marktnachfrage und dem Verhalten der Wettbewerber in diesem Markt. Um eine realistische Umsatzplanung vornehmen zu können, ist daher eine sorgfältige Analyse der Markt- und Wettbewerbssituation erforderlich.

Ein vereinfachendes Modell zur Schätzung der Umsatzerwartung ist in der folgenden Abbildung dargestellt.

Abbildung 57: Elemente der Umsatzplanung

Quelle: Eigene Darstellung

Ausgehend von denen im Business Plan fokussierten Produkten, Waren und Dienstleistungen kann nach Konkretisierung auf bestimmte Zielgruppen und Absatzregionen, nach Ermittlung der wahrscheinlichen gesamten Abnehmerzahlen, Annahmen von Absatzmengen und Preisen der Bedarf für eine bestimmte Zeiteinheit (Monat, Jahr) ermittelt werden. Davon zu subtrahieren ist das Wettbewerbsvolumen, dass sich durch bereits im Markt vorhandene Konkurrenzbetriebe, deren bislang realisierten Volumen und noch freien Kapazitäten bestimmt. Einen dritten Einflussbereich auf die Umsatzerwartung eines Gründungsunternehmens stellen die eigenen betrieblichen Kapazitäten (z. B. Personal, Maschinen, Lagerfläche) dar, die hier allerdings eher als Gestaltungsparameter betrachtet werden sollen, denn als Umfeldbedingungen. D. h. sie sollten – der absatzmarktorientierten Betrachtungsweise folgend – nach Möglichkeit so angepasst werden, dass das maximal verbleibende Marktvolumen bedient werden kann.[181]

Einschränkend ist bezogen auf das hier vorgestellte stark vereinfachte Modell festzustellen, dass damit die Dynamik von Markt und Wettbewerb nicht berücksichtigt wird. Weder die Marktnachfrage noch das Wettbewerbsvolumen stellen fixe Größen dar. Z. B. kann durch eigene werbliche Einflussnahme die Marktnachfrage erweitert werden, diese ist also keine starre, fest vorgegebene Größe. Des Weiteren ist damit zu rechnen, dass auch der Wettbewerb auf das Auftreten eines neuen Konkurrenten z. B. durch Intensivierung der Werbung oder der Vertriebsbemühungen reagiert. Außerdem ist zu erwarten, dass im Laufe der zeitlichen Entwicklung aufgrund von Veränderungen von grundlegenden Einflussfaktoren sowohl die Nachfrage als auch der Wettbewerb unabhängig von den eigenen Aktivitäten nicht fix sind, sondern sich sowohl ausweiten als auch einschränken können, z. B. im Hinblick auf **Marktzyklen**, **Marktphasen**, oder Megatrends (z. B. Altersstrukturänderung hin zur „Seniorengesellschaft").[182]

Daher muss bei der Markt- und Wettbewerbsanalyse grundsätzlich nicht nur die Ist-Situation festgestellt, sondern auch die zukünftige Entwicklung prognostiziert werden, um das langfristige Erfolgspotenzial eines Geschäftskonzepts abschätzen zu können. Diese zeitliche Dynamik wird durch die beiden folgenden Grafiken veranschaulicht:

Abbildung 58: Dynamik des Marktpotentials

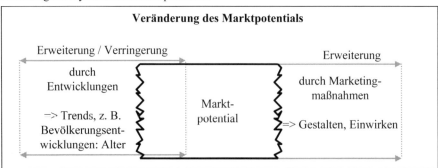

Quelle: Eigene Darstellung

---

181 Mögliche Restriktionen der Anpassung der eigenen Kapazitäten an Marktnachfrage und Wettbewerb können sich z. B. aus dem zur Verfügung stehenden Kapital ergeben.
182 Vgl. Heuss, Ernst: Allgemeine Markttheorie, Tübingen/Zürich 1965.

Abbildung 59: Dynamik des Wettbewerbsvolumens

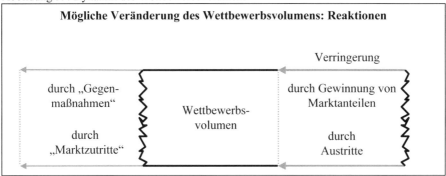

Quelle: Eigene Darstellung

Weiterhin muss ein Gründungsunternehmen Strategien definieren, die den Absatz seiner Produkte unterstützen. Hierfür ist ein ausgewogenes Marketingkonzept zu erarbeiten.

2.4.1 Vorbemerkungen zur Marktanalyse

Grundbegriffe der Marktanalyse
Um die relevanten Informationen zusammentragen zu können, ist es zunächst notwendig, die verschiedenen in der Marktforschung verwendeten Begriffe voneinander abzugrenzen. Von besonderer Bedeutung ist die Unterscheidung zwischen Marktpotenzial, Marktvolumen und Absatzvolumen:[183]

- Unter dem **Marktpotenzial** versteht man die maximal mögliche Absatzmenge bzw. die Summe der theoretisch erzielbaren Umsatzerlöse innerhalb eines Marktes oder Marktsegments. Diese Betrachtung geht von der Annahme aus, dass alle in Frage kommenden Abnehmer das Produkt kaufen, ohne evtl. Kaufwiderstände, Distributionsprobleme o. ä. zu berücksichtigen. So könnten theoretisch z. B. alle Menschen, die über den nötigen Geldbetrag verfügen, einen DVD-Player kaufen. Tatsächlich wird es aber eine Reihe von Leuten geben, die überhaupt keinen DVD-Player haben möchten, vielleicht weil sie einen Videorekorder haben, mit dem sie bereits vollkommen zufrieden sind, weil ihnen der Preis zu hoch ist, weil ihnen die neue Technik nicht geheuer ist usw. Das Marktpotenzial stellt somit für das Gründungsunternehmen die absolute Obergrenze für die absetzbare Menge dar.

---

183 Vgl. zu folgenden Ausführungen auch: Rüggeberg, Harald: Marketing für Unternehmensgründer, Wiesbaden 2003, S. 45-48.

- Das **Marktvolumen** dagegen gibt Auskunft über die tatsächlich in einem bestimmten Zeitraum (i.d.R. ein Jahr) abgesetzten Mengen bzw. erzielten Erlöse aller im betrachteten Markt tätigen Unternehmen, also z. B. die Summe aller im Jahr 2003 in Deutschland verkauften DVD-Player.

  Das Verhältnis von Marktvolumen und Marktpotenzial spiegelt den Grad der **Marktsättigung** wider. Diese Information ist äußerst bedeutsam zur Abschätzung des noch vorhandenen Absatzpotenzials. Die Steigerung des Marktvolumens pro Jahr beschreibt das **Marktwachstum**. Für ein Gründungsunternehmen wird sich somit ein junger Markt mit geringer Marktsättigung und hohem Marktwachstum positiv auf die Absatzmöglichkeiten auswirken, da hier von einer relativ geringen Wettbewerbsintensität ausgegangen werden kann.

- Unter dem **Absatzvolumen** wird schließlich die abgesetzte Menge bzw. der erzielte Erlös eines einzelnen Anbieters verstanden. Der Quotient aus Absatzvolumen und Marktvolumen ergibt den **Marktanteil** des betrachteten Anbieters.

Abbildung 60: Grundbegriffe der Marktanalyse

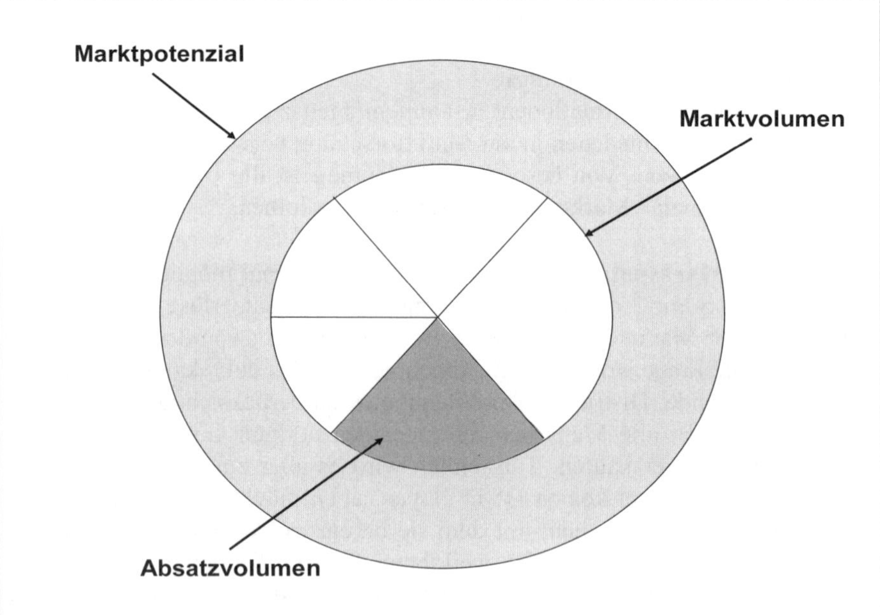

Quelle: In Anlehnung an Becker, J.: Marketing-Konzeption, 7. Aufl., München 2001, S. 396.

Aus dem Marktpotenzial bzw. dem Marktvolumen, die die Größe des anvisierten Marktes beschreiben, lassen sich Rückschlüsse auf den zu gewinnenden Marktanteil des Gründungsunternehmens ziehen: bewegt sich das Unternehmen in einem (wertmäßig) kleinen Nischenmarkt, so ist u. U. die Erreichung eines hohen Marktanteils erforderlich, um ausreichende Umsätze erzielen zu können, wogegen bei der Bedienung eines großen Massenmarktes bereits ein geringer Marktanteil genügen kann.

Daraus abgeleitet können auch Informationen über die Marketing-Aufwendungen des Gründungsunternehmens gewonnen werden. So wird sich durch die Zielfestlegung bzgl. des zu erreichenden Marktanteils (z. B. 5 %) über das Marktvolumen auch die ungefähre Zahl der zu gewinnenden Kunden bestimmen lassen (z. B. 100.000). Aus Branchen- bzw. allgemeinen Marketing-erfahrungswerten können die Werbekosten, die in die Gewinnung eines Kunden investiert werden müssen, bestimmt werden (z. B. 30 €/Person) und so die gesamten Werbeaufwendungen (in unserem Fall 300.000 €) ermittelt werden.

Abbildung 61: Marktanalyse in der Net Economy

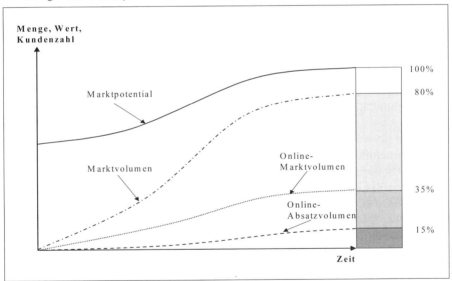

Quelle: Kollmann, Tobias: E-Venture, Wiesbaden 2004, S. 140.

Einer der Hauptgründe für das Scheitern von Unternehmensgründungen ist die unzureichende Marktkenntnis des Managements. Daher muss ein aussagekräftiger Unternehmensplan immer eine profunde Marktforschung, d. h. eine systematische empirische Analyse der das Unternehmen umgebenden Märkte, beinhalten.

Untersuchungsfelder und Grundprobleme

Gegenstand der Marktforschung können sowohl die **Beschaffungsmärkte** als auch die **Absatzmärkte** sein. Auf der Beschaffungsseite ist die Aufgabe der Marktforschung meist vergleichsweise einfach zu lösen. Informationen über Inputfaktoren (Produktionsfaktoren), also Märkte für Waren (Halb- und Fertigerzeugnisse) und Materialien (Roh-, Hilfs-, und Betriebsstoffe) oder Leistungen (Subunternehmer), Personalmarkt (Arbeitskräfte), Finanzmarkt (Eigenkapital und Fremdkapital), sind relativ leicht, z. B. durch das Erfragen von Preisen und das Einholen entsprechender Angebote zu beschaffen. Sind Bezugsquellen noch nicht bekannt, so helfen z. B. Kammern und Publikationsquellen wie „Wer liefert was" oder ein Blick ins Internet schnell weiter.[184]

Weitaus schwieriger stellt sich die Marktanalyse im Allgemeinen auf der Absatzseite dar, die – insbesondere, da das Produkt bzw. die Dienstleistung vom Gründungsunternehmen noch nicht tatsächlich angeboten wird und für den Absatz wesentliche Unterstützungsmaßnahmen (Marketingpolitisches Instrumentarium) noch nicht eingesetzt sind – einen sehr unsicheren Charakter hat.

Probleme für auf den Konsumgüterbereich ausgerichtete Gründungsunternehmen ergeben sich z. B. durch die vielfältig und schwer erfassbaren Motive und Einstellungen der Konsumenten, den Kaufgewohnheiten und der Intransparenz über das zu erwartende Käuferverhalten. Verbindliche Aufträge frühzeitig und über längere Sicht schon im Vorfeld der Gründung zu akquirieren und damit schon frühzeitig zu sicheren Aussagen über die Absatzseite zu kommen, ist nur in Ausnahmefällen möglich.

Die zentrale Aufgabe der Marktanalyse bzw. Marktforschung besteht also bei der Unternehmensgründung darin, bei der Planung bereits realistische Vorstellungen insbesondere über den zu erwartenden Absatz zu gewinnen und so die möglichen Risiken, z. B. der Arbitrage, zu mindern. Im Rahmen der Marktanalyse gilt es also, die notwendigen Daten zu beschaffen für:

- die **Umsatzplanung**:
  in welchen regionalen Märkten sind bei welchen Zielgruppen bzgl. einzelner Produkte/Waren/Dienstleistungen etc. welche Umsatzmengen/-höhen zu erwarten?

---

184 Vgl. dazu: Wer liefert was? Bezugsquellennachweis für den Einkauf, Ausgabe Bundesrepublik Deutschland, Hamburg (auch als CD-ROM, Online-Datenbank erhältlich) oder: Einkaufs-1x1 der Deutschen Industrie, Made in Germany, Erzeugnisse und ihre Hersteller, Deutscher Adressbuch-Verlag Darmstadt.

- das **Absatzmarketing**:
  welche Wirkungen sind bzgl. unterschiedlicher Preispolitik, Absatzkanäle, Kommunikationsmix etc. zu erwarten? Welche Maßnahmen mit welchen Kosten sind notwendig?

- den **Beschaffungsmarkt**:
  welche Lieferanten sind am günstigsten: Preise, Lieferzeiten, Qualität, Zuverlässigkeit?

- die **Standortanalyse**:
  welcher der denkbaren Standorte ist am attraktivsten, lässt den größten Gewinn erwarten etc.? Wie hoch sind die Kosten für Mieten etc.?

Für den Planungsbedarf einer Unternehmensgründung reichen zumeist Näherungswerte aus. Die Verfahrensweisen der klassischen Marktanalyse mit Einsatz professioneller Institute sind in der Regel zu teuer und zu differenziert, um bei der Unternehmensgründung zum Einsatz zu kommen. Es wird im Folgenden zu überlegen sein, wie in Bezug auf die Gründungssituation und die typischen Gründungsgrößenordnungen angemessene Wege zu finden sind.

Beschaffung der Marktdaten – Methoden der Absatzmarktforschung
Bei der Beschaffung von Marktinformationen stehen Gründern grundsätzlich zwei Methoden zur Verfügung: die Primärforschung und die Sekundärforschung.

Bei der **Sekundärforschung** beschränken sich die Gründer auf die Auswertung vorhandener Informationen, d. h. sie erheben selbst keine neuen Daten, sondern greifen auf bereits existierendes Material wie z. B. Studien, Presseartikel oder Unternehmensprofile zurück. Grundsätzliche Vorteile sind der geringe (finanzielle, zeitliche) Aufwand und die schnelle Verfügbarkeit. Außerdem lassen sich die zu untersuchenden Fragestellungen zumindest eingrenzen bzw. spezifizieren. Erst wenn die Sekundärforschung nur zu unbefriedigenden Antworten führt, sollte eine Primäranalyse in Erwägung gezogen werden.

Als Ausgangspunkt einer Sekundäranalyse ist in jedem Fall eine Internet-Recherche zu empfehlen. Um sich einen ersten Eindruck über die Branche zu verschaffen, eignet sich z. B. die Eingabe von relevanten Stichworten in eine allgemeine Suchmaschine (z. B. *Google*, *Yahoo!* oder *Lycos*).

Abbildung 62: Quellen für Marktinformationen

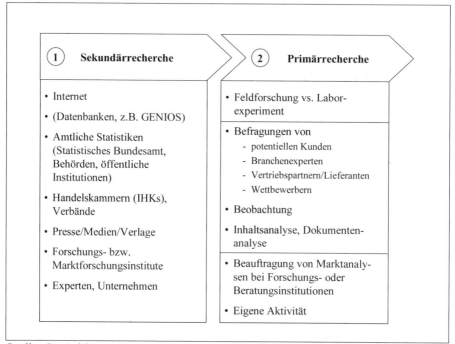

Quelle: In Anlehnung an Schefczyk, Michael/Pankotsch, Frank: Betriebswirtschaftslehre junger Unternehmen, Stuttgart 2003, S. 41.

Weiterhin sollten branchenrelevante Verbände, die zuständige Industrie- und Handelskammer und evtl. Marktforschungsinstitute kontaktiert und um Informationsmaterial (v.a. Marktstudien) gebeten werden. Zur Gewinnung von z. B. demographischen Daten über die anvisierte Zielgruppe eignen sich amtliche Statistiken, die vom Statistischen Bundesamt zur Verfügung gestellt werden. Eine aufmerksame Verfolgung der Fachpresse und der Medien erlaubt u. U. die Identifizierung von Wettbewerbern und sonstigen Branchenteilnehmern (z. B. Pressemitteilungen bzgl. neuer Entwicklungen o. ä.), deren Internetpräsenzen und Presse-/Präsentationsbroschüren weitere Informationen über den Markt, seine Entwicklung und seine Spieler liefern können.

Bei der **Primärforschung** werden von den Gründern selbst (oder evtl. von einem beauftragten Institut) Daten zur Beschreibung der Marktsituation erhoben. Die häufigsten Verfahren zur Gewinnung derartiger Informationen sind das Experiment, die Befragung und die Beobachtung. Die Primärforschung eignet sich am ehesten zur Überprüfung der Akzeptanz einer Geschäftsidee, vor allem, wenn diese sehr innovativ ist.

Meist wird bei Primärmarktforschung mit Felduntersuchungen (also nicht im Labor) und im sogenannten ex post facto Vergleich (also ohne Manipulation bzw. Steuerung der unabhängigen Variablen) gearbeitet. In manchen Fällen kann aber auch an den Ansatz experimenteller Anordnungen (im Labor oder Feld) gedacht werden, z. B. Verkostungsvergleiche für Alternativen neuer Genussmittel.

Das **Experiment** kann beispielsweise bei der Entwicklung eines neuartigen Produkts hilfreich sein: es bietet sich an, den entwickelten Prototyp Personen der identifizierten Zielgruppe zum Testen zur Verfügung stellen und sich anhand einer späteren Befragung ein Bild über die Stärken/Schwächen und die Zufriedenheit mit dem Produkt zu machen. Bei einer Dienstleistung kann das Interesse der Zielgruppe z. B. durch Schaltung einer Zeitungsannonce und der Auswertung der eingehenden Anfragen/Bestellungen in einem bestimmten Zeitraum ermittelt werden.

Als Datensammlungstechniken kommen grundsätzlich die Befragung (in vielen Varianten!), die Beobachtung und die Inhaltsanalyse in Frage.

- Die Befragung stellt die häufigste Form der Datensammlung in der Primärforschung bei Gründungsunternehmen dar. Es ist zwischen mündlicher und schriftlicher Form zu unterscheiden. Eine mündliche Befragung kann von Angesicht zu Angesicht oder per Telefon erfolgen. Der Interviewer hat dabei entweder einen Gesprächsleitfaden, der die wesentlichen Fragen abdeckt, ist aber ansonsten frei in der Gesprächsführung, oder er erhält einen detailliert aufgeschlüsselten Fragebogen, den er „abarbeiten" muss und der aus offenen und/oder geschlossenen Fragen bestehen kann.[185] Ein solcher Fragebogen wird auch der schriftlichen Befragung zugrunde gelegt. Hier wird der Befragte jedoch aufgefordert, diesen selbständig auszufüllen und dem Initiator zurückzugeben (per Post, per E-Mail, persönlich etc.).

- Eine weitere Methode der Primärforschung, derer sich Gründungsunternehmen bedienen können, ist die Beobachtung. Diese wird sich vor allem für Gründungen im Handelsbereich o. ä. anbieten. Die Gründer haben hier die Möglichkeit, ihre potentiellen Kunden z. B. bei einem zukünftigen Konkurrenten z. B. beim Kauf im Laden zu beobachten und ihre Kaufgewohnheiten kennen zu lernen.

---

185 Unter geschlossenen Fragen versteht man Fragen, die nur bestimmte vorgegebene Antwortmöglichkeiten zulassen (z. B. Ja-/Nein-Fragen oder „Kreuzen Sie das zutreffende an: A, B, C, D"). Bei offenen Fragen sind entsprechend keine Antwortmöglichkeiten vorgegeben, sondern der Befragte ist völlig frei in seiner Antwort(struktur).

- Inhaltsanalyse: Sehr hilfreich kann auch die systematische Auswertung von Prospektmaterialien, Internetseiten, redaktioneller Teile oder Anzeigen in Druckwerken (Tageszeitungen) sein.

Die Vorteile der Sekundäranalyse sind in dem – im Vergleich zu Primäranalyse – meist deutlich geringeren Aufwand zu sehen. Der Rückgriff auf vorhandene Daten erfordert wesentlich geringeren Zeitaufwand. Kosten können zwar für den Erwerb von Studien anfallen (diese sind u. U. auch „richtig" teuer), werden aber in der Regel unter denen für eine primäre Datenerhebung liegen.

Der Nachteil der Sekundärforschung liegt ganz klar darin, dass die Daten i.d.R. für einen anderen Zweck ermittelt und ausgewertet wurden, als den, den die Gründer verfolgen. Somit wird sich der Themenfokus nur in seltenen Fällen mit der Fragestellung/dem Tätigkeitsfeld der Gründer decken. Die Gefahr besteht also darin, keine maßgeschneiderten Aussagen aus den vorhandenen Informationen ziehen zu können.

2.4.2 Beurteilung der Absatzmarktnachfrage

Der Begriff des Absatzmarktes erscheint auf den ersten Blick recht klar. Erst wenn man präzisieren muss, auf welche Produkte man genau Bezug nimmt, wenn man von „dem Markt" redet und dann auch klar sagen muss, mit welchen Konkurrenten man bezüglich dieses Marktes im Wettbewerb steht, wird die Abgrenzung oft schwierig. Konkurriere ich als Porsche-Händler nur mit anderen Porsche-Händlern oder auch mit Automobilhändlern, die andere Sportwagen verkaufen? Oder möglicherweise auch mit den Harley Davidson-Händlern? Man kann also immer sehr weite oder sehr enge Produkt-, Markt- oder Konkurrenzdefinitionen vornehmen. Aussagen wie: „Ich habe keine Konkurrenz, meine Produkte sind einzigartig" sind jedenfalls mit Vorsicht zu betrachten.

Die folgende Abbildung soll an einem weiteren Beispiel deutlich machen, dass man seine Produkte – und damit seine Absatzmärkte und Konkurrenten – je nach Abstraktionsstufe sehr weit einengen oder ausweiten kann.

Abbildung 63: Leistungsdefinition

Leistungsdefinition

(grundlegend für Nachfrageprognosen und Wettbewerbsdefinition)

Bedürfnis-familie	Grundbedürfnisse	Hoffnung auf gutes Aussehen	Hunger/Nahrungs-aufnahme
Produkt-familie	alle Produktklassen, die ein Grundbedürfnis zufrieden stellen können	Körperpflegemittel	Nahrungsmittel
Produkt-klasse	Gruppe von Produkten mit sachlichem Zusammenhang	Kosmetika	Gastronomie-angebot
Produkt-linie	ähnliche Funktionsweise, Distributionssysteme, ähnliche Preisklasse	Lippenstifte	Fast Food
Produkt-typ	Produkte gleicher Art innerhalb einer Produktlinie	„Kussfest"	Hamburger
Artikel	ganz bestimmte Ausführungsform des Produkttyps (Details, Preis, Aussehen unterscheiden sich)	Pink Nr. 34	Hamburger Royal TS

Quelle: Kotler, Philip; Bliemel, Friedhelm: Marketing-Management, Stuttgart, 8. Auflage 1995, S. 624.

Das Ziel einer Marktanalyse ist es herauszufinden, wie viele Kunden in dem anvisierten Markt existieren und wie viele davon das Gründungsunternehmen erreichen kann bzw. muss, damit die Geschäftsidee wirtschaftlich tragfähig ist (d. h. damit ausreichende Erlöse erzielt werden, um die entstehenden Kosten zu decken und langfristig auch Gewinn zu erzielen).

Der Marktbegriff ist in der Wirtschaftswissenschaft trotz seiner vielfältigen Nutzung nicht unproblematisch, da es nicht ohne weiteres zwingend und schlüssig möglich ist, ihn im Einzelfall operationabel zu definieren. Dies beginnt mit der Frage, wann sich ein Produkt bzw. Leistung so weit von einem/einer anderen unterscheidet, dass es/sie als eigenständig betrachtet werden muss. Ist z. B. ein Toaster in einer anderen Farbe ein anderes Produkt, d. h. konkurrieren nur die weißen Toaster miteinander, nicht aber ein weißer Toaster mit einem blauen Toaster? Oder geht man von der anderen Extremvorstellung aus, dass alle angebotenen Produkte und Leistungen eines Wirtschaftsraums in Konkurrenz um jeden Einkommens-€ der Konsumenten stehen: der PKW-Anbieter also mit dem Freizeitpark, der Bäcker mit dem Möbelmarkt konkurrieren?

Des Weiteren ist auch die Abgrenzung des regionalen Einzugsgebietes nicht ohne weiteres möglich. In diesem Zusammenhang sind Modelle einigermaßen praktikabel, die von konzentrischen Kreisen um den jeweiligen Standort ausgehen, wobei jeder Ring einen größeren Entfernungsbereich bzw. zeitlichen Aufwandsbereich aus der Sicht des Kunden darstellt. Dies ist offensichtlich für den konsumorientierten Einzelhandels- und Dienstleistungsbereich ein brauchbarer Ansatz. Mit zunehmender Entfernung kommt in diesem Modell ein immer geringer werdender Prozentsatz von prinzipiell denkbaren Kunden (Wohnbevölkerung einer Region) als tatsächliche Abnehmer in Frage. Anders sind die Verhältnisse z. B. im Versandhandel oder im Produktionsbereich, etwa im Hinblick auf mehrstufige Distributionsprozesse.

Bei der Abschätzung der zu erwartenden Marktnachfrage sind fünf Schritte wesentlich (die allerdings auch in anderer Reihenfolge durchschritten werden können und interdependent sind):

• die Definition des Leistungsprofils,
• die Definition der Zielgruppe,
• die Definition der Zielregion.

Auf dieser Basis wird dann

• die Zielgruppengröße und ihr Nachfragevolumen geschätzt und schließlich
• eine Betrachtung zukünftiger Entwicklungen also der Perspektive des Nachfragevolumens vorgenommen.

Von essentieller Bedeutung für den Erfolg des Unternehmenskonzeptes ist es, ein ausgeprägtes und klar erkennbares **Leistungsprofil** aufzubauen. Es gilt, die einzelnen Leistungssegmente zu definieren und in ihrem Zusammenhang aufeinander abzustimmen[186]. Dabei ist es hilfreich, von bestimmten Kernelementen und begleitenden Leistungssegmenten auszugehen. Im Produktionsbereich werden Leistungssegmente oft aufgrund von Materialien und Verfahren her in ihrem Zusammenhang definiert, bei konsumnahen Unternehmen sollte die Orientierung eher von bestimmten Zielgruppen und ihren spezifischen Bedürfnissen abgeleitet sein. Im Unternehmenskonzept muss deutlich aufgeführt werden, was im Einzelnen angeboten werden soll bzw. wo die Schwerpunkte des Angebotes liegen sollen.

---

186 Dies greift auf den Bereich der Produktpolitik als Teil des Marketingmixes im Abschnitt Marketing voraus.

Abbildung 64: Absatzgebiet: Modell konzentrischer Kreise

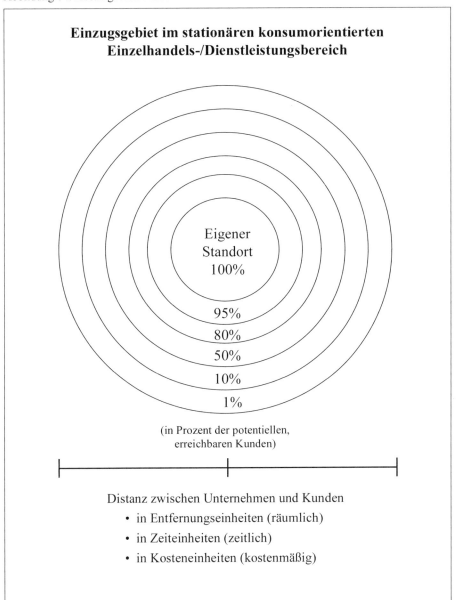

Quelle: Eigene Darstellung

Abbildung 65: Segmentierung von Konsumgütermärkten

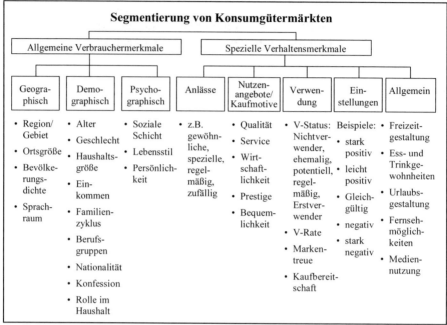

Quelle: Nach Kotler, Philip; Bliemel, Friedhelm: Marketing-Management, Stuttgart, 8. Auflage 1995, S. 430 ff.

Abbildung 66: Segmentierung von industriellen Märkten

Quelle: Nach Kotler, Philip; Bliemel, Friedhelm: Marketing-Management, Stuttgart, 8. Auflage 1995, S. 432f.

Im Hinblick auf die **Zielgruppen** ist es hilfreich, einen idealtypischen Kunden zu beschreiben. Im konsumorientierten Bereich werden hierzu gerne demographische Daten (**Geschlecht**, **Alter**, Familienstand oder auch Einkommensklassen) gewählt. Richtet sich das Angebot an Unternehmen, so könnte eine solche Definition z. B. über die Branchenzugehörigkeit und die Unternehmensgröße erfolgen. Wenn sich das geplante Unternehmen auf verschiedene Zielgruppen konzentriert, sollten diese jeweils im Einzelnen beschrieben werden. Mögliche Segmentierungen der Zielgruppen im Konsumbereich und gewerblichen Bereich zeigen die beiden Grafiken 51 und 52.

Die **Zielregion** kann sehr unterschiedliche Größenordnungen haben. Dies reicht von wenigen Straßenzügen (Bäckerei, Kiosk) über den Raum einer Großstadt (gehobenes Speiserestaurant, Fachgeschäft, Sanitärinstallateur) bis hin zu einem nationalen Einzugsbereich (Versandhandel, Anbieter von Branchenanwendungssoftware) und schließlich bis zu weltweit operierenden Unternehmen (Pharmazeutikahersteller, Maschinenbau). Die Zielregion hat ihre Bedeutung einerseits in der Definition der Marktnachfrage, zum anderen ist sie aber auch wichtig zur Bestimmung des Medieneinsatzes bei der Beeinflussung des Marktes.[187] Bei sehr großen möglichen Einzugsgebieten bietet sich eine zeitlich differenzierte mehrstufige Ansprache der einzelnen Zielregionen an. So ist es denkbar, zunächst den nationalen Markt und dann in einem zweiten Schritt verschiedene Exportregionen in die Gründungsplanung einzubeziehen.

Auf der Basis der genannten Überlegungen sollte dann ermittelt werden, wie groß die **Zahl der potentiellen Kunden** in den geplanten Haupt- und Nebenabsatzgebieten ist. Hierbei können Informationsquellen der amtlichen Statistik, der Kammern, der Verbände mit publizierten Statistiken im Rahmen der Marktforschungsaktivitäten hilfreich sein. Bei größeren Gründungsvorhaben, insbesondere im technologischen Bereich, stellt sich die Frage, ob eine solche Recherche an ein professionelles Marktforschungsinstitut übergeben werden kann. Dies ist einerseits mit erheblichen Kosten verbunden (typischer Bereich: 10.000 € bis 50.000 €), andererseits gibt es aber zum Teil für innovative technologieorientierte Unternehmen Möglichkeiten öffentlicher Förderung solcher Untersuchungen.

Der nächste Schritt bei der Bestimmung des Marktvolumens ist die Überlegung, wie hoch der **durchschnittliche Bedarf eines Kunden** im Zeitraum eines Monats, Halbjahres oder Jahres anzusetzen ist. Hier wird man nur in traditionellen Bereichen (Lebensmittel, Möbel etc.) auf Sekundärmarktforschungen zurückgreifen können und ansonsten eher darauf angewiesen sein, aufgrund von Beobachtungen des Kaufverhaltens z. B. bei Konkurrenten oder durch direkte Be-

---

187 Vgl. den Abschnitt zu Marketing "Kommunikationspolitik".

fragung von potentiellen Kunden zu Schätzwerten über Anzahl/Gesamtvolumen von Aufträgen einzelner Kunden zu kommen.

Schließlich sollte der Absatzmarkt nie als etwas Starres begriffen werden, d. h. man sollte immer sorgfältig überlegen, wie der Markt sich für die einzelnen Leistungssegmente, Zielgruppen und Zielregionen im Hinblick auf die Zukunft verändern wird, welche generellen Trends (demographische Eckdaten, wie Gesamtentwicklung der Bevölkerung, Altersstruktur der Bevölkerung („Senioren"), Ehestandmerkmale („Single"), technologische Veränderungen etc.) in näherer und weiterer Zukunft zu erwarten sind.

Die folgende Grafik verdeutlicht die Abfolge von Arbeitsschritten zur Bestimmung des potentiellen Marktvolumens.

Abbildung 67: Arbeitsschritte bei der Abschätzung der Marktnachfrage

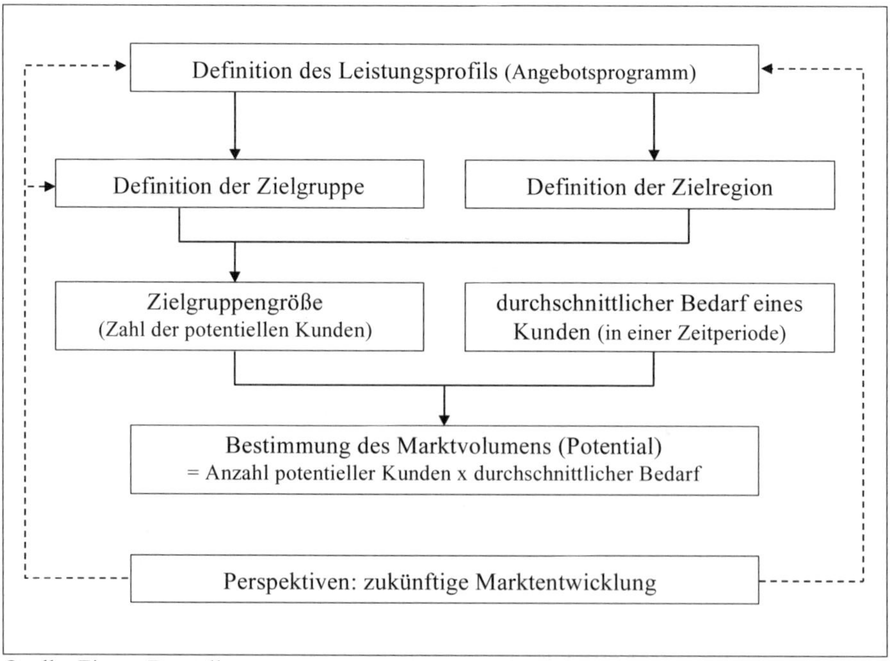

Quelle: Eigene Darstellung

Hat man seine Umsatzerwartungen im Hinblick auf Begrenzungen durch vorhandenes Eigenkapital, Personal etc. definiert, so ist auch die Überlegung, welche Konsequenzen eine Aufhebung dieser Restriktionen für das Leistungsspektrum, den Kundenkreis, das Verkaufsgebiet haben könnte, von Nutzen. Bei imitatorischen Gründungen sind in diesem Kontext Betriebsvergleichszahlen sehr hilfreich. Derartige Kennziffern eignen sich z. B. dafür, zu prüfen, ob der angenommene Umsatz bei gegebener Verkaufsfläche und bei definierter Mitarbeiterzahl realistisch ist oder vice versa gesehen, aufgrund des erwarteten Umsatzes die Verkaufsfläche, die Mitarbeiterzahl, die Kapitalbindung im Lager zu bestimmen.[188]

Die folgende Abbildung fasst nochmals wichtige Informationen zusammen, die von einem Gründungsunternehmen im Rahmen der Marktanalyse zu beschaffen sind.

Abbildung 68: Zusammenfassung: Marktnachfrage[189]

Beispielfragen zur Marktnachfrage

Leistungsprofil:
* *Was werden Sie im einzelnen anbieten?*
* *Auf welche Bereiche Ihres Angebots werden Sie Ihren Schwerpunkt legen?*

Zielregion:
* *Wo wollen Sie Ihr Angebot anbieten?*
* *Welche geographischen Grenzen limitieren aus realistischer Sicht Ihr potentielles Absatzgebiet?*
* *Gibt es Exportmöglichkeiten und planen Sie, diese Möglichkeiten zu nutzen?*

Zielgruppen-Definition:
* *An wen genau wollen Sie verkaufen?*
* *Wie sieht Ihr idealer Kunde aus?*
* *Bei Verkauf an Unternehmen: idealer Kunde nach Branchenzugehörigkeit, Unternehmensgröße, Alter, Ruf etc.?*
* *Bei Verkauf an Endverbraucher: idealer Kunde nach Geschlecht, Alter, Einkommen, Einstellung etc.?*

Zielgruppengröße/-volumen:
* *Wie hoch schätzen Sie die Kundenzahl innerhalb des geplanten Hauptabsatzgebiets?*
* *Wie hoch setzen Sie den durchschnittlichen Bedarf Ihrer Kunden an?*
* *Welche Aufträge (Anzahl, Volumen) erwarten Sie von den einzelnen Kunden im Durchschnitt?*

Perspektive:
* *Wenn Sie mehr Kapital und/oder Personal zur Verfügung hätten: was hätte dies an Konsequenzen für Angebot, Kundenkreis, Verkaufsgebiet?*
* *Welchen Einfluss werden erkennbare Trends z.B. in Demoskopie oder Technologie auf die Nachfrage nach ihrem Angebot haben?*

Quelle: Eigene Darstellung

---

188 Vgl. auch Kapitel 5.2 in Teil II
189 Ergänzend: siehe auch die Leitfragen zu Produkt- und Dienstleistungen in Teil I Kapitel 4.2 (Ideenbewertung/Machbarkeit).

2.4.3 Beurteilung der existierenden Konkurrenz (Wettbewerbsanalyse)

Die Wettbewerbsanalyse dient der Identifikation der relevanten Konkurrenten.[190] Als Konkurrenten/Wettbewerber sind dabei diejenigen Unternehmen innerhalb der Zielbranche zu verstehen, die mit ihrem Leistungsangebot die gleichen Kundenbedürfnisse wie das Gründungsunternehmen erfüllen (wollen). Auch hierbei ist – wie bei der Marktabgrenzung – die Wahrnehmung des Kunden ausschlaggebend, nicht die des Gründungsunternehmens oder von Experten. Somit muss analysiert werden, welchen subjektiven Nutzenzuwachs das geplante Angebot dem potentiellen Nachfrager im Vergleich zu den existierenden Leistungen der Konkurrenz bringen kann und wie man den Kunden davon überzeugen kann, seinen Bedarf in Zukunft bei dem Gründungsunternehmen zu decken.

Neben den heute bereits **vorhandenen Wettbewerbern** (also den existierenden Unternehmen in der Branche) muss auch versucht werden, **zukünftige Konkurrenten** – also weitere Gründungsunternehmen oder entsprechend expandierende etablierte Unternehmen – zu identifizieren. Dies wird sich in den meisten Fällen recht schwierig gestalten, sofern es sich bei der Branche nicht um einen relativ kleinen überschaubaren Kreis handelt, in dem sich potentielle Beteiligte persönlich kennen. Dies kann beispielsweise im hoch entwickelten Technologie- oder naturwissenschaftlichen Bereich der Fall sein, wo die potentiellen Gründer einmal Mitarbeiter an den wenigen vorhandenen einschlägigen Hochschul-Lehrstühlen waren. Es müssen auch mögliche **Substitutionsprodukte** aus Sicht der potentiellen Nachfrager berücksichtigt werden, also andere Produkte/Leistungen, durch die das Leistungsangebot des Gründungsunternehmens ersetzt werden kann. Möchte das Gründungsunternehmen beispielsweise eine neue Schokoladensorte anbieten, konkurriert es u. U. nicht nur mit anderen Schokoladenherstellern, sondern auch mit den Fabrikanten von Weingummi, Bonbons oder Popcorn, evtl. sogar mit den Herstellern von Knabbereien wie Chips oder Salzstangen, wenn der Konsument etwas zum Naschen vor dem Fernseher sucht.

Five-Forces-Modell von Porter zur Bestimmung der Wettbewerbsintensität

Um die Wettbewerbsintensität innerhalb des Marktes zu bestimmen hat sich eine Analyse anhand des sog. „**Five-Forces-Modells**" von Porter bewährt. Porter definiert fünf Wettbewerbskräfte, die auf einen Markt einwirken wie folgt (vgl. auch Abildung55):[191]

---

190 Folgt Kollmann: E-Venture.
191 Vgl. dazu: Porter, M.E.: Competitive Strategy: Techniques for analysing industries and competitors, New York, The Free Press 1980 sowie Rüggeberg, Harald: Marketing für Unternehmensgründer, Wiesbaden 2003, S. 22-26.

- die Rivalität zwischen den existierenden Unternehmen,
- die Bedrohung durch neue Anbieter,
- die Bedrohung durch Substitutionsprodukte,
- die Verhandlungsmacht der Lieferanten und
- die Verhandlungsmacht der Abnehmer.

Abbildung 69: Wettbewerbskräfte nach Porter

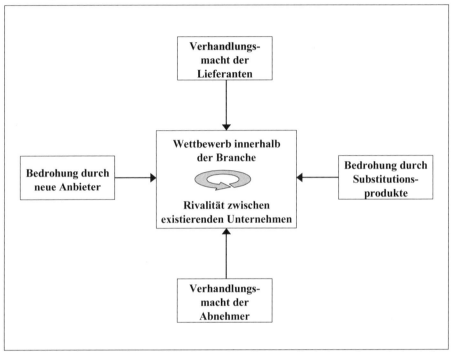

Quelle: In Anlehnung an Porter, M.E.: Competitive Strategy: Techniques for analysing industries and competitors, New York, The Free Press 1980.

- **Rivalität zwischen den bereits am Markt etablierten Unternehmen:**
  Die Rivalität zwischen den etablierten Anbietern im Markt ist für das Gründungsunternehmen zunächst der bedeutsamste Aspekt des Wettbewerbs (Ist-Situation). Eine hohe Rivalität ist u. a. zu vermuten bei
  - geringem Marktwachstum oder stagnierenden bzw. schrumpfenden Märkten
  - hohem Fixkostendruck auf Seiten der am Markt etablierten Unternehmen (z. B. bei Überkapazitäten)

- vielen (kleineren) Wettbewerber mit dem gleichen Geschäftsmodell und sehr ähnlichem Leistungsangebot (z. B. Bäckerei oder Zeitungskiosk in einem Stadtteil)
- der Abhängigkeit der Wettbewerber vom Erfolg in genau dieser Branche (es bestehen also bei Umsatzrückgang keine Kompensationsmöglichkeiten durch Betätigung in anderen Geschäftsfeldern oder –zweigen)

Anzeichen, an denen ein starker Konkurrenzkampf im betrachteten Marktsegment erkannt werden kann, sind z. B. ein rascher Preisverfall, viele kostenlose Zusatzleistungen oder sehr hohe Werbeaufwendungen.

- **Bedrohung durch neue Anbieter:**
  Die Bedrohung durch neue Anbieter ist für das Gründungsunternehmen zunächst hauptsächlich für die langfristige Perspektive von Bedeutung. Zum Zeitpunkt der ersten Marktanalyse handelt es sich bei dem Unternehmen selbst um einen neuen Anbieter, so dass die Perspektive eines Branchen-Outsiders und nicht wie bei Porter diejenige eines Insiders eingenommen werden muss. Trotzdem sollte das Gründungsunternehmen versuchen, potentielle neue Konkurrenten schon vor der eigenen Geschäftsaufnahme zu identifizieren, um die zukünftige Marktentwicklung besser abschätzen zu können. Eine hohe Bedrohung ist besonders in attraktiven Märkten (z. B. hohe Spanne) mit geringen Zugangsbarrieren (Qualifikationen, Basisinvestitionen) zu erwarten.

- **Bedrohung durch Substitutionsprodukte:**
  Bei der möglichen Bedrohung durch Substitutionsprodukte muss das Gründungsunternehmen reflektieren, wie sich die Einführung des eigenen Leistungsangebots auf die bereits etablierten Unternehmen in ähnlichen Branchen auswirkt. Weist das Produkt/die Leistung des Gründungsunternehmens ein hohes Substitutionspotenzial auf, d. h. bietet es dem Nachfrager erhebliche Vorteile gegenüber dem bisherigen Leistungsangebot (z. B. deutlich verbesserte Technologie, erheblich kostengünstiger o. ä.), so dass die Wahrscheinlichkeit hoch ist, dass die Kunden zukünftig nur noch das neue Produkt kaufen, so kann dies zu Verschiebungen innerhalb der Branchenstruktur führen, auf die die Konkurrenten evtl. mit heftigen Gegenmaßnahmen (z. B. Preiskampf) reagieren. Diese Reaktionen müssen vom Gründungsunternehmen im Vorhinein einkalkuliert werden, um das Überleben nicht zu gefährden. Ist das Substitutionspotenzial der Geschäftsidee dagegen gering, so ist zu überlegen, ob eine Markteinführung des Produktes/der Dienstleistung überhaupt sinnvoll ist, da die Konkurrenzunternehmen sie wahrscheinlich rasch durch bessere Angebote ersetzen können.

- **Verhandlungsmacht der Lieferanten:**
  Die Verhandlungsmacht der Lieferanten bezeichnet den Einfluss, den die Lieferanten auf die Unternehmen einer Branche ausüben können (z. B. in Bezug auf die Preisgestaltung). Sie bemisst sich z. B. durch
  - eine hohe Konzentration auf Seiten der Lieferanten auf wenige große Unternehmen
  - geringer Substituierbarkeit der Leistungen der Lieferanten verbunden mit hohen Wechselkosten (d. h. die Unternehmen sind auf die Lieferanten angewiesen und können nicht problemlos auf alternative Produkte/Leistungen ausweichen)
  - die geringe Bedeutung, die die Bedienung dieser Branche für die Lieferanten hat (weil sie z. B. nur einen sehr geringen Teil des Lieferanten-Umsatzes ausmachen)
  - eine hohe Wahrscheinlichkeit/Möglichkeit, dass die Lieferanten zukünftig selbst als Wettbewerber auftreten (z. B. durch sog. Vorwärtsintegration – die maßgebliche Beteiligung an Unternehmen vorgelagerter Wertschöpfungsstufen, also Kunden – oder durch Ausweitung der Geschäftstätigkeit)

  Haben die Lieferanten eine hohe Verhandlungsmacht gegenüber den derzeit etablierten Unternehmen und das Gründungsunternehmen kann diese z. B. durch die Verwendung anderer Produktionsfaktoren oder Technologien umgehen, so kann daraus ein erheblicher Wettbewerbsvorteil entstehen.

- **Verhandlungsmacht der Abnehmer:**
  Eine große Verhandlungsmacht seitens der Abnehmer kann z. B. angenommen werden, wenn
  - das Leistungsangebot des Gründungsunternehmens für die Abnehmer verhältnismäßig unbedeutend ist (entweder weil es für sie leicht substituierbar ist oder weil problemlos darauf verzicht werden kann)
  - es nur eine geringe Zahl von (großen) Abnehmern gibt, die einer Vielzahl von (kleineren) Unternehmen/Wettbewerbern gegenübersteht und der einzelne Abnehmer einen großen Anteil am Gesamtumsatz dieser Unternehmen ausmacht
  - die Wechselkosten zu einem Wettbewerber gering sind
  - es für den Abnehmer verhältnismäßig einfach möglich ist, selbst als Wettbewerber aufzutreten (z. B. durch Rückwärtsintegration – also eine Beteiligung/Expansion in nachgelagerte Wertschöpfungsstufen)

  Verfügen die Abnehmer über eine große Verhandlungsmacht, können sie die Gewinnmargen der Branche u. U. erheblich dadurch senken, dass sie z. B. Rabatte, kostenlose Zusatzleistungen oder bessere Qualität verlangen. Möchte das Gründungsunternehmen genau diese Zielgruppe ansprechen und kann die Machtverhältnisse nicht durch ein neuartiges/qualitativ hochwertigeres/kostengünstigeres Produkt umkehren, muss es sehr vorsichtig kalkulieren, ob ein Markteintritt noch wirtschaftlich sinnvoll erscheint (zudem zusätzlich mit „Verteidigungsmaßnahmen" der etablierten Wettbewerber gerechnet werden muss).

Je nach Ausprägung dieser Kräfte lassen sich Rückschlüsse auf die Wettbewerbsintensität schließen, denen ein Gründungsunternehmen gegenübersteht. Herrscht bereits hoher Wettbewerbsdruck um Marktanteile bei fast ausgeschöpftem Marktpotenzial und das Gründungsunternehmen ist nicht in der Lage, durch neuartige, innovative Produkte, Technologien oder Leistungen langfristige Wettbewerbsvorteile gegenüber den etablierten Unternehmen zu etablieren, so sollte der Eintritt in diesen Markt sorgfältig überdacht werden. Evtl. sollte darüber nachgedacht werden, durch eine Variation der Geschäftsidee oder der Zielgruppe ein Marktumfeld mit besseren Erfolgsaussichten zu finden. Bei ähnlichen Produkten, Technologien und Kostenstrukturen tatsächlicher oder potentieller Konkurrenten ist es für ein Gründungsunternehmen nicht ratsam, sich auf einen Preiskampf zur Gewinnung von Marktanteilen einzulassen, da die etablierten Konkurrenten in der Regel den „längeren Atem" durch größere finanzielle Ressourcen haben werden.

Abbildung 70: Elemente der Konkurrentenanalyse (nach Porter)

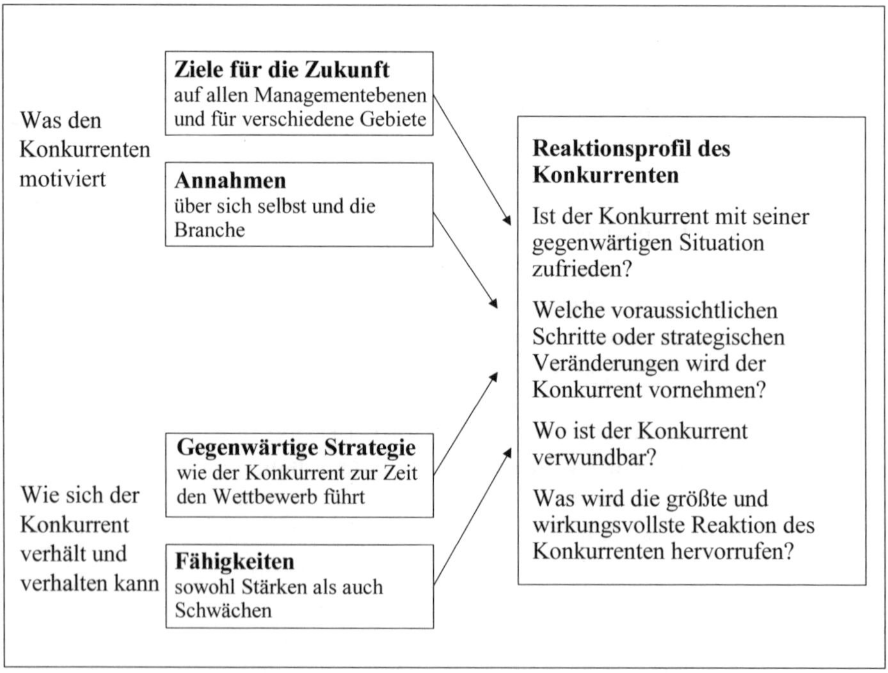

Quelle: Porter, M.E.: Wettbewerbsstrategie: Methoden zur Analyse von Branchen und Konkurrenten, 7. Aufl., New York 1992.

Sind die relevanten direkten (die derzeit existierenden Unternehmen mit gleichem Leistungsangebot innerhalb der betrachteten Branche) und indirekten (die Anbieter von Substitutionsprodukten, zukünftige Wettbewerber in Form von weiteren Gründungsunternehmen, Lieferanten oder Abnehmern, die ihr Geschäftsfeld auf die anvisierte Wertschöpfungsstufe ausweiten wollen) Konkurrenten identifiziert, kann eine Bewertung dieser Unternehmen erfolgen. Hierzu sollte ein Kriterienkatalog erstellt werden, der wichtige Aspekte des Unternehmenserfolgs analysiert. Dabei kann es sich beispielsweise um Produktcharakteristika (wie die verwendete Technologie oder Alleinstellungsmerkmal (USP) und Kundennutzen) handeln, um die Qualifikationen des Managements, um die Vertriebs- und Organisationsstruktur oder die Finanzsituation der Konkurrenzunternehmen.

Diese Informationen über die Wettbewerber zu beschaffen, wird ein Gründungsunternehmen insbesondere in einer von kleinen, nicht publizitätspflichtigen Unternehmen geprägten Branche vor eine schwierige Aufgabe stellen. Als erste Informationsbasis kann auch hier wieder das Internet dienen: Heute verfügen beinahe alle Firmen über eine Webseite, auf der zumindest grundlegende Informationen für potentielle Kunden bereitgestellt werden. Nicht selten finden sich dort detaillierte Produktbeschreibungen und Daten der Unternehmensentwicklung. Darüber hinaus kann eine – evtl. anonyme in Form von simulierten Angeboteinholungen – Befragung der Mitarbeiter oder des Managements durchgeführt werden. Ein anderer Ansatz sind Begehungen der Konkurrenzbetriebe, Beobachtungen der Kaufaktivitäten in diesen Betrieben (im Einzelfall und im konsumorientierten Dienstleistungsbereich: wie viele Kunden betreten die Geschäftsräume, welchen durchschnittlichen Einkaufswert realisieren die Kunden) bzw. gegebenenfalls durch eigene Testkäufe, die neben der Qualität der Leistungen auch Preise, Zahlungskonditionen, die Qualifizierung der Verkäufer/Berater, die Präsentation der Leistungen u.ä. verdeutlichen. Oftmals existieren auch Anzeigen, Kataloge, Handzettel, Presseberichte usw. von Seiten der Konkurrenzbetriebe, die ebenfalls Rückschlüsse zulassen

Anhand der gewonnen Informationen und des Kriterienkatalogs wird es möglich, das eigene Gründungsvorhaben im Vergleich zu den (einzelnen) Konkurrenzunternehmen zu positionieren. Als Ergebnis erhält man das sog. **Stärken-Schwächen-Profil**, das eine Einschätzung des Erfolgspotenzials der eigenen Geschäftsidee ermöglicht. Die folgende Abbildung zeigt ein Beispiel für ein solches Stärken-Schwächen-Profil und kann so evtl. Verbesserungspotenziale aufdecken.

Abbildung 71: Stärken-Schwächen-Analyse

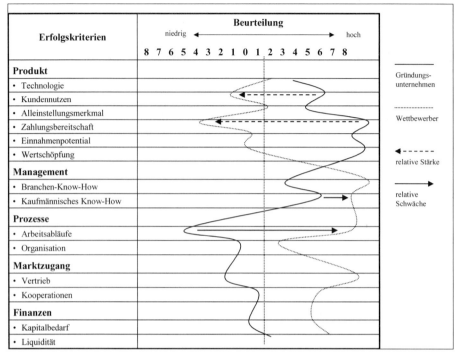

Quelle: in Anlehnung an Kollmann, Tobias: E-Venture, Wiesbaden 2004, S. 147.

Abbildung 72: Zusammenfassung 5: Wettbewerb[192]

Beispielfragen zum Wettbewerb

- *Wie unterscheidet sich Ihr Angebot von dem der Konkurrenz?*
- *Was würden Sie von der Konkurrenz übernehmen?*
- *Was würden Sie in jedem Fall anders machen/vermeiden?*
- *In welchen Angebotsbereichen rechnen Sie mit einem besonders harten Wettbewerb?*
- *Welche Wettbewerber sind die schärfsten Konkurrenten?*
- *Ist Ihr Leistungsangebot dem der Konkurrenz überlegen?*
- *Wie ist dies für Ihre Kunden erkennbar?*
- *Welchen subjektiven Nutzenzuwachs bringt Ihr Angebot für den Kunden?*
- *Wo/wie haben Ihre potentiellen Kunden bisher ihren Bedarf gedeckt?*
- *Welche Neuentwicklungen der Wettbewerber sind zu erwarten?*

Quelle: Eigene Darstellung

2.4.4 Grundvorstellungen der Absatzpolitik

2.4.4.1 Einführung und Begriffe

Zu den Besonderheiten der Gründungsphase gehört, dass ein erster Markteintritt des Unternehmens stattfinden muss. Es stellt sich also die Frage, welches Markteintrittsverhalten am besten geeignet ist, die zu erwartenden Marktwiderstände zu überwinden. Insbesondere bei innovativen Unternehmen ist dies eine große Herausforderung an den Gründer oder das Gründerteam. Speziell mit Fragen des Strategischen Markteintrittsverhaltens bei jungen Technologieunternehmen setzt sich Rüggeberg auseinander[193].

---

192 Siehe hierzu auch die Leitfragen Markt und Wettbewerb in Teil I, Kapitel 4.2 Ideenbewertung/ Machbarkeitsprüfung.

193 Vgl. Rüggeberg, Harald: Strategisches Markteintrittsverhalten junger Technologieunternehmen. Erfolgsfaktoren der Vermarktung von Produktinnovationen. Wiesbaden, 1997 speziell S. 47-65 und S. 221.

Im Folgenden soll ein Überblick zum Bereich Marketing gegeben werden. Marketing umfasst nach Hill als konkrete Einzelaufgaben:

- die Sammlung und Auswertung aller für das **Marketing** relevanten Annahmen und Informationen
- die systematische Planung, Durchführung und Kontrolle der absatzmarktgerichteten und wirksamen Maßnahmen, also insbesondere des Einsatzes der Marketing-Instrumente Produkt- und Sortimentsgestaltung, Bestimmung der Märkte und Absatzwege, Preispolitik und Werbung, Verkauf, Lieferung und Service
- die koordinierende Einflussnahme auf die übrigen Unternehmensaktivitäten zur Sicherstellung eines „marketinggerechten Gesamtverhaltens."[194]

Eine Grundidee beim Marketingdenken ist, dass ein Produkt bzw. eine Dienstleistung einzig aus dem Bestreben heraus, einen Zustand zu beheben, der als Mangelerlebnis empfunden wird, erworben bzw. in Anspruch genommen wird. Mangelerlebnisse liegen vor, wenn Bedürfnisse nicht in ausreichendem Maße befriedigt sind.

Aus der Perspektive einer Unternehmenskonzeption, die sich unmittelbar auf den **Endverbraucher als Zielgruppe** bezieht, stellt sich die Frage, welche menschlichen Bedürfnisse mit den anzubietenden Produkten oder Leistungen befriedigt werden sollen. Das führt zur Frage:
Welche Bedürfnisse kann ein Mensch überhaupt haben? Man unterscheidet in diesem Zusammenhang z. B. zwischen:

- Existentiellen Grundbedürfnissen,
- Sozialen Bedürfnissen.

Physiologische (existenzielle) Grundbedürfnisse sind z. B. Atmen, Essen, Trinken, Schlafen. Um z. B. die Bedürfnisse Essen und Trinken zu befriedigen, werden entsprechend dem Streben, den Mangelzustand „Hunger und Durst" zu beheben, Nahrungsmittel und Getränke gekauft und zu sich genommen.

Soziale Bedürfnisse sind beispielsweise: Sicherheit, Geselligkeit, Zugehörigkeit. Um bspw. das Mangelerlebnis „Angst vor Einbrechern" zu vermeiden und damit das Bedürfnis nach Sicherheit zu befriedigen, lässt man sich in der Wohnung eine Sicherheitskette anbringen. Um dem Mangel Einsamkeit zu entfliehen, wird die Befriedigung des physiologischen Bedürfnisses „Trinken" mit dem sozialen Bedürfnis „Geselligkeit" verbunden zu einem Besuch einer Gastwirtschaft.

---

194 Hill, Wilhelm: Marketing, Band 1, 4. unveränd. Aufl., Bern und Stuttgart 1977, S. 57.

Die Unternehmensphilosophie des Marketingdenkens stellt den (potentiellen) Kunden mit seinen Bedürfnissen und Problemen in den Mittelpunkt aller betrieblichen Prozesse. Der marktorientierte Gründer muss sich entsprechend z. B. die Fragen stellen:

- Welchen Mangel möchte die Zielgruppe durch den Produkt-/ Dienstleistungserwerb ausgleichen?
- Wie muss mein Angebot beschaffen sein, um diesen Ausgleich besser zu gewährleisten als die Konkurrenz?
- Wie kann ich also im **Wettbewerb** um den Kunden Lösungen anbieten, die denen der Mitbewerber vorgezogen werden?

Gerade bei Neugründungen ist dieser Denkansatz und konsequenterweise das entsprechende Handeln für die wirtschaftliche Überlebensfähigkeit notwendig, da die vom Gründer gewählten Produkte und Dienstleistungen in der Mehrzahl der Fälle auf annähernd gesättigten Märkten angeboten werden. Das Konzept wird sich um so eher durchsetzen, je mehr das Angebot des neuen Unternehmens den spezifischen Bedürfnissen der Zielgruppe entspricht. Die Ressourcen der Gründungsunternehmen sind zumeist knapper als die der bestehenden Unternehmen. Das erfordert eine Konzentration auf die Leistungsmerkmale, die der potentielle Kunde tatsächlich verlangt. Dies bedeutet beispielsweise auch, dass nicht das technisch Machbare für die Produktgestaltung ausschlaggebend sein sollte, sondern vielmehr die Kundenwünsche. Andererseits wird das Unternehmen, das primär Probleme der Kunden zu lösen versucht, weniger starr an veralteten Technologien festhalten.

2.4.4.2 Erstellen der Marketingkonzeption

Die **Marketingkonzeption** eines Unternehmens ist ein „schlüssiger, ganzheitlicher Handlungsplan, der sich an den angestrebten Zielen orientiert, für ihre Realisierung geeignete Strategien wählt und auf ihrer Grundlage adäquate Marketinginstrumente festlegt".[195]

Beim Erstellen der **Marketingkonzeption** sollte am Anfang die Überlegung stehen, welche Bedürfnisse, Wünsche bei der Zielgruppe durch die Produkte oder die Dienstleistungen des Gründungsunternehmens überhaupt abgedeckt werden sollen.

In einem Softwarehaus könnte es zum Beispiel in den **Marketing**-Verhaltensregeln heißen:

---

195 Becker, Jochen: Marketing-Konzeption, 7. Aufl., München 2001, S. 5.

„Für einen Dienstleistungsbetrieb ist der Dienst am Kunden wesentliche und hervorragende Aufgabe. Wir verpflichten uns daher

- zu einer korrekten und fachlich einwandfreien Bedienung, auf dem aktuellen Stand der Technik,
- zu einer langfristigen Sicherstellung der Wartung unserer Produkte,
- zu einem freundlichen und entgegenkommenden Verhalten,
- zu einer angemessenen Kalkulation und Berechnung unserer Leistungen ...".

Innerhalb der Marketingkonzeption sollte auch ein **Marketing-Budget** definiert werden, das an den spezifischen Erfordernissen des Falls ausgerichtet ist. Das Budget sollte auf der Basis spezifizierter Einzelmaßnahmen und ihrer erwarteten Kosten, nicht aber einfach prozentual vom Umsatz bestimmt werden.

Abbildung 73 zeigt den Aufbau einer Marketingkonzeption und deren Einbindung in den Marketing-Prozess. Als Basis für die Marketingkonzeption dienen die in der vorangegangenen Markt- und Wettbewerbsanalyse gewonnenen Informationen.

Abbildung 73: Marketingkonzeption

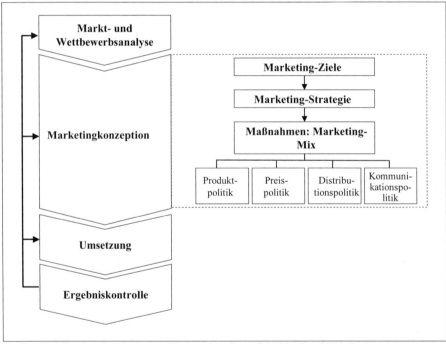

Quelle: Vgl. Becker, J.: Marketing-Konzeption, 7. Aufl., München 2001, S. 5.

Für die Erstellung einer Marketingkonzeption sind zunächst die grundlegenden (strategischen) **Marketingziele** festzulegen. Diese lassen sich i.d.R. recht gut aus den allgemeinen Unternehmenszielen ableiten und betreffen meist wirtschaftliche Ziele wie z. B. Umsatzgenerierung oder Gewinnerzielung. Um die Erreichung dieser abstrakten Ziele überwachen zu können, sind diese zu operationalisieren, indem konkretere, markterfolgsbezogene Ziele wie der Absatz einer bestimmten Menge, die Steigerung des Marktanteils, die Erreichung einer bestimmten Kundenzahl/-loyalität oder Kauffrequenz entwickelt werden. Daneben sind auch sog. Kommunikationswirkungsziele wie z. B. die Bekanntmachung des Angebots, der Image- bzw. Markenaufbau und die Kundenzufriedenheit zu definieren. Anhand dieses – eher übergeordneten – Zielrahmens lassen sich konkret umsetzbare Instrumentalziele für die vier Marketinginstrumente (Produkt-, Preis-, Distributions- und Kommunikationspolitik; s. unten) entwickeln. Diese sollten positiv und motivierend für die Mitarbeiter formuliert sein und müssen vor allem Möglichkeiten zur Ergebniskontrolle beinhalten. Ein Beispiel wäre das Ziel: „Erreichung eines Bekanntheitsgrades von 40 % in der Hauptzielgruppe innerhalb des ersten Geschäftsjahres."

Das wichtigste Marketingziel bei einer Unternehmensgründung muss ganz klar die möglichst rasche **Gewinnung** einer zumindest ausreichenden Zahl **von Erstkäufern** des Leistungsangebots sein (das Ziel ist erst erfüllt, wenn der Kauf auch tatsächlich getätigt wird; ein Bekanntheitsgrad von 90 % oder ein tolles Unternehmensimage nützen nichts, wenn der Kunde das Produkt trotzdem nicht kauft!). [196] Ist dieses erreicht, gilt es die Kundenzufriedenheit mit der erbrachten Leistung zu sichern, um Wiederholungskäufe und Kundenbindung zu erzeugen und damit (auch längerfristig) Absatz und somit Umsatz zu erzielen.

Nachdem die Zielvorgaben feststehen, muss mit der **Marketingstrategie** der „Weg zum Ziel" bestimmt werden. Unter einer Strategie versteht man folglich aus Zielen abgeleitete mittel- bis langfristige Grundsatzregelungen, die in sich konsistent sind und auch die unternehmensinternen Möglichkeiten und die unternehmensexternen Gegebenheiten berücksichtigen. Die Grundsatzentscheidungen, die von Unternehmensgründern im Rahmen der Marketingstrategie zu treffen sind, betreffen

- Die Festlegung des/der Geschäftsfelder (Geschäftsfeldstrategie) und
- Die Bestimmung der Wettbewerbsvorteile und deren Nutzung (Wettbewerbsstrategie).

Die **Geschäftsfeldstrategie** setzt sich mit der Frage auseinander, welche Produkte/Leistungen von dem Gründungsunternehmen für welche Märkte angebo-

---

196 Vgl. hierzu Rüggeberg, Harald: Marketing für Unternehmensgründer, Wiesbaden 2003, S. 95-96.

ten werden sollen. Dies erfordert eine kundenbezogene und eine räumliche Bestimmung des zukünftigen Marktes. Die kundenbezogene Geschäftsfeldfestlegung wird auch als **Marktsegmentierung** bezeichnet und bedeutet die Unterteilung der Zielgruppe in möglichst homogene Kundengruppen, die sich in ihren Bedürfnissen ähnlich sind. Dies erlaubt eine gezielte und genaue Abstimmung der Marketing-Maßnahmen auf die einzelnen Kundengruppen (z. B. durch spezielle Produktvarianten oder besondere Online-Werbeaktionen), was einen größeren Erfolg des Marketings mit sich bringen sollte. Als **Segmentierungskriterien** für Konsumenten bieten sich geographische (Standort der Kunden), demographische (z. B. Alter, Geschlecht, Einkommen, Familienstand), psychographische (z. B. Lebensstil, soziale Schicht) oder verhaltensorientierte (z. B. Markentreue) Merkmale an. Weiterhin erlaubt die Marktsegmentierung die Identifizierung bzw. Konkretisierung derjenigen Marktsegmente, die für das Gründungsunternehmen interessant sind – es muss ja nicht immer der Gesamtmarkt bedient werden, häufig ist die Spezialisierung auf ein Nischensegment sehr viel erfolgversprechender. Die räumliche Geschäftsfeldfestlegung grenzt den zu bearbeitenden Markt geographisch ab: das Gründungsunternehmen muss darüber entscheiden, ob es seine Produkte lokal (z. B. ein Stadtviertel), regional (z. B. ein Landkreis), überregional (z. B. Süddeutschland), national oder international verkaufen will bzw. welche Entwicklung stattfinden soll (viele Unternehmen starten z. B. im überregionalen Bereich und erschließen sich im Laufe ihrer Entwicklung auch internationale Märkte; sog. Expansionsstrategie).

Durch die **Wettbewerbsstrategie** bestimmen die Gründer das grundsätzliche Verhalten gegenüber Wettbewerbern und die gewünschte zukünftige **Positionierung** des eigenen Unternehmens gegenüber diesen Wettbewerbern. Hierzu ist die Bestimmung und die Fokussierung auf den Wettbewerbsvorteil des Gründungsunternehmens erforderlich. Als grundsätzliche Optionen stehen die Strategie der Leistungsführerschaft (auch Präferenzstrategie) und die Strategie der Kostenführerschaft (auch Preis-Mengen-Strategie) zur Verfügung. Bei Anstrebung der **Leistungsführerschaft** versucht das Unternehmen sich durch eine einzigartige Produkt-/Leistungseigenschaft gegenüber der Konkurrenz zu profilieren. Dabei kann es sich um eine neue Technologie, besonders guten Service, neue Distributionswege (aktuell zu denken wäre z. B. an Musikstücke über das Mobiltelefon) oder ein außergewöhnliches Design handeln. Zu berücksichtigen ist aber, dass dieser Wettbewerbsvorteil (oder USP – Unique Selling Proposition) nur absatzfördernd wirken kann, wenn er von den Kunden als wichtig erachtet und wahrgenommen wird. Zudem sollte er nicht problemlos von der Konkurrenz adaptiert werden können, um der Strategie Bestand zu geben. Die Strategie der **Preisführerschaft** setzt dagegen auf einen besonders niedrigen Preis als Wettbewerbsvorteil. Diese Strategie ist allerdings nur dauerhaft umsetzbar, wenn das Gründungsunternehmen über deutlich geringere Kosten als die Konkurrenz verfügt, z. B. durch neue, effizientere Produktionstechnologien, neue

Distributionswege o. ä.. Zwischen diesen beiden Extremen sind eine Fülle weiterer Preis-Mengen-Relationen denkbar, die zur Positionierung eines Gründungsunternehmens angestrebt werden können. Weiterhin ist im Rahmen der Wettbewerbsstrategie über den Markteintrittszeitpunkt zu entscheiden. Zum einen sind je nach Branche saisonale Bedingungen zu berücksichtigen (ein Fachgeschäft für Skiausrüstungen sollte vielleicht nicht unbedingt im Hochsommer eröffnen, sondern eher im November), zum anderen ist – insbesondere bei jungen, unausgereiften Märkten – der Eintrittszeitpunkt in Bezug auf den Marktzyklus zu bestimmen: will man eines der ersten Unternehmen im Markt sein und so u. U. schnell große Marktanteile erzielen oder wartet man ab, lernt auf den Anfangsfehlern der Wettbewerber und tritt dann mit einem verbesserten Produkt und einer effizienteren Kostenstruktur in den Markt ein (fast second).

Die Umsetzung der Marketingstrategie in konkrete Maßnahmen erfolgt im sog. **Marketing-Mix**, in dem die einzelnen Marketinginstrumente sinnvoll miteinander kombiniert werden müssen. Unterschieden werden die vier klassischen Marketinginstrumente

* Produktpolitik,
* Preispolitik,
* Distributionspolitik und
* Kommunikationspolitik.

Das Gründungsunternehmen muss entscheiden, welche dieser Instrumente es in welchem Umfang, wann und zu welchen Kosten einsetzt, um die vorgegebenen (Instrumental-)Ziele zu erreichen.

Im Folgenden soll nur kurz auf die einzelnen Marketinginstrumente eingegangen werden, da hierzu vielfältige Literatur vorliegt.[197] Leider richtet sich diese Literatur allerdings fast ausschließlich an den Bedürfnissen der gereiften Großunternehmen aus.

Im Rahmen der **Produktpolitik** sollte im Einzelnen festgelegt werden, welche Produkte/Waren/Dienstleistungen angeboten (**Sortiment**) und wie diese Produkte gestaltet (Produktgestaltung, Design) werden sollen. Die Produktgestaltung ist dann gelungen, wenn die Leistungsmerkmale darauf ausgerichtet sind, die im Therapiefeld definierten Mangelerlebnisse zu beheben und wenn das Erscheinungsbild die **Positionierung** unterstreicht. Unter dem Aspekt der Produktpolitik sollten sinnvolle begleitende Serviceleistungen, insbesondere bei technologieorientierten Gründungen, nicht außer Acht gelassen werden, da z. B. ein gu-

---

197 Vgl. dazu z. B Nieschlag, Robert/Dichtl, Erwin/Hörschgen, Hans: Marketing, 17. Aufl., Berlin 1994 oder Bidlingmaier, Johannes: Marketing 1, 10. Aufl., Opladen 1983 oder Hill, Wilhelm: Marketing, 4. unveränd. Aufl., Bern - Stuttgart 1977.

ter Kundendienst ein nicht zu unterschätzender Erfolgsfaktor sein kann (Komplettlösungen aus der Sicht des potentiellen Kunden wie Schulungen, Implementierung, Wartung).

Im Zusammenhang mit der Produktpolitik kann auf das empirische Forschungsergebnis verwiesen werden, dass eine Gründung eher erfolgreich verläuft, wenn der Gründer gleiche/ähnliche Produkte anbietet wie sein letzter Arbeitgeber (**Inkubator**).[198]

Ganz generell wird im Rahmen der **Preispolitik** festgelegt, welche Strategie bezüglich der Preise verfolgt werden soll. Geht es eher darum, den Markt mit niedrigen Preisen schnell zu penetrieren (Penetrationsstrategie), oder sollen hohe Preise angesetzt werden, um die Produzentenrente abzuschöpfen (Skimming-Strategie), da es sich bspw. um ein innovatives oder ein Prestigeprodukt handelt?

Bei Neugründungen können die Preislisten des Wettbewerbs oftmals einen ersten Anhaltspunkt bieten. Höhere Preise sind in dem Ausmaß zu erzielen, in dem sich das Produkt oder die Dienstleistung vom **Wettbewerb** positiv unterscheidet. Tendenziell sollten die Preise lieber etwas höher als zu niedrig angesetzt werden, da Preisrücknahmen in der Folge einfacher sind als evtl. Preisanhebungen. Bei der Preisbildung sollte eine Vollkostenkalkulation für jedes einzelne Produkt erfolgen. Diese Kalkulation sollte als die Preisuntergrenze verstanden werden; es bleibt dann zu prüfen, wie der bisherige Wettbewerbspreis liegt. Auf der Basis dieser ersten Preisdefinition sollte im Rahmen der Erfolgsrechnung ermittelt werden, ob der Betriebsprozess in der bisher geplanten Form rentierlich ist. Wenn dies nicht der Fall ist, wäre zu prüfen, ob der Prozess der Leistungserstellung und -verwertung effizienter zu organisieren ist oder ob evtl. doch mit einem höheren Verkaufspreis gearbeitet werden kann. Daraus ergibt sich gegebenenfalls eine erneute Preiskorrektur. Bei einer verstärkten Werbeaktivität ist ein höherer Preis erzielbar (Imageaufbau, vgl. z. B. Premium-Marken bei Bier oder Mineralwasser).

Besonders schwierig ist die Preisfindung bei innovativen Produkten und Leistungen. Hier stellt sich insbesondere die Frage, welchen Wert/Nutzen im Vergleich zu bisherigen Problemlösungen das neue Produkt/die neue Leistung für den potentiellen Kunden hat. Oft wird in diesem Zusammenhang eine Abschöpfstrategie versucht, die mit einem hohen Einstiegspreis beginnt, der auf Kundengruppen zielt, für die ein besonders hoher Nutzenzuwachs gilt und in der Folge dann erst andere Zielgruppen erschließt. Hier ist u. a. aber auch zu be-

---

198 Klandt, Heinz: Aktivität und Erfolg des Unternehmensgründers. Eine empirische Analyse unter Einbeziehung des mikrosozialen Umfeldes, Bergisch Gladbach 1984, S. 262.

rücksichtigen, dass solche hohen Preise den Einstieg für Wettbewerber besonders attraktiv machen.

Im Rahmen der Preispolitik sind auch die **Zahlungskonditionen** zu definieren (Skonti, Zahlungsfrist etc.).

Abbildung 74: Preisdefinition

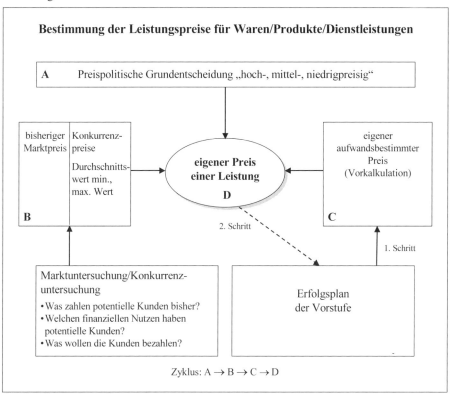

Bestimmung der Leistungspreise für Waren/Produkte/Dienstleistungen

A   Preispolitische Grundentscheidung „hoch-, mittel-, niedrigpreisig"

bisheriger Marktpreis | Konkurrenzpreise

Durchschnittswert min., max. Wert

B

eigener Preis einer Leistung
D

eigener aufwandsbestimmter Preis (Vorkalkulation)

C

2. Schritt

1. Schritt

Marktuntersuchung/Konkurrenzuntersuchung
• Was zahlen potentielle Kunden bisher?
• Welchen finanziellen Nutzen haben potentielle Kunden?
• Was wollen die Kunden bezahlen?

Erfolgsplan der Vorstufe

Zyklus: A → B → C → D

Quelle: Eigene Darstellung

Die **Distributionspolitik** gibt im Wesentlichen an, auf welchen Wegen (Absatzkanäle) die Produkte und Dienstleistungen vertrieben werden sollen.

Der Begriff Vertrieb beinhaltet sowohl die Aktivitäten des Verkaufs der Produkte und Dienstleistungen als auch die Funktion des physischen Transportes der Ware in den Verfügungsbereich des Abnehmers. Beispiele sind der stationäre Einzelhandel oder der Direktversand (Versandhandel unter Einsatz von gelber Post, Telefon, Internet etc.). Für viele Gründer ist zu überlegen, ob sie diese Funktionen auf Marktpartner wie bspw. Groß- und Einzelhändler und Handelsvertreter verlagern, da es sehr mühsam und teuer ist, sich diese Verbindungen, die die möglichen Marktpartner evtl. bereits haben, selber zu schaffen. Bei den Entscheidungen sollte aber berücksichtigt werden, dass die eigene Marktnähe zum Endabnehmer für die Wahrnehmung von Entwicklungstendenzen sehr wichtig sein kann.

Die Distributionspolitik entscheidet u. a. über die Erreichbarkeit der angebotenen Leistungen für den Abnehmer. Welcher Weg für welches Produkt der optimale ist, kann nicht generell festgelegt werden, sondern muss vielmehr im Einzelfall unter Berücksichtigung einer Vielzahl unterschiedlicher Aspekte (z. B. Produktbeschaffenheit wie Lagerbarkeit, Erklärungsbedürftigkeit, angestrebte Zielgruppe) entschieden werden.

Abbildung 75: Überblick über die verschiedenen Absatzwege

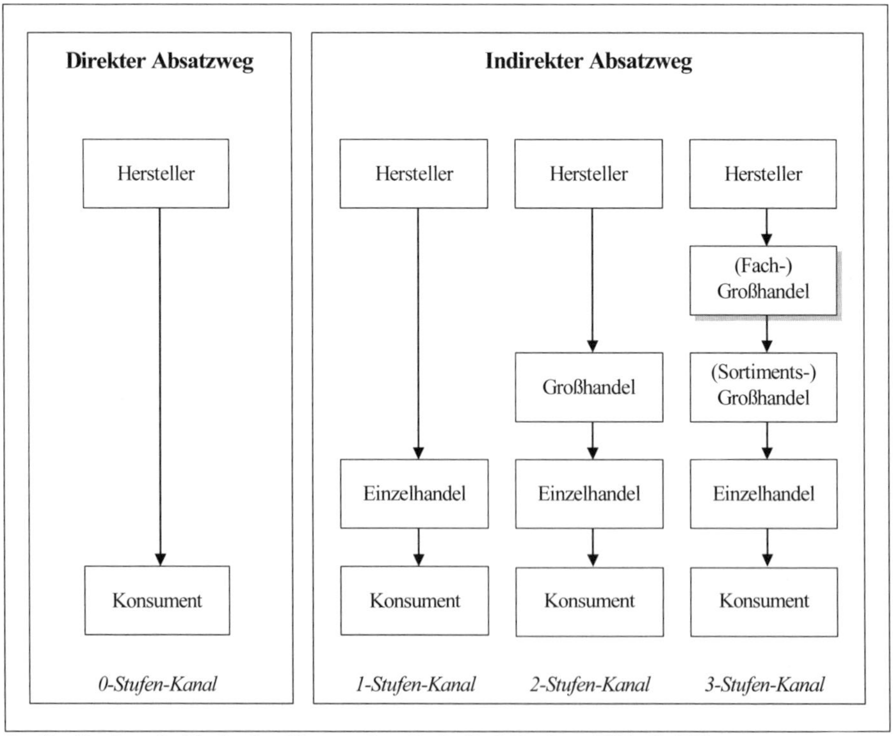

Direkter Absatzweg	Indirekter Absatzweg		
Hersteller	Hersteller	Hersteller	Hersteller
			(Fach-) Großhandel
		Großhandel	(Sortiments-) Großhandel
	Einzelhandel	Einzelhandel	Einzelhandel
Konsument	Konsument	Konsument	Konsument
0-Stufen-Kanal	*1-Stufen-Kanal*	*2-Stufen-Kanal*	*3-Stufen-Kanal*

Quelle: Becker, J.: Marketing-Konzeption, 7. Aufl., München 2001, S. 528.

Wenn auch unter **Kommunikationspolitik** wesentlich mehr zu verstehen ist als **Werbung**, so ist dies doch häufig der Begriff, mit dem die Maßnahmen der Kommunikationspolitik vorzugsweise verbunden werden. Im Marketingkonzept sollten detaillierte Angaben bezüglich Werbemaßnahmen (gerade auch eine spezielle Eröffnungswerbung), Verkaufsförderungsmaßnahmen sowie Öffentlichkeitsarbeit vorgenommen werden. Wichtig ist innerhalb der Werbeplanung, dass präzise **Ziele** der Maßnahmen genannt werden und eine Werbeerfolgskontrolle (erreichte Kontaktzahlen, Bekanntheitsgrad) eingeplant wird.

Die **Werbung** soll u. a. das Produkt oder die Dienstleistung und die Firma bei den **Zielgruppen** bekannt machen und ein der geplanten **Positionierung** entsprechendes **Image** aufbauen. Entscheidend ist aber letztlich, welcher Kaufimpuls von einer Werbung ausgeht (vgl. auch die AIDA Regel: Attention, Interest, Decision, Action).

Die einzusetzenden **Werbemedien** sind auf den Ablauf des Entscheidungsprozesses in der Zielgruppe abzustimmen. Werbemedien können bspw. Prospekte, Kataloge, Anzeigen, Plakate, Wurfzettel, Werbebriefe oder auch Rundfunk- und Fernsehspots sein.

Der Entscheidungsprozess des potentiellen Konsumenten kann idealtypisch in folgende Phasen eingeteilt werden:[199]
- Bewusstwerden eines Bedürfnisses
- Entscheidung, das Bedürfnis zu befriedigen,
- Suche nach Produkten oder Dienstleistungen, die das Bedürfnis befriedigen können,
- Evaluierung der gefundenen Alternativen,
- Entscheidung über Kauf bzw. Nichtkauf eines konkreten Produktes etc.,
- Nachkaufverhalten (Zufriedenheit/Enttäuschung, kognitive Dissonanz).

Bezogen auf die einzelnen Stufen des Kaufentscheidungsprozesses sind die an diesen Stufen Beteiligten (**Ehepartner**, Kinder, Opinionleaders („Meinungsführer") wie Sportkameraden etc.) sowie ihre Funktionen und ihre wahrscheinlichen Entscheidungsmotive zu identifizieren, um entsprechende Werbemaßnahmen einzuleiten.

Bei der Vielzahl der täglich auf den Konsumenten einstürzenden Werbeappelle, werden nur besonders auffällige Maßnahmen wahrgenommen. Deshalb braucht effektive **Werbung** professionelle Gestaltung und finanzielles Durchhaltevermögen. Auch wenn die Ressourcen knapp sind, sollte bezüglich einer professionellen Gestaltung des Erscheinungsbildes des Unternehmens (Logo, Farbe etc.) nicht gespart werden. Die direkte Wirkung einzelner Werbeaktionen darf nicht überschätzt werden, eine vielfache Wiederholung der Appelle ist meist entscheidend.

---

199 Vgl. Berkman, Harold W./Gilson, Christopher: Consumer Behavior, 3. Aufl., Boston 1986, S. 472-511.

Ein kreativer Gründer mit neuer ungewöhnlicher Idee ist auch für die Medien interessant. Technische Innovationen sind für Fachmedien berichtenswert, die lokale Presse ist an Dienstleistungen sowie dem Einzelhandel vor Ort interessiert. Auf jeden Fall sollte der Gründer Kontakt zu Pressevertretern aufnehmen.

Eine weitere Möglichkeit, mit potentiellen Kunden in Kontakt zu kommen, sind **Messen**, bei denen der Gründer sein Produkt vorstellen kann. Um eine fundierte Entscheidung über eine Messebeteiligung treffen zu können, sollte bei der jeweiligen Messegesellschaft Datenmaterial angefordert werden. Diesem Material kann bspw. entnommen werden, ob die Zielgruppe als Publikum überhaupt zugelassen ist (z. B. Fachmessen), oder ob sie sich an Intermediäre wie Distributoren/Großhändler/Handwerker wendet, wie groß voraussichtlich die Besucherzahl sein wird, wie sie sich zusammensetzt und wie stark die Konkurrenz vertreten sein wird. Dieses Marketingmittel ist umso interessanter, je enger das Marktsegment ist.

Ein eigener Messestand hat allerdings meist einen hohen Preis. Selbst gemietete Stände erfordern einen Kapitaleinsatz in fünfstelliger Höhe. Für kleinere und mittlere **Unternehmen** gibt es aber häufig die Möglichkeit, sich auf relativ preiswerten Gemeinschaftsständen zu präsentieren. So werden diese zum Beispiel von Industrie- und Handelskammern, der regionalen Wirtschaftsförderung sowie Verbänden angeboten. Trotzdem bleibt der Messestand relativ kostenintensiv. Um so wichtiger ist neben der sorgfältigen Vorbereitung eine intensive Nachbearbeitung der auf der Messe geknüpften Kontakte, damit der hohe Einsatz sich letztlich auch rentiert. Selbstverständlich kann alternativ und zusätzlich zum eigenen Messestand auch der Besuch einer Messe als Gast der Kontaktaufnahme mit potentiellen Kunden dienen.

Die Abbildung 76 fasst nochmals wichtige Fragen, die sich Gründer bei der Entwicklung und Zusammenstellung des Marketing-Mix stellen sollten, zusammen.

In der Gründungsphase ist es meistens sehr schwierig, die Akzeptanz eines Produktes oder einer Dienstleistung sowie den damit verbundenen Markterfolg realistisch einzuschätzen. Ein häufig auftretendes Problem ist die Unterschätzung des **Marktwiderstandes** bzw. des **Zeitbedarfs** zu dessen Überwindung.

In der Mehrzahl der Fälle hat sich der Gründer monate-, wenn nicht jahrelang mit seinem Leistungsangebot beschäftigt. Dadurch ist er von dessen besonderen Qualitäten überzeugt. Es ist für ihn schwierig, kritische oder gegenteilige Meinungen aufzunehmen. Er kann sich kaum vorstellen, dass – aus welchem Grund auch immer – der potentielle Kunde eine Entscheidung gegen das eigene Produkt, die eigene Dienstleistung bzw. stattdessen für das Angebot eines Konkurrenten fällen sollte.

Abbildung 76: Elemente des Marketing-Mix

Marketing Mix			
Produkt- **politik**	**Preis-** **politik**	**Distributions-** **politik**	**Kommunikations-** **politik**
• **Angebot an** **Produkten,** **Waren, Dienst-** **leistungen** - Passigkeit für Zielgruppe - klarer Kunden- nutzen - Differenzierung von der Konkurrenz	• **Preisstellung,** **Konditionen** - generelles Preis- niveau (hoch, mittel, niedrig) - Preis als (Haupt-) Wettbewerbsfaktor? - begleitende Zahlungskonditionen (Fristen, Rabatte)	• **Distributionswege** - direkter vs. indirekter Absatz (Absatzmittler) - stationärer vs. ambulanter vs. Versand-Absatz - physische Absatzorga- nisation	• **Kommunikation** - zentrale Werbe- botschaften - einzusetzende Werbemedien Auswahl - Öffentlich- keitsarbeit (Public Relations, PR)

Quelle: Eigene Darstellung

Neben einer prinzipiellen Ablehnung kann auch schon eine zeitlich verzögerte Akzeptanz zu Problemen führen. Oftmals ist es aber so, dass sich potentielle Käufer an ein neues Angebot erst einmal gewöhnen müssen. Dazu brauchen sie u. U. eine längere Zeit. Darüber hinaus gibt es bei vielen Menschen Widerstand gegen das Neue, Ungewohnte, der leider nicht so leicht zu überwinden ist (innovative Produkte). Der deutsche Markt gilt im Vergleich zu den USA oder vielen asiatischen Märkten als eher konservativ und wenig innovationsfreudig. Auch der deutsche Staat (bei einem Staatsanteil von über 50 % ebenfalls ein wichtiger „Spieler"!) ist meist wenig experimentierfreudig als Abnehmer.

Die typische Dauer des Entscheidungsprozesses für Beschaffungen im Investitionsgüterbereich spricht gegen einen kurzfristigen Markterfolg in diesem Sektor. Es handelt sich hierbei auf der Käuferseite meist um Gruppenentscheidungen, die einen **Zeitbedarf** von Monaten oder u. U. sogar Jahren haben.

Ein nicht zu unterschätzender **Marktwiderstand** im Investitionsgüterbereich bzw. dem gewerblichen Bedarf ist die Angst des angestellten Einkäufers, bei einem neuen, wenig bekannten Unternehmen zu kaufen und sich bei einer möglicherweise auftretenden Unzufriedenheit oder Reklamation deswegen bei seinem Vorgesetzten verantworten zu müssen. Der Einkäufer, der bei einer renommierten Firma ordert, läuft dagegen kaum Gefahr, deshalb einen Vorwurf zu erhalten.

In einem Gründungsunternehmen fehlen bewährte Strukturen und in vielen Bereichen die Routine. Deshalb muss der Gründer auch in Dinge Zeit investieren, die später routinemäßig ohne großen **Zeitbedarf** ablaufen. Seine knappe Zeit wird daher oft zunächst für den Einkauf, die Leistungserstellung und den Verkauf verwandt, da er diese Bereiche für primär überlebensnotwendig hält. Aber ohne systematisches und umfassendes **Marketing** ist wohl ein kurzfristiger Vertriebserfolg – als Erstauftrag vielleicht Start-auslösend – möglich, ein langfristiger Markterfolg dürfte sich allerdings nicht einstellen.

Gerade im Marketingbereich ist sehr viel Kreativität gefordert, um sich vom Wettbewerb wahrnehmbar positiv abzusetzen. Eine mögliche Quelle für neue wirksame Ansätze ist der Markt selbst; hilfreich ist es, wenn man seine Kunden und Konkurrenten persönlich genau kennt. Bisweilen ist es auch die Sorge um die Existenz des Unternehmens, die zu neuen Ideen führt.

Aus einzelnen Marketingideen sollten geschlossene Konzepte entstehen. Durchaus legitim ist aber auch das schrittweise Entwickeln und Einsetzen von Ideen und Maßnahmen. Der Erfolg des Ideenansatzes als Feedback des Marktes animiert zum weiteren Vorgehen in ähnliche Richtungen. Marketingkonzepte müssen nicht zwangsläufig sämtliche Marketing-Instrumente umfassen. In seinen Marketingaktivitäten kann der Gründungsunternehmer sich vorerst auch auf den Einsatz einiger Instrumente beschränken oder er kann ein Instrument in den Vordergrund stellen und die anderen nur begleitend einsetzen. Wenn man statt vom Marketing-Mix von der richtigen Proportionierung des Einsatzes der Instrumente spricht, wird dies noch deutlicher.

2.4.5 Marktchancen/Marktrisiken – SWOT und PEST-Analyse

Als zusammenfassenden Überblick über die Markt- und Wettbewerbssituation, der sich das Gründungsunternehmen gegenübersieht, bietet sich eine sog. SWOT-Analyse an (SWOT steht für **S**trengths, **W**eaknesses, **O**pportunities und **T**hreats).[200]

Ziel der SWOT-Analyse ist es herauszufinden, inwieweit die gegenwärtige Strategie/das Geschäftsmodell eines Unternehmens (inkl. seiner Stärken und Schwächen) geeignet ist, um auf Veränderungen der Unternehmensumwelt zu reagieren.

---

200 Vgl. z. B.Fleisher, Craig S.; Bensoussan, Babette E.: Strategic and Competitive Analysis, Methods and Techniques for Analysing Business Competition. Pearson Education, Prentice Hall, N.J. 2002, S. 92ff.

Gegenübergestellt werden einerseits die **internen Faktoren** des Unternehmens – die Stärken und Schwächen – (sog. SW-Teil) und andererseits die **externen Faktoren** des Unternehmensumfelds, die vom Unternehmen nicht direkt beeinflusst werden können – die Chancen und Risiken des Marktes.

Die internen Faktoren ergeben sich aus dem bereits vorgestellten Stärken-Schwächenprofil im Vergleich mit den Wettbewerbern, dem eine Analyse der kritischen Erfolgsfaktoren vorausgegangen sein sollte (z. B. Fähigkeiten der Mitarbeiter, finanzielle Ausstattung, Organisations- oder Vertriebsstruktur).

Zur Analyse der externen Umfeldfaktoren steht eine Reihe von Modellen zur Verfügung. Das bekannteste Beispiel ist wohl die sog. **PEST-Analyse** (political, economical, socio-cultural, techological). Ziel ist die Identifikation derjenigen Triebkräfte, die für die Veränderung der Unternehmensumwelt maßgeblich sind und deren mögliche Auswirkungen auf das Unternehmen. Auch diese Informationen sollten aus der Marktanalyse und der Ausarbeitung von Strategie und Geschäftsmodell weitestgehend vorhanden sein.

Zu beachten ist bei der Interpretation der Ergebnisse der SWOT-Analyse in jedem Fall: wirkliche Stärken des Unternehmens sind nur diejenigen, die die Wettbewerbsposition nachhaltig verbessern können, wirkliche Schwächen tragen zur Verschlechterung der Wettbewerbsposition bei. Ebenso sind nur die Chancen als solche zu werten, die vom Unternehmen auch wahrgenommen werden können und nur die Risiken zu berücksichtigen, die die Situation ernsthaft gefährden.

Fragen, die sich der Gründer im Rahmen der SWOT-Analyse stellen und beantworten sollte sind z. B. die folgenden:

- Worin werden die zentralen Stärken und Schwächen des Vorhabens gesehen?
- Welche Entwicklungen werden im Markt des Gründungsunternehmens in den nächsten Jahren erwartet?
- Gibt es für das Gründungsunternehmen gute Chancen, an dieser Entwicklung teilzunehmen?
- Welche Risiken können dem Unternehmen in den nächsten Jahren Sorge bereiten?
- Kann sich der Gründer, wenn das jetzige Vorhaben vom Stapel gelaufen ist, neue Projekte/Leistungsangebote vorstellen, die er angehen würde?

222

Abbildung 77: SWOT- und PEST Analyse

SWOT- und PEST-Analyse	
SWOT	**PEST**
Strenghts (Stärken) / Weaknesses (Schwächen)	Political (politisch) / Economical (Ökonomisch)
Opportunities (Chancen) / Threats (Risiken)	Social/cultural (sozial/kulturell) / Technological (technologisch)

Quelle: Eigene Darstellung

2.5 Produktion und Produktionsfaktoren

Nachdem im qualitativen Teil die wichtigsten Aspekte der Outputbetrachtung bzw. insbesondere die Umsatzplanung bearbeitet worden sind, geht der Fokus nun auf die **Inputbetrachtung**, also auf die Frage nach der angemessenen Größenordnung und dem entsprechenden Einsatz von **Produktionsfaktoren**. Grundsätzlich sind die Produktionsfaktoren durch die Ableitung des eigenen **Kapazitätssolls** aus den marktlichen Möglichkeiten heraus im Rahmen des hier verfolgten Unternehmensplanungskonzeptes festgelegt.

Dieser Bereich fällt in seiner Art und Bedeutung in den einzelnen Wirtschaftsstufen und Branchen sehr unterschiedlich aus; bei Handelsunternehmen ist er oft eher rudimentär entwickelt, bei Industrieunternehmen kann dieser Bereich sehr dominant sein. Auf diese Vielfältigkeit kann hier nicht eingegangen werden, es sollen nur einige Aspekte abstrakt und knapp angesprochen werden.

Ist aufgrund der Differenz zwischen geschätzter Marktnachfrage und Wettbewerbsvolumen eine erste Vorstellung über die eigenen Umsatzerwartungen erfolgt, so sollten auf dieser Basis Überlegungen zur Definition der eigenen Kapazitäten abgeleitet werden. Dies betrifft insbesondere **räumliche Aspekte** im Hinblick auf Produktionsräumlichkeiten, Lagerflächen, Verkaufsflächen und Büroflächen, wozu möglicherweise Unterstellmöglichkeiten für Kraftfahrzeuge kommen können. Ein zweiter Teilaspekt sind die Kapazitäten der **Produktionsanlagen und sonstigen Einrichtungen**, (Computer, Fotokopierer, Kommunikationsleitungen etc.). Als dritter wesentlicher Bereich sind die **Personalkapazitäten** in den verschiedenen Funktionsbereichen, insbesondere Leistungserstellung, Verkauf, Verwaltung neben den Leitungsfunktionen zu reflektieren.

Im Hinblick auf die maschinellen Kapazitäten lassen sich meistens relativ einfach Rechnungen auf der Basis der Herstellerangaben ermitteln, woraus sich im Leistungserstellungsbereich auch Flächenberechnungen ergeben. Bezogen auf die **Personalkapazitäten** gibt es in traditionellen Bereichen, insbesondere dem Einzelhandel und konsumorientierten Dienstleistungsbereich, oftmals **Betriebsvergleichszahlen**, die eine direkte Relation zwischen Umsatz und Personaleinsatz herstellen. Desgleichen lassen sich oft Werte für die Bemessung der Verkaufsfläche ermitteln. Die Berechnung der sinnvollen **Lagergröße** ist auf der Basis des typischen Lagerumschlags, der Lieferzeiten und der Kapitalbindung zu ermitteln (vgl. ebenfalls Betriebsvergleichszahlen). Daraus sind die entsprechenden Lagerflächen sowie die entstehenden Mietkosten abzuleiten.

Im Folgenden gilt es, auf der Basis des Kapazitätssolls eine Differenzierung und Konkretisierung bezüglich **Produktionsanlagen**, Waren und Rohstoffen sowie Arbeitsleistungen zu definieren.

Im Zusammenhang mit der **Inputbetrachtung** und den **Produktionsfaktoren** sind sowohl Aspekte der **Beschaffung** und Lagerhaltung als auch der Fertigung zu subsumieren. Insofern hängen die folgenden Punkte eng miteinander zusammen.

Abbildung 78: Elemente der Umsatzplanung: eigenes Kapazitätssoll

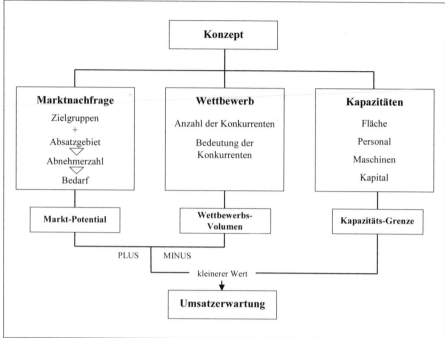

Quelle: Eigene Darstellung

Produktionsanlagen, -räume, -einrichtungen:

Gerade im Hinblick auf diesen Aspekt gibt es, je nach **Wirtschaftsstufe** des Vorhabens, sehr große Unterschiede in Umfang und Detaillierung. Letztlich muss sich dies auch im Stellenwert niederschlagen, den dieser Punkt im Unternehmensplan einnimmt. In manchen Dienstleistungsbereichen kann sich dieser Punkt bereits in wenigen Sätzen erschöpfen, wenn etwa nur mit einer einfachen Büroeinrichtung und kleinen Büroräumlichkeiten gearbeitet werden kann. Das extreme Gegenbeispiel wäre der Aufbau einer komplexen Fertigungsanlage, bei der sowohl die Planung der technischen Ausrüstung als auch der physischen Produktionsabläufe und die Beschaffenheit der bautechnischen Voraussetzungen dafür höchste ingenieurmäßige und betriebswirtschaftliche Anforderungen definieren. Da dieser Beitrag sich an der ganz überwiegenden Mehrzahl von Existenzgründungen orientiert und der Anteil von Gründungen im zuletzt beschriebenen Rahmen nur einen geringen Anteil aller Vorhaben ausmacht, wird auf diese Aspekte nur in einer relativ generellen Weise eingegangen.

Abbildung 79: Zusammenfassung: Investitionsrahmen

Beispielfragen zum Investitionsrahmen

- *Nennen Sie Art und Wert der erforderlichen Investitionen!*
- *Wie hoch ist das Leistungspotential der Investitionsgüter?*
- *Handelt es sich um Spezialanfertigungen?*
- *Können Maschinen gebraucht erworben werden?*
- *Falls das Vorhaben scheitert: können die gekauften Anlagen gut verkauft werden?*
- *Wie hoch sind die Entsorgungskosten?*
- *Wann können die Anlagen geliefert werden?*
- *Wann sind eventuelle Baumaßnahmen abgeschlossen?*
- *Wann müssen erste Rechnungen bezahlt werden?*
- *Sind besondere Zahlungsmodalitäten vorgesehen?*
- *Sollen Maschinen, Büromaterial etc. geleast werden?*

Quelle: Eigene Darstellung

Waren, Roh-, Hilfs- und Betriebsstoffe:
Auf der Basis der definierten Absatzmengen, der geplanten maschinellen Ausstattung und des Lagers sollten die Mengen und Lieferzeitpunkte für Waren, Roh-, Hilfs- und Betriebsstoffe bestimmt werden.

Arbeitsleistungen: Personal, Berater, Subunternehmer.
Als dritter Schritt der Planung der Produktionsfaktoren sind schließlich die notwendigen Arbeitsleistungen durch Personal, Berater oder Subunternehmer zu definieren.

Abbildung 80: Zusammenfassung: Eigene Kapazitäten

Beispielfragen zu den eigenen Kapazitäten

Maschinen-/Personalkapazität:

- *Wenn Sie Ihre Maschinen/Ihr Personal voll auslasten könnten, welche Umsätze können Sie erreichen?*
- *Es gibt für viele Branchen Leistungskennzahlen pro Beschäftigte wie:*
  - *Produktionsergebnis pro Beschäftigter oder*
  - *Umsatz pro Beschäftigter.*

Bezogen auf Ihren Personalbestand: welche Werte lassen sich daraus für Ihr Vorhaben berechnen?

Lager:

- *In den meisten Branchen kann man ein bestimmtes Verhältnis zwischen Lagerbeständen und Umsatz erkennen. Wie hoch ist in Ihrer Branche der wertmäßige Lagerbestand je 50.000 € Umsatz im Durchschnitt?*
- *Welcher Lagerumschlag ist für Ihre Branche charakteristisch?*

Wenn Sie diese Daten auf Ihr Vorhaben anwenden, welcher Warenbestand errechnet sich bei ihrem geplanten Umsatz?

Quelle: Eigene Darstellung

2.6 Standortwahl

Neben der Finanzierung und der Rechtsformwahl gehört der Bereich der **Standortwahl** zu den auch in der traditionellen betriebswirtschaftlichen Literatur im Zusammenhang mit Unternehmungsgründungen vielfach behandelten Themen.[201]

Die Standortproblematik stellt sich aus der Sicht des einzelnen Gründungsvorhabens sehr unterschiedlich dar. Im Bereich des **konsumnahen** Einzelhandels und der konsumnahen Dienstleistungen ordnet sich die **Standortwahl** insbesondere dem Absatzbereich zu; der Mikrostandort kann u. U. als Teil des absatzpolitischen Instrumentariums betrachtet werden. Ganz anders sieht die Standortproblematik aus der Sicht der meisten **Industrieunternehmen** aus. Hier geht es z. B. um Beschaffungsaspekte (insbesondere bei großvolumigen Rohstoffen

---

201 Vgl. Wöhe, Günter/Döring, Ulrich.: Einführung in die Allgemeine Betriebswirtschaftslehre, 20., Aufl., München 2000, S.338ff.; Thommen, Jean-Paul: Betriebswirtschaftslehre. 5. Auflage, Zürich 2002.

oder im Hinblick auf kostengünstige Energiebezüge) oder z. B. um dominante Produktionsaspekte (z. B. Umweltschutzauflagen/Arbeitskräftereservoir).

Allgemein betrachtet stellt sich die Standortproblematik dort besonders deutlich dar, wo größere regionalbezogene Unterschiedlichkeiten im Zusammenhang mit den auf das Unternehmen bezogenen Wirkungs- und Einflussfaktoren feststellbar sind, der Fluss von wichtigen Inputfaktoren oder Outputgrößen in Frage gestellt sein könnte bzw. besonders ertragswirksam ist.

Die Auseinandersetzung mit regionalen Faktoren findet auch auf sehr unterschiedlichen regionalen Gliederungsebenen statt. Dies beginnt auf globaler Ebene mit der alternativen Standortwahl weiträumiger Wirtschaftsregionen (z. B. West- und Mitteleuropa alternativ zu Nordamerika oder alternativ zum asiatisch-pazifischen Raum etc.), geht möglicherweise über staatliche Wirtschaftsbündnisse (wie die ASEAN Staaten oder die EU), weiter auf der Ebene der Auswahl einzelner Länder (Frankreich versus Belgien), Bundesländer (Hessen statt Bayern), Metaregionen (wie das Ruhrgebiet oder das Rhein-Main-Gebiet um Frankfurt) über Städte und Gemeinden (Dortmund oder Köln), der Auswahl eines Stadtteiles (Innenstadt versus Trabantenstadt) bis hin zur einzelnen Immobilie (Laden in der X-Straße 13).

Auf diesen unterschiedlichen Ebenen sind die den Standort charakterisierenden Aspekte, die letztlich die Qualität des einzelnen Standortes im regionalen Vergleich ausmachen, naturgemäß sehr unterschiedlich zu definieren. So mögen z. B. bei der Wahl zwischen globalen Wirtschaftsregionen Aspekte der unterschiedlichen politischen Stabilität und des regionalen strategischen Entwicklungspotenzials eine große Rolle spielen. Innerhalb eines Landes sind es vielleicht die Zuordnung bestimmter Landesteile zu gesetzlich definierten Förderregionen (z. B. „Ziel-2-Gebiet"), innerhalb einer bestimmten Stadt ist es dagegen z. B. der für bestimmte Grundstücke geltende Flächennutzungsplan oder die unterschiedlichen Passantenströme in verschiedenen Einkaufszonen, und schließlich im Hinblick auf einzelne Immobilien vielleicht der Mietpreis pro Quadratmeter Verkaufsfläche, der jeweils verlangt wird.

Für die meisten Unternehmensgründer stellt sich die Problematik allerdings bei weitem nicht so komplex und weitreichend dar, wie hier kurz aufgerissen wurde. Verschiedene empirische Untersuchungen belegen, dass die Standort-Makroentscheidung für eine bestimmte Stadt und ihr näheres Umfeld für die Gründer typischerweise keinen Gegenstand umfangreicher Alternativenerwägung darstellt.[202] Mehr als 90 % aller Unternehmungsgründungen finden mehr oder minder am oder in der Nähe des bisherigen Wohn-/Studienortes statt. Diese

---

202 Vgl. Klandt, Heinz: Aktivität und Erfolg des Unternehmensgründers. Eine empirische Analyse unter Einbeziehung des mikrosozialen Umfeldes, Bergisch Gladbach 1984.

zunächst einmal aus betriebswirtschaftlicher Sicht als irrational empfundene Vorwegentscheidung hat durchaus viele Vorzüge, wenn man an das bisherige **private und berufliche Netzwerk** des Gründers/Gründerteams denkt, auf dem der Gründer bei der Entwicklung des unternehmensspezifischen Netzwerkes zurückgreifen kann: Detaillierte Kenntnis des regionalen Marktes, vorhandene Beziehungen zu Banken und Sparkassen, Kenntnis der Infrastruktur von der Straßen-, Eisenbahnstruktur bis hin zur Vertrautheit mit Behörden und Ämtern. Besonders ist es bei eher lokal ausgerichteten Gründungskonzepten so, dass aus der bisherigen beruflichen Tätigkeit bei regionaler Nähe der Gründung zum bisherigen Arbeitgeber möglicherweise Beschaffungsquellen, Kundenkontakte und evtl. auch bewährte Kollegen mit in das Gründungsvorhaben eingebracht werden können.

Dementsprechend soll der Schwerpunkt der hier angestellten Überlegungen auf der Ebene der Mikrostandortentscheidung, vorzugsweise nach der Definition einer Stadt oder vergleichbaren Regionaleinheit, ansetzen. Vorweg sollen noch einige Hinweise, die eher Bezug zur Makrostandortentscheidung haben, gegeben werden.

Auf dieser Ebene sind insbesondere die Bereiche der soziokulturellen, der politisch-rechtlichen und der ökonomischen Sphäre anzuvisieren. Im Zusammenhang mit der **soziokulturellen Sphäre** geht es um gesellschaftliche Werte, Normen, Traditionen, kulturelles Erbe, die in vielfältiger Weise auf das Verhalten der Einwohner einer Region, hier also vorzugsweise eines Staates, Einfluss haben. Diese Einflüsse schlagen sich aus Sicht eines Gründungsvorhabens insbesondere im Kauf- und Konsumverhalten aber auch im Arbeitsverhalten nieder. Hier spielen auch religiöse Einflüsse eine Rolle. In diesem Zusammenhang sind z. B. die Ausprägung des Umweltbewusstseins, die Technikfeindlichkeit oder -freundlichkeit bzw. das Innovationsklima, die Arbeitsmoral und die Arbeitsdisziplin (z. B. Absentismusprobleme, Arbeitsintensität) zu nennen.

Die zweite wichtige Sphäre ist die **rechtlich-politische Sphäre**, wie sie sich durch die gesetzgebenden Körperschaften in ihren Gesetzen und Verordnungen, durch die Institutionen eines Landes, z. B. in Deutschland auf Bundes-, Landes- und kommunaler Ebene, in einer Vielzahl von Regeln, die im Falle des Nichteinhaltens mit Sanktionen bedroht werden, niederschlägt. Diese Regeln sind zum Teil bundeseinheitlich, z. T. variieren sie auf Landes- oder sogar kommunaler Ebene (Sozialgesetzgebung, Ladenschlussgesetz, Feiertagsregelungen, baurechtliche Vorschriften, Flächennutzungspläne). Bei einer Standortwahl z. B. innerhalb der Bundesrepublik können z. T. landesspezifische Subventionen und Steuererleichterungen als regional differierende Einflussfaktoren wichtig für eine sinnvolle Standortwahl sein.

Auf einer Regionalebene höher sind Fragen der Export-/Importzölle, der Transferierbarkeit von Gewinnen, rechtliche Vorschriften im Produktionsbereich, wie z. B. bezogen auf die Gentechnologie, als derartige Faktoren zu betrachten.

Schließlich muss die **wirtschaftliche Sphäre** in ihrer regionalen Differenzierung angesprochen werden. Hier geht es z. B. absatzseitig um einen unterschiedlichen Lebensstandard, verschiedene Einkommen, Kaufkraft (Kaufkraftindizes[203]) und Konsumneigung. Wichtige, regional z. T. sehr stark differierende Faktoren sind auch Aspekte der Infrastruktur im Verkehrsbereich (Autobahnen, Schienenverbindung, Flughäfen) als auch der Telekommunikation (Leistungsfähigkeit, Preisniveau von Telefongebühren, Porto etc.) oder die gewerblichen Mieten (siehe dazu Mietspiegel, Betriebsvergleiche mit Mietkostenanteil).

Ist – wie hier für die überwiegende Zahl von Gründungen unterstellt werden kann – die Makroentscheidung bereits implizit oder explizit gefallen, so geht es darum, die Lage und Struktur des Mikrostandortes zu definieren. Hier lassen sich wiederum zwei Teilaspekte herausarbeiten: Die **Lage** im Hinblick auf einen **bestimmten Stadtteil** oder eine bestimmte Qualität von **Einkaufslagen** und zum anderen die strukturellen **Anforderungen an die Standorträumlichkeiten,** also die Frage der Größe von Büro, Verkaufslager oder Werkstattflächen. Da in den überwiegenden Fällen derartige Räumlichkeiten nicht speziell für das Gründungsvorhaben gebaut werden, sondern auf vorhandene Gewerbeflächen zurückgegriffen wird, sind Idealvorstellungen nur selten zu realisieren. Es macht also Sinn, sich vorzugsweise auf die Definition von Mindestanforderungen zu konzentrieren.

Bereits eingangs wurde festgestellt, dass die Wahl des Standortes je nach Unternehmenszweck schwerpunktmäßig entweder eher absatzorientiert oder beschaffungs-/produktionsorientiert bestimmt ist. Dies führt zu grundsätzlich unterschiedlichen Beurteilungskriterien. Hier soll im Weiteren eher eine Konzentration auf die absatzorientierte Sichtweise vorgenommen werden.

Das vorgestellte Verfahren beruht auf der Entwicklung eines Kriterienkataloges, der in einem Scoring-Modell zusammengeführt wird. Hierzu wird folgende Vorgehensweise vorgeschlagen:

1. Sammlung relevanter standortbezogener Einflussfaktoren.
Basierend auf den absatzpolitischen Grundentscheidungen, insbesondere des Sortimentes, Leistungspaketes etc. sollten möglichst alle auf Mikrostandortebene differierenden Einflussfaktoren des betrieblichen Leistungserstellungs- und -verwertungsprozesses gesammelt werden. Dies kann z. B. auf der Basis

---

203 Vgl. z. B. infas MarketShare, ISBN 3-7910-1051-4 (CD-ROM).

branchenspezifischer Literatur, im Rahmen eines Brainstormings oder einer Metaplansitzung oder auch durch Befragung von Experten und potentiellen Kunden geschehen.[204]

2. Entwicklung des spezifischen Kriterienkataloges für die geplante Standortanalyse.

Da man für eine praktikable Standortanalyse zu einem beschränkten Satz von Kriterien kommen muss (Zielgröße ca. 10-20), sind die wichtigsten Kriterien herauszufiltern. Hierbei sind einerseits die Erfolgsrelevanz und zum anderen das regionale Differenzierungsvermögen der Kriterien zu hinterfragen. Auch hier sind Expertengespräche hilfreich.

3. Meistens sind noch Operationalisierungsschritte durchzuführen.

Wenn z. B. von Verkehrsgünstigkeit als Kriterium gesprochen wird, so kann sich dies sowohl auf den PKW-Verkehr als auch auf öffentliche Verkehrsmittel beziehen. In diesem Rahmen wäre dann in einem weiteren Schritt z. B. danach zu fragen, wie viele Parkplätze in einem Umfeld von 200m zu einer bestimmten Tageszeit verfügbar sind oder wie weit die nächste Haltestelle des öffentlichen Personennahverkehrs vom Ladenlokal entfernt ist.

4. Gewichtung der Kriterien.

Hat man ein beschränktes Set von Kriterien zusammengestellt, so ist davon auszugehen, dass nicht alle Kriterien gleichermaßen bedeutsam sind. Daher sollte bei diesem Schritt die relative Bedeutsamkeit der einzelnen Kriterien durch sogenannte Gewichtungsfaktoren festgelegt werden. Es ist auch denkbar, dass für einzelne Kriterien Mindestwerte, Mindestausprägungen oder Höchstausprägungen definiert werden, deren Unter-/Überschreiten als Knock out-Kriterium begriffen wird, d. h. in diesem Fall werden statt Punktwerten, die summierbar sind, bestimmte feste Zielwerte definiert (fixes Sollprofil).

5. Im weiteren Verlauf der Vorgehensweise sind dann Standortalternativen zu generieren.

Für den Fall, dass eine Anmietung von Räumlichkeiten geplant ist, müsste die konkrete Suche bezüglich entsprechender Anzeigen in Tageszeitungen, Fachzeitschriften oder die Anfrage bei Maklern erfolgen, wo zunächst die Kriterien nur grob angelegt werden. Hier stellt sich auch die Frage, auf welchen Zeitraum ein solcher Suchprozess ausgelegt sein soll. Dies steht im engen Zusammenhang damit, wie strikt eigene Sollvorgaben eingehalten werden sollen.

---

204 Vgl. Kapitel 1.4.1 in Teil I

6. Im nächsten Schritt ist für eine kleinere Zahl vorausgewählter Objekte die **konkrete Bewertung** auf der Basis der entwickelten Kriterien zu leisten.

7. Schließlich ist auf der Basis der gewichteten Kriterien und der für die einzelnen Standorte ermittelten Werte ein **Gesamtpunktwert** pro Alternative zu ermitteln, aus dem eine Rangfolge der ins Auge gefassten Objekte abgeleitet wird.

Im Hinblick auf die Verfügbarkeit von Immobilien ist der Zeitbezug oft kritisch: Wer den Sammelprozess von Angeboten ausdehnt, geht das Risiko ein, dass relativ attraktive Objekte nach der späten eigenen Entscheidungsfindung schon an andere Interessenten vergeben sind; andererseits wird man bei einer zu kurzen, offenen Sammelphase von Alternativen attraktive, aber erst spät entstehende Alternativen ausschließen und zu einer wertsuboptimalen Standortentscheidung gelangen.

Die folgende Aufstellung zeigt einige denkbare Standortkriterien und Schritte der Konkretisierung und Operationalisierung.[205]

- Infrastruktur
  - Parkmöglichkeiten
  - Straßenparkplätze ohne Gebühr
  - Parkflächen mit Gebühr, Straßenparkplätze, Tiefgaragen
  - Sonstige Erreichbarkeit
  - Entfernung der nächsten Haltestelle des öffentlichen Personennahverkehrs
  - Zahl der anfahrenden Linien

- Absatzkontakte
  - Passantenfrequenz (allgemein oder auf spez. auf Gruppen bezogen)
  - Autofrequenz
  - Image des Viertels

- Immobilie
  - Mietpreis
    - o absoluter Preis
    - o Preis pro Quadratmeter

---

205 Diese wurden im Rahmen eines Projektseminars (WS96/97) des Fachgebietes Empirie der WiSo Fakultät der Universität Dortmund zur empirischen Standortanalyse für einen Computershop abgeleitet und in Erhebungen umgesetzt.

- Schaufensterflächen
  - sonstige Werbemöglichkeiten
  - technische Ausstattung
  - Stromversorgung
  - Sicherheitstechnik

- Auffindbarkeit

Dies könnte dann zu einer Beurteilungstabelle, wie folgt zusammengestellt werden:

Abbildung 81: Beurteilungstabelle Standortwahl

Standort-kriterium	Gewich-tung 1-10	Objekt 1		Objekt 2	
		Roh-punkt-wert	Gewicht. Punkt-wert	Roh-punkt-wert	Gewicht. Punktwert
Mietpreis qm	9	4	36	3	27
Größe	10	2	20	5	50
Passanten-frequenz	3	7	21	3	9
Parkmöglich-keiten	5	3	15	5	25
Zentralität	1	5	5	5	5
Gesamtpunkte	-	-	97	-	116

Quelle: Eigene Darstellung

Im Zusammenhang mit der Standortentscheidung und der dafür nötigen **Standortanalyse** sind mit Bezug zur **Marktanalyse** verschiedene einfache Datenerhebungen nützlich. Zu denken wäre an die Feststellung von Passantenfrequenzen über jeweils eine Stunde zu unterschiedlichen Wochentagen und Tageszeiten an den einzelnen möglichen Standorten. Um die Struktur dieser Passanten zu ermitteln (die mit der geplanten Zielgruppe verglichen werden sollte), wäre eine Befragung einzelner Passanten sinnvoll, die eine Verknüpfung zu sekundäranalytischen Daten aus der amtlichen Statistik ermöglicht (Fragen nach: Alter, Familienstand, Geschlecht, Schulabschluss, Lebensunterhalt, Haushaltsgröße etc.).

Ein weiterer wichtiger Aspekt ist das Vorhandensein und die **Leistungsfähigkeit** von direkten Konkurrenzunternehmen in der Nähe einzelner Standorte. Hier bieten sich z. B. ebenfalls **Passantenfrequenzzählungen** zu Vergleichszwecken an, außerdem die Begehungen der entsprechenden Geschäftsräume, soweit dies möglich ist (Ermittlung der **Verkaufsfläche**, Mitarbeiterzahl), oder Testkäufe (Ermittlung der Kompetenz des Verkaufspersonals, Freundlichkeit). Konkurrenten in unmittelbarer Nähe können als positiver oder negativer Aspekt eines Standortes interpretiert werden. Eine Konzentration branchenähnlicher Anbieter zieht viele potentielle Kunden an, aber ob man als Newcomer gegenüber der Attraktivität der Etablierten besteht, hängt von den für die **Abnehmer** wahrnehmbaren eigenen Vorzügen ab (Problemfelder: Preiskampf; Beratung hier – Kauf dort).

3   Quantitativer Teil des Unternehmensplans

3.1   Elemente der quantitativen Gründungsplanung

Der quantitative Teil der Unternehmensplanung, auch betriebliche Finanzplanung genannt, beinhaltet die Umsetzung der zuvor verbal beschriebenen Geschäftsidee in Zahlen und orientiert sich an typischen Elementen des betrieblichen Rechnungswesens.

Diese quantitative Planung dient der sorgfältigen Planung und Überprüfung des Gründungsunternehmens und seiner voraussichtlichen Entwicklung, insbesondere im Hinblick auf seine wirtschaftliche Tragfähigkeit. Weiterhin ermöglicht sie die Ermittlung des (externen) Finanzbedarfs, also des Kapitals, das die Gründer beschaffen müssen, um ihre Geschäftsidee (finanziell) umsetzen zu können und sichert durch die Liquiditätsplanung die Existenz des Unternehmens gegen eine Insolvenz.

Die quantitative Planung soll in zwei Schritten erfolgen: zunächst sollen im Rahmen der **Datenerfassung** ein Ertrags-/Einnahmenplan und ein Aufwands-/Ausgabenplan erstellt werden.

Die so gewonnenen Daten werden anschließend **ausgewertet** und in Ergebnisplänen zusammengefasst und aufbereitet. Zu den wichtigsten Ergebnisplänen gehören dabei die Liquiditäts-, die Finanzbedarfs- und Finanzierungsplanung sowie die Erfolgs- bzw. Gewinn- und Verlust-Rechnung. Weiterhin sind spezielle Prüfrechnungen möglich, von denen die Mindestumsatzrechnung, die Break-Even Berechnung, die Deckungsbeitragsrechnung, die Kostenkalkulation sowie die Risikoanalyse kurz vorgestellt werden sollen.

Abbildung 82: Quantitativer Teil der integrierten Gesamtplanung

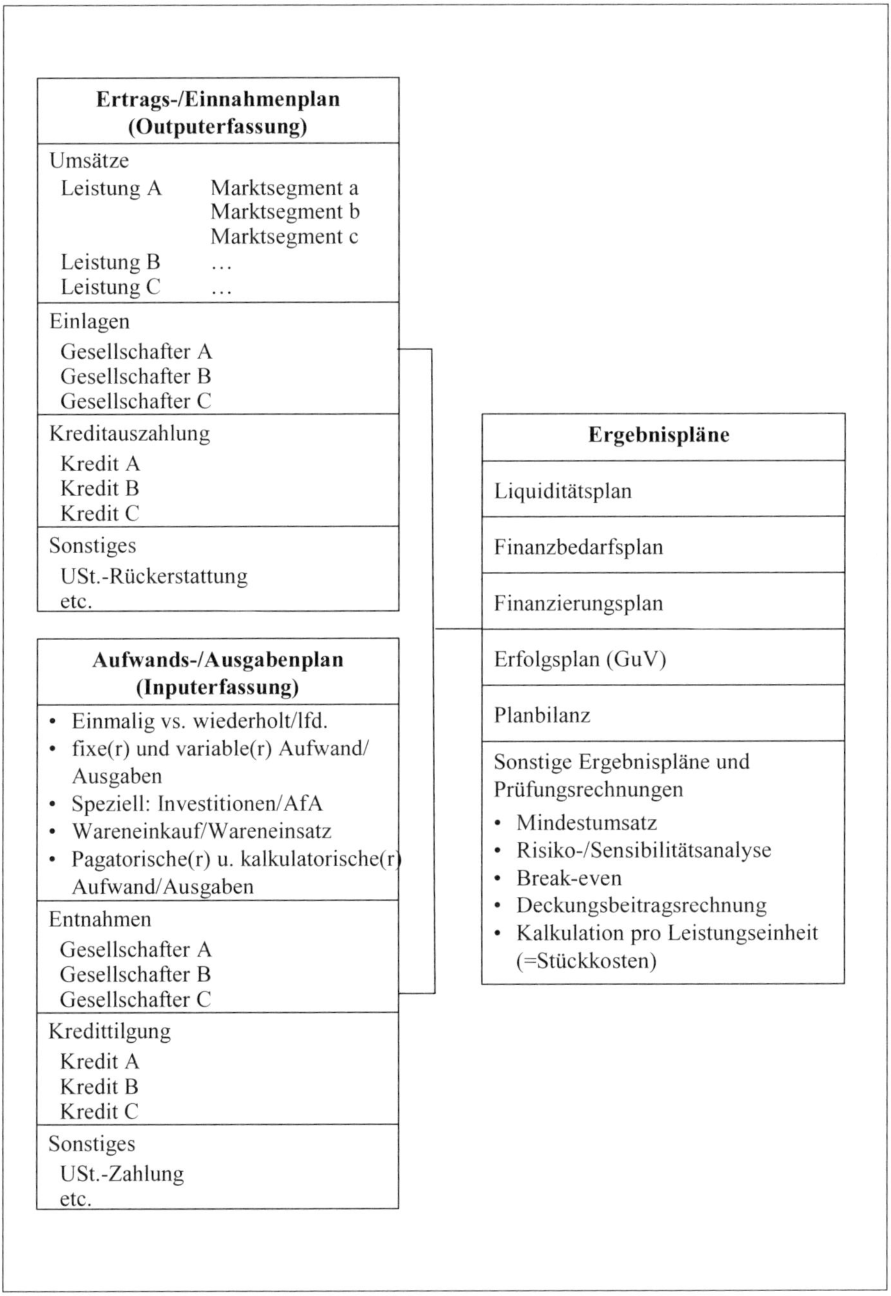

**Ertrags-/Einnahmenplan
(Outputerfassung)**

Umsätze
　Leistung A　　Marktsegment a
　　　　　　　　Marktsegment b
　　　　　　　　Marktsegment c
　Leistung B　　…
　Leistung C　　…

Einlagen
　Gesellschafter A
　Gesellschafter B
　Gesellschafter C

Kreditauszahlung
　Kredit A
　Kredit B
　Kredit C

Sonstiges
　USt.-Rückerstattung
　etc.

**Aufwands-/Ausgabenplan
(Inputerfassung)**

- Einmalig vs. wiederholt/lfd.
- fixe(r) und variable(r) Aufwand/
　Ausgaben
- Speziell: Investitionen/AfA
- Wareneinkauf/Wareneinsatz
- Pagatorische(r) u. kalkulatorische(r)
　Aufwand/Ausgaben

Entnahmen
　Gesellschafter A
　Gesellschafter B
　Gesellschafter C

Kredittilgung
　Kredit A
　Kredit B
　Kredit C

Sonstiges
　USt.-Zahlung
　etc.

Ergebnispläne

Liquiditätsplan

Finanzbedarfsplan

Finanzierungsplan

Erfolgsplan (GuV)

Planbilanz

Sonstige Ergebnispläne und
Prüfungsrechnungen

- Mindestumsatz
- Risiko-/Sensibilitätsanalyse
- Break-even
- Deckungsbeitragsrechnung
- Kalkulation pro Leistungseinheit
　(=Stückkosten)

Quelle: Eigene Darstellung

Es muss an dieser Stelle auf die Notwendigkeit hingewiesen werden, bei der Entwicklung des Unternehmensplans zwischen **liquiditätsorientierten Größen**, also Größen, die etwas über die Zahlungsflüsse sagen, und **Erfolgsgrößen**, d. h. Größen, die auf Aspekte der Gewinne und Verluste im Sinne einer Substanzmehrung/-minderung des Unternehmens ausgerichtet sind, zu unterscheiden. Letzteres entspricht im Wesentlichen der Ausrichtung der üblichen **Finanzbuchhaltung**, wie sie vergangenheitsorientiert mit bestimmten Bewertungsansätzen auch durch das Handels- und Steuerrecht für alle vollkaufmännischen Unternehmen vorgeschrieben ist. Abweichende, vereinfachende Vorschriften gelten für **Minderkaufleute** (also Unternehmen unterhalb bestimmter Größenordnungen bezogen auf Umsatz/Bilanzsumme) sowie für **freiberufliche Aktivitäten**, wie Ärzte, Rechtsanwälte, Steuerberater, Journalisten etc., die lediglich aufzeichnungspflichtig sind, d. h. nur eine Einnahmenüberschussrechnung erstellen müssen.

Im Kontext hier - also im Rahmen einer Planungsrechnung - ist man zwar grundsätzlich nicht an die gesetzlichen Vorgaben gebunden, abweichen sollte man aber davon nur, wo dies sachlich wichtig ist, um weitestgehende Kompatibilität für das spätere Controlling zu haben.

3.2   Datenerfassung

Wie bereits angedeutet, müssen im Rahmen der Datenerfassung zunächst grundlegende Daten der **Unternehmensentwicklung** zusammengetragen werden. Hierbei bietet es sich einerseits an, eine getrennte Aufstellung von Output- und Inputgrößen vorzunehmen. Andererseits sollte die Datenstruktur bereits eine Möglichkeit zur späteren getrennten Verarbeitung von Liquiditäts- und Erfolgsgrößen beinhalten.

Der **Planungshorizont** sollte mindestens auf drei, besser auf fünf Jahre angelegt sein und die Datenerfassung zumindest für das erste Jahr auf Monatsbasis erfolgen. Des Weiteren muss die Finanzplanung in Teil II, Kapitel 1.3 erläuterten Anforderungen erfüllen.

Vorab soll noch darauf hingewiesen werden, dass das Ziel der betrieblichen Finanzplanung nicht die 100 %ig genaue Abbildung der zukünftigen Unternehmensrealität sein kann – noch vor Gründung einer Firma bereits fünf Jahre im Voraus exakt planen zu wollen, ist schlicht unrealistisch. Es geht vielmehr darum, die mögliche/geplante Entwicklung des Unternehmens abzubilden.

Grundsätzlich sinnvoll ist es, drei Varianten der Finanzplanung anzufertigen: den „**real case**" – die wahrscheinliche Entwicklung –, den „**best case**" – der Fall einer überdurchschnittlich guten Entwicklung – und den „**worst case**" – eine sehr negative Entwicklung, das bedeutet allerdings auch eine Verdreifachung der Zahlen. Eine ähnliche Wirkung kann man durch die später zu erläuternde Sensitivitätsanalyse bei größerer Übersichtlichkeit erreichen

3.2.1 Der **Ertrags-/Einnahmenplan**

Ziel dieser **Outputplanung** ist es, alle liquiditäts- oder erfolgswirksamen Positionen zu erfassen. Die Hauptklassen sind Umsatz, Kreditauszahlungen/verlorene Zuschüsse, Einlagen sowie die Umsatzsteuerrückerstattung.

Es sollte so vorgegangen werden, dass die Differenzierung der Outputplanung (Anzahl der verwendeten Positionen) dem entspricht, was auch in der Inputplanung eingesetzt wird, damit auch die Größenordnungen in etwa einander gleichkommen.

In der **Umsatzplanung** wird die voraussichtliche Entwicklung des Umsatzes über den betrachteten Zeitraum für die einzelnen Produkte, Waren und/oder Dienstleistungen, die angeboten werden sollen, aufgeschlüsselt. Meist wird auch eine Marktsegmentierung, z. B. als Unterpunkte der Produktgruppen, sinnvoll sein. Sie kann z. B. nach Regionen, Vertriebswegen und/oder Zielgruppen differenziert werden. Grundlage dieser Planung bilden die Ergebnisse der Markt- und Wettbewerbsanalysen, durch die die absetzbaren Mengen und die Preise abschätzbar sein sollten.

Wie bei den Anforderungen ausgeführt (vgl. Teil II, Kapitel 1.3), sollten Schätzungen auf der „sicheren Seite" liegen, d. h. im Zusammenhang mit den Umsatzerlösen eher niedriger ausfallen. Insbesondere ist daran zu denken, dass branchenübliche Zeitunterschiede zwischen dem Verkaufs-/Lieferungsvorgang bzw. der Rechnungserstellung (Ertrag) und dem Zahlungseingang (Liquidität), liegen. Hier sollte sich die Sicherheit der Schätzung durch die Berücksichtigung eines relativ späten Zahlungseingangs ausdrücken. Des Weiteren sollte bei der Veranschlagung der Umsatzerlöse immer auch an mögliche Zahlungsausfälle gedacht werden; z. T. sind für einzelne Branchen über Kammern oder Verbände typische Ausfallquoten erhältlich. Der Umsatz stellt als Haupterlösquelle eines Unternehmens eine äußerst wichtige Größe dar. Er beeinflusst direkt oder indirekt fast alle Ergebnispläne der quantitativen Unternehmensplanung. U. a. wirkt er sich maßgeblich auf die Liquiditätssituation und das Jahresergebnis des Unternehmens aus und bestimmt somit auch den externen Finanzbedarf.

Die Abbildung 83 zeigt das Muster eines Umsatzplans, wobei in den einzelnen Jahren zusätzlich noch die zugrunde gelegten Mengen und Preise der Produkte angegeben werden sollten.

Abbildung 83: Umsatzplan

Produkte/ Dienstleistungen	Monat 1 Menge/ Preis/Um- satz	Monat 2	Monat 3	Monat i
Produktgruppe A • Region a – Zielgruppe α – Zielgruppe β • Region b – Vertriebsweg x – Vertriebsweg y • …				
Produktgruppe B				
Produktgruppe C				
Dienstleistung 1				
Dienstleistung 2				
…				
Summe Umsatz				

Quelle: Eigene Darstellung

Weiterhin im Einnahmenplan zu berücksichtigen sind **Kreditauszahlungen** und **öffentliche Zuschüsse** – also das in das Unternehmen fließende **Fremdkapital** – sowie die von den Gesellschaftern/Eigentümern geleisteten **Eigenkapitaleinlagen**.

Während die Höhe der Fremdkapitalzahlungen meist genau vertraglich spezifiziert und daher problemlos zu bestimmen ist, ergeben sich bei der Bewertung des Eigenkapitals oft erhebliche Schwierigkeiten. Vor allem die Wertbestimmung bei Sacheinlagen wie z. B. Autos oder Grundstücken kann den Gründern Probleme bereiten. Als Anhaltspunkt können hier anerkannte Bewertungslisten (z. B. Schwacke-Liste für Fahrzeuge) dienen. Bei wertmäßig sehr bedeutsamen und schwer zu beurteilenden Sachverhalten empfiehlt sich u. U. auch die Hinzuziehung eines Gutachters für die Planungsrechnung.

Die Umsatzerlöse sind sowohl erfolgsrelevant (mit dem Datum der Rechnungsstellung) als auch liquiditätsrelevant (mit dem Datum des Zahlungseinganges). Dagegen sind die weiteren Positionen der Outputplanung Zahlenwerte, die lediglich liquiditätsbedeutsam sind (Sonderbehandlung von verlorenen Zuschüssen!). Hierzu gehören die Auszahlungsvorgänge von Krediten, sei es in Form von Darlehen der Kreditinstitute, der öffentlichen Hand oder in Form der Überziehung im Rahmen eines Kontokorrentkontos.

Ebenso sind die – jeweils im Zusammenhang mit unterschiedlichen Rechtsformen verschieden benannten – Einlagen von Eigenkapital Vorgänge, die keine Erfolgsbedeutung, sondern lediglich Liquiditätsbedeutung haben.

Schließlich ist auch die **Umsatzsteuerrückerstattung** durch das Finanzamt auf der Basis zuvor geleisteter Zahlungen an Lieferanten, die **Vorsteuerbeträge** beinhalten, im Rahmen einer vollkaufmännischen Buchführung ein Vorgang, der ausschließlich liquiditätswirksam ist. Gerade in der Gründungsphase mit relativ hohen Investitionen und den in Zusammenhang damit geleisteten Vorsteuerzahlungen an die Lieferanten, z. B. beim Erwerb von Kraftfahrzeugen oder maschinellen Anlagen, kann hier ein bedeutsamer liquiditätsbezogener Vorgang liegen. Allerdings muss oft mit erheblichen Verzögerungen derartiger Rückerstattungen in der Größenordnung von 2-3 Monaten seitens des Finanzamtes gerechnet werden.

Im Zusammenhang mit der Einnahmenplanung ist, wie auch später bei der Ausgabenplanung in der Gründungssituation, der private Bereich der oder des Gesellschafter/s zu berücksichtigen. D. h. an dieser Stelle sollte an eine sorgfältige Analyse der **privaten Vermögenslage** und der zu erwartenden Einkünfte für den Planungszeitraum bezogen auf den oder die Gesellschafter sowie deren Ehepartner/Lebensgefährten und engeren Familienangehörigen gedacht werden. So gilt es liquide, oder bei Bedarf leicht liquidierbare Vermögen, wie Girokonten, Sparbücher, marktgängige Wertpapiere oder Kapitallebensversicherungen zu erfassen, ebenso das laufende Arbeits- oder Vermögenseinkommen des Gründers oder seines Ehepartners/Lebensgefährten (Zinseinkünfte, Mieteinnahmen etc.). Auf diese Weise können evtl. Puffer-/ und Nachschussmöglichkeiten bestimmt werden.

Die tätige Mithilfe des Ehepartners oder Lebensgefährten bzw. Eigenleistungen der Gesellschafter, z. B. in Arbeitsstunden und bewerteter Arbeitszeit fließen ebenfalls ein. Es sollten auch eventuelle Sacheinlagen (KFZ, vorhandene Büromöbel etc.) an dieser Stelle Berücksichtigung finden.

Die folgende Abbildung fasst noch einmal die wichtigsten Positionen zusammen.

Abbildung 84: Positionen der Ertrags- und Einnahmenplanung

	Zeit- differenz/ Zahlungs- eingang	Monat 1	Monat 2	Monat 3	Mo- nat i
Betrieblicher Bereich					
Umsatz					
Produktgruppe A					
• Region a					
– Zielgruppe α	3 Monate	Betrag	Betrag		
– Zielgruppe β	sofort	α1	α2		
• Region b		Betrag			
– Vertriebsweg x	1 Monat	β			
– Vertriebsweg Y	2 Monate				
Produktgruppe B etc.					
Summe Umsatz					
Kreditauszahlungen/ verl. Zuschüsse (Fremdkapital)					
• Bank-Darlehen A					
• Bank-Darlehen B					
• öffentlicher Zuschuss C					
• Kontokorrentrahmen D					
• Gesellschafterkredit E					
Summe Fremdkapital					
Einlagen (Eigenkapital)					
• Bareinlage Gesellsch. A					
• Bareinlage Gesellsch. B					
• Sacheinlage Gesellsch. A					
Summe Eigenkapital					
USt.-Rückerstattung					
• für KFZ					
• für Anlagen	3 Monate				
• für Immobilie (ggf.)	3 Monate				
• für Diverse	3 Monate				
Summe USt.-Rückerstattung					
Summe betrieblicher Bereich					
Privater Bereich					
• Einkommen des Lebens- partners					
• Zinseinkünfte					
• Mieteinkünfte					
• sonstige Zuschüsse					
Summe privater Bereich					

3.2.2 Der **Aufwands-/Ausgabenplan**

Äquivalent zur Outputplanung werden bei der **Inputplanung** alle Positionen erfasst, die für das Gründungsunternehmen einen Aufwand und/oder eine Ausgabe darstellen. Die Aufstellung sollte möglichst vollständig und realistisch sein, da die Aufwände/Ausgaben insbesondere in der Gründungsphase den **Finanzbedarf** und die **Liquiditätssituation** des Unternehmens erheblich beeinflussen. So kann eine vergessene oder zu niedrig kalkulierte Position ein Gründungsunternehmen u. U. rasch in Zahlungsschwierigkeiten bringen. Daher gilt hier die Devise: Aufwendungen im Zweifelsfall lieber zu hoch als zu niedrig ansetzen!

Darüber hinaus macht es Sinn, auch die Positionen zu berücksichtigen, die lediglich eine kalkulatorische Bedeutung haben. So kann man z. B. für das Eigenkapital eine kalkulatorische Verzinsung in Höhe des marktüblichen Fremdkapitalzinssatzes zuzüglich eines Risikozuschlags für die Haftungsleistung ansetzen oder für den Geschäftsführer einen kalkulatorischen Unternehmerlohn berücksichtigen.[206]

Bezogen auf die Plananforderungen gilt grundsätzlich ähnliches wie bei der Outputplanung, insofern muss hier nicht erneut darauf eingegangen werden.

Bei der Gliederung des Aufwands-/Ausgabenplans kann eine Trennung der (einmaligen) gründungsspezifischen Aufwendungen von den (wiederkehrenden) Aufwendungen des laufenden Geschäftsbetriebs sinnvoll sein.

Zu den **gründungsbezogenen Vorlaufkosten** gehören beispielsweise Kosten für den Notar und die Eintragung ins Handelsregister oder für Beratungen durch Rechts-/Patentanwälte und Steuer-/Unternehmensberater. Weiterhin sind auch die Aufwendungen für die Erstellung oder Beauftragung von Gutachten, Markt- und Wettbewerbsanalysen und das Corporate Layout (Logo, Briefkopf, dauerhafte Außenwerbung, Ersteintragung Branchentelefonbuch) sowie die Sonderaktionen der Eröffnungswerbung (Blumenschmuck, Bewirtung, Werbegeschenke) zu berücksichtigen. Alle diese Positionen sind sowohl liquiditäts- als auch ertragswirksam.

Nach Aufnahme des Geschäftsbetriebs ist eine Gliederung der Aufwandspositionen in Anlehnung an den jeweiligen Branchenkontenplan (z. B. DATEV

---

206 Hinweise über die Höhe eines realistischen Geschäftsführergehalts finden sich z. B. in Wirtschaftszeitschriften wie der Wirtschaftswoche und der Zeitschrift Impulse, die solche Auflistungen regelmäßig veröffentlichen.

SKR 03) hilfreich.[207] Dabei erfolgt eine Unterteilung in fixe und variable Positionen. Während fixe Aufwände/Ausgaben als weitestgehend umsatzunabhängig begriffen werden, werden vom Umsatz abhängige Aufwände/Ausgaben als variabel bezeichnet.[208]

Um einen möglichst vollständigen Aufwandsplan zu erstellen, kann es z. B. hilfreich sein, sich den geplanten Leistungserstellungsprozess Schritt für Schritt vor Augen zu führen und alle dafür notwendigen Personen, Räume, Geräte und Materialien aufzulisten. In ähnlicher Weise kann man die Büroeinrichtung auf Papier skizzieren oder sich den Büroalltag mit all seinen Tätigkeiten vorstellen.

In ihrem Umfang bedeutende **fixe Kosten** stellen vor allem Investitionen in das Anlagevermögen und die Personalkosten dar, die daher etwas ausführlicher erläutert werden sollen. Bei beiden Positionen kann es hilfreich sein, zusätzlich gesonderte Pläne aufzustellen, die in den gesamten Ausgaben-/Aufwandplan eingehen.

- **Investitionsplan:**
  Insbesondere in der Gründungsphase eines Unternehmens müssen oft Investitionen in großem Umfang getätigt werden, schließlich müssen alle für die Geschäftstätigkeit notwendigen Faktoren zum ersten Mal beschafft werden. Da dabei i.d.R. sehr große Summen anfallen, die wohl kaum aus den ersten Umsätzen eines Gründungsunternehmens beglichen werden können, werden die Investitionen einen großen Teil des Finanzbedarfs ausmachen.

  Dazu gehören z. B. Grundstücke und Gebäude, die gekauft werden müssen (etwa Produktions- oder Lagerhallen), die anzuschaffenden Maschinen und Werkzeuge, Fahrzeuge, die Büro- bzw. Geschäftsausstattung und EDV- und Kommunikationsanlagen.

---

207 Insbesondere, wenn unmittelbar aus der späteren Finanzbuchhaltung Vergleichswerte zu den hier zu entwickelnden Planwerten herangezogen werden sollen, empfiehlt sich ein möglichst ähnlicher Aufbau der Gliederung; dies gilt selbstverständlich auch bei der Outputplanung (Umsatzdifferenzierung).

208 Streng genommen ist es so, dass diese Dichotomie eine Vereinfachung der in der Realität vorgefundenen Spanne unterschiedlich flexibler Positionen darstellt, zur praktischen Handhabung ist sie aber hilfreich und sinnvoll.

Abbildung 85: Investitionsplan

Investitionen	Nutzungs-dauer	Jahr 1	Jahr 2	Jahr 3	Jahr 4	Jahr 5
Grundstücke und Gebäude −Grundstücke −Gebäude −Umbauten −Installationen −Renovierungen −…						
Summe Grundstücke u. Gebäude						
Verwaltung −Büromöbel −Fahrzeuge −Telefon/Fax −EDV −…						
Summe Verwaltung						
Forschung und Entwicklung −Labortechnik −EDV −…						
Summe F&E						
Fertigung −Maschinen −Geräte −Werkzeuge −…						
Summe Fertigung						
Gesamtsumme Investitionen						

Quelle: Eigene Darstellung

Aus dem Investitionsplan abgeleitet, müssen auch die **Abschreibungen** (AfA Abschreibung für Abnutzung) kalkuliert werden. Hierzu kann ein gesonderter Abschreibungsplan erstellt werden, bei dem für alle Positionen des Investitionsplans der jährliche Abschreibungsbetrag ermittelt wird. Abschreibungen beschreiben die Wertminderungen der Investitionen im Zeitverlauf. Für die quantitative Unternehmensplanung in der Gründungsphase ist meist die einfache lineare Abschreibungsmethode ausreichend. Dabei wird jedes Jahr der gleiche Betrag als Anschreibung angesetzt, der sich aus dem Anschaffungspreis der Investitionsgüter dividiert durch die Nutzungsdauer errechnet. Ein evtl. Restwert nach dem Nutzungszeitraum ist zuvor vom Anschaffungspreis zu subtrahieren.[209] Die anzunehmende Nutzungsdauer der Investitionsgüter kann der Einfachheit halber der - für die Planungsrechnung unverbindlichen - amtlichen AfA-Tabelle, die beispielsweise beim Finanzamt, beim Steuerberater oder der IHK erhältlich ist, entnommen werden oder durch realistische Werte auf der Basis präziserer Kenntnisse ersetzt werden.

- **Personalplan:**
  Die sorgfältige Planung des Personaleinsatzes ist aus mehreren Gründen wichtig: zum einen ist das **Humankapital** für die meisten Unternehmen der bedeutendste **Produktionsfaktor**, zum anderen stellen die **Personalkosten** eine der größten (laufenden) Kostenpositionen dar.

  Im Personalplan wird die voraussichtliche Entwicklung der Mitarbeiterzahl während der Planjahre dargestellt. Neben dem Zeitpunkt der Einstellung sollte auch das veranschlagte Gehalt angegeben werden (berücksichtigt werden sollten auch evtl. jährliche Gehaltssteigerungen). Zur Abschätzung der gesamten Personalkosten müssen auch (pauschale) **Lohnnebenkosten**, die vom Arbeitgeber zu tragen sind, berücksichtigt werden.[210] Als Planungshilfe kann z. B. die voraussichtliche/gewünschte Umsatzentwicklung in Betracht gezogen werden: je größer der Absatz, desto mehr muss auch – von Mitarbeitern – produziert und vertrieben werden. Es ist aber – auch im Hinblick auf potentielle Investoren – darauf zu achten, den Mitarbeiterstab in der Gründungsphase auf das notwendige Minimum zu beschränken: kein Kapitalgeber wird beispielsweise Verständnis dafür haben, dass dem Geschäftsführer von Anfang an eine Vollzeit-Sekretärin zur Verfügung steht, obwohl er diese Aufgaben auch noch überwiegend selbst erledigen könnte. Ein Beispiel für einen Personalplan ist in der Abbildung 86 dargestellt.

Im Block der variablen Kosten sind alle Positionen zusammenzufassen, bei denen sich ein Zusammenhang mit der **Umsatzentwicklung** bzw. der unmittelbaren Geschäftstätigkeit des Unternehmens feststellen lässt. Dazu gehören u. a. Werbe-/Marketingaufwendungen, Reisekosten, Telefon- und Internetgebühren,

---

209 Beispiel: das anzuschaffende Firmenfahrzeug kostet 30.000 €, die Nutzungsdauer beträgt 5 Jahre und der Restwert 5.000 €; daraus ergibt sich, dass für die nächsten 5 Jahre für dieses Fahrzeug jeweils ein Abschreibungsbetrag von (30.000-5.000)/5 = 5.000 € anzusetzen ist.
210 Derzeit kann in Deutschland vereinfachend mit einem Satz von ca. 22 % kalkuliert werden.

Benzinkosten, Aufwendungen zur Beschaffung von Roh-, Hilfs- und Betriebs-stoffen (Materialaufwand), Fremdleistungen und Büromaterial.

Mit Ausnahme der Investitionen in das **Anlagevermögen** (also langfristig genutzte Güter) sind die meisten fixen und variablen Positionen gleichermaßen liquiditäts- und erfolgswirksam. Bei den Positionen des Anlagevermögens fällt zum Zeitpunkt der Anschaffung mit dem Zahlungsvorgang eine einmalige Ausgabenposition (liquiditätswirksam) an, während erst durch die Abschreibungen – mit der allmählichen Abnutzung dieser Anlagen – eine ertragsrelevante Verteilung über die Zeit erfolgt.

Abbildung 86: Personalplan

Funktion	Einstellung (Mon/ Jahr)	Gehalt/ Monat	Anzahl Gehälter pro Jahr	Monat 1	Monat 2	Monat 3	Monat i	effektive Kosten einer Arbeitsstunde
Geschäftsführer								
Mitarbeiter F&E								
MA Beschaffung								
MA Produktion								
MA Marketing								
MA Vertrieb								
MA Administration								
MA Buchhaltung								
…								
Summe								
Personalneben-kosten:								
Arbeitgeberanteil								
• Kranken-versicherung (50 %)								
• Pflege-versicherung (50 %)								
• Renten-versicherung (50 %)								
• Arbeitslosen-versicherung (50 %)								

• Beiträge Berufsgenossenschaft (100 %) • Sonstige (100 %)								
Summe								
Gesamtpersonalkosten								

Quelle: Eigene Darstellung

Als weitere fixe Kosten sind beispielsweise Mieten, Versicherungsbeiträge, Zinsen, Tilgungen und Steuervorauszahlungen zu nennen.

Die **Zinszahlungen** für Kredite sind sowohl liquiditäts- als auch erfolgswirksam, nicht aber die Tilgungszahlungen, d. h. die Rückzahlungen von Krediten. Dies macht u. U. in der Handhabung dann Schwierigkeiten, wenn Zins und Tilgung zu gleichbleibenden Annuitäten von Seiten des Kreditinstitutes zusammengefasst werden; man sollte für die Planung dann eine Grobaufteilung vornehmen. Ebenfalls nicht erfolgswirksam, aber liquiditätswirksam, sind Privatentnahmen.

Auch bei der Behandlung von Waren, **Roh-, Hilfs- und Betriebsstoffen** sind ähnliche Überlegungen wie bei der Investition/AfA anzustellen. So wird beim Wareneinkauf zum Zeitpunkt des Eingangs der Lieferantenrechnung der Gesamtbetrag (Bruttobetrag inkl. Umsatzsteuer) liquiditätswirksam. Erfolgswirksam dagegen wird die Position erst durch den Wareneinsatz d. h. beim Verkauf und zwar dann netto, d. h. ohne Umsatzsteuer. Ähnliches gilt für die Positionen Roh-, Hilfs- und Betriebsstoffe, ohne dass hier auf die Einzelheiten der Bewertung von Halbfertigprodukten und Fertigprodukten näher eingegangen werden soll.

Ausschließlich liquiditätswirksam sind typischerweise für vollkaufmännisch geführte Unternehmen (Buchführungspflichtige) die Umsatzsteueranteile, d. h. die auf die eigene Leistung aufgeschlagene Mehrwertsteuer. Bei Freiberuflern und kleinen Unternehmen, die lediglich aufzeichnungspflichtig sind (also nur die sog. **Einnahmenüberschussrechnung** erstellen müssen), ist es so, dass die Mehrwertsteuer (wie auch die Vorsteuer) nicht nur liquiditäts- sondern auch erfolgswirksam ist.

Auch bei der Inputplanung ist mit der Position Entnahmen noch einmal die private Sphäre angesprochen. Hier sollte sorgfältig aufgelistet werden, welche privaten Verpflichtungen, z. B. bezogen auf Raten für Einfamilienhaus, Lebensversicherung, sonstige Versicherungen, Unterhaltszahlungen und notwendigen Lebensunterhalt für die einzelnen Gesellschafter bzw. deren Familien bestehen, um zu realistischen Schätzungen der zu planenden notwendigen Entnahmen zu kommen.

Die folgende Abbildung gibt einen Überblick über die Aufwands- bzw. Ausgabenpositionen.

Abbildung 87: Aufwands-/Ausgabenplan

	Zeit-differenz Aufwand/ Ausgaben	Monat 1	Monat 2	Monat 3	Monat i
Betrieblicher Bereich					
gründungsbezogen (einmalig, selten) • Notar/Gericht/Gewerbeanmeldung/Rechtsanwalt • Corporate Layout, Logo etc. • Eröffnungswerbung • Gründungsberatung • etc.					
Summe gründungsbez. Aufwand/Ausgaben					
wiederkehrend • fixe – Miete, Versicherungen – L+G Festangestellte – Zinsen (soweit fest) – KFZ-Versicherung – Steuervorauszahlung – Investitionen – AfA-Investitionen – etc. • variable – Wareneinkauf – Wareneinsatz – Roh-, Hilfs-, Betriebsstoffe – Aushilfen, Überstunden – KFZ Treibstoff – etc.					
Summe wiederkehrender Aufwand/Ausgaben					
Summe betrieblicher Bereich					
Privater Bereich					
• Wohnung/Haus • Nahrung/Kleidung • Versicherungen					

• Ratenzahlungen • etc.					
Summe privater Bereich					
Ausgaben, aber nicht Aufwand: Tilgung, Entnahmen, (meist) Umsatzsteuer, Wareneinkauf Aufwand ↔ Ausgabe					

3.3 Datenauswertung

Im Datenauswertungsbereich sollen die typischen Teilpläne der **Ergebnisplanung**, die in den Business Plan zu integrieren sind, vorgestellt werden. Es wird erläutert, in welcher Weise die in der Datenerfassungsphase gewonnenen Daten in die einzelnen Teilpläne einfließen und wie diese zusammenhängen.

Die gängigen Teilpläne der **Finanzplanung** für Gründungsunternehmen – neben den bereits betrachteten Input- und Outputplänen – sind die folgenden:

- Liquiditätsplan
- Erfolgsplan (Plan-Gewinn- und Verlustrechnung)
- Finanzbedarfsplan
- Finanzierungsplan
- Plan-Bilanz.

Eine Ausnahme bilden Kleingründungen sowie Existenzgründungen von Freiberuflern, die nicht **buchführungspflichtig** sind. Sie müssen auch später keinen vollständigen **Jahresabschluss** erstellen, sondern lediglich eine sog. Einnahmenüberschussrechnung. Dabei handelt es sich um eine Gegenüberstellung aller betrieblichen Einnahmen und Ausgaben einer Periode mit dem Zweck der **Gewinnermittlung**.[211] Es bleibt zu prüfen, ob es für Gründer solcher Unternehmen lohnend ist, einen vollständigen Business Plan zu erstellen.

Grundsätzlich sind alle Pläne für einen Zeitraum von drei oder fünf Jahren aufzustellen, die GuV-Rechnung sollte für das erste Jahr mindestens quartalsweise, die Liquidität monatlich geplant werden.

Wichtige Zusammenhänge zwischen den einzelnen Teilplänen der quantitativen Unternehmensplanung werden in Abbildung 88 dargestellt.[212]

---

211 Ab dem Jahr 2004 muss die Einnahmenüberschussrechnung auf einem speziellen Vordruck erfolgen, der beim zuständigen Finanzamt erhältlich ist.
212 Die hier dargestellten Zusammenhänge geben keinesfalls die vollständigen Verflechtungen zwischen den einzelnen Teilplänen wieder, sondern sollen lediglich einen Eindruck der vielfältigen

Abbildung 88: Ablauf Datenerfassung und -auswertung

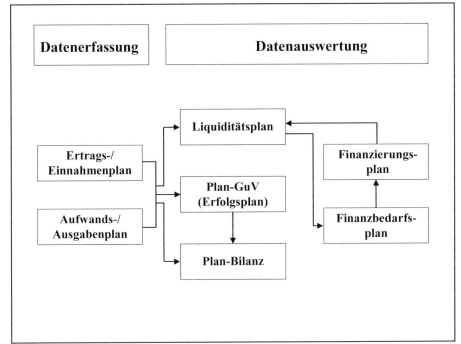

Quelle: Eigene Darstellung

3.3.1 Liquiditätsplan

Mit der Aufstellung des Liquiditätsplans werden insbesondere zwei Ziele verfolgt. Einerseits soll auf diese Weise die **Sicherung der jederzeitigen Zahlungsbereitschaft** gewährleistet werden und zum anderen soll der Liquiditätsplan dazu dienen, einen evtl. zusätzlichen Finanzierungsbedarf zu ermitteln. Die Erhaltung der jederzeitigen Zahlungsbereitschaft ist eine essentielle Bedingung für das Überleben, die Existenz des Unternehmens und insofern eine Bedingung und Voraussetzung bzw. ein Mittel für alle Zielerreichungen wie z. B. das Erreichen eines saturierenden Ertrages/Einkommens, da ansonsten die Insolvenz droht.

Der Liquiditätsplan berücksichtigt alle Einnahmen und Ausgaben im Planungszeitraum. Er sollte insgesamt einen Zeithorizont von drei oder fünf Jahren umfassen und für das erste Jahr in Monatsschritten differenziert sein. Für das

Beziehungen vermitteln. Der Versuch einer Darstellung aller Zusammenhänge wäre unübersichtlich und somit kontraproduktiv.

zweite und dritte Jahr reicht in Anbetracht der nachlassenden Plangenauigkeit eine quartalsweise Unterteilung oder die gleichmäßige Verteilung der Jahreswerte auf die Monate (evtl. aber saisonbereinigt). Dieser Liquiditätsplan sollte monatlich im Sinne einer rollierenden Planung korrigiert bzw. fortgeschrieben werden, um immer auf dem aktuellen Stand mit Sichtweite auf die jeweils folgenden drei (bzw. fünf) Jahre gehalten zu werden.

Ausgangspunkt der Liquiditätsrechnung ist ein Anfangsbestand, der sich aus dem Kassenbestand, den Unternehmensgirokonten und evtl. vorhandenen schnell liquidierbaren Wertpapieren zusammensetzt (vgl. auch Gründungsbilanz). Zu diesem werden alle in der **Outputplanung** erfassten Einnahmen (vgl. Kapitel 3.2.1) addiert. Diese umfassen insbesondere die erwarteten Umsatzerlöse (zum Zeitpunkt des Zahlungseingangs!) inkl. der eingenommenen Mehrwertsteuer, aber auch die erwähnte Vorsteuerrückerstattung des Finanzamts (Saldo aus bezahlter Vorsteuer und eingenommener Mehrwertsteuer), Eigenkapitaleinlagen der Gesellschafter/Unternehmer sowie Kreditauszahlungen.

Von der Summe aus Anfangsbestand und Einnahmen sind die im Ausgabenplan erfassten Positionen (vgl. Kapitel 3.2.2) zu subtrahieren. Hierzu gehören beispielsweise Mieten inkl. Kautionen, Zinsen, Löhne, Werbung etc., der Wareneinkauf zum Zeitpunkt des Zahlungsvorgangs sowie die Beträge für Investitionen für das Anlagevermögen (Immobilien, Maschinen, Kraftfahrzeuge etc.). Auch die gezahlte Vorsteuer oder die an das Finanzamt zu leistenden Umsatzsteuerzahlungen auf Basis der Vorausmeldungen (monatlich oder quartalsweise) bzw. der USt.-Erklärung (jährlich), die sich im Falle eines Überhangs der eingenommenen Mehrwertsteuer gegenüber der Vorsteuer in der entsprechenden Periode ergibt, finden Berücksichtigung. Schließlich sind hier auch die Position der Tilgungszahlungen für bestehende Kredite und die (Bar-) Entnahmen des oder der Gesellschafter aufzuführen.

Der Saldo aus Anfangsbestand, Einnahmen und Ausgaben ergibt schließlich den Cash-Bestand am Periodenende und gibt Auskunft über die dem Unternehmen zur Verfügung stehenden liquiden Mittel für die folgende Periode. Somit stellt er gleichzeitig den Anfangsbestand für diese Folgeperiode dar.

Neben dem Einnahmen- und Ausgabenplan wird die Liquiditätsrechnung vor allem von der gewählten Finanzierungsstruktur beeinflusst: sie bestimmt die Höhe der Einlagen, Kredite, Zinsen und Tilgungen. Die Liquititätssituation des Unternehmens wiederum hat maßgeblichen Einfluss auf den Finanzbedarf: sollte bei der Liquiditätsrechnung eine Unterdeckung (negativer Saldo aus Einnahmen und Ausgaben) offensichtlich werden, macht dies weiteren (kurzfristigen) Kapitalbedarf sichtbar.

Abbildung 89: Liquiditätsplan

	Monat 1	Monat 2	Monat 3	Monat i
Anfangsbestand **= Cash-Bestand Ende Vorperiode**				
Einzahlungen				
aus Umsatz				
aus sonstigen Erlösen				
aus Asset-Verkäufen				
aus Kapitalerhöhungen				
aus zugesagten Finanzierungen				
aus Subventionen				
vom Finanzamt				
von Sonstigen				
Summe Einzahlungen				
Auszahlungen				
an Mitarbeiter				
an Versicherungen				
an Material-Zulieferanten				
an Lieferanten von Investitionen				
an Vermieter				
an Dienstleister				
– Buchhalter und Berater				
– Werbung und Marketing				
– Reparaturen und Wartung				
– KFZ und Reisen				
– Telekom und DV				
– Gründungsaufwand				
an Versorger				
an Finanziers				
– Zinsen				
– Tilgung				
an Aktionäre/Gesellschafter				
an Ämter, Behörden etc.				
an das Finanzamt				
an Sonstige				
Summe Auszahlungen				
Saldo Ein- und Auszahlungen				
Cash-Bestand Ende Periode				

Quelle: in Anlehnung an Nathusius, Klaus: Gründungsfinanzierung, Frankfurt a. M. 2003, S. 75.

3.3.2 **Erfolgsplan und Plan-Gewinn- und Verlustrechnung** (GuV)

Traditionell wird in der Betriebswirtschaftslehre die **Gewinnmaximierung** als zentrales Ziel des unternehmerischen Tuns betrachtet.[213] Demzufolge wird der betriebliche Erfolg vor allem am erwirtschafteten Gewinn des Unternehmens gemessen. Dies hat durchaus seine Berechtigung, da der Gewinn den Betrag darstellt, der am Ende einer Periode den Wertzuwachs ausmacht. Aus den Gewinnen des Unternehmens werden folglich auch die Ansprüche der Eigentümer/Gesellschafter auf Unternehmerlohn dargestellt. Kein Unternehmer/Gründer wird bereit sein, sein Kapital und seine Arbeitskraft in ein Projekt zu stecken, von dem er sich nicht langfristig Substanzmehrung erhofft. Ein Verlust der Unternehmenssubstanz (Kapitalstock, Anlagevermögen), wird langfristig zur Insolvenz des Unternehmens führen.

Folglich sollte zur Sicherung der Unternehmenssubstanz und zur Erzielung eines Einkommens für den/die Unternehmer auch der Unternehmenserfolg sorgfältig geplant werden.

Grundsätzlich ergibt sich der Erfolg bzw. der Gewinn aus einer Gegenüberstellung von Erträgen und Aufwendungen. An dieser Stelle sollen zwei Formen der Erfolgsrechnung vorgestellt werden: zum einen der Erfolgsplan als Staffelrechnung, zum anderen die Gewinn- und Verlustrechnung.

Der **Erfolgsplan als Staffelrechnung** bietet sich vor allem für die ersten Planungsschritte bei kleineren Gründungsvorhaben (z. B. im Handelsbereich) und für die überschlägige Berechnung des privaten „Einkommens" an. Seine Struktur ist vergleichsweise einfach: aus dem Saldo der Umsatzerlöse (i.d.R. als Nettowert, d. h. ohne Mehrwertsteuer) und des Wareneinsatzes bzw. Materialaufwendungen wird ein Rohertrag im Sinne eines Deckungsbeitrags errechnet. Die Subtraktion der sonstigen, bei der Aufwandsplanung ermittelten, fixen und variablen Aufwandspositionen (vgl. Kapitel 3.2.2) ergibt den Unternehmensgewinn vor Steuern. Nach Abzug der betrieblichen Steuern (Gewerbesteuer, ggf. Körperschaftssteuer) erhält man das (Jahres-)Ergebnis, das den Erfolg des Unternehmens widerspiegelt und den Betrag darstellt, den die Gesellschafter/Eigentümer entnehmen könnten, ohne die Unternehmenssubstanz zu mindern. Das persönliche Nettoeinkommen aus der Unternehmertätigkeit erhält man schließlich nach Abzug der persönlichen Steuern (Achtung ggf. bei Kapitalgesellschaften das Halbeinkünfteverfahren beachten!).

---

213 Wenn man auch heute dies in der Betriebswirtschaftslehre differenzierter sieht - man geht eher von komplexen Zielsystemen als von einem einzelnen Ziel aus oder spricht anstelle von Maximierung des Gewinns oft von einem saturierenden Gewinn - so bleibt der betriebliche Erfolg im Sinne eines in einer Jahreszeitspanne realisierten Gewinnes oder Verlustes neben Rentabilitätsüberlegungen doch im Zentrum der unternehmerischen Bestrebungen.

Abbildung 90: Erfolgsplan als Staffelrechnung (Bsp. Handel)

		Jahr 1	Jahr 2	Jahr 3	Jahr 4	Jahr 5
	Umsatzerlös (netto i.e.o. MWSt)					
-	Waren-/Materialeinsatz					
=	**Rohertrag (Deckungsbeitrag)**					
-	Aufwand (fixer, sonst. Variabler, AfA)					
=	**Gewinn vor Steuern**					
-	Betriebliche Steuern					
=	**Ergebnis**					
-	Persönliche Steuern					
=	**Persönliches Ergebnis: Einkommen netto**					

Meist ist für eine genauere Planung und im Hinblick auf die Möglichkeit von Soll-Ist-Vergleichen und die Implementierung eines Controlling-Systems die Aufstellung einer **Plan-Gewinn- und Verlustrechnung** (GuV) besser geeignet. Die Gewinn- und Verlustrechnung kann nach dem sog. Umsatzkostenverfahren erfolgen[214] – dieses entspricht im Vorgehen in etwa der oben erläuterten Staffelrechnung.[215] In Deutschland wesentlich gebräuchlicher ist jedoch das Gesamtkostenverfahren.[216] Hierbei werden die betrieblichen Erträge (also v.a. die Umsatzerlöse, nicht aber z. B. Eigenkapitaleinlagen) den gesamten betrieblichen Aufwendungen gegenüber gestellt. Betriebliche Aufwendungen sind dabei diejenigen Positionen des Aufwandsplans, die sich unmittelbar mit der Geschäftstätigkeit des Unternehmens in Verbindung bringen lassen, wie z. B. für Material, Personal, Abschreibungen, Marketing und Vertrieb, Kommunikation, Miete oder Versicherung. Zu berücksichtigen sind hier auch die kalkulatorischen Positionen wie der kalkulatorische Unternehmerlohn, kalkulatorische EK Zinsen, kalkulatorische Mieten. Der Saldo aus Ertrag und Aufwand zeigt den operativen Erfolg bzw. das Betriebsergebnis an. Durch die Addition von sonstigen Erträgen, wie z. B. aus Aktienverkäufen o. ä. und die Subtraktion der Zinsaufwendungen erhält man das Ergebnis vor Steuern, nach Abzug der Steuern den Net-

---

214 Vgl. Bornhofen, Manfred/Busch, Ernst: Buchführung 2 mit EDV-Kontierung, Gabler Verlag, 2. Aufl., Wiesbaden 1987, S. 378-379.

215 Die Gliederung der Plan-GuV nach dem Umsatzkostenverfahren bietet sich für Gründungsvorhaben an, die in Abhängigkeit von Unternehmen in den USA, Großbritannien oder Ostasien stehen, da diese Vorgehensweise den dortigen Anforderungen nahe kommt.

216 Vgl. Bornhofen, Manfred/Bausch, Ernst: Buchführung 2 mit EDV-Kontierung, Gabler Verlag, 2. Aufl., Wiesbaden 1987, S. 364.

toerfolg bzw. Gewinn des Unternehmens. Dieser geht als Jahresergebnis in die Bilanz ein.[217]

Abbildung 91: Plan-GuV nach Gesamtkostenverfahren

		Jahr 1	Jahr 2	Jahr 3	Jahr 4	Jahr 5
	Betriebliche Erträge −Umsatzerlöse −Bestandsveränderungen −sonstige aktivierte Erträge					
-	**Betriebliche Aufwendungen** −Personalkosten −Materialkosten −Abschreibungen −sonstige betriebliche Aufwendungen (z. B. Raumkosten, Fahrzeugkosten, Werbekosten, Reisekosten, Versicherungen, Beratungskosten, Leasing, Patente, Reparatur-/ Installationskosten, …)					
=	**Operativer Erfolg** **(Betriebsergebnis: EBIT[218])**					
+	Sonstige Erträge (z. B. aus Beteiligungen oder Wertpapieren)					
-	Zinsaufwendungen					
=	**Ergebnis vor Steuern**					
-	Steuern					
=	**Nettoerfolg** **(Jahresüberschuss, -fehlbetrag)**					

Quelle: Eigene Darstellung

217 Die hier beschriebene Form der Plan-GuV stellt eine etwas verkürzte Variante der steuerlich/handelsrechtlichen ex post Rechnung dar; so wären bspw. dort auch außerordentliche Erträge und Aufwendungen zu berücksichtigen, die allerdings für eine Planungsrechnung weniger bedeutsam sind.
218 EBIT steht für "Earnings Before Interest and Taxes", d. h. Einkommen vor Zinsen und Steuern.

Zusätzlich zu Liquiditäts- und GuV-Rechnung kann auch eine **Cash-Flow-Rechnung** durchgeführt werden. Sie ermöglicht z. B. die Überprüfung der Kapitaldienstfähigkeit (Fähigkeit zur Begleichung von Zinsen und Tilgungen) des Unternehmens. Da es sich dabei aber weitestgehend um eine Zwischenform von GuV-Rechnung und Liquiditätsplanung handelt, soll hier auf eine detaillierte Erläuterung verzichtet werden.

3.3.3 Plan-Bilanz

Im Gegensatz zur zeitraumbezogenen Darstellung des Unternehmensinputs an Produktionsfaktoren und des Unternehmensoutputs in Form der Plan-GuV (Flussgrößen, Längsschnittbetrachtung) ist die Planbilanz eine zeitpunktbezogene Darstellung (Bestandsgrößen, Querschnittsbetrachtung).

Gegenübergestellt werden hier die Aktiva und Passiva des Unternehmens. Während die Passiva über die **Kapitalherkunft** bzw. Finanzierungsstruktur Auskunft geben („Wo kommt das Kapital her?"), enthält die Aktivseite der Bilanz Informationen über die **Kapitalverwendung** („Worin ist das Kapital gebunden?", „Was wurde angeschafft?").

Zur Diskussion stehen bezüglich der Gründungsphase die Aufstellung einer Bilanz zum Zeitpunkt des Beginns der Gründungsaktivitäten, also zur Stunde Null des Vorhabens (Gründungsbilanz) sowie die Erstellung einer Bilanz zum Ende der Gründungsphase, bzw. zum Tag der Eröffnung des Unternehmens (Eröffnungsbilanz). Für die Zwecke der Planung ist insbesondere die Aktivseite der Bilanz von Interesse. Bei der **Gründungsbilanz** werden hier typischerweise die vom Initiator oder den Initiatoren eingebrachten Finanz- und Sachwerte aufzuführen sein.

Im einfachsten Fall kann sich die Aktivseite der Gründungsbilanz auf einen Kassenbetrag bzw. Betrag auf einem Girokonto reduzieren, dem auf der Passivseite eine entsprechende Eigenkapitalposition des/der Initiators/Initiatoren gegenübersteht. Sollen allerdings Sachwerte eingebracht werden, z. B. bislang privateigene Fahrzeuge, Büroausstattungen (Schreibtisch, Computer, Schreibmaschine etc.) so differenziert sich das Bild auf der Aktivseite. Eher die Ausnahme, aber nicht ganz auszuschließen, ist, dass auch bereits bei der Gründungsbilanz weitergehende Positionen, etwa Forderungen oder Verbindlichkeiten, Warenlager etc. aufgenommen werden müssen. Wesentlich komplexer ist die Gründungsbilanz (Planbilanz) im Falle einer Übernahme, die dann eher den Charakter einer Eröffnungsbilanz gewinnt bzw. mit dieser zusammenfällt.

Auch hier empfiehlt sich im Hinblick auf die spätere Forderung an ein Controllingsystem, sich von vornherein in der Struktur an den steuer-handelsrechtlichen Vorschriften zu orientieren. Der weit verbreitete **DATEV-Kontenrahmen** SKR03, je nach Gesellschaftsform, kann der Gliederung der Bilanz eines Einzelkaufmanns bzw. einer Personengesellschaft oder die einer großen oder mittelgroßen Kapitalgesellschaft (nach §266 HGB) zugrunde gelegt werden.[219]

Die Planbilanz im Sinne einer **Eröffnungsbilanz** steht am Ende der Gründungsphase und spiegelt zu diesem Zeitpunkt die substantielle Struktur des Unternehmens als Ergebnis der Gründungsaktivitäten wider. Während die Gründungsplanbilanz meist eine sehr simple Struktur hat, wird die Eröffnungsplanbilanz im Allgemeinen wesentlich komplexer sein. Es werden Positionen des Anlage- und Umlaufvermögens auf der Aktivseite und Positionen des Eigenkapitals und der Verbindlichkeiten auf der Passivseite weiter ausdifferenziert dargestellt, da zu diesem Zeitpunkt typischerweise bereits auch eine Fremdkapitalfinanzierung erfolgt sein wird.

Die Grobgliederung einer Bilanz nach deutscher Rechnungslegung ist in Abbildung 74 dargestellt. Wichtige Positionen umfassen:

Auf der **Aktivseite**:

- **Ausstehende Einlagen** der Gesellschafter
- Bei **immateriellen Vermögensgegenständen** handelt es sich z. B. um Patente und sonstige Schutzrechte, Lizenzen, den Geschäfts- oder Firmenwert, den Wert des Markennamens usw.
- **Sachanlagen** umfassen alle Maschinen und Werkzeuge, die Geschäftsausstattung, aber auch unternehmenseigene Grundstücke und Gebäude. Die Höhe der Sachanlagen ergibt sich bei Gründungsunternehmen i.d.R. aus der im Investitionsplan errechneten Gesamtsumme – bei Erstellung zum Jahresende vermindert um den jährlichen Abschreibungsbetrag.
- Zu den **Finanzanlagen** gehören beispielsweise Beteiligungen an anderen Unternehmen oder Wertpapiere des Anlagevermögens, über die Gründungsunternehmen allerdings meist noch nicht verfügen.
- **Vorräte** umfassen den Bestand an fertigen und teilfertigen Erzeugnissen sowie die vorhandenen Roh-, Hilfs- und Betriebsstoffe (also den Lagerbestand).
- Bei den **Forderungen** sind vor allem die Forderungen aus Lieferungen und Leistungen bedeutsam, also z. B. der Wert gelieferter Waren, die vom Kunden zum Zeitpunkt der Bilanzerstellung noch nicht bezahlt worden sind (bei

---

219 Vgl. dazu Bornhofen, Manfred/Busch, Ernst: Buchführung 2 mit EDV-Kontierung, Gabler Verlag, 2. Aufl., Wiesbaden 1987, S. 362-363 bzw. S. 372-373.

Gewährung von Zahlungszielen wird dies regelmäßig der Fall sein) oder auch Forderungen gegenüber dem Finanzamt, z. B. aus Umsatzsteuer (Vorsteuer).

- Über **Wertpapiere** wie Bundesanleihen und Kommunalobligationen werden Gründungsunternehmen kaum in nennenswertem Maß verfügen.
- **Kassenbestand und Bankguthaben** umfassen alle kurzfristig liquidierbaren Mittel des Unternehmens.

Auf der **Aktivseite**:

- Beim **gezeichneten Kapital** handelt es sich um das je nach Rechtsform vorgeschriebene Grund- (AG) bzw. Stammkapital (GmbH), das die Haftungsgrundlage gegenüber Gläubigern darstellt, unabhängig von der Einzahlung.
- **Kapitalrücklagen** sind Rücklagen, die dem Unternehmen von seinen Eignern (also von außen) zusätzlich zum gezeichneten Kapital zugeführt werden.
- **Gewinnrücklagen** sind dagegen einbehaltene Gewinne des Unternehmens (kommen also von innen) und umfassen z. B. satzungsmäßige oder gesetzliche (bei AGs) Rücklagen.
- Der **Gewinn- und Verlustvortrag** bietet die Möglichkeit Gewinne und Verluste auf mehrere Jahre zu verteilen. Er ergibt sich aus dem über die Jahre kumulierten Jahresergebnis.
- Das **Jahresergebnis** bzw. Jahresüberschuss/-fehlbetrag ergibt hier aus dem Vermögensvergleich zwischen aktuellem Jahr und Vorjahr.
- **Rückstellungen** werden z. B. für spätere Pensionszahlungen an Mitarbeiter oder evtl. anfallende Steuerzahlungen gebildet.
- **Verbindlichkeiten gegenüber Kreditinstituten** umfassen Darlehen und Kredite (langfristige) sowie den Kontokorrentrahmen und sonstiges kurzfristig zurückzuzahlendes Fremdkapital.
- **Verbindlichkeiten aus Lieferungen und Leistungen** bestehen in noch nicht beglichenen Rechnungen anderer Unternehmen.
- **Sonstige Verbindlichkeiten** könnten gegenüber dem Finanzamt bestehen.
- **Rechnungsabgrenzungsposten** dienen der periodenrichtigen Erfassung von Erträgen und Aufwendungen. Es werden aktive und passive Rechnungsabgrenzungsposten unterschieden; dies ist für eine Planrechnung nicht relevant.

Abbildung 92: Planbilanz

	Jahr 1	Jahr 2	Jahr 3	Jahr 4	Jahr 5
Aktiva					
O. Ausstehende Einlagen bei Kapitalgesellschaften					
A. Anlagevermögen					
I. Immaterielle Vermögens- gegenstände					
II. Sachanlagen					
III. Finanzanlagen					
B. Umlaufvermögen					
I. Vorräte					
II. Forderungen u. sonst. Vermögensgegenstände					
III. Wertpapiere					
IV. Kassenbestand, Bankguthaben, …					
C. Rechnungsabgrenzungsposten					
Summe Aktiva					

	Jahr 1	Jahr 2	Jahr 3	Jahr 4	Jahr 5
Passiva					
A. Eigenkapital					
I. Gezeichnetes Kapital/Grundkapital					
II. Kapitalrücklage					
III. Gewinnrücklagen					
IV. Gewinn-/Verlustvortrag					
V. Jahresüberschuss/-fehlbetrag					
B. Rückstellungen					
C. Verbindlichkeiten					
I. Verbindlichkeiten ggü. Kreditinstituten (langfr.)					
II. Verbindlichkeiten ggü. Kreditinstituten (kurzfr.)					
III. Verbindl. aus Lieferungen & Leistungen					
IV. sonstige Verbindlichkeiten					
D. Rechnungsabgrenzungsposten					
Summe Passiva					

Quelle: Eigene Darstellung

Im Anschluss an die Eröffnungsbilanz sind – wie bei den anderen Teilplänen – Planbilanzen für einen Zeitraum von drei bis fünf Jahren aufzustellen, die die Unternehmensentwicklung dokumentieren. Dargestellt werden sollte jeweils die Unternehmenssituation zum Jahresende (31.12.).

3.3.4 Finanzbedarfsplan

Der Finanzbedarfsplan hat für Unternehmen in der Gründungsphase besondere Bedeutung. Er gibt Auskunft über die Höhe des Kapitals, das die Gründer beschaffen müssen, um die Geschäftstätigkeit aufnehmen und aufrechterhalten zu können.

Zentrale Fragen, die zur Ermittlung des Finanzbedarfs gestellt werden müssen, sind:

- **Wofür** wird **wie viel** Kapital benötigt?
- **Wann** wird dieses Kapital benötigt?
- **Wie lange** ist es im Unternehmen gebunden?

Antworten auf diese Fragen finden sich vor allem im Liquiditätsplan (vgl. die bereits erläuterte „Unterdeckung"). Es ist aber hilfreich, die entsprechenden Positionen nochmals in einem gesonderten Finanzbedarfsplan (ähnlich dem folgenden Muster) zusammenzustellen.

Hierbei sollten die Positionen nach der Kapitalbindungsdauer (lang-, mittel-, kurzfristig) geordnet werden. Langfristig Kapital gebunden wird beispielsweise vor allem bei Investitionen in das Anlagevermögen (z. B. Gebäude oder Fahrzeuge), während der Mittelbedarf für die Anschaffung von Betriebsmitteln (Roh-, Hilfs-, Betriebsstoffe) und den laufenden Geschäftsbetrieb eher kurzfristig ausgelegt sein wird.

Ähnlich wie bei der Inputplanung sollte auch im Finanzbedarfsplan der gründungsspezifische Mittelbedarf inkl. der Markteinführungskosten gesondert betrachtet werden. Zu berücksichtigende Positionen sind im Folgenden nochmals zusammengefasst:

Abbildung 93: Zusammenfassung: Mittelbedarf bei der Gründung

Feststellung des Mittelbedarfs bei der Gründung

* *Corporate Layout (Grafiker)*
* *Marktanalyse*
* *Standortanalysen*
* *Umbauten, Renovierungsarbeiten*
* *Kaufpreis für Gebäude und Grundstücke oder Mietkaution*
* *Kauf von Einrichtungen und Ausstattungen, Maschinen und Anlagen*
* *Kauf von Fahrzeugen und Geräten*
* *Erstausstattung des Waren- und/oder des Materiallagers*
* *Erwerb von Patenten und Lizenzen*
* *Notargebühren, Amtsgericht, Publizierung der Eintragung, Gewerbeanmeldung, Rechtsanwalt, Steuerberater, Unternehmensberater*
* *Maßnahmen aufgrund behördlicher Auflagen*
* *Eröffnungswerbung*
* *Reserve für Unvorhergesehenes*
* *etc.*

Quelle: Eigene Darstellung

Abbildung 94: Zusammenfassung 6: Mittelbedarf für laufende Betriebsausgaben

---

Feststellung des Mittelbedarfs für laufende Betriebsausgaben

* *Mieten, Strom, Heizung*
* *Löhne, Gehälter und Nebenkosten*
* *Kommunikation: Telefon, Fax, Internet*
* *Büromaterialien*
* *Reinigung und Wartung*
* *Reisekosten*
* *Werbung, Public Relations*
* *Leasinggebühren*
* *Schuldendienst (Zinsen und Tilgung)*
* *Beratung*
* *Vorfinanzierung von Außenständen*
* *Versicherungen*
* *etc.*

Quelle: Eigene Darstellung

Wie bereits angedeutet sind weiterhin auch die Anlaufverluste (sprich: die Unterdeckung aus der Liquiditätsrechnung) aufzuführen. Als eine Art Risikopuffer – z. B. um verspätete Zahlungseingänge oder evtl. Ausfälle kompensieren zu können – kann die Einbeziehung einer Liquiditätsreserve sinnvoll sein.

Abbildung 95: Muster eines Finanzbedarfsplan

	Betrag in T€	Zeitpunkt des Mittelflusses
1. Gründungsspezifische Ausgaben		
1.1 Notar-, Handelsregister etc.		
1.2 Gebühren		
1.3 Beratung		
1.4 Gutachten		
1.5 bisherige und sonstige Ausgaben		
2. Investitionen		
2.1 Grundstücke und Gebäude		
2.2 Erwerbsaufwand für 1.1		
2.3 Baumaßnahmen		
2.4 Planungsaufwand für 1.3		
2.5 Betriebs- und Geschäftsausstattung		
2.6 Einrichtung und Inbetriebnahme von 1.5		
2.7 Labor-, Test- und Erprobungsausstattung		
2.8 DV- und Kommunikationsausstattung		
2.9 Büromöbel		
2.10 Transportmittel (innerbetrieblich)		
2.11 Fahrzeuge		
2.12 Lagereinrichtungen		
3. Investitionen (immateriell)		
3.1 Patente		
3.2 DV-Lizenzen		
3.3 sonstige Lizenzen		
4. Finanzinvestitionen		
4.1 Beteiligungen		
4.2 Kooperationen		
4.3 M&A-Projekte		
5. Warenausstattung		
5.1 Rohstoffe		
5.2 Hilfs- und Betriebsstoffe		
5.3 Fertigwaren		
5.4 halbfertige Waren		
5.5 Fremdbauteile		

5.6 Handelsware
5.7 Emballagen (Verpackungsmaterial)
5.8 sonstige Bestände

6. Markteinführungsausgaben
6.1 Markenfindung und –sicherung
6.2 Markteinführung regional
6.3 Markteinführung national
6.4 Markteinführung international

7. Anlaufverluste (Cash-Betrachtung)
7.1 Quartal 1
7.2 Quartal 2
7.3 Quartal 3
7.4 Quartal 4
7.5 Jahr 2

8. Liquiditätsreserve

Gesamt-Finanzbedarf

Quelle: in Anlehnung an Nathusius, Klaus: Gründungsfinanzierung, Frankfurt a. M. 2003, S. 69.

3.3.5 Finanzierungsplan

Der Finanzierungsplan gibt Auskunft darüber, woher das Kapital stammen soll, um den im vorangegangenen Abschnitt ermittelten Finanzbedarf zu decken. Die Finanzierungsstruktur bzw. der optimale Finanzierungs-Mix muss festgelegt werden. Dazu wird aufgelistet, wann und in welchem Umfang dem Unternehmen Eigen-, Fremdkapital und öffentliche Fördermittel **zugeführt** werden sollen und wer als Kapitalgeber in Frage kommt. Einzelheiten zu den verschiedenen Finanzierungsformen und Kapitalgebern wurden bereits in Teil I Kapitel 2.3.8 ausführlich erläutert und sollen daher an diese Stelle nicht mehr aufgegriffen werden. Die Gliederung der einzelnen Positionen sollte einerseits nach Eigen- und Fremdkapital, andererseits nach der Dauer orientiert sein, für die das Kapital dem Unternehmen zur Verfügung steht.

Abbildung 96: Beispiel für einen Finanzierungsplan

Finanzierungsinstrument	Finanzgeber	Betrag in T€	Zeitpunkt der Bereitstellung
1. Langfristige Finanzmittel			
1.1 Eigenkapital und eigen- kapitalähnliche Mittel			
Gründereinlagen in bar	Gründer 1 etc.		
in Sacheinlagen	Gründer 1 etc.		
Gründerdarlehen	Gründer 1 etc.		
Externes Beteiligungskapital	ABC Venture		
Mezzanine-Kapital	ABC Venture		
Investitionszuschüsse	Landesförderamt		
Investitionszulagen	Finanzamt		
1.2 Fremdkapital			
ERP-Kapital für Gründung	KfW Mittelstands- bank		
Landes-Darlehen	Landesbank		
Bankkredite (langfristig)	Hausbank A		
	Hausbank B		
Privatkredite (langfristig)	Familie & Freunde		
2. Kurzfristige Finanzmittel			
Kontokorrent	Hausbank		
Lieferantenkredit	Lieferant		
Kundenkredit	Kunde		
Privatkredit (kurzfristig)	Familie & Freunde		
3. Sonderfinanzierungsformen			
Leasing	XY- Leasinggesellschaft		
Factoring	Z- Factoringgesellschaft		
Gesamtfinanzierungsmittel			

Quelle: In Anlehnung an Nathusius, Klaus: Gründungsfinanzierung, Frankfurt a. M. 2003, S. 71.

Der Zeitpunkt, zu dem das Kapital bereitgestellt wird, sollte demjenigen entsprechen, zu dem es laut Finanzbedarfsplan benötigt wird. Bei der Entscheidung, welcher Bedarf mit welchen Mitteln gedeckt werden soll, können in der Finanzierungstheorie entwickelte Daumenregeln hilfreich sein (sie sind aber keinesfalls als verbindliche Vorgabe zu verstehen!):

- **Goldene Finanzierungsregel**: Die Bindungsdauer des Kapitals soll mit der Fristigkeit der Verfügbarkeit des Kapitals übereinstimmen.

- **Goldene Bilanzregel** (neuere Fassungen): Das langfristig gebundene Kapital, insbes. das Anlagevermögen ist auch langfristig d. h. mit Eigenkapital oder langfristigem Fremdkapital zu finanzieren.

- Die **vertikale Kapitalstrukturregel** beschäftigt sich mit dem optimalen Verhältnis von Eigen- und Fremdkapital. Hier differieren die Meinungen allerdings erheblich. Ein Verhältnis von 1:1 (EK:FK) wird ebenso gefordert wie ein Verhältnis 2:1. Hinzu kommt, dass die Regel nach Branchen variiert. Für Industrieunternehmen soll der Eigenmittelanteil beispielsweise mindestens 60 % betragen, für Handelsunternehmen 50 %.[220]

Gründer sollten in jedem Fall darauf achten, einen möglichst großen Teil des Eigenkapitals selbst zu stellen. Zum einen, um Verwässerungseffekte zu vermeiden und möglichst viele Unternehmensanteile – und damit auch die Entscheidungsgewalt – „in den eigenen Reihen zu halten", zum anderen, weil dies bei potentiellen Co-Investoren (z. B. Business Angels oder VC-Gesellschaften) als Zeichen des Commitments verstanden wird: stecken große Teile des Privatkapitals eines Gründers in dem Unternehmen, wird er wohl wirklich von seiner Idee überzeugt sein und auch das notwendige Engagement aufbringen! Auf der anderen Seite können die Gründer auch von externen Eigenkapitalgebern profitieren, z. B. durch den einfacheren Zugang zu Märkten, Kunden und Know-How sowie Beratungsleistungen und Kontaktnetzwerken.

Bei der Aufnahme von Fremdkapital sollte sehr genau auf die Zins- und Tilgungsmodalitäten geachtet werden. Es muss bedacht werden, dass die Höhe der Zinsen und Tilgungen erheblichen Einfluss auf die Liquiditäts- und Erfolgssituation des Unternehmens haben können und zudem eine fixe Position darstellen, die auch bei schlechter Ertragslage zu bedienen ist. Im Allgemeinen ist allerdings Fremdkapital kostengünstiger als Eigenkapital zu bekommen, da der Fremdkapitalgeber ein geringeres Risiko trägt.

Sollen öffentliche Fördermittel in Anspruch genommen werden, ist zu berücksichtigen, dass sowohl die Anfertigung der notwendigen Unterlagen (Formulare) als auch die Prüfung der Anträge längere Zeit dauern kann. Hier muss also eine ausreichende Vorlaufzeit bzw. ggf. eine Zwischenfinanzierung eingeplant werden, um später nicht evtl. in Zahlungsschwierigkeiten zu geraten.

---

220 Vgl. Wöhe, Günter/Bilstein, Jürgen: Grundzüge der Unternehmensfinanzierung, 7., überarbeitete Aufl., München 1991, S. 325.

3.3.6 Der **Mindestumsatzplan**

Im Hinblick auf die Erstellung einer Mindestumsatzberechnung ist allgemein formuliert die Frage zu beantworten, wie hoch die Umsätze innerhalb einer definierten Zeitspanne sein müssen, um eine Zielgröße zu erreichen.

Eine solche Zielgröße ist typischerweise der geplante Gewinn, der z. B. auf der Basis der Einkommensvorstellungen des oder der tätigen Gesellschafter formuliert wird. Die Berechnung muss also darüber Auskunft geben, wieviel Umsatz im Rahmen des Gründungsvorhabens z. B. innerhalb des ersten Jahres gemacht werden muss, um einen Gewinn von x Geldeinheiten zu erreichen.

Neben einer solchen erfolgsorientierten Mindestumsatzplanung kann diese auch im Hinblick auf eine Balancierung der Liquidität erfolgen; bei bereits gegebenen externen (Eigen- und Fremdkapital) und internen Finanzierungsmöglichkeiten wird dann die Frage gestellt, wieviel Umsatz innerhalb einer Periode gemacht werden muss, um zumindest zahlungsfähig zu bleiben.

Einfache Tabellenkalkulationsprogramme können zwar die Frage: „Was passiert, wenn" (*what if*) beantworten. Die hier gestellte Frage „Wie erreiche ich, dass" (*how to achieve to*) wird aber programmseitig meistens nicht ohne weiteres unterstützt. Insofern muss auf der Basis der Plandaten also eine Rückrechnung erfolgen.

Der Erfolg (bzw. Gewinn oder Verlust) wird bei der Erfolgsrechnung (GuV) bei gegebenem Umsatz (Ertrag) und gegebenem Aufwand aus der Differenz von Ertrag und Aufwand ermittelt:

$$\text{Erfolg} = \text{Umsatzertrag} - \text{Aufwand}$$

So ist hier auf der Basis des vorher definierten Gewinns als Zielgröße und des zu erwartenden Aufwandes der **erfolgsbezogene** notwendige Ertrag bzw. Umsatz leicht zu errechnen. Bezüglich des fixen Aufwandes macht dies keine Probleme, da aber ein Teil des Aufwandes umsatzabhängig ist, gibt es eine direkte partielle Abhängigkeit zwischen Aufwand und dem Umsatz. Grundsätzlich sieht die einfache Berechnungsformel demnach wie folgt aus:

$$\text{Sollumsatzerträge} = \text{Sollgewinn} + \text{Sollaufwand}$$

Als Zeitspanne, für die dieser Wert jeweils zu berechnen ist, wird meist das Geschäftsjahr sinnvoll sein.

Hinsichtlich der **liquiditätsbezogenen** Mindestumsatzrechnung ist ausgehend von der Formel:

Endbestand =   Anfangsbestand
+ umsatzbezogene Einnahmen
+ sonstige Einnahmen
- Ausgaben

die Mindestumsatzforderung wie folgt zu formulieren:

Sollumsatzeinnahmen =   Sollausgaben
- Sollanfangsbestand
- sonstige Solleinnahmen.

Dieser liquiditätsbezogene Wert muss für jeden einzelnen liquiditätsmäßig bedeutsamen Zeitraum (also typischerweise monatlich) separat errechnet werden.

3.3.7 Risikoanalyse/Sensitivitätsanalyse

Da Planzahlen mit einer Vielzahl von Unwägbarkeiten verbunden sind und Planrechnungen auch bei vorsichtiger Handhabung (Schätzung auf der sicheren Seite) immer sehr viele offene Flanken bieten, stellt sich die Frage, wie stabil das geplante Vorhaben hinsichtlich von Änderungen im Bedingungsrahmen bzw. entsprechender Abweichungen auf der Input- oder Outputseite ist. Eine solche Analyse, mit der sozusagen die **Robustheit des Vorhabens** abgeklopft wird, ist sowohl bezogen auf Liquiditätsaspekte als auch auf Erfolgsaspekte sehr wichtig. Unter Liquiditätsaspekten stellt sich daher insbesondere die Frage, ob die Zahlungsfähigkeit des Unternehmens erhalten bleibt,

- wenn die Ausgaben um x % höher liegen
- wenn die Einnahmen um x % niedriger liegen
- wenn die Ausgaben um x Perioden früher erfolgen
- wenn die Einnahmen um x Perioden später erfolgen.

Hier wird also gleichermaßen auf die Höhe von Einnahmen und Ausgaben als auch auf den Zeitpunkt von Einnahmen und Ausgaben in ihrer möglichen negativen, nachteiligen Abweichung von den ursprünglichen Planungsvorstellungen Bezug genommen.

Entsprechend sind die Fragen für die erfolgsorientierte Risikoanalyse zu formulieren. Wie verändert sich der Erfolg des Vorhabens bezogen auf eine bestimmte Periode, wenn

- der Ertrag um x % niedriger ausfällt,
- der Aufwand um x % höher liegt,
- die Verkäufe um x Perioden später erfolgen.

3.3.8 Break-Even-Ermittlung

Die Break-Even-Rechnung wird üblicherweise erfolgsorientiert formuliert. Sie beantwortet die Frage, wann die kumulierten Erträge die kumulierten Aufwände übersteigen. Es wird bei diesem Ansatz generell implizit unterstellt, dass dieses erstmalige Übersteigen der kumulierten Erträge über die kumulierten Aufwände auch dauerhaft und stabil ist, d. h. in allen späteren Phasen die Summe aller Erträge bis zum jeweiligen Zeitpunkt nicht mehr geringer ist als die Summe der bis dahin aufgelaufenen Aufwände. Diese Unterstellung ist allerdings nicht bei allen Vorhaben realistisch. Die Aussage der Break-Even-Rechnung ist daher eher plakativ.

Im Prinzip will diese Rechnung darüber Auskunft geben, ab wann ein Gründungsvorhaben nach den Perioden des Verlustes und der ersten Erträge eine Kompensierung der Anlaufverluste erreicht hat und dauerhaft Gewinne erwartet werden können. Für die Break-Even-Analyse eignet sich insbesondere eine graphische Darstellung mit den entsprechenden Aufwands- und Erlöswerten.

Abbildung 97: Break-Even-Analyse

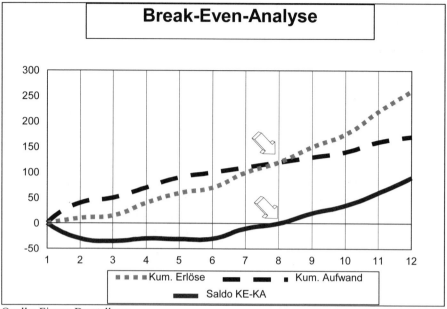

Quelle: Eigene Darstellung

Im Hinblick auf die Liquidität ließe sich eine ähnliche Berechnung unter dem Aspekt der Ermittlung eines Zeitpunktes, zu dem die Binnenfinanzierung des Gründungsvorhabens dauerhaft hinreichend für die Aufrechterhaltung der Liquidität ist, aufstellen; dies ist aber unüblich.

3.3.9 Sonstige Planrechnungen

Die traditionelle Betriebswirtschaftslehre bietet eine Vielzahl von möglichen Berechnungskonzepten an, die sich nicht nur auf Ist-Zahlen, sondern auch auf Planzahlen anwenden lassen. Zu denken wäre z. B. an Kostenstellen-, Kostenträgerrechnung, an die Prozesskosten-[221] und Zielkostenrechnungen[222] oder Deckungsbeitragsrechnungen.

Bei der typischen Größenordnung von Gründungsvorhaben und den meist gegebenen Begrenzungen in der Qualität von Inputdaten, die für solche Rechnungen

---

221 Prozesskosten sind Kosten, die bei Prozessen der Leistungserstellung und –verwertung anfallen.
222 Auch Target Costing; ein Instrument des strategischen Kostenmanagements. Es wird versucht, bei Produktinnovationen den späteren Marktpreis festzustellen, um daraus die Kosten, die maximal anfallen dürfen, zu berechnen. Entsprechend wird das Produkt nur entwickelt, wenn die Zielkosten eingehalten werden können.

herangezogen werden können, ist allerdings Vorsicht geboten. Nur zu leicht gaukelt die Verwendung feinsinniger Algorithmen bis hin zu Optimierungsrechnungen u.ä. eine Genauigkeit und Aussagefähigkeit vor, die die in die Rechnung eingehenden Daten weit überfordert. Es bleibt dann – trotz intelligentester Verarbeitung der Daten – die alte englische Regel gültig: *garbage in, garbage out* (frei übersetzt: die Eingabe von Unsinn kann nur zu Unsinnsergebnissen führen).

3.4   Zeitliche Planung (Milestones)

Dem Ansatz der **Zeit- und Projektplanung** wurde in der bisherigen Darstellung noch wenig Beachtung geschenkt, ist aber für die zeitliche Strukturierung und Koordinierung der verschiedenen Handlungsstränge von sehr großer Bedeutung. Die im Folgenden aufgeführte Darstellung deutet mit den von oben nach unten angeordneten Teilen einerseits zwar gewisse Sequenzen in der Abfolge der Planungsaktivitäten an, andererseits gibt sie noch kein differenziertes Zeitraster, in dem Beginn, Ende, Dauer von bestimmten Aktionen oder die Verteilung der Aufgaben auf verschiedene Akteure abzulesen wäre. Im konkreten Vorhaben sollte für die Ermittlungsphase eine Verteilung der Aktivitäten entlang der Kalenderzeit definiert werden. In einfachen Fällen reicht dafür eine Eintragung in ein Kalendarium bzw. möglicherweise auch die Form eines Balkendiagramms wie z. B. in der folgenden Abbildung 98 (Ghant Chart) einer Grobplanung der verschiedenen Gründungsaktivitäten.

Bei komplexen Vorhaben bietet die **Netzplantechnik** eine gute Unterstützung. Es liegen preiswerte und auch anspruchsvollere Programme für Personal Computer zur Unterstützung der Projektplanung vor (z. B. MS-Project, Timeline for Windows). Das Erlernen der Handhabung solcher Programme ist aber nicht trivial und nimmt meist erhebliche Zeit in Anspruch.

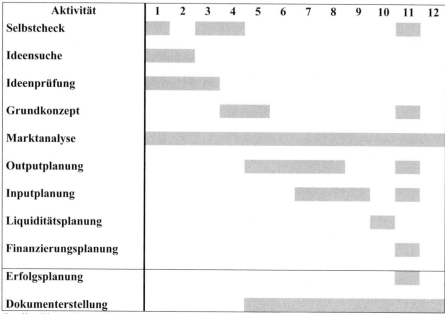

Abbildung 98: Grobplanung der Gründungsaktivitäten

Quelle: Eigene Darstellung

4 Anhang des Unternehmensplans und seine Gestaltung

Grundsätzliche Aufgabe des Anhangs im Unternehmensplan ist es, Belege und Detail-Dokumentationen zu den Aussagen und Zahlenmaterialien zu liefern, die im verbalen und insbesondere im quantitativen Teil des Plans dargelegt werden; so wie im Rechnungswesen der Grundsatz gilt: **„keine Buchung ohne Beleg"**, so sollte beim Unternehmensplan gelten: **„keine Aussage und keine Berechnung ohne Nachweis"**. Man sollte ergänzend auch Möglichkeiten der Fotografie und evtl. von Videoaufnahmen nutzen.

An erster Stelle sind Detailangaben zum Lebenslauf der Gesellschafter (Vita) mit einem Schwerpunkt auf die berufliche Qualifikation und vor allem auf die bisherigen beruflichen Erfahrungen und Erfolge aufzuführen. Ergebnisse der selbst oder extern durchgeführten Erhebungen zur Marktforschung/Untersuchungsberichte sollten folgen.

Soweit z. B. bereits Verträge mit den Gesellschaftern bezüglich Miete/Pacht oder Kauf von Immobilien, wichtige Arbeitsverträge, Lizenznutzungsverträge ausgehandelt oder sogar abgeschlossen wurden (Vorsicht bzgl. der Beantragung von Fördermitteln!), sollten diese im **Anhang** ebenso zu finden sein wie eigene Patente oder Gebrauchsmuster. Auch selbst oder durch Dritte (Institut, Berater) durchgeführte Marktforschungsaktivitäten oder Standortanalysen sollten aufgenommen werden. Ebenso gehören hierhin Gutachten, Testate und Beratungsberichte zum Vorhaben.

Bezüglich wichtiger Investitionen, Waren- und Rohstoffbezüge sollten verbindliche Angebote oder Prospekte/Katalogauszüge/Listen mit Preisen, Zahlungskonditionen und Lieferzeiten eingefügt werden; desgleichen evtl. Aufträge und Kooperationsvereinbarungen.

Sind Bau- oder Umbauvorhaben geplant, so sollten in den **Anhang** alle wichtigen Unterlagen dazu aufgenommen werden.

Liegen schon vorläufige oder feste Zusagen zur (Teil-) Finanzierung (Eigenoder Fremdkapital) vor, so gehören auch diese in den Anhang.

Abbildung 99: Zusammenfassung: Unterlagen für den Anhang

Wichtige Unterlagen für den Anhang

* *Persönliche Angaben*
    - *Lebenslauf, beruflicher Werdegang, Fachzeugnisse*
    - *Gehaltsbescheinigungen*

* *Angaben zu Vorhaben auf Basis der Marktforschung*
    - *Beurteilung der Markt- und Standortverhältnisse*
    - *Erläuterung der Konkurrenzverhältnisse*
    - *Beurteilung der künftigen Ertragserwartungen (betriebliche Kalkulation)*

* *Miet- und Pachtvertrag*

* *Inventaraufstellung*

* *Angebote für Markt und Ausrüstungen, Roh-, Hilfs- und Betriebsstoffe, Handelswaren*

* *Liste der getroffenen Annahmen (siehe Teil II 5.6: Discovery Driven Planning)*

* *Zusätzlich bei Existenzgründung mit Bauvorhaben:*
    - *Grundbuchauszug – unbeglaubigt – (Grundbuchamt)*
    - *Kopie der Flurkarte*
    - *Auszug aus dem Liegenschaftsbuch*
    - *Straßenbaukostenbescheinigung (Gemeinde)*
    - *Mietaufstellung*
    - *Kubikmeter- und Nutzflächenberechnung*
    - *Ein Satz Bauzeichnungen*
    - *Baubeschreibung*
    - *Baukostenberechnung*
    - *Zusage über (Bau-)Fremdgelder*
    - *Höhe und Bedingungen evtl. Hypotheken und Darlehen*
    - *Aufgliederung nach Selbsthilfe, Eigenleistungen und ggf. der Eigenmittel*
    - *Angabe über Versicherungen*

Quelle: Eigene Darstellung

Bei Planungsrechnungen wird – insbesondere bei den ersten Planungsschritten – sehr viel mit Schätzgrößen und Annahmen gearbeitet. Im Laufe des Planungsprozesses ist es meist möglich, die vergangenheitsbezogenen ersten Schätzungen durch genauere Schätzungen oder sogar klare Fakten zu ersetzen. Da die Planung auch eine zeitliche Ausdehnung hat, wird auch schon ein Teil der Zukunft in der Ausgangsphase der Planung zur Vergangenheit und auch hier kann dann

z. T. Spekulation durch Fakten ersetzt werden oder zumindest eine erste wage Prognose durch eine besser abgesicherte Prognose abgelöst werden.

Um klar zu machen, wo besondere Risiken der Planung liegen, ist es daher sehr wichtig, Fakten von Annahmen zu trennen und den Prozess der Verbesserung der Qualität des Informationsinputs in die Planung zu steuern. Dazu ist es hilfreich, eine Liste der Annahmen im Anhang aufzuführen und gegebenenfalls auch „Milestones" vorzusehen, bei denen diese Annahmen wieder überprüft werden sollen.[223]

---

223 Vgl. dazu Kapitel 5.6 „Discovery Driven Planning" und im Anhang den Beispielfall Kao Inc und den Geschäftsplan der DENC AG.

5   Kritische Abrundung des Business Plans

5.1   INDUG: detailliertes Integrationsmodell der Unternehmensplanung

Abbildung 100, ein detailliertes **Integrationsmodell** der Unternehmensgesamtplanung, führt die verschiedenen Elemente des qualitativen Teils des Unternehmensplans aus Kapitel 2 sowie des quantitativen Teils des Unternehmensplans
aus Kapitel 3 zusammen und verdeutlicht die gegenseitigen Planabhängigkeiten.
Bereits unter 1.3 (Anforderungen an einen Unternehmensplan) wurde auf die
Planabhängigkeiten und die aus der Forderung nach einer stringenten durchgängigen Gesamtplanung resultierende Notwendigkeit eines Integrationsmodells
hingewiesen, deren Realisierung durch den INDUG Ansatz erleichtert werden
soll.

Das Integrationsmodell gliedert sich entsprechend dem vorgestellten Aufbau des
Buches nach: Grundkonzeption des Vorhabens, Wahrnehmung der **Unterneh-
merfunktion**, Outputplanung und Inputplanung und den daraus resultierenden
Planrechnungen, wie **Liquiditätsplan**, **Finanzierungsplan**, **Erfolgsplan** etc.

In Abbildung 100 ist mit den übergreifenden Themen und den links angeordneten Elementen der Bereich der qualitativen verbalen Darstellung markiert, während mit den rechts angeordneten Elementen der Outputplanerfassung, der In-
putplanerfassung und den folgenden Ergebnisplänen (Liquiditätsplänen etc.) die
quantitative Darstellung markiert ist.

Die qualitative Darstellung repräsentiert zwei Teilaspekte, die zeitlich auseinan-
der liegen, nämlich die verbale, qualitative **Vorbereitung** des quantitativen
Teils auf der einen Seite und die verbale, graphische **Zusammenfassung** der
Ergebnisse des quantitativen Teils andererseits.

Abbildung 100: INDUG: detailliertes Modell

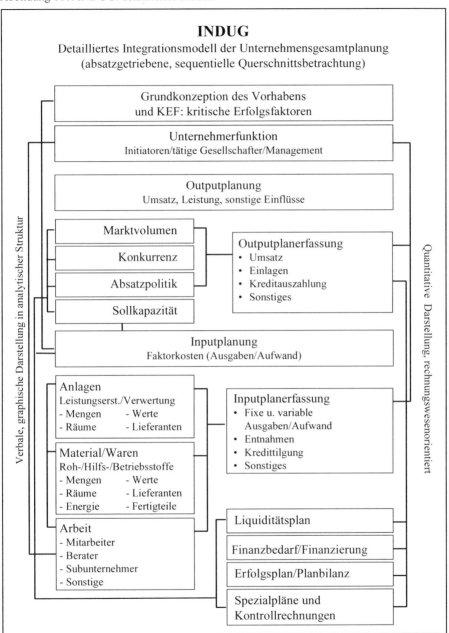

Quelle: Eigene Darstellung

5.2 Einsatz von Betriebsvergleichszahlen

Betriebsvergleichszahlen dienen einem „Benchmarking", einem Vergleich der eigenen Idee/Konzeption mit orientierenden Unternehmen. **Betriebsvergleichszahlen** geben z. B. Auskunft über durchschnittliche Umsätze pro Mitarbeiter oder pro qm Verkaufsfläche, über typische Umschlagshäufigkeiten von Sortimentsteilen etc. Die Brauchbarkeit für die Zwecke des Gründers hängt allerdings erheblich von der Nähe zum eigenen Konzept ab. Einschränkungen ergeben sich insbesondere aus der mangelnden **Differenziertheit der Branchengliederung** solcher Kennzahlen. Außerdem stellt sich die Frage, inwieweit in der **Gründungs- und Frühentwicklungsphase** Vergleichszahlen aussagekräftig sind, die hauptsächlich auf **gereiften Unternehmen** beruhen.

Verschiedene Organisationen erstellen Betriebsvergleiche. Bekannt ist, dass die **Finanzbehörde** für ihre eigenen Zwecke (Plausibilitätskontrolle von Steuererklärungen) eine **Richtsatzsammlung** aufgebaut hat; weniger bekannt ist, dass diese auch für jedermann erhältlich ist (vorwiegend zu Einzelhandel, Handwerk, Verkehr).[224] Für den klassischen **Einzelhandel** bietet insbesondere das Institut für Handelsforschung an der Universität zu Kölnumfangreiches Material, für manche **Großhandelsbranchen** ein entsprechendes Institut an der TU in Berlin.[225] Daneben gibt es spezielle Angebote von Fachverbänden, die z. T. mit dem Institut für Handelsforschung zusammenarbeiten, wie z. B. der Deutsche **Hotel- und Gaststättenverband** DEHOGA (Bonn), der Deutsche **Reisebüroverband** e.V. (Hamburg), die Rationalisierungs-Gemeinschaft **Handwerk** Schleswig-Holstein e.V. oder der Bundes-Zentralverband **Personenverkehr** (Frankfurt).

Betriebsvergleichszahlen erstellt ebenfalls die DATEV (Datenverarbeitungsorganisation des steuerberatenden Berufs in der BRD EG in Nürnberg mit rd. 35.000 beteiligten Steuerberatern[226]), die allerdings nur über einen angeschlossenen Steuerberater erreichbar sind, wenn von diesem Daten der entsprechenden **Branche** seinerseits eingegeben werden (vorwiegend zu Einzelhandel, Hotel- und Gaststätten sowie zu Arztpraxen).

Auch die Banken und Sparkassenorganisationen verfügen über ein breit angelegtes Zahlenmaterial. Dieses ist allerdings ausschließlich für den internen Gebrauch bestimmt und nicht ohne weiteres frei erhältlich. Kreditinstitute (z. B. Volks- und Raiffeisenbanken) bieten auch Branchenbriefe an, die allgemeine

---

224 Über den Bund der Steuerzahler, Wiesbaden oder über den Buchhandel als Broschüre aus dem Dr. Fritz Schmitt-Verlag.
225 Die Mitteilungen des Institutes können über den Verlag Otto Schwartz in Göttingen bezogen werden.
226 Eine Genossenschaft von Steuerberatern, die hauptsächlich DV-Buchführungsleistungen erbringt.

Informationen zur ausgewählten **Branche**, aber meist wenig detaillierte Zahlen beinhalten. Interessante Branchenstudien erstellt auch die BBE[227], die allerdings nur zu relativ hohen Preisen erhältlich sind.

In der (Vor-)Gründungsphase ist nur der **externe Vergleich** relevant, d. h. ein Vergleich mit anderen bereits bestehenden Unternehmen (meist mit Durchschnittswerten branchenähnlicher Unternehmen aller Altersgruppen). In späteren Lebensphasen ist auch der **betriebsinterne** Vergleich entweder als Soll-Ist Vergleich oder aber als Ist-Ist Vergleich entlang der Zeitachse von Interesse.

Einige wichtige Kennziffern für die Gründungsplanung, aber auch für das spätere Controlling sind im Folgenden aufgeführt.

Liquidität

Auf die Bedeutung des Liquiditätsmanagements in der Gründungs- und Frühentwicklungsphase wurde bereits hingewiesen. Unter dem Gesichtspunkt der Schnelligkeit der Verfügbarkeit werden verschiedene Liquiditätsgrade mit den folgenden Kennziffern gemessen bzw. die disponiblen Mittel betrachtet.

- **Liquidität 1. Grades =**
  (Flüssige Mittel + Wertpapiere + kurzfristige Forderungen)
  / kurzfristige Verbindlichkeiten * 100

- **Liquidität 2. Grades =**
  (Flüssige Mittel + Wertpapiere + Termineinlagen +
  kurzfristige Forderungen) / kurzfristige Verbindlichkeiten * 100

- **Liquidität 3. Grades =**
  (Flüssige Mittel + Wertpapiere + Termineinlagen + kurzfristige
  Forderungen + Warenbestand + Halbfertigprodukte)
  / kurzfristige Verbindlichkeiten * 100

- **Cash Flow =**
  Periodenergebnis + Abschreibung für Abnutzung

Umsatzbewegung

Überlegungen, wie man die Bindung knapper liquider Mittel und die Inanspruchnahme knapper Lager-, Personal- und Verkaufsflächen-Ressourcen erfassen kann, stehen hinter den folgenden Kennziffern.

---

227 Betriebsberatung für den Einzelhandel, Köln.

- **Kapitalumschlagshäufigkeit** =
  Netto-Umsatz / Gesamtkapital

- **durchschnittlicher Lagerbestand** =
  arithmetisches Mittel

- **Lagerumschlagshäufigkeit** =
  Netto-Umsatz / Lagerbestandswert der Handelswaren

- **Umsatz pro Kopf** =
  Netto-Umsatz / Mitarbeiterzahl

- **Umsatz pro Flächeneinheit** =
  Netto-Umsatz / qm Verkaufsfläche

Wachstum

Diese Gruppe von Kennziffern beschreibt anhand von Schlüsselgrößen das zu erwartende bzw. tatsächliche Größenwachstum der Unternehmung; die beiden erstgenannten Kennziffern haben den Charakter von Frühwarnindikatoren, da sie in der Wertschöpfungskette relativ früh platziert sind. Diese sollen auf der Basis eines frühzeitigen Hinweises auf kritische Entwicklungen eine rechtzeitige Gegensteuerungsaktivität ermöglichen.

- **Veränderung des Auftragsbestandes** =
  Bestandsvolumen netto Zeitpunkt 2 / Bestandsvolumen netto Zeitpunkt 1

- **Wandlungsquoten z. B.:**
  Durchschnittlicher Zeitraum vom Erstkontakt bis Umsatz oder Rechnungseingang

- **Umsatzwachstum** =
  Veränderung Netto-Umsatz im Vergleich zum Bezugszeitraum

- **Gewinnwachstum** =
  Veränderung Ergebnis im Vergleich zum Bezugszeitraum

Rentabilität

Es sollen das eingesetzte Kapital bzw. das Volumen der Betriebsprozesse und die resultierenden Gewinne unter Effizienzgesichtspunkten gegenübergestellt werden.

- **Eigenkapitalrentabilität =**
  Ergebnis / Eigenkapital * 100

- **Gesamtkapitalrentabilität =**
  (Ergebnis + Fremdkapitalzins) / Gesamtkapital * 100

- **Umsatzrentabilität =**
  Ergebnis / Netto-Umsatz * 100

Finanzierungsstruktur und Vermögensaufbau

Unter Strukturaspekten wie der Solidität und Krisensicherheit der Finanzierung werden Eigen- und Fremdkapital in Beziehung gesetzt bzw. Aspekte der zeitlichen Bindung des Kapitals betrachtet.

- **Eigenkapitalaufbau =**
  Eigenkapital / Gesamtkapital * 100

- **Verschuldungskoeffizient =**
  Fremdkapital / Eigenkapital * 100

- **Anlagevermögensanteil =**
  Anlagevermögen / Bilanzsumme * 100

- **Umlaufvermögensanteil =**
  Umlaufvermögen / Bilanzsumme * 100

- **Deckungsgrad A =**
  Eigenkapital / Anlagevermögen * 100

- **Deckungsgrad B =**
  (Eigenkapital + langfristiges Fremdkapital) / Anlagevermögen * 100

Du-Pont-System

Der Zusammenhang einzelner Kennzahlen und betriebswirtschaftlicher Größen lässt sich sehr gut in dem von der amerikanischen Firma Du Pont de Nemours &

Co. entwickelten Kennzahlensystem erkennen. Das Du-Pont-System, auch **Du-Pont-Pyramide** genannt, zielt auf den **Return on Investment** (RoI, Gewinn des investierten Kapitals in %), der sich aus dem Kapitalumschlag und der Umsatzgewinnrate zusammensetzt. Diese wiederum lassen sich aus den verschiedenen vorgestellten Kennzahl^en und bekannten Betriebsgrößen (z. B. Umsatz, variable Kosten) berechnen.[228]

Abbildung 101: Du-Pont-System

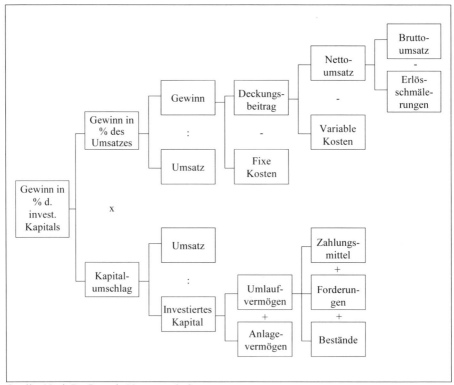

Quelle: Nach Du Pont de Nemours & Co.

5.3 Typische Fehler und Probleme bei der Erstellung eines Unternehmensplans

Im Zusammenhang mit dem Punkt 1.3 „Anforderungen an einen Unternehmensplan" wurde bereits auf die Planabhängigkeit der Einzelpläne untereinander hingewiesen. Ein häufiger **Fehler** in diesem Zusammenhang ist der, dass die **Festschreibung des Plansystems** über Bereiche erfolgt, die relativ leicht zu erfassen

---

228 Vgl. Hierzu Staehle, Wolfgang: Kennzahlen und Kennzahlensysteme als Mittel der Organisation und Führung von Unternehmen, Gabler Verlag, Wiesbaden 1969, S. 224 f.

sind, d. h. wo die Sammlung von Daten und Fakten relativ wenig Widerstand leistet. Stattdessen sollte eine gezielte Suche nach der Relevanzhierarchie der einzelnen Pläne erfolgen. Man sollte konkret also darüber nachdenken, welches der Minimumfaktorenbereich im gesamten Planungssystem ist.

Ein zweiter Aspekt ist der der **logischen Stringenz und Konsistenz** des Plansystems, also der Vermeidung von **internen** Widersprüchlichkeiten und Unbalanciertheiten auf der einen Seite. Andererseits geht es hier darum, mögliche Widersprüche und Ungereimtheiten im Hinblick auf **externe** Daten bzw. bereits existierende Unternehmen zu identifizieren, diese zu eliminieren oder gegebenenfalls zu begründen, warum das eigene Vorhaben gerade in diesem oder jenem Punkt ganz anders reagiert bzw. aufgebaut sein muss als bisher existierende Unternehmen.

Sehr oft passiert es, dass wichtige Positionen, die erheblichen Einfluss auf die Überlebenschancen und den Erfolg des Vorhabens besitzen, im Planungsprozess **vergessen** werden. Davor kann man sich nur schützen, indem man Checklisten einsetzt und das Gespräch mit kompetenten Partnern sucht, sofern die eigenen branchenspezifischen Erfahrungen nicht ausreichen.

Im seriösen journalistischen Bereich ist es üblich, sich möglichst nicht auf eine Informationsquelle zu verlassen, sondern möglichst jede Aussage mehrfach **abzusichern**. Dies sollte bei der Bedeutung eines Gründungsvorhabens für die eigene Existenz auch als eine wichtige Regel begriffen werden und zusammen mit der bewussten Reflexion der Seriosität jeder einzelnen Quelle betrieben werden.

Vielfach wird Planung eher aus dem Blickwinkel der eigenen Wertvorstellungen oder der Normen der Betriebswirtschaftslehre her definiert, als auf der Basis der **Realität**. Insbesondere im Hinblick auf den Faktor Zeit ergeben sich aber oft sehr große Differenzen zwischen dem, was es sein soll und dem was tatsächlich wird. So sind einerseits branchenübliche Zahlungsziele zu beachten, andererseits muss aber auch immer damit gerechnet werden, dass diese zumindest leicht überschritten werden. Andererseits kann es auch so sein, dass sich die **Zahlungsmoral** z. B. aufgrund einer schwierigen **Konjunkturlage** sehr negativ entwickelt und es daher zu wesentlich größeren Zahlungsverzögerungen oder auch Zahlungsausfällen kommen kann, als den sonst üblichen. Man sollte zumindest von branchenüblichen Prozentsätzen bei **Zahlungsausfällen** in seiner eigenen Planung ausgehen.

Der **Zeitbedarf** ist auch im Hinblick auf den Einsatz der eigenen Mitarbeiter ein wichtiger Punkt. Eine neu eingestellte Kraft wird nur ausnahmsweise schon vom ersten Tag an produktiv für den Betrieb arbeiten können, meistens muss mit erheblichen Schulungs- und Eingewöhnungszeiten gerechnet werden, die schon bei der Planung des Personaleinsatzes entsprechend berücksichtigt werden sollten. Alle diese genannten zeitbezogenen Wirkungen haben sowohl für die Liquidität (erhöhter Kapitalbedarf) als auch für den Erfolg (geringere, schlechtere wirtschaftliche Tragfähigkeit) eine Bedeutung, die nicht vernachlässigt werden darf.

Ein anderer Aspekt, der gerne bei der Planung eines Gründungsvorhabens vergessen wird, ist der familiäre Bereich, der vielfältig in die betriebliche Sphäre hineinwirkt und andererseits auch von ihr beeinflusst wird. Wird dieser Aspekt nicht berücksichtigt, kann dies das Gründungsvorhaben erheblich gefährden. Daher ist es wichtig, die zu erwartenden finanziellen Belastungen durch die **private familiäre** Sphäre, was den Unterhalt, vorhandene Verpflichtungen hinsichtlich Ratenzahlungen, Versicherungsprämien, Miete etc. angeht, explizit zu berücksichtigen. Darüber hinaus sollte aber auch die emotionale und juristische Sphäre in der Familie nicht vergessen werden; eine Scheidungsabsicht des bisherigen Ehepartners, z. B. aufgrund der zunehmenden Inanspruchnahme des Unternehmers durch sein Gründungsvorhaben, kann diesem Vorhaben sehr schnell die existentielle Basis entziehen (Gütertrennung).

Abbildung 102: Zusammenfassung: Fallen

Fallen bei der Erstellung eines Unternehmensplans

- Planabhängigkeit
  - Reihenfolge in der Festschreibung
  - → Minimalfaktoren (Engpassfaktoren)
- Konsistenz
  - Widersprüche intern
  - Externe Vergleichswege
- Vollständigkeit
  - Gewährleistung, etc.
  - Forderungsausfall, etc.
- Informationsgewinnung (Güte der Informationen)
  - Betriebsvergleichszahlen
  - Spez. Absatzmarkt
- Zeitbedarf der Umsetzung
  - Zahlungsziele
  - Zahlungsmoral der Kunden
  - Mitarbeiter-Schulung vor Einsetzbarkeit
  - → Liquidität, unterschiedlicher Kapitalbedarf
  - → Erfolg, wirtschaftliche Tragfähigkeit
- Umsatzsteuer/andere Steuern
  - Wirkung
  - Vorauszahlung
  - Nachzahlungen
- Privatsphäre

Quelle: Eigene Darstellung

5.4 Helfer und Hilfen

Für viele Unternehmensgründer ist das Unternehmens-Gründungsvorhaben sehr oft auch zugleich die Existenzgründung, d. h. sehr oft wird es auch das erste Mal sein, dass ein solches Vorhaben angegangen wird. Aufgrund der mangelnden Erfahrung kann daher leicht auch ein Unsicherheitsgefühl hinsichtlich der Frage entstehen, ob man den richtigen Ansatz gewählt hat, nichts vergessen hat. Daher wird nach Unterstützungen für den Planungsprozess gesucht. Diese können einerseits in Personen, wie Unternehmensberater, Steuerberater, Finanzberater,

Rechtsanwalt gesucht und gefunden werden, andererseits in Institutionen, wie Kammern oder Verbänden oder aber auch in Ratgeberliteratur aus entsprechend ausgerichteten Fachverlagen. Daneben ist auch der Personalcomputer heute ein nahezu unerlässliches Hilfsmittel bei der Entwicklung eines Unternehmensplans.

Im Hinblick auf die **Berater** ist es sehr wichtig, deren Rolle und Aufgabe von der des Unternehmers bzw. der des Unternehmerteams klar abzugrenzen. Notwendig ist es zu erkennen, dass ein Unternehmensberater zwar gute Hilfestellung bzgl. der Struktur des Gründungsplanungsprozesses leisten und ein wertvoller Diskussions- und Gesprächspartner sein kann, aber meist schon hinsichtlich der Branchenspezifika und im viel größeren Maße auch im Hinblick auf die Besonderheiten des jeweiligen Vorhabens an die Grenzen seiner Kompetenz stößt. Hier ist die qualifizierte Kenntnis des Unternehmers/Unternehmerteams selbst von entscheidender Bedeutung.

In jeder Phase des Prozesses der Gründungsplanung ist sicherzustellen, dass der Gründer zu jedem einzelnen Aspekt des Gründungsplanes einen unmittelbaren und direkten inhaltlichen Bezug behält oder entwickelt. Ein fertiger Plan von der Stange kann vielleicht noch ein Kreditinstitut täuschen, der Mangel der Selbsttäuschung beim Unternehmer ist aber ein unverzeihlicher **Fehler**. Vorteilhaft ist es, dass die öffentliche Hand Mittel zur Verfügung stellt, die einen wesentlichen Teil der Gründungsberatungskosten abdecken (50 % bis zu einem Höchstbetrag). Der Vorzug der persönlichen Beratung durch einen Unternehmensberater in der Gründungsphase ist, dass diese Beratung auf die Besonderheiten und die speziellen Informationsbedürfnisse des einzelnen Klienten eingehen kann. Ein wesentlicher Nachteil dabei ist der sicherlich vergleichsweise hohe Preis, der für die so gewonnenen Informationen bezahlt werden muss.

Wesentlich preiswerter sind **Hilfen** wie Broschüren, Bücher, Zeitschriften etc. zu bekommen. Diese können allerdings immer nur relativ allgemein Aussagen zu dem individuellen Gründungsvorhaben machen. Es gibt neben der allgemeinen **Fachliteratur** auf dem betriebswirtschaftlichen Bereich, die allerdings eher auf die Belange gereifter Großunternehmen ausgerichtet ist, eine große Zahl allgemeiner Ratgeberliteratur (Wie gründe ich ein Unternehmen?), aber zum Teil auch spezialisierte Darstellungen (Wie gründe ich einen Verlag?). Daneben gibt es Periodika, die zu aktuellen Themen Stellung nehmen, so z. B. aus dem Rentrop oder Weka Verlag. Die Zeitschrift „die geschäftsidee" hat sich spezialisiert auf den Ideenfindungsprozess für neue Geschäftsaktivitäten. Die Loseblattsammlung „Der Erfolgsberater" ist eher geeignet für die Frühentwicklungsphase und den Unternehmensaufbau. Verglichen mit den Buchpublikationen sind solche Werke allerdings wesentlich teurer; es stellt sich für den Ratsuchenden im Einzelfall die Frage, ob die tatsächliche oder vorgebliche Aktualität den hohen Preis rechtfertigt.

Wie bereits erwähnt, ist der Personalcomputer ein wichtiges Instrument bei der Entwicklung eines integrierten Unternehmensplans, daher sollen zu den Einsatzmöglichkeiten einige Hinweise gegeben werden.

Bei der Erstellung eines Gründungsplanes kann der Computer einerseits bei der Textverarbeitung helfen, die so wesentlich an Flexibilität gewinnt. Man kann jederzeit Korrekturen, Einfügungen, Streichungen usw. am vorhandenen Text vornehmen, kann relativ leicht Varianten des Gründungsplanes entwickeln etc.

In der Gründungsplanungssituation ist es auch sehr wichtig und interessant, Varianten des Gründungsplanes in seinem quantitativen Teil wiederholt durchzuspielen, d. h. festzustellen, was passiert, wenn man die eine oder andere Annahme fallen lässt oder ändert. Bei diesen Aktivitäten ist der Einsatz von Tabellenkalkulationsprogrammen (spreadsheet), wie Lotus 1,2,3, Microsoft Excel o. ä. Programme sehr zeitsparend. Allerdings ist die vollständige Neuentwicklung eines ausgefeilten Gründungsplanungssystems, wie es in diesem Buch dargestellt worden ist, auf der Basis eines der genannten Tabellenkalkulationsprogramme doch ein relativ umfangreicher und mühsamer Prozess. Daher gibt es – wenn auch unterschiedlich gut geeignete – fertige „Anwendungen" für solche Tabellenkalkulationsprogramme (Englisch: "templates").[229]

Eine Bereicherung des Unternehmensplans sind „professionelle" Grafiken, die komplexe Sachverhalte veranschaulichen. Einerseits bieten die meisten Tabellenkalkulationsprogramme Möglichkeiten für die Erstellung einfacher Zahlen-Grafiken und andererseits gibt es für den PC eine Vielzahl mächtiger und komfortabler Grafikprogramme (Microsoft Powerpoint), die für die Entwicklung von Grafiken zum Einbau in den Unternehmensplan geeignet sind. Daneben erlauben solche Programme meist auch die Präsentation von Bildschirmfolgen auf dem PC („Präsentationen", „Slideshows"). Besonders komfortable Programme, die allerdings in ihrer Nutzungsmächtigkeit für den gelegentlichen Benutzer kaum überschaubar sind, sind z. B. Designer, Corel Draw, Photo Shop.

Ein weiterer Hinweis sei auf Programme gegeben, die die Zeitplanung unterstützen. Diese werden meist als „Projektplanungssoftware" bezeichnet und sind z. B. von Microsoft (MS-Project) oder anderen Herstellern (z. B. Timeline) erhältlich. Für den unerfahrenen Benutzer empfiehlt es sich, in diesem Bereich eine nicht so umfangreiche und zu professionelle Software einzusetzen, sondern lieber mit einem vergleichsweise einfachen Instrument zu arbeiten (also z. B. MS-Project).

---

229 Siehe Anhang 4: z.B. Business Plan Pro 2005, Palo Alto Software, Eugene OR, USA.

Abbildung 103: Zusammenfassung: Hilfe bei der Erstellung eines Gründungsplans

---

Von der Ratgeberliteratur bis zum akademischen Lehrbuch

- *Als erster unterhaltsamer Einstieg:*

  Emge, Hans: Wie werde ich Unternehmer? RoRoRo Sachbuch, Rheinbeck, vollst. überarb. u. erw. Neuauflage 1996.

- *Handfeste praktische Hinweise sowie zweiter Teil zur strategischen Orientierung:*

  Rentrop, Norman: Tipps zur Unternehmensgründung, VNR-Verlag, Bonn, 12. überarb. u. erw. Auflage 1998.

- *Anspruchsvollere Gesamtdarstellungen:*

  Nathusius, Klaus (Hrsg.): Praxis der Unternehmensgründung, Deutscher Wirtschafts-dienst, Köln, 4. Auflage 1990.

  Kirschbaum, Günter/Naujoks, Wilfried: Erfolgreich in die berufliche Selbständigkeit, Tipps und Ratschläge für Existenzgründer, 8. aktualisierte Auflage, Haufe bei Knaur, München 2000.

  Kollmann, Tobias: E-Venture. Grundlagen der Unternehmensgründung in der Net Economy, Gabler Verlag, Wiesbaden, 2004.

- *Eher akademisch mit vielen speziellen Einzelbeiträgen:*

  Dieterle, Willi K./ Winckler, Eike (Hrsg.): Gründungsplanung und –finanzierung, Voraussetzungen für den Gründungserfolg, DTV-Beck, 3. vollst. überarb. Auflage, 2000.

  Dowling, Michael/Drumm, Hans Jürgen (Hrsg.): Gründungsmanagement, Vom erfolgreichen Unternehmensstart zu dauerhaftem Wachstum, Springer-Verlag, Berlin-Heidelberg, 2001.

  Koch, Lambert T./Zacharias, Christoph (Hrsg.): Gründungsmanagement, Mit Aufgaben und Lösungen, Oldenbourg-München, 2001.

- *Englischsprachige Lehrbücher:*

  Timmons, Jeffry A.; Spinelli, Stephen: New Venture Creation, Entrepreneurship for the 21st century, McGraw-Hill Higher Education, 6th International Edition, 2003.

  Hisrich, Robert D.; Peters, Elisabeth; Peters, Michael P.: Entrepreneurship, McGraw-Hill Higher Education, 5th Edition, 2001.

  Bygrave, William D. (ed.): The Portable MBA in Entrepreneurship, John Wiley & Sons, 2nd Edition, 1997.

  Vesper, Karl H.: New Venture Strategies (revised edition), Prentice Hall, 2nd Edition, 1989

  Birly, Sue/Muzyka, Daniel F. (ed.): Mastering Entrepreneurship: The Complete MBA Companion in Entrepreneurship, Financial Times-Prentice Hall, 2000.

  Kirby, David: Entrepreneurship, McGraw-Hill Education, Birkshire, 2003.

5.5 Varianten: Anpassung der Standardstruktur an die jeweiligen Erfordernisse

Das in diesem Buch umrissene Modell „INDUG" einer integrierten Unternehmensgesamtplanung kann naturgemäß nur eine Art Grundmodell eines Unternehmensplans sein. Jedes einzelne Vorhaben hat seine Besonderheiten, die es notwendig machen, die Schwerpunkte in der Planung und in der Dokumentation dieser Planung jeweils anders zu legen. Teile, die in dem einen Unternehmensplan nur sehr knapp dargestellt werden oder vielleicht auch ganz herausfallen, haben bei einem anderen Unternehmenskonzept einen so hohen Stellenwert, dass sie vom Umfang und der Intensität der Bearbeitung her ganz massiv repräsentiert sein sollten.

Die **Wirtschaftsstufe** (Urproduktion, Produktion, Handel, Dienstleistung), die Größenordnung des Vorhabens (Investitionssumme, Anzahl der Mitarbeiter), die Zielgruppen der Absatzaktivität (Konsumenten, Gewerbliche Abnehmer), das regionale Einzugsgebiet (Stadtteil, Stadt, Region, Bundesrepublik, Europa, die Welt) sind für die Art und den Umfang der jeweils angemessenen Unternehmensplanung wichtige Einflussfaktoren. Auch die Innovativität, die technische Komplexität sollten sich im besonderen Maße in der Art der Gründungsplanung spiegeln.

Dass der Unternehmensplan neben dieser vorhabens- oder projektbezogenen Anpassung auch auf seine jeweils geplanten Empfänger in Schwerpunktbildung, Sprache etc. abgestimmt werden muss, wurde bereits mehrfach erwähnt. Die Detaillierung und der Umfang des Finanzierungsaspektes wird im Hinblick auf Kreditinstitute anders realisiert, als wenn der Unternehmensplan ein Mittel der Kundenakquisition ist, wo es z. B. eher darauf ankommen kann, die eigene technische Kompetenz des Unternehmers im Detail darzulegen.

Einen grundsätzlich anderen Aufbau als den hier vorgestellten schlagen zwei Autoren der Wharton Business School vor, indem sie den Gewinn nicht zur Residualgröße machen, der sich am Ende der Planung errechnet, sondern einen Zielgewinn vorgeben und aus diesem den dazu notwendigen Umsatz und die erlaubten Kosten bestimmen. Dazu mehr im Folgenden Kapitel 5.6 sowie im Beispiel Kao Inc. im Anhang.

Abbildung 104: Zusammenfassung: Varianten

Varianten des Unternehmensplans

Vom „Grundmodell" eines Unternehmensplans zu

→ *„maßgeschneiderten" Versionen!*

Ausrichten auf

1. das jeweilige Unternehmen (Vorhaben):
- *Branche (Biotechnik, IT, Bau, ...)*
- *Wirtschaftsstufe ((Ur-)Produktion, Handel)*
- *etc.*

2. den jeweiligen Empfänger:
- *Kreditinstitute*
- *Förderinstitutionen*
- *Beurteilungsinstanzen (Kammern etc.)*
- *Beteiligungspartner*
- *etc.*

→ *Ausrichten im Hinblick auf:*
- *Umfang*
- *Detaillierung*
- *Schwerpunkte*
- *Sprache*

Quelle: Eigene Darstellung

5.6 Discovery Driven Planning

Discovery Driven Planning[230]

Auf innovative Gründungsvorhaben lassen sich die konventionellen Planungs-methoden oft nur bedingt anwenden, da keine sicheren Daten zu Produkt, Markt, Wettbewerb etc. vorliegen, auf die zurückgegriffen werden kann. Folglich müs-

---

230 Vgl. Gunther McGrath, Rita/MacMillan, Ian C.: New ventures require a new way to plan. Dis-covery-driven planning. In: Harvard Business Review, July-August 1995, pp. 44-54.

sen eine Reihe von Annahmen getroffen werden, um Rahmenbedingungen für die Planung zu schaffen.
Die Hauptcharakteristika und Unterschiede von konventionellen und innovativen Planungsmethoden sind in der folgenden Abbildung aufgelistet:

Abbildung 105: Charakteristika von konventionellen und innovativen Planungsproblemen

Konventionelle vs. innovative Planungsprobleme	
Konventionelle Planungsprobleme	**Innovative Planungsprobleme**
• Wohlverstandene Ausgangsbasis • Solide Kenntnis • Extrapolisierung zukünftiger Ergebnisse • Verhältnis von Annahmen zu Wissen = klein • Annahmen = Fakten • Präzises Planungseintreffen • Kontinuierliche Fortführung, inkrementelle Verbesserung	• Unbekannte Basis • Unsichere Annahmen • Dem Wettbewerb noch nicht offensichtlich • Verhältnis Annahmen zu Wissen = groß • Annahmen ≠ Fakten • Große Abweichungen von den Planzielen • Grundsätzliche Korrekturen ↳ Discovery Driven Planning Annahmen $\xrightarrow{t}$ Wissen

Quelle: Eigene Darstellung nach Gunther McGrath, Rita; MacMillan, Ian C.: New ventures require a new way to plan. Discovery-driven planning. In: Harvard Business Review, July-August 1995, pp. 44-54.

Besser geeignet zur Lösung von innovativen Planungsproblemen ist **Discovery Driven Planning**. Dabei handelt es sich um ein systematisches Instrument zur Überprüfung der Wirtschaftlichkeit von Gründungsvorhaben oder der Einführung neuer Produkte. Es beruht auf plausiblen Überlegungen und relativ einfach zu gewinnenden Zahlen und Kennzahlen, so dass man erste Planungsergebnisse schnell und ohne übermäßigen Aufwand erzielen kann.

Discovery Driven Planning besteht aus fünf aufeinander aufbauenden Bausteinen, die für einen Planungserfolg strikt eingehalten werden sollten:
• Inverse Gewinn- und Verlustrechnung (veranschaulicht grundlegende ökonomische Zusammenhänge des Geschäfts)
• Auflistung der notwendigen Aktivitäten zur Umsetzung der Geschäftsidee
• Checkliste der Annahmen (zur Sicherstellung, dass die Annahmen überprüft werden)

- Überarbeitung der inversen Gewinn- und Verlustrechnung
- Meilensteinplanung (spezifiziert die Annahmen, welche an jedem Projekt-meilenstein zu testen sind).

Schritt 1: Inverse Gewinn- und Verlustrechnung
Mit der inversen Gewinn- und Verlustrechnung soll herausgefunden werden, inwieweit das Gründungsvorhaben bzw. das neu geplante Geschäftsfeld dazu beitragen kann, die Wettbewerbsposition und die finanzielle Situation des Unternehmens grundlegend zu verbessern. Nur wenn dies zutrifft, ist es lohnend die Geschäftsidee in die Tat umzusetzen!

Die Basis der inversen Gewinn- und Verlustrechnung ist der angestrebte Ziel-gewinn. Als ersten Schritt muss der Unternehmer sich somit überlegen, welchen Gewinn das Gründungsunternehmen abwerfen soll bzw. um wieviel der Geschäftsgewinn durch die Einführung des neuen Produktes gesteigert werden soll. Anhand dieses Wertes wird der Umsatz bestimmt, der erzielt werden muss, um den Zielgewinn zu erreichen, und welche Kosten somit maximal entstehen dürfen (nach der bekannten Formel Gewinn = Umsatz – Kosten!). In diesem Zusammenhang lassen sich auch Rückschlüsse auf das notwendige Absatzvolumen und den Verkaufspreis ziehen.

Schritt 2: Auflistung der notwendigen Aktivitäten zur Umsetzung der Geschäftsidee
Im zweiten Schritt des Planungsprozesses werden alle Aktivitäten aufgelistet, die notwendig sind, um das Produkt herzustellen und an den Kunden zu bringen. Für traditionelle Produktionsbetriebe lassen sich beispielsweise grob die Bereiche Produktion, Verkauf, Versand und Investition unterscheiden. Diese müssen weiterhin in einzelne „Kostenpositionen" aufgespalten werden (für den Bereich Produktion müssen z. B. die Materialkosten, die Anzahl der anzuschaffenden Maschinen (auf Basis der Absatzmenge), die Zahl der benötigten Arbeiter und deren Gehalt, die Zahl der Produktionstage, die Verpackungskosten usw. geschätzt werden).

Schritt 3: Checkliste der Annahmen
Simultan mit der Auflistung der Aktivitäten sollte eine Liste mit allen Annahmen erstellt werden, die getroffen wurden, um zu den geschätzten Kosten zu gelangen. Hierbei empfiehlt sich ein sehr sorgfältiges Vorgehen, um die Nachvollziehbarkeit und laufende Anpassung der Planung zu gewährleisten.

Schritt 4: Überarbeitung der inversen Gewinn- und Verlustrechnung
Auf Basis der getroffenen Annahmen und der Auflistung der einzelnen Aktivitäten lässt sich die inverse Gewinn- und Verlustrechnung, die im ersten Schritt erstellt wurde, weiter verfeinern und u. U. anpassen. So können die zulässigen

Kosten nun in einzelne Positionen (wie z. B. Personalkosten, Materialkosten, Verpackungs- und Versandkosten etc.) untergliedert werden. Die (evtl. vorhandene!) Differenz zwischen den zulässigen Kosten und den geschätzten Kostenpositionen stellt die Obergrenze für Verwaltungs- und Overhead-Kosten dar. Übersteigen die ermittelten Kosten die zulässigen Kosten, so sollten die Grundannahmen der Planung überprüft und angepasst werden oder – in letzter Konsequenz – die Geschäftsidee abgeschrieben werden.

Schritt 5: Meilensteinplanung
Scheint die Geschäftsidee aufgrund der überarbeiteten GuV attraktiv, so kann mit Hilfe von Meilensteinen die konkrete Umsetzung des Vorhabens und die Prüfung/Verifizierung der Annahmen geplant werden. Hierzu werden alle wichtigen Schritte (falls möglich mit Datum/Zeitpunkt der Fertigstellung) aufgelistet (z. B. Produktentwicklung, Erwerb Produktionsanlagen, Pilotproduktion, Markteinführung usw.) und die zugehörigen Annahmen identifiziert. Diese müssen bei der Umsetzung der jeweiligen Schritte dann konkretisiert/geprüft/angepasst werden.

III Anhang des Buches: Informationen und Arbeitsmaterialien

Anhang 1: Ein Selbsttest für angehende Unternehmensgründer[231]

Die erste Frage, mit der wir uns beschäftigen, ist die, ob Sie bei Abwägung allen Für und Widers wirklich entschlossen bleiben, sich selbständig zu machen. D. h. insbesondere auch, ob Sie die Rolle des Unternehmensgründers realistisch sehen, sich über alle ihre Vorzüge, aber auch alle ihre Nachteile klar sind.

Wer etwas Neues anstrebt, gibt zugleich auch etwas Altes auf und somit sollte man überlegen, inwieweit das, was man aufgibt, durch das, was man neu erringen kann, wirklich aufgewogen wird.

- Welche Aufstiegschancen und Verdienstmöglichkeiten haben Sie bei Ihrem bisherigen Arbeitgeber bzw. haben Sie allgemein als Angestellter in ihrem Beruf?
- Wie lange wird es dauern, bis Sie dieses Niveau als Selbständiger wieder erreicht haben?
- Wie sind die Chancen zu beurteilen, dass Sie auch darüber hinaus sich weiterentwickeln können, wenn Sie selbständig sind? Der Gründer geht eine Vielzahl von Risiken ein:
  - *ein Kapitalrisiko:* denn meistens haftet er mit seinem gesamten Vermögen auch über einen möglichen Konkurs hinaus;
  - ein *Einkommensrisiko bzw. Karriererisiko:* denn er gibt oftmals eine gut bezahlte Angestelltentätigkeit auf;
  - ein *familiäres Risiko:* denn er muss sich weit über das Maß des normalen beruflichen Engagements auf seine Gründung konzentrieren, so dass die Familie zu kurz kommen kann;
  - ein *Gesundheitsrisiko:* Denn sein intensives Engagement kann zu einer Dauerstresssituation führen;
  - ein *psychisches Risiko:* denn im Falle eines Scheiterns steht er
  - meistens alleine da und muss mit seinem Versagen fertig werden.
- Haben Sie daran gedacht, dass Sie die Sicherheit ihres Einkommens, ihrer Altersversorgung und Krankheitsversorgung möglicherweise aufs Spiel setzen, wenn Sie sich selbständig machen? Sind sie bereit, diese Risiken und die anderen genannten einzugehen?
- Wissen Sie, dass 60, 70 ja auch 80 Stunden und mehr in der Woche Arbeitszeit nicht ungewöhnlich sind, dass keine Trennung von Freizeit und Arbeitszeit mehr möglich ist, in der Anlaufphase kaum Zeit für die Familie oder für einen Urlaub bleibt? Sind Sie zu solch einer Lebensführung bereit?

---

231 Vgl. Klandt, Heinz: Der Unternehmensgründer, in: Dieterle, Willi/Winckler, Eike (Hrsg.) Gründungsplanung und Gründungsfinanzierung, Beck-Wirtschaftsberater im dtv, München, 1995, S. 1-22.

- Haben Sie auch daran gedacht, dass das bisher vertraute und für viele Menschen auch wichtige Gespräch von Kollege zu Kollege wegfällt, wenn Sie eine Gründung alleine durchziehen?
- Dass Sie in einer gewissen sozialen Isolation innerhalb des Unternehmens stehen?
- Ist Ihnen bewusst, dass auf Sie eine Vielzahl frustrierender Erlebnisse, häufige Rückschläge und Misserfolge zukommen, die Sie verdauen und wegstecken müssen, wenn Sie auch weiter am Ball bleiben wollen?
- Ist Ihnen auch bewusst, dass Sie, gerade wenn Sie als Angestellter in einer Führungsposition waren, den Apparat vermissen werden, die Mitarbeiter, an die Sie eine Vielzahl Routinearbeit delegieren konnten, dass Sie als Gründer eben auch Kleinkram oftmals selber machen müssen?

Nun ist der Sinn dieses Beitrags sicherlich nicht, Sie von Ihrem Vorhaben abzuschrecken, aber es erscheint wichtig, dass Sie sich die oben genannten Punkte einmal klar vor Augen führen und vor diesem Hintergrund Ihre Entscheidung überdenken.

Welche Anforderungen kommen nun konkret auf den Unternehmensgründer zu, wie unterscheidet sich seine neue Tätigkeit von seiner früheren beruflichen Aktivität?

Kaum eine andere berufliche Aufgabe ist vergleichbar vielfältig, komplex und unstrukturiert wie die Aufgabe, die ein Unternehmensgründer übernimmt. Fast alles ist offen, kaum etwas ist vorgegeben. Der Gründer muss gestalterische Fantasie entwickeln und eine Vielzahl komplexer Situationen schnell und ohne detaillierte oder gar vollständige Information erfassen und ebenso schnell und auf eigenes Risiko hin auf die Gegebenheiten reagieren und entscheiden.

- Niemand zeigt dem Unternehmensgründer, wo es lang geht. Er muss also selber fähig sein, sich Ziele zu setzen und diese ohne äußeren Druck verfolgen, gestalterische Fantasie entwickeln. Trauen Sie sich dies zu?
- Der Gründer muss auch vorhandene Informationslücken erkennen und selbständig schließen. Können Sie dies?
- Haben Sie also die Fähigkeit, in komplexen Situationen auch unter zeitlichem Druck schnell und sicher die richtige Entscheidung zu fällen?

Die Meinungen, ob der Unternehmer nun eher ein böser Kapitalist ist oder der Motor, der in unserer Wirtschaft und Gesellschaft die anderen mit vorantreibt, ist immer noch geteilt. Wenn Sie fernsehen oder sich in anderen Massenmedien orientieren, werden Sie den Unternehmer sehr häufig in der Rolle des Bösewichts finden. Als Angestellter hat man mit einem solchem Negativimage wenig Probleme.

- Sie sollten sich also fragen, ob Sie auch mit einem Negativimage leben können oder ob Sie von der Gesellschaft „geliebt" werden wollen?

Nachdem wir nun etwas belichtet haben, wie die Unternehmerrolle aussieht und welche Aufgaben sich einem Gründer stellen, wollen wir nun zu den persönlichen Voraussetzungen kommen. Hier geht es um das körperliche Wohlbefinden, um die Motivation und Persönlichkeit und schließlich auch um die fachliche Qualifikation.

Sie sollten überlegen, ob Sie genügend Kondition, Belastbarkeit, Robustheit und körperliche Fitness haben, auch über längere Zeit, einen zwölfstündigen Arbeitstag im Dauerstress durchzustehen;

- Waren Sie in den letzten Jahren durchgehend körperlich fit und leistungsfähig?
- Halten Sie auch in Stresssituationen auf Dauer stand und weichen nicht aus, sondern lösen die Probleme, die anstehen?

Der nächste Punkt ist die Frage nach ihrer Motivation. Fragen Sie sich selber, ob es für Sie wirklich wichtig ist:

- Eigene Ideen durchzusetzen;
- Große Handlungsfreiheit zu besitzen;
- Nicht für andere arbeiten zu müssen, sondern für sich selbst;
- Etwas wichtiges im Leben aufzubauen;
- Die eigene Leistungsfähigkeit unter Beweis zu stellen;
- Wirtschaftlich unabhängig zu sein.

Da Sie auf der anderen Seite mit dem Wechsel in die unternehmerische Selbständigkeit auch vieles aufgeben, sollten Sie auch darüber nachdenken, inwieweit Sie einen solchen Verzicht tragen können und wollen. Wollen und können Sie auf ein regelmäßiges und sicheres Einkommen verzichten?

- Können und wollen Sie auch für eine bestimmte Zeit auf den Ausbau ihrer Altersversorgung verzichten?
- Können und wollen Sie auf ein erhebliches Maß an Freizeit, Urlaub und Familienleben verzichten?

- Können und wollen Sie, wenn Sie Ihre Gründung als Einzelkämpfer durchsetzen müssen, auf die stützende und tragende Hilfestellung von Kollegen verzichten?

Kommen wir nun zu einigen Fragen zu Ihrer Persönlichkeit:

Machen Sie sich klar, ob Sie wirklich davon überzeugt sind, mit Ihrer Unternehmensgründung Erfolg zu haben. Es mag überraschend klingen, aber der Glaube an den Erfolg ist eine der wichtigsten Voraussetzungen, um wirklich Erfolg zu haben. Wer allzu viele bohrende Selbstzweifel hat, wird sich im Endeffekt auch tatsächlich als Unternehmensgründer nicht durchsetzen können.

- Trauen Sie sich wirklich zu, ein Unternehmen zu gründen und erfolgreich aufzubauen und zu leiten?
- Sind Sie kontaktfreudig und initiativ, oder sind Sie eher menschenscheu?
- Haben Sie ein Gefühl dafür, was andere Menschen wollen und brauchen?
- Sind Sie kompromissfähig, aber auch unabhängig genug von der Meinung anderer?
- Sind Sie diszipliniert? Können Sie Ihr Verhalten gut steuern?

Sicherlich ist die Unternehmerpersönlichkeit und der Wille, sich selbständig zu machen, eine wichtige Erfolgsvoraussetzung. Bei steigender Komplexität unserer Wirtschaftswelt werden aber auch immer mehr fachliche, ausbildungsbezogene Qualifikationen zu einem entscheidenden Kriterium für den beruflichen Erfolg auch als Unternehmensgründer. Sie müssen sich also auch fragen, inwieweit spezielle auf ihr Gründungsvorhaben bezogene fachliche Qualifikationen bei Ihnen vorliegen.

Dies soll nicht heißen, dass Sie alle Aufgaben alleine lösen müssen und dass alle Informationen schon vor der Gründung vorliegen müssen. Sie können selbstverständlich Berater heranziehen, Sie können auch Ausbildungsdefizite in Seminaren und Veranstaltungen auffüllen und Sie werden in jedem Fall auch immer an Ihrer beruflichen Weiterbildung und Qualifikation als Selbständiger weiterarbeiten müssen. Aber es sollte auch schon zu Beginn der Gründungsaktivität eine möglichst große Breite von Qualifikationen vorliegen, da Sie als Gründer Zehnkämpfer sind und sich nicht auf ein enges Spezialfach zurückziehen können.

- Wie sieht es also mit ihrer Berufsausbildung aus? Passt sie zur Branche, in der Sie sich selbständig machen wollen?

- Haben Sie bisher schon praktische Erfahrungen in der Branche sammeln können, in der Sie nun als Gründer aktiv werden wollen?
- Kennen Sie die Usancen und die „Bräuche" der Branche?
- Sind Sie bisher auch schon mit der Führung und Leitung von Mitarbeitern betraut gewesen, d. h. haben Sie schon Führungserfahrung sammeln können?
- Besitzen Sie neben Ihrer eventuellen technischen-fachlichen Qualifikation auch eine gut fundierte kaufmännische oder betriebswirtschaftliche Ausbildung und Erfahrung?
- Haben Sie vor allen Dingen auch schon genügende Vertriebserfahrung sammeln können?

Sie wissen ja, dass zumeist der Absatzmarkt der Engpass eines Unternehmens ist; hier kommt es ganz besonders darauf an, dass der Gründer professionell auftritt und handelt.

Nun steht der Gründer meistens nicht alleine im Leben. Er ist eingebunden in seine Familie, in seinen Freundeskreis, in die individuelle private Sphäre. Sie sollten sich also auch darüber klar werden, inwieweit ihr privates Umfeld bei einem Wechsel in die Selbständigkeit mitzieht, Sie unterstützt, Sie nicht alleine lässt. Hier kommt vor allen Dingen dem Ehepartner oder Lebensgefährten eine besondere Bedeutung zu.

- Hat Ihr Ehepartner, Ihr Lebensgefährte eine positive Einstellung zur beruflichen Selbständigkeit?
- Wäre Ihr Ehepartner oder Lebensgefährte auch zur Mithilfe in einem neu gegründeten Unternehmen bereit und fähig?
- Wäre der Ehepartner, der Lebensgefährte auch fähig, durch eigenes Arbeitseinkommen von außerhalb über eine gewisse Zeitspanne für den gemeinsamen Lebensunterhalt zu sorgen bzw. zu ihm beizutragen?

Wenn es auch eine Vielzahl von Hilfestellungen durch den Staat oder Fremdfinanzierungsmöglichkeiten durch Banken etc. gibt, so müssen auch beim Gründer selbst gewisse finanzielle Voraussetzungen vorhanden sein, wenn er eine Unternehmensgründung erfolgreich bewältigen will. Sie sollten sich also fragen:

- Welches laufende Einkommen steht Ihnen bzw. Ihrer Familie unabhängig von den Gewinnen Ihres neugegründeten Unternehmens zur Verfügung?
- Über welche veräußerbaren, beleihbaren Vermögensgegenstände verfügen Sie oder verfügt Ihr Ehepartner oder Lebensgefährte?
  - Welche persönlichen Darlehen usw. können Sie bei Freunden und Verwandten für Ihr Gründungsvorhaben bekommen?

Sie sollten sich bewusst machen, dass ein neugegründetes Unternehmen in den meisten Fällen für eine erste Zeit nur Geld kostet und kein Einkommen abgibt, d. h. dass Sie aus Ihrem Unternehmen zumindest für eine Zeit von einem halben, einem Jahr, evtl. auch bei sehr umfangreichen Gründungen für einen Zeitraum bis zu 3 oder 5 Jahren nichts entnehmen können. Ihr privater Lebensbedarf wird aber weiterbestehen, auch wenn Sie ihn gegenüber Ihrer bisherigen Lebensführung unter Umständen etwas einschränken können.

Fragen Sie sich also:

• Welche Beträge brauche ich laufend zur Abdeckung meines privaten Haushalts für Wohnung, Essen, Kleidung, Automobil, Versicherung, Ratenverpflichtungen, evtl. Ausbildung der Kinder etc.?

Darüber hinaus können weitere finanzielle aber evtl. auch zeitliche Verpflichtungen bestehen, die Sie im Hinblick auf Ihre Tätigkeit als Unternehmer kritisch hinterfragen müssen, bzw. bei denen Sie überlegen sollten, ob Sie sie auch in Zukunft weiterführen können.

• Welche zeitlichen und finanziellen Verpflichtungen habe ich aus Ehrenämtern in Verbänden, Vereinen, im politischen Bereich oder durch Hobbys? Kann und will ich diese aufgeben?

Neben der privaten Sphäre können auch aus ihrer bisherigen beruflichen Tätigkeit gewisse Einschränkungen erwachsen, über die Sie sich ebenfalls klar werden müssen:

• Sind Sie z. B. durch eine Konkurrenzklausel in Ihrem Arbeitsvertrag oder aber durch lang ausgedehnte Kündigungsfristen an Ihr Arbeitsverhältnis gebunden?

Je nachdem, in welchem Bereich Sie sich selbständig machen wollen, bestehen gewisse persönliche, fachliche Beschränkungen, die durch Gesetze und Verordnungen geregelt sind.

Fragen Sie sich also, welche persönlichen qualifikationsbezogenen Zulassungsbeschränkungen in dem angestrebten Bereich vorliegen:

• Wird ein guter Leumund, ein Nachweis der Gesundheit, eine Meisterprüfung oder eine Approbation in der von mir geplanten Branche verlangt?
• Erfülle ich die gestellten Anforderungen?

Ein Teil der Bedingungen, die Sie erfüllen sollen, wenn Sie sich selbständig machen, ist sicherlich gegeben und kann von Ihnen nicht verändert werden. Es gibt aber auch eine Reihe von Aspekten, die Sie selber positiv beeinflussen können, in dem Sie sich auf den Moment des Wechsels in die Selbständigkeit entsprechend gut vorbereiten. Fragen Sie sich deshalb:

- Haben Sie alle Möglichkeiten der Vorbereitung auf einen Wechsel in die unternehmerische Selbständigkeit z. B. in Form des Besuchs von Seminaren, der Inanspruchnahme von Beratungsleistungen, des Durcharbeitens von informativen Schriften, Aufstellung eines detaillierten Unternehmenskonzeptes ausgeschöpft?

Zur Handhabung der Fragen

Setzen Sie sich am besten an einem ruhigen Sonntagnachmittag alleine und ohne Ablenkung hin und beantworten Sie alle Fragen. Sie sollten sich zu den Ergebnissen Ihrer „Gewissenserforschung" einige Notizen machen und dann ein Gespräch mit Ihrem Ehepartner oder Lebensgefährten suchen und mit ihm diskutieren, inwieweit er Ihre Meinung über Ihre Fähigkeiten und Grenzen, Ihre Motive und Ihre Persönlichkeit und über Ihre Einschätzung des Umfeldes teilt.

Sollte Ihr Gesprächspartner zu erheblichen Unterschieden in der Beurteilung kommen, so sollten Sie diese in Ruhe überdenken. Auch Ihr Gesprächspartner kann natürlich irren, aber er hat mehr Distanz zu diesen Fragen. Um ganz sicher zu sein, sollten Sie deshalb diese Aspekte mit mehreren Gesprächspartnern durchgehen und sollten vor allen Dingen auch den beruflich (fachlich und branchenbezogen) qualifizierten Gesprächspartner suchen.

Viel Erfolg beim Test und bei der Realisierung Ihrer Pläne! Übrigens: der Autor dieses Beitrages freut sich über Ihre Kritik und Ihre Anregungen, um dieses Konzept weiterzuentwickeln.

Anhang 2: Beispielfall: KAO Inc.[232]

An dem folgenden Beispielfall, der KAO Inc., soll das Vorgehen und die Funktionsweise des Planungsinstruments Discovery Driven Planning veranschaulicht werden.

Unternehmen:
Das japanische Unternehmen KAO Inc. ist ein ist ein erfolgreicher Lieferant in der „Magmetic-Media"-Branche.

1981 kommen Überlegungen auf, ob man sich zukünftig als Hersteller und Lieferant von Floppy Disks betätigen soll. Erste Studien dazu werden durchgeführt, im Zuge dessen KAO's Entscheidungsträger erkennen, dass ausreichendes Prozesswissen zur Erstellung von Floppy Disks von den Kunden erlernt wurde. Man kommt zu dem Schluss zukünftig Floppy Disks zu geringeren Preisen und zu einem höheren Qualitätsstandard anbieten zu können als die Konkurrenz.

Markt:
- 12/1986: die Gesamtnachfrage nach Floppy Disks beträgt in den USA 500 Mio. Stk., in Europa 100 Mio. Stk. und in Japan 50 Mio. Stk.
- Die geschätzte jährliche Wachstumsrate liegt insgesamt bei 40 %
- Das Weltmarkt-Volumen liegt 1993 geschätzt bei 3 Billionen Disks, von denen ca. 33 % von den sog. OEM (original equipment manufacturers; hier: IBM, Apple, Microsoft)[233] geordert wird

DDP Schritt 1: Inverse Gewinn- und Verlustrechnung
Die Entscheidungsträger von KAO Inc. kommen zu dem Schluss, dass das neue Geschäftsfeld „Floppy Disks" den Unternehmensgewinn um mindestens 10 % steigern muss, um lohnend zu sein. Dies entspricht einem notwendigen Zielgewinn von 4 Billionen Yen. Der notwendige Umsatz zur Erzielung einer Verkaufsspanne von 10 % beträgt 40 Billionen Yen. Somit dürfen die Kosten 36 Billionen Yen nicht überschreiten, um bei 10 % Gewinnspanne den Zielgewinn von 4 Billionen Yen zu erreichen.

Nimmt man einen Verkaufspreis von 160 Yen pro Disk an, muss KAO 250 Millionen Stk. verkaufen, um den angestrebten Umsatz zu erreichen. Somit muss ein Anteil von 25 % des OEM-Weltmarktes erreichen, wobei die Kosten pro Disk maximal 144 Yen betragen dürfen.

---

232 Vgl. Mc Grawth, Rita/MacMillan, Ian: Harvard Business Review.
233 Diese Unternehmen sind Großabnehmer, die (damals) Floppy Disks nutzen, um ihre eigene Software zu vertreiben.

DDP Schritt 2: Auflistung der notwendigen Aktivitäten zur Umsetzung der Geschäftsidee

Die Hauptaktivitäten von KAO lassen sich in die Bereiche Verkauf, Produktion, Versand und Ausstattung und Abschreibung untergliedern.

Verkauf

Notwendige Anzahl verkaufter Floppy Disks: 250 Mio. Stk.
Durchschnittliche Bestellmenge (s. Annahme 8): 10.000 Stk.
⇒ Anzahl der benötigten Bestellungen (250 Mio./10.000): 25.000

Anzahl der Anrufe bis Verkaufserfolg (s. Ann. 9): 4
⇒ Notwendige Anzahl der Anrufe pro Jahr (4 x 25.000): 100.000 p.a.

Anzahl der Anrufe pro Vertriebsmitarbeiter pro Tag (s. Ann. 10): 2
⇒ Notwendige Anzahl von Arbeitstagen im Vertrieb (100.000/2): 50.000 Tage
⇒ Anzahl der benötigten Vertriebsmitarbeitern bei 250 Arbeitstagen pro Jahr (s. Ann. 11; 50.000/250 Tage): 200 Mitarbeiter

Gehalt eines Vertriebsmitarbeiters pro Jahr (s. Ann. 12): 10 Mio. Yen
⇒ Personalkosten Vertrieb insgesamt (10 Mio. x 200): 2 Billionen Yen

Produktion

Qualitätsanspruch an Disk-Oberfläche (s. Ann. 15):50 % weniger Fehler als der beste Konkurrent

Jährliche Kapazität pro Produktionslinie (s. Ann. 16; 25 pro Min. x 1.440 Min. pro Tag x 348 Tage): 12,5 Mio. Disks
⇒ benötigte Produktionslinien (250 Mio. Stk./12,5 Mio. Disks pro Linie): 20 Linien

Benötigtes Produktions-Personal (s. Ann. 17; 30 pro Linie x 20 Linien): 600 Arbeiter
Gehalt pro Arbeiter (s. Ann. 18): 5 Mio. Yen p.a.
⇒ Personalkosten Produktion insgesamt (600 x 5 Mio. Yen): 3 Billionen Yen

Materialkosten pro Disk (s. Ann. 19): 20 Yen
⇒ Materialkosten gesamt (20 x 250 Mio. Stk.): 5 Billionen Yen

Verpackungskosten pro 10 Disks (s. Ann. 20): 40 Yen
⇒ Verpackungskosten gesamt (40 x 25 Mio. Pakete): 1 Billion Yen

Versand

Anzahl der benötigten Container pro Bestellung von 10.000 Disks (s. Ann. 13): 1
Versandkosten pro Container (s. Ann. 14): 100.000 Yen

⇒ Versandkosten gesamt (25.000 Bestellungen x 1 Container x 100.000 Yen):
2,5 Billionen Yen

Ausstattung und Abschreibung
Verhältnis von Investitionen in Anlagevermögen zu Verkäufen (s. Ann. 5): 1:1 =
40 Billionen Yen
Nutzungsdauer des Equipments (s. Ann. 7): 3 Jahre
⇒ Jährliche Abschreibung (40 Billionen Yen/3 Jahre): 13,3 Billionen Yen p.a.

DDP 3. Schritt: Checkliste der Annahmen
Im Folgenden werden alle Annahmen aufgelistet, die KAO Inc. für die Planungen treffen muss:

		Schätzung
1.	Gewinnspanne	10 % der Verkäufe
2.	Umsatz	40 Billionen Yen
3.	Stück-Verkaufspreis	160 Yen
4.	Volumen des OEM-Markts 1993 (s. auch Markt)	1 Billionen Disks
5.	Verhältnis Investitionen in Anlagevermögen zu Verkäufen	1:1
6.	Effektive Produktionskapazität pro Linie	25 Stk. pro Min.
7.	Effektive Nutzungsdauer des Equipments	3 Jahre
8.	Durchschnittliche OEM-Bestellmenge	10.000 Disks
9.	Anrufe Vertriebsmitarbeiter pro OEM-Auftrag	4
10.	Anrufe pro Vertriebsmitarbeiter pro Tag	2
11.	Verkaufstage pro Jahr	250
12.	Gehalt eines Vertriebsmitarbeiters	10 Mio. Yen p.a.
13.	Benötigte Container pro Bestellung	1
14.	Versandkosten pro Container	100.000 Yen
15.	Notwendiges Qualitätsniveau, um Kunden zum Anbieterwechsel zu veranlassen in Prozentsatz der Fehlerreduktion ggü. Wettbewerber	50 %
16.	Produktionstage pro Jahr	348
17.	Arbeiter pro Produktionslinie pro Tag (10 Arbeiter, 3 Schichten)	30
18.	Gehalt eines Arbeiters	5 Mio. Yen p.a.
19.	Materialkosten pro Disk	20 Yen
20.	Verpackungskosten pro 10 Disks	40 Yen
21.	Zulässige Verwaltungskosten (s. überarbeitete inverse GuV)	9,2 Billionen Yen

DDP Schritt 4: Überarbeitung der inversen Gewinn- und Verlustrechnung

Im Folgenden wird die in Schritt 1 aufgestellte inverse Gewinn- und Verlustrechung gemäß der getroffenen Annahmen und Schätzungen angepasst und verfeinert:

Angestrebte Gewinnspanne	**10 %**
Zielgewinn	**4 Billionen Yen**
Notwendiger Umsatz	**40 Billionen Yen**
Zulässige Kosten	**36 Billionen Yen**
Personalkosten Vertrieb	2,0 Billionen Yen
Personalkosten Produktion	3,0 Billionen Yen
Materialkosten	5,0 Billionen Yen
Verpackung	1,0 Billionen Yen
Versand	2,5 Billionen Yen
Abschreibungen	13,3 Billionen Yen
Zulässige Verwaltungs- und Overhead-Kosten	9,2 Billionen Yen

Stückzahlen:

Verkaufspreis	160 Yen
Gesamtkosten	144 Yen
Materialkosten	20 Yen

DDP Schritt 5: Meilensteinplanung

In der Meilensteinplanung wird spezifiziert, wann welche Aktivitäten in Angriff genommen werden sollen und die Überprüfung welcher Annahmen damit verbunden ist.

Meilenstein (Fertigstellung von...)	**Zu prüfende Annahmen**	
1. Primärdatensuche und vorläufige Analyse	4:	OEM-Markt 1993
	8:	Durchschn. Bestellmenge
	9:	Anrufe pro Auftrag
	10:	Anrufe Vertriebsmitarbei-
	11:	ter/Tag
	12:	Anzahl Vertriebsmitarbeiter
	13:	Gehalt Vertriebsmitarbeiter
	14:	p.a.
	16:	Container pro Bestellung
	18:	Versandkosten Container
		Produktionstage p.a.
		Gehalt Produktionsmitarbeiter

2. Prototypenproduktion

15: Qualitätsniveau für Wechsel
19: Materialkosten pro Disk

3. Kundentest

3: Verkaufspreis pro Stk.
15: Qualitätsniveau für Wechsel
19: Materialkosten pro Disk

4. Produktionsauslagerung

5. Verkauf der Produktionsauslagerung

1: Gewinnspanne
2: Umsatz
3: Verkaufspreis pro Stk.
8: Durchschn. Bestellmenge
9: Anrufe pro Auftrag
10: Anrufe Vertriebsmitarbei-
12: ter/Tag
15: Gehalt Vertriebsmitarbeiter
p.a.
Qualitätsniveau für Wechsel

6. Kauf einer existierenden Fabrik

5: Verhältnis Investi-
7: ton:Verkäufe
Nutzungsdauer Equipment

7. Pilotproduktion der gekauften Fabrik

6: Produktionskapazität/Linie
16: Produktionstage p.a.
17: Arbeiter pro Linie
18: Gehalt Produktionsmitarbeiter
19: Materialkosten pro Disk
20: Verpackungskosten 10 Disks

8. Reaktion der Wettbewerber

1: Gewinnspanne
2: Umsatz
3: Verkaufspreis pro Stk.

9. Produkt Re-Design

19: Materialkosten pro Disk
20: Verpackungskosten 10 Disks

10 Analyse der Preispolitik

1: Gewinnspanne
2: Umsatz
3: Verkaufspreis pro Stk.
4: OEM-Markt 1993

11 Fabrik Re-Design

5: Verhältnis Investiti-
6: on:Verkäufe
19: Produktionskapazität/Linie
Materialkosten pro Disk

Anhang 3: Informationsquellen

Die folgende Aufzählung soll lediglich zur Anregung für die Informationssuche dienen und erhebt keinerlei Anspruch auf Vollständigkeit. Grundsätzlich sind bei der Informationsbeschaffung im Rahmen einer Unternehmensgründung der Kreativität keine Grenzen gesetzt. Gesondert aufgeführt sind Informationsquellen im Internet.

Relevante Inhalte
- Betriebsvergleichszahlen, externe (Durchschnitt, Einzelvergleich)
- amtliche Steuerrichtsätze
- Branchenberichte
- Gründungskonzepte
- Geschäftsideen
- Erfolgsstories/Biographien von Gründern
- Erfolgsfaktorenanalysen
- Marktstudien (Absatz- u. Beschaffungsmarkt, Konkurrenz, Zielgruppen)
- Konsumentenverhalten
- Regionalverteilungen (Nielsengebiete)
- (Mega-)Trends (Batelle-Institut, Columbus, Ohio; auch: Naisbitt; Faith Popcorn v. Brain Reserve, N.Y.)
- Technologietrends (auch Begleit-, Folgeservice für neue Produkte)
- Demographische Entwicklungen
- Gesellschaftliche Werte
- Steuerliche, Sozialversicherungs- und rechtliche Informationen

Informationsmedien

Print
- Verzeichnis der Deutschen Zeitungen und Zeitschriften, Stamm Verlag
- Publikums-Zeitungen und Zeitschriften, Periodika: z. B. überregionale Zeitungen wie FAZ, die Zeit, die Welt, Süddeutsche Zeitung, New York Times, Paris Match, Herold; Magazine wie der Spiegel, Focus, Stern
- Allg. Wirtschaftszeitungen und –zeitschriften, -periodika: WirtschaftsWoche, Handelsblatt, Capital, ManagerMagazin
- Spezielle KMU-Gründungszeitungen und -zeitschriften, -periodika: Impulse, die Geschäftsidee, CHEF, Handbuch für Selbständige und Unternehmer
- Technik-Zeitungen und –Zeitschriften, Periodika: VDI-Nachrichten, Stiftung Warentest, Computer Zeitung
- Bücher u.ä.
    - Vademecum des Einzelhandels

- Versandhauskataloge, inkl. Spezialversender
- Gründungsratgeber (Wie gründe ich...)
- Franchisekatalog
- Branchentelefonbücher, Stadtadressbücher (z. B. Gelbe Seiten)
- Bezugsquellennachweise
- „Der schnelle Draht" (Handbuch für Datenbanken/ Informationsvermittlungs-stellen)
- Infoblätter (z. B. Branchenbriefe der Volks- und Raiffeisenbanken)

Elektronische Medien
- Handbuch der Wirtschaftsdatenbanken (Schulte-Hille, Jürgen)
- TV, Video, DVD (Wissenschaftssendungen, Messeberichte, Talkshows, Do-kumentationen, ...)
- CD-ROM (Kataloge, Branchenverzeichnisse, Jahresinhaltsverzeichnisse oder Volltexte, z. B. von Impulse, TEST, Computer-Zeitung)
- Elektronische Bibliotheken, -verzeichnisse (insbesondere auch Online-Kataloge der Universitätsbibliotheken)
- Online-Datenbanken (z. B. Wirtschafts-, Technik-DB, GENIOS, DATA STAR, DIALOG)

Sonstige Informationsquellen
- Gespräche mit Experten, aber auch Freunden, Bekannten, Familie
- Transferstellen und Forschungseinrichtungen von Universitäten und Techni-schen Hochschulen
- Messen und Ausstellungen
- Seminare, Konferenzen, Symposien

Informationsquellen im Internet

Die folgende Auflistung beinhaltet eine nach Themen sortierte Auswahl an nütz-lichen Internet-Adressen, die bei der Erstellung des Business Plans hilfreich sein können.

Finanzierung und Beratung
- BMWI – Bundesministerium für Wirtschaft und Arbeit: www.bmwi.de
- BMBF – Bundesministerium für Bildung und Forschung: www.bmbf.de

- BMWA-Förderdatenbank:
  http://www.bmwa.bund.de/Navigation/Unternehmer/foerderdatenbank.html
- KfW – Kreditanstalt für Wiederaufbau: www.kfw.de
- KfW-Mittelstandsbank: www.kfw-mittelstandsbank.de
- tbg: http://www.kfw-mittelstandsbank.de/mportal/tbg/tbg.jsp
- Investitionsbanken der Bundesländer, eine Übersicht findet sich z. B. unter:
  http://www.umw.org/index2.html?service/service_adressen.html
- EXIST – Programm zur Förderung von Existenzgründungen aus Hochschulen: www.exist.de

- BAND – Business Angels Netzwerk Deutschland e.V.: www.business-angels.de
- BVK – Bundesverband Deutscher Kapitalbeteiligungsgesellschaften: www.bvk-ev.de
- EVCA – European Venture Kapital Association: www.evca.com
- BDB: Bundesverband Deutscher Banken: www.bdb.de
- Deutscher Sparkassen- und Giroverband: www.dsgv.de

- Bundesagentur für Arbeit: www.arbeitsagentur.de

- IHK – regionale Industrie- und Handelskammern: www.ihk.de
- ZDH – Zentralverband des Deutschen Handwerks: www.zdh.de
- HDE – Hauptverband des Deutschen Einzelhandels: www.hde.de
- Deutscher Franchiseverband: www.dfv-franchise.de
- BDI – Bundesverband der Deutschen Industrie: www.bdi-online.de
- VDI – Verein Deutscher Ingenieure: www.vdi.de

Markt- und Wettbewerbsanalyse
- Statistisches Bundesamt: www.destatis.de
- Deutsches Patent- und Markenamt: www.dpma.de
- Europäisches Patentamt: www.european-patent-office.org
- Auswärtiges Amt: www.auswaertiges-amt.de

- Dienstleistungsportal des Bundes: www.bund.de
- Europäische Union: www.europa.eu.int
- Vereinte Nationen: www.un.org
- OECD – Organisation für wirtschaftliche Zusammenarbeit: www.oecd.org
- Bundesagentur für Außenwirtschaft: www.bfai.de

- ADM – Arbeitskreis Deutscher Markt- und Sozialforschungsinstitute: www.adm-ev.de
- BVM – Berufsverband Deutscher Markt- und Sozialforscher: www.bvm.org
- Empirix.net – Suchmaschine für die Marktforschung: www.empirix.net

- GfK – Gesellschaft für Konsumforschung: www.gfk.de
- Allensbach Institut: www.ifd-allensbach.de
- Forsa Institut: www.forsa.de
- DIW – Deutsches Institut für Wirtschaftsforschung: www.diw.de
- Institut für Handelsforschung: www.ifhkoeln.de
- Institut der Deutschen Wirtschaft: www.iwkoeln.de
- ifo – Insitut für Wirtschaftsforschung an der Universität München: www.ifo.de
- Rheinisch-Westfälisches Institut für Wirtschaftsforschung: www.rwi-essen.de
- Euro-Handelsinstitut: www.ehi.org
- C. Nielsen Marktforschung: www.nielsen-media.de
- TNS EMNID Institut: www.tns-emnid.com
- START GmbH: www.start-institut.de

- Fraunhofer Gesellschaft: www.fraunhofer.de
- Max-Planck-Gesellschaft: www.mpg.de
- Prognos AG: www.prognos.de

- bifego – betriebswirtschaftliches Institut für empirische Gründungs- und Organisationsforschung: www.bifego.de

- GENIOS Datenbank: www.genios.de
- Datenbank für Pressemitteilungen von Unternehmen: www.presseportal.de
- Pressetext Deutschland: www.pressetext.de
- Datamonitor (Marktstudien): www.datamonitor.com
- Forrester Research: www.forrester.com
- Gartner: www.gartner.com

Steuerliche, rechtliche Informationen
- Bundesknappschaft (Minijobs): www.minijob-zentrale.de
- Steuergesetze: www.steuernetz.de
- Gesetze, Urteile: www.juris.de, kostenpflichtig
- Online Rechtberatung: www.anwalt.de

Software
- BMWI-Softwarepaket: www.bmwi-softwarepaket.de
- Palo Alto – Business Plan Pro: www.paloalto.com
- VDI-Finanzplanungstool: www.gruenderleitfaden.de
- Lexware: www.lexware.de
- DATEV – Datenverarbeitungsorganisation der Steuerberater: www.datev.de
- UGSsim: www.ugs.de

Gründerportale und Businessplan-Wettbewerbe (Auswahl)
- BMWA Existenzgründer-Portal: www.existenzgruender.de
- Gründerwettbewerb Multimedia: www.gruenderleitfaden.de
- StartUp: www.startup-initiative.de
- NUK: www.n-u-k.de
- Promotion Nordhessen: www.promotion-nordhessen.de
- Science4Life: www.science4life.de
- Forum Kiedrich: www.forum-kiedrich.de

Suchmaschinen und allgemeine Portalanbieter
- Google: www.google.de
- Alta Vista: www.altavista.de
- Yahoo!: www.yahoo.de
- Lycos: www.lycos.de
- www.x-start.de
- MSN: www.msn.de
- T-Online: www.t-online.de
- AOL: www.aol.com
- COMPUSERVE: www.compuserve.de

Anhang 4: IT-Unterstützung

An dieser Stelle sollen kurz einige Softwareprodukte zur Business-Plan-Erstellung vorgestellt werden. Inzwischen ist eine ganze Reihe solcher Produkte am Markt erhältlich, die sich in Funktionsumfang, Qualität und Preis stark unterscheiden. Die fünf hier vorgestellten Produkte gehören zu den etablierteren und sind alle auch für den (kleinen) Geldbeutel eines Gründers noch erschwinglich. Ob und mit welcher Software man bei der Ausarbeitung eines Business Plans am besten arbeitet, ist von den persönlichen Ansprüchen und Vorkenntnissen abhängig. Eine Wertung oder besondere Empfehlung für ein Produkt soll daher ausdrücklich nicht erfolgen.

BMWI-Softwarepaket

Das BMWI-Softwarepaket wurde im Rahmen der Förderung von Unternehmensgründungen im Auftrag des Wirtschaftsministeriums entwickelt und wird laufend aktualisiert.

Die kostenlose Software kann entweder Online genutzt, aus dem Internet heruntergeladen (www.bmwi-softwarepaket.de) oder in Form einer CD-ROM bestellt werden.

Die CD-ROM-Version beinhaltet u. a. verschiedene Lernmodule, die Förderdatenbank des Bundes, Informationsbroschüren (GründerZeiten), Checklisten und Merkblätter. Darüber hinaus bietet sie die Möglichkeit, mittels Eingabemasken den eigenen Business Plan inkl. der Finanzplanung zu erstellen und auszudrucken – eine vorherige Einarbeitung in die Software und in die Erfordernisse eines Business Plans/der Finanzplanung ist allerdings unumgänglich.

Leider ist bislang weder ein Export der Daten in ein anderes Dateiformat (z. B. Word, Exel, Powerpoint) vorgesehen noch ist es möglich, die Software spezifischen Bedürfnissen anzupassen (etwa Positionen der Gliederung oder Berechnungsmethoden in der Finanzplanung zu verändern). Hinzu kommt, dass bei der Installation der Software von der CD-ROM aus gleichzeitig ein spezieller Datenbankserver installiert werden muss, der auf einigen Betriebssystemen erhebliche Probleme verursachen kann.

Im Ergebnis erhält man einen sehr standardisierten Business Plan, der kaum die persönliche Handschrift der Gründer erkennen lässt, dafür aber alle wichtigen Elemente und Berechnungen enthält.

VDI-Finanzplanungstool

Ebenfalls kostenlos ist das vom VDI in Kooperation mit dem BMWI angebotene Finanzplanungstool, das auf der Internetseite www.gruenderleitfaden.de erhältlich ist.

Auf der Webseite finden sich zudem eine Einführung in die Business-Plan-Erstellung, Checklisten, Musterverträge, Interviews mit Experten und Berichte von Gründern (die Internetseite entstand im Rahmen des Gründungswettbewerbs „Multimedia").[234] Das Finanzplanungstool, bestehend aus vorprogrammierten Excel-Tabellen, ermöglicht eine komplette 5-Jahresplanung für Gründungsunternehmen, die in ihrem Detaillierungs- und Genauigkeitsgrad für die ersten Planungen und zur Vorlage bei potentiellen Investoren ausreichend ist. Zum Ausfüllen der Tabellen sind allerdings auch hier Grundkenntnisse der Materie erforderlich, Hilfen werden durch Kommentare und kurze Erläuterungstexte angeboten. Die Version, die frei heruntergeladen werden kann bzw. auf der CD-ROM zu finden ist, ist durch ein Passwort geschützt, so dass der Nutzer keine Änderungen an den Formeln vornehmen kann. Auf Anfrage kann man jedoch per E-Mail eine Version des Tools erhalten, die individuell konfigurierbar ist (vorausgesetzt man beherrscht die Excel-Formelprogrammierung).

Keine Unterstützung bietet das VDI-Tool bei der Erstellung der übrigen (textbasierten) Teile des Business Plans (mit Ausnahme der Informationen auf der Internetseite) sowie einer integrierten Gesamtdarstellung.

Business Plan Pro

Business Plan Pro ist ein Softwareprodukt der amerikanischen Firma PaloAlto (www.paloalto.com), das in den USA zu den meistverkauften Produkten zur Business-Plan-Erstellung gehört.

Es ermöglicht eine Schritt-für-Schritt-Erstellung des gesamten Business Plans anhand von (detaillierten) Fragekatalogen. Zusätzlich erhält man ein umfangreiches Handbuch, das die Planung und das Vorgehen erläutert. Darüber hinaus erhält der Nutzer Zugriff auf eine Datenbank von Beispielplänen der verschiedensten Branchen und eine Internetseite mit umfangreichen Research-Möglichkeiten und Links, insbesondere für Markt- und Wettbewerbsanalysen. Die Daten sind in Word und Powerpoint exportierbar und können dort weiter bearbeitet werden (z. B. hinsichtlich Layout).

---

234 Die gleichen Informationen sind auch offline auf CD-ROM erhältlich, die man kostenlos bestellen kann.

Nachteile des Programms sind der geringe Lerneffekt für den Nutzer[235] – der Gründer hat zwar einen Business Plan in den Händen, wird aber insbesondere bei den Zahlen nicht nachvollziehen können, wie das Ergebnis entstanden ist, die fehlende Möglichkeit zur Anpassung der Berechnungsformeln (so war in der Version 2003 bspw. nur eine Abschreibungsmethode vorgesehen und es konnte lediglich ein Zinssatz eingegeben werden) und die Ausrichtung der gesamten Software an US-amerikanischen Richtlinien, die eine sinnvolle Nutzung für deutsche Konzepte stark einschränkt. Der Preis liegt bei etwa US-$100,-.

Gründungsplaner (Sparkasse, StartUp-Initiative)
Der Gründungsplaner der Sparkasse (www.startupshop.de) wurde zur Unterstützung der Teilnehmer des StartUp-Wettbewerbs entwickelt.

Die Software bietet die Möglichkeit zur detaillierten Finanzplanung. Die einzelnen vorprogrammierten Tabellen sind dabei in einem Datenbankprogramm aufeinander abgestimmt. Zur weiterführenden Nutzung über die Gründungsplanung hinaus ist ein Soll-Ist-Vergleich der Plandaten mit den realisierten Werten vorgesehen. Die Aufbereitung der Zahlen erfolgt in Graphiken. Eine Anpassung der Formeln ist zum Teil möglich.

Nicht problemlos möglich ist der Export der Daten in ein anderes Dateiformat, was eine Zusammenführung der Finanzplanung mit den anderen Bausteinen des Business Plans – die von dieser Software nicht unterstützt werden – erschwert. Zudem ist eine Kalkulation ohne entsprechende Vorkenntnisse kaum möglich, da die Hilfefunktion für Laien nicht i.d.R. nicht ausreichend sein dürfte. Der Preis der Vollversion liegt derzeit bei ca. 57,- €, eine weniger komplexe Variante ist Bestandteil der Teilnehmerunterlagen des Wettbewerbs (ca. 12,50 €).

UGSsim
UGSsim (www.ugs.de) wurde an der Fachhochschule Ulm (Volkmar Liebig) entwickelt und ist in ein System von Softwareprodukten zum Thema Unternehmensgründung eingebunden.

Auch diese Software konzentriert sich auf die Unterstützung von Gründern bei der Finanzplanung. Die Daten können hier aber exportiert und z. B. im Word-Format weiterverarbeitet und mit den übrigen Business-Plan-Teilen zusammengefügt werden. Die gute und sehr übersichtliche Benutzerführung erleichtert die Planungen ebenso wie eine Reihe von Beispielplänen. Die integrierte Sensibilitätsanalyse ermöglicht das Aufdecken von Chancen und Risiken des Gründung-

---

235 Es sei denn, der Gründer würde das mitgelieferte Handbuch von vorne bis hinten durcharbeiten, was aber die Nutzung der Software fast überflüssig machen würde.

vorhabens, durch Soll-Ist-Vergleiche kann der Grad der Zielerreichung über-prüft werden. Ebenfalls positiv ist die Integration der gängigen öffentlichen För-derprogramme und deren Konditionen in die Finanzierungsplanung.

Es fehlt eine Möglichkeit zur Anpassung der Software an die individuellen Ge-gebenheiten des Gründungsunternehmens. Zudem ist der Preis mit derzeit 185,- € ohne Handbuch (zusätzlich 15,- bzw. 28,- €) im Vergleich zu den anderen Pro-dukten eher hoch.

Anhang 5: Übersicht über die öffentlichen Finanzierungs-Förder-programme der KfW-Mittelstandsbank

	Wer wird geför-dert?	Was wird geför-dert?	Wie wird gefördert?[236]
ERP-Kapital für Gründung (0-2 Jahre) EKH-Darlehen	Existenzgründer und Unternehmer (aus-schließlich natürliche Personen) bis 2 Jahre nach Geschäftsauf-nahme *Persönliche Voraus-detzung:* fachliche und kaufmännische Qualifikationen; aus-reichende unterneh-merische Entschei-dungsfreiheit	• Grundstücke, Ge-bäude und Baune-benkosten, • Betriebs- und Ge-schäftsausstattung (Sachanlageinvesti-tionen) • branchenübliche Markterschlie-ßungsaufwendun-gen, • Beschaffung/ Auf-stockung Warenla-ger,	*Art der Förderung:* Nach-rangdarlehen (mit Eigen-kapitalfunktion) *max. Kreditbetrag:* 500.000 € pro Antragstel-ler *Finanzierungsanteil:* 15 % der Investitions-summe sind vom An-tragsteller aufzubringen (Eigenkapital) Aufsto-ckung durch EKH-Darlehen auf max. 40 % des Kapitalbedarfs, Rest-finanzierung durch Haus-bank *Kombination mit anderen Förderprogrammen:* zu-lässig *erforderliche Sicherhei-ten:* nur persönliche Haf-tung des Antragstellers *Laufzeit:* 15 Jahre, 7 Jah-re tilgungsfrei
ERP-Kapital für Wachstum (2-5 Jahre)	Kleine und mittlere Unternehmen und Freiberufler, bei de-nen die Ge-schäftsaufnahme 2-5 Jahre zurückliegt *Voraussetzung:* Un-ternehmen muss am Markt etabliert sein, über ausreichende Bonität und positive Zukunftsaussichten verfügen	• Grundstücke, Ge-bäude, Bauneben-kosten, • Betriebs- und Ge-schäftsausstattung (Sachanlageinvesti-tionen), • Beschaffung/ Auf-stockung Warenla-ger, • Übernahme eines bestehenden Un-	*Art der Förderung:* Nach-rangdarlehen (mit Eigen-kapitalfunktion) *max. Kreditbetrag:* 500.000 € pro Vorhaben *Finanzierungsanteil:* max. 40 % der Investi-tionssumme unter der Vor-aussetzung, dass Haus-bank mind. Finanzie-rungsanteil in gleicher Höhe übernimmt *Kombination mit anderen*

236 Auf die Zins- und Tilgungskonditionen soll hier im Einzelnen nicht eingegangen werden, da diese laufend angepasst werden. Ein Überblick über die aktuellen Konditionen findet sich auf den In-ternetseiten der KfW (www.kfw.de).

		ternehmens bzw. Erwerb einer tätigen Beteiligung	*Förderprogrammen*: zulässig *erforderliche Sicherheiten*: nur persönliche Haftung des Kreditnehmers *Laufzeit*: 15 Jahre, 7 Jahre tilgungsfrei
Kapital für Arbeit und Investitionen (über 5 Jahre)	etablierte (mittelständischen) Unternehmen und Freiberufler, bei denen die Aufnahme der Geschäftstätigkeit mehr als 5 Jahre zurückliegt *Voraussetzung*: ausreichende Bonität und positive Zukunftsaussichten	Langfristige Investitionen, die nachhaltigen wirtschaftlichen Erfolg versprechen und mit denen Arbeitsplätze geschaffen bzw. gesichert werden, z. B. • Grundstücke und Gebäude, • Baumaßnahmen • Kauf von Maschinen, Anlagen und Einrichtungsgegenständen, • Übernahme eines bestehenden Unternehmens bzw. Erwerb einer tätigen Beteiligung	*Art der Förderung*: Kombination aus klassischem Darlehen (Fremdkapital, Hausbank) und Nachrangdarlehen (KfW) – zu gleichen Teilen *max. Kreditbetrag*: 2 Mio. € pro Vorhaben (1 Mio. € KfW + 1 Mio. € Hausbank) *Finanzierungsanteil*: bis zu 100 % der förderfähigen Kosten werden *mit*finanziert *Kombination mit anderen Förderprogramm*: beschränkt zulässig *erforderliche Sicherheiten*: bankübliche Sicherheiten für FK-Anteil, keine Sicherheiten für Nachrangdarlehen *Laufzeit*: 10 Jahre, FK: 2 Jahre tilgungsfrei, Nachrangdarlehen: 7 Jahre
Unternehmerkredit	Existenzgründer, etablierte (mittelständische) Unternehmen und Freiberufler *Persönliche Voraussetzung*: fachliche und kaufmännische Qualifikationen *Voraussetzung*: Jahresumsatz < 500 Mio. €	Langfristige Investitionen, die nachhaltigen wirtschaftlichen Erfolg versprechen, z. B. • Grundstücke und Gebäude, • Baumaßnahmen • Kauf von Maschinen, Anlagen und Einrichtungsgegenständen,	*Art der Förderung*: Investitionskredit *max. Kreditbetrag*: i.d.R. 5 Mio. € *Finanzierungsanteil*: bei Kreditbeträgen bis 1 Mio. € bis zu 100 % der Investitionskosten, sonst bis max. 75 % der Investitionssumme *Kombination mit anderen Förderprogramm*: zu-

		• Beschaffung/ Aufstockung Material-, Waren-, Ersatzteillager, • Übernahme eines bestehenden Unternehmens bzw. Erwerb einer tätigen Beteiligung	lässig *erforderliche Sicherheiten*: bankübliche Sicherheiten *Laufzeit*: i.d.R. 10 Jahre, 2 Jahre tilgungsfrei
StartGeld	Existenzgründer, kleine Unternehmen und Freiberufler *Persönliche Voraussetzung*: fachliche und kaufmännische Qualifikationen	Alle Formen der Existenzgründung: • Errichtung eines Betriebs • Erwerb eines Betriebs • Übernahme einer tätigen Beteiligung Gefördert werden betrieblich bedingte Investitionen und Betriebsmittel	*Art der Förderung*: Investitionskredit *max. Kreditbetrag*: 50.000 €, Gesamtkapitalbedarf darf 50.000 € nicht überschreiten *Finanzierungsanteil*: bis zu 100 % des Gesamtkapitalbedarfs, Eigenbeteiligung des Antragstellers erwünscht *Kombination mit anderen Förderprogrammen*: nicht zulässig *erforderliche Sicherheiten*: Verhandlungssache zw. Antragsteller und Hausbank *Laufzeit*: max. 10 Jahre, 2 Jahre tilgungsfrei
Mikro-Darlehen	Existenzgründer, kleine Unternehmen und Freiberufler	Gründung einer selbständigen Existenz mit Fremdkapitalbedarf von max. 25.000 €; gefördert werden betriebliche Investitionen und Betriebsmittel	*Art der Förderung*: Investitionskredit *max. Kreditbetrag*: 25.000 €, Kapitalbedarf darüber muss mit Eigenmitteln gedeckt werden *Finanzierungsanteil*: bis zu 100 % des Gesamtkapitalbedarfs, Eigenbeteiligung des Antragstellers erwünscht *Kombination mit anderen Förderprogrammen*: nicht zulässig *erforderliche Sicherheiten*: Verhandlungssache

| | | | zw. Antragsteller und Hausbank |
| | | | *Laufzeit*: max. 5 Jahre, ½ Jahr tilgungsfrei |

Anhang 6: Beispielaufgaben

Beispielaufgabe 1:
Einfaches Zahlenbeispiel zum Planspiel „EVa"[237]

Bitte füllen Sie das Formular „Unternehmensplan" auf dem Hintergrund des Planspiels „EVa" für das erste Geschäftsjahr entsprechend dem „großen Beratungsbericht" bzw. nach den folgenden Angaben aus; Angaben in Tausend €:

0a. Gründungskosten (Beratung)	0,10
0b. Markteinführung Anzeigen	0,25
Markteinführung Einf.Veranst.	0,15
1. Umsätze im Jahr:	40
2. Warenausstattung	5
3. Variable Kosten im Jahr	10

4. Fixe Kosten:

• Personal	10
• Miete	3,5
• Postgebühren	2
• Zinsen	2
• Werbung	4
• Büromaterial	2

5. Investitionen:

• Büro-u. Geschäftsausstattung	5 (AFA 10 Jahre)
• Maschinen	10 (AFA 10 Jahre)

Bitte ermitteln Sie den Erfolg und erstellen Sie die Liquiditätsrechnung!

---

237 Klandt, Heinz: "EVa", Das Computer-Planspiel für Unternehmer und solche, die es werden wollen – Einführung und Beschreibung der Entscheidungsmöglichkeiten, Band 4 der Reihe FGF Entrepreneurship-Research Monographien, Verlag Förderkreis Gründungs-Forschung, Köln-Dortmund, 3. überarb. Auflage 1999.

Beispielaufgabe 2:
Übernahme eines Fertigungsbetriebes

Fritz Praktikus arbeitet nach Abschluss eines Studiums der Nachrichtentechnik bei einem Hersteller von Telefonhörern.

Nach einem Fortbildungsseminar beobachtet er bei einem Besuch der Spielbank in Dortmund eine Gruppe von selbständigen Unternehmern. Als er die großen Bündel Geldscheine entdeckt, die Unternehmer mit einem vielsagenden Lächeln aus ihren Hosentaschen herausholen, steht sein Entschluss fest: „Ich mache mich selbständig!"

Nach einigen Monaten erhält er von seinem Treuhänder den Hinweis, dass ein Betrieb aus Altersgründen einen Nachfolger sucht. Nach einiger Zeit hat er folgende Daten für die Übernahme dieses Unternehmens zusammengetragen:

- Der Fertigungsbetrieb hat zur Zeit einen relativ sicheren Jahresumsatz von 6 Mio. €.
- Seine Kostenuntersuchungen führen zu folgenden Ergebnissen: Die variablen Kosten belaufen sich auf 25 % des Umsatzes. Die fixen Kosten (Personalkosten, Raumkosten etc.) betragen im Einzelnen: Personalkosten 1,5 Mio. €, Raumkosten 0,5 Mio. €, Fuhrpark 0,3 Mio. €, Werbung 0,6 Mio. €, Zinsen 0,3 Mio. €, Sonstige Kosten 0,3 Mio. €. Alle Investitionen werden in gleichen Jahresraten über einen Zeitraum von 10 Jahren abgeschrieben.

Im Rahmen der Betriebsübernahme fallen folgende Ausgaben an:

- Übernahme der Maschinen   1,5 Mio. €
  (AFA über 10 Jahre)
- Übernahme der Betriebs- und Geschäftsausstattung 0,75 Mio. €
  (AFA über 10 Jahre)
- Übernahme Materiallager   0,75 Mio. €

In den ersten 3 Monaten nach der Übernahme beabsichtigt Fritz Markteinführungsaktionen durchzuführen, die 37.500 € kosten werden. Darüber hinaus plant er zu Beginn der Markteinführungsphase eine Eröffnungsfeier. Er will es allen einmal richtig zeigen. Für das Büffet und eine noch geheime Sonderdarbietung einer Hamburger Künstlerin müssen 20.000 € eingeplant werden.

An Gründungskosten fallen in erster Linie Beratungskosten in Höhe von 15.000 € an.

Insgesamt hat Fritz P. bereits viele konkrete Angaben zu der geplanten Betriebs-übernahme zusammengetragen. Trotzdem fallen ihm noch eine ganze Anzahl von Fragen ein. Zufällig trifft er auf einer Familienfeier einen Verwandten, der begeistert von einem Seminar „EVa" berichtet. Fritz ist sehr froh, einen richtigen Fachmann gefunden zu haben, und bittet um seinen Rat.

Aufgaben:

2-1:
Stellen Sie aus den Angaben des Fritz für das erste Geschäftsjahr (1. Januar bis 31. Dezember) einen Gründungsplan auf, der folgende Teilpläne umfasst:

Investitionen, Abschreibungen, Materialausstattung, Umsatz, fixe Kosten, variable Kosten, Gründungskosten, Markteinführung, Erfolgsplan.

Erstellen Sie die Planung auf Jahresbasis ohne unterjährige Intervalle!

2-2:
Wie verändert sich das Ergebnis Ihrer Berechnung in der Aufgabe B-1, wenn:

2. zusätzliche Investitionen im Wert von 1,5 Mio. € anfallen, die eine Lebensdauer von 10 Jahren haben,
2. zusätzliche Kredite in Höhe von 1,5 Mio. € (jährlicher Zinssatz 10 %) aufgenommen werden müssen,
2. der Umsatz unerwartet um 25 % steigt,
2. die variablen Kosten um 5 % steigen, d. h. statt 25 % jetzt 30 % des Umsatzes ausmachen
2. alle Faktoren 1 bis 4 gleichzeitig eintreffen.

Bitte geben Sie in allen Fällen 1 bis 5 den Umsatz, die Gesamtkosten und den Saldo (Gewinn oder Verlust) an!

1 _____

2 _____

3 _____

4 _____

5 _____

2-3:

Wie beurteilen Sie die wirtschaftliche Tragfähigkeit des Gründungsvorhabens von Fritz?

2-4:

Fritz ist mit der Beratung zufrieden. Bei einem Wochenendausflug entdeckt Fritz P. ein Segelboot, das für € 100.000 zum Verkauf steht. Er kann gerade noch einmal widerstehen. Glauben Sie, dass sich Fritz P. seinen Traum nach dem 1. Geschäftsjahr leisten kann?

Lösungstabelle zur Aufgabe:

Übernahme eines Fertigungsbetriebes

Angaben in Mio. €

Variante	Umsatz	Variable Kosten	Fixe+Grü.+Markt Kosten + AfA	Summe Kosten	Gewinn
0	6	1,5	3,73	5,23	0,77
1	6	1,5	3,88	5,38	0,62
2	6	1,5	3,88	5,38	0,62
3	7,5	1,9	3,73	5,63	1,87
4	6	1,8	3,73	5,53	0,47

Anhang 7: Muster Business Plan: DENC AG[238]

Das folgende Fallbeispiel des Unternehmensplans der IT-Unternehmensberatung
DENC AG ist ein realer Business Plan, der nur in einigen Marginalien von der
Originalversion, die u. a. der erfolgreichen Akquise von Finanzmitteln in der
Gründungssituation diente, abweicht.

Die DENC AG ist seit 1999 erfolgreich auf der Basis dieser Gründungsplanung
am Markt tätig und hat bei Erscheinen des Buches 50 Mitarbeiter
(www.denc.de)

---

238 Der Autor dankt Herrn Dr. Klaus Dibbern, MBA, Mitgründer und Vorstandsvorsitzender der
DENC AG, Darmstadt für die freundlichen Überlassung dieses realen Geschäftsplans zur Publizierung.

DENC Aktiengesellschaft

Design ENgineering Consultants

IT-Unternehmensberatung mit Schwerpunkt
„Virtuelle Produktentwicklung"

Geschäftsplan
Februar 1999

Klaus Dibbern, Dr.-Ing., MBA
Slavko Simic, Dipl.-Ing.
Christoph v. Andrian-Werburg, Dipl.-Ing. (FH)

Inhaltsverzeichnis

1. Zusammenfassung

Für produzierende Unternehmen in Hochlohnländern wie Deutschland wird die Entwicklung und Einführung erfolgreicher Produkte immer schwieriger. Um wettbewerbsfähig zu bleiben, kommt es mehr denn je darauf an, die Produktentwicklung effektiv und effizient zu gestalten.

Dieses Bestreben kann heute unterstützt werden durch sehr leistungsfähige, computerbasierte Werkzeuge (3D-CAx – dieser Begriff steht für Computer Aided Design/Engineering/Manufacturing/Simulation...). Diese werden zunehmend in Produktionsunternehmen eingesetzt.

Die **DENC** AG wird ab April 1999 als IT-Unternehmensberatung auf dem Gebiet der „Virtuellen Produktentwicklung" tätig werden. Darunter versteht man die Durchführung der Produktentwicklung an verteilten Arbeitsplätzen mit modernsten Werkzeugen an einem einzigen, dreidimensionalen digitalen Modell – entlang der gesamten Prozeßkette vom ersten Entwurf bis zur Fertigung. Zur Erreichung dieses Ziels kann eine grundlegende Umstrukturierung des Entwicklungsprozesses erforderlich sein.

Das Angebot von **DENC** hilft Unternehmen, welche mechanische Produktentwicklung betreiben, das Potential moderner, am Markt erhältlicher CAx-Systeme für ihre speziellen Anforderungen voll auszunutzen. Die Dienstleistungen umfassen Unternehmensberatung, Implementierung von Internet-Technologien für die Produktentwicklung, Durchführung von Simulationen und Erstellung von Präsentationen und Animationen. Zusätzlich werden Schulungen angeboten.

Der **Markt** der High-End-CAD-Systeme (3D) wächst kontinuierlich mit ca. 20% pro Jahr. Mitte 1998 wurde die 3D-Volumenmodellierung als zentrales Element der Produktentwicklung in Deutschland nur von 6,4% aller Anwender eingesetzt (Quelle: Daratech und VDI), d. h. man ist von einer Sättigung weit entfernt. Wesentlich schneller als der Softwaremarkt wächst der Bedarf an Dienstleistungen in diesem Umfeld, und zwar mit knapp 40%. In 1999 hat der Zielmarkt von **DENC** allein in Zentraleuropa etwa eine Größe von DM 100 Millionen.

Den Zielmarkt von **DENC** werden zunächst Firmen in Zentraleuropa (Deutschland, Österreich, Schweiz) bilden, welche die CAx-Produkte des Markt- und Technologieführers Parametric Technology einsetzen oder einführen. Später ist eine Ausweitung der Aktivitäten auf andere Länder und andere Produkte geplant.

Die wesentlichen **Erfolgsfaktoren** von **DENC** sind die folgenden:

- Exzellentes Management und Gründerpersonal mit langjähriger Erfahrung in diesem Markt
- Unternehmensstart mit einer kritischen Masse von mehr als 10 Consultants
- Bestehende Kontakte zu mehr als 200 Kunden mit Consulting- und Schulungsbedarf
- Einzigartige Kombination von Design-/Simulations-/Consulting-/Vertriebs- und Management-Know-How
- Einrichtung eines „Customer Advisory Panels", bestehend aus Führungskräften von Key Accounts

- Starkes Wachstum des gesamten Marktes
- Mangel an qualifizierten Ingenieuren am Arbeitsmarkt.

Als wesentliche **Risiken** des Vorhabens sind die folgenden Punkte zu nennen:

- Mangel von Ingenieuren am Arbeitsmarkt – dies kann das Wachstum von **DENC** hemmen.
- Zu späte oder unzureichende Kapitalausstattung für das Wachstum in den ersten Monaten.

DENC hat als **Ziel**, innerhalb von sechs Monaten zum führenden Anbieter für Pro/MECHANICA (Simulations-) Dienstleistungen in Deutschland zu werden. Für Pro/ENGINEER (3D-CAD) - Dienstleistungen soll dieses Ziel innerhalb von fünf Jahren realisiert werden. Im Jahr 2001 sollen mehr als 25 Mitarbeiter mehr als DM 7 Millionen Umsatz erzielen. Ein Börsengang, beispielsweise am Neuen Markt, wird angestrebt.

Der **Kapitalbedarf** des Vorhabens wird DM 1,75 Millionen betragen, hauptsächlich für die einzusetzende Software und für Möbel (DM 700 Tsd), sowie für Löhne und Betriebsausgaben (DM 1,05 Mio). Eigenmittel in Höhe von ca. DM 220.000,- werden eingebracht werden. Das fehlende Kapital wird in erster Linie durch Eigenkapital-, Existenzgründer-, und Betriebsmitteldarlehen von der Deutschen Ausgleichsbank und ERP aufgebracht werden. In Verbindung mit einer auf Fördermittel spezialisierten Unternehmensberatung wird momentan das optimale Finanzierungkonzept erarbeitet und umgesetzt. Alternativ wird eine Finanzierung über den BASF Innovationsfonds und tbg angestrebt. Weiterhin werden sich die Mitarbeiter am Unternehmen beteiligen.

2. Unternehmen

2.1 Unternehmensform

DENC wird als „kleine AG" gegründet – zu Beginn mit 12 Mitarbeitern. Das Unternehmen wird von einem Auftsichtsrat kontrolliert – dieser wird sich zusammensetzen aus erfahrenen Führungskräften aus der Fertigungsindustrie, aus dem Controlling, und aus einem Rechtsanwalt. Die drei Gründer werden den Vorstand bilden. Zur Zeit der Erstellung dieses Geschäftsplanes ist **DENC** in der Gründungsphase.

Als Vorteile der Unternehmensform Aktiengesellschaft werden gegenüber anderen Unternehmensformen die folgenden Punkte gesehen:

- Nachträgliche Zufuhr von Eigenkapital problemlos möglich

- Schon heute Ausrichtung für möglichen Börsengang, z. B. am Neuen Markt

- Klare Trennung von Geschäftsführung und Anteilseignern – dadurch unproblematischere Beteiligung von privaten Investoren möglich.

- Imagevorteil der AG – erste Aktiengesellschaft in diesem Markt!

- Internationale anerkannte Unternehmensform

- Motivation der Mitarbeiter durch Beteiligung am Unternehmen

- Einbindung eines in der Industrie anerkannten, fachkompetenten Aufsichtsrates. Hierdurch
  leichterer Zugang zum oberen Management der Kunden, direktes Feedback von Fachleuten auf Kundenseite, und Management-Support.

Diesen Vorteilen steht evtl. ein höherer administrativer Aufwand und damit höhere Kosten gegenüber.

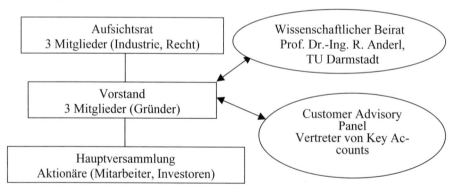

Die Unternehmensgründung wird zusammen mit der Rechtsanwalts-Sozietät XYZ & Partner in Frankfurt durchgeführt, welche umfangreiche Erfahrungen in der Beratung von Aktiengesellschaften hat. Ein Rechtsanwalt wird Aufsichtsratsmitglied werden, ein zweites AR-Mitglied wird ein Produktentwicklungsverantwortlicher eines Autozulieferers werden, das dritte wird ein Controller aus der Geschäftsführung eines Spezialchemikalien-Herstellers sein.

2.2 Anteilseigner

Die drei Gründer werden voraussichtlich 80% des Grundkapitals von DM 400.000,- halten – die Aufteilung wird 40/20/20 sein. Die restlichen 20% sind für die Beteiligung durch Mitarbeiter vorgesehen. Jeder festangestellte Mitarbeiter erhält Aktienoptionen aus einem Mitarbeiterbeteiligungsmodell, welche im Rahmen von Kapitalerhöhungen einlösbar sind.

2.3 Firmensitz

Der Firmensitz wird in Darmstadt sein. Im Innovations- und Technologiezentrum (Gründerzentrum) werden renovierte Räumlichkeiten von 300qm mit integriertem Schulungszentrum angemietet werden.

Eine Zweigstelle wird gleich bei Gründung im Raum Düsseldorf in einem Büroservice (z. B. „Ihr Büro") eingerichtet werden.

Darmstadt liegt verkehrsgünstig zentral an den Autobahnen A67 und A5, und ca. 20 Minuten entfernt vom Flughafen Frankfurt. In der Nähe sind die Technische Hochschule Darmstadt, die ProSTEP GmbH, das CIM-Zentrum der Fachhochschule Rüsselsheim, sowie Key Accounts wie VDO, Braun, Tetra Pak, Schenck, HBM. Weiterhin ist in Darmstadt die Firma Bepono, über die eine Partnerschaft im Bereich „Fertigung" angestrebt wird, sowie die Firma 3D-Systems, mit der eine Partnerschaft im Bereich "Rapid Prototyping" geplant ist.

Nicht zuletzt liegt Darmstadt in der Mitte der Wohnorte der drei Firmengründer.

Es werden weitere Büros an anderen Standorten angemietet werden (Stuttgart, München...). Mittelfristig ist auch eine internationale Expansion – zunächst innerhalb Europas – geplant.

Für Schulungen wird gleich zu Beginn ein Schulungszentrum in den Büroräumen eingerichtet werden.

Die Mitarbeiter von **DENC** werden sowohl intern als auch extern intensiv über e-mail und Internet kommunizieren - hierzu wird ein Internet Server zusammen mit einem ISP (Internet Service Provider) eingerichtet werden. Die Domäne www.denc.de ist bereits reserviert worden.

3. Dienstleistungen und Produkte

Die **DENC** AG ist auf dem Gebiet der „Virtuellen Produktentwicklung" tätig. Darunter versteht man die Durchführung der Produktentwicklung an verteilten Arbeitsplätzen mit modernsten Werkzeugen an einem einzigen, dreidimensionalen digitalen Modell – entlang der gesamten Prozeßkette vom ersten Entwurf bis zur Fertigung. Kernpunkte der virtuellen Produktentwicklung sind

- die vollständige, rechnerbasierte, volumenorientierte Produktbeschreibung,
- die Durchführung von Simulationen und Parametervariationen mit dem virtuellen Modell, und
- die Einbeziehung von Internet-Technologien für verteilte Entwicklungstätigkeiten.

[WEULE][239] schreibt, daß produzierende Unternehmen zur Steigerung der Erfolgschancen am Markt folgende Punkte befolgen sollten:

- den Anteil der Arbeiten in der Produktentwicklung, die rechnerunterstützt durchgeführt werden, kontinuierlich erhöhen,
- eine vollständige digitale Modellierung des Produktes anstreben,
- die verfügbaren Potentiale am Markt angebotener Systeme, wie Volumenmodellierung, Integration von Berechnung und Simulation, parametrische und assoziative Funktionen sowie Herstellung von Prototypen, zielorientiert einsetzen,
- verstärkt Systeme einsetzen, die die Integration spezifischer Konstruktionslogiken erlauben,
- die Produktentwicklung mit ausreichend Systemarbeitsplätzen ausrüsten, so daß jeder Produktentwickler bei Bedarf und ohne Aufwand zu jeder Zeit einen Rechnerarbeitsplatz zur Verfügung hat, ...
- unternehmensinterne Netze (Intranets) aufbauen, um das verteilte Arbeiten in Teams zu unterstützen,
- Zulieferer mit Unterstützung durch Rechnernetze frühzeitig in die Produktentwicklung einbinden.

Die virtuelle Produktentwicklung stellt hohe Anforderungen sowohl an die Anwender der CAx-Systeme, als auch an die für die Definition des Entwicklungsprozesses verantwortlichen Führungskräfte. Die Einführung moderner Systeme kann eine grundlegende Umstrukturierung des Entwicklungsprozesses erforderlich machen.

Das Angebot von **DENC** hilft produktentwickelnden Unternehmen, das Potential moderner, am Markt erhältlicher CAx-Systeme für ihre speziellen Anforderungen voll auszunutzen. Zunächst konzentrieren wir uns hierbei auf die Softwareprodukte des Markt- und Technologieführers, Parametric Technology Corporation (PTC) – siehe Kapitel 4.

---

[239] Prof. Dr. Hartmut Weule, Daimler Benz AG: "Die Bedeutung der Produktentwicklung für den Industriestandort Deutschland" - VDI-EKV Jahrbuch 1997, ISBN 3-18-401612-9

Die Mitarbeiter von **DENC** sind exzellent ausgebildet in der Anwendung und Einführung der Produkte von PTC. Besondere Stärken liegt im know-how über den Einsatz von Funktionssimulation in der Entwicklung, im Erstellen von präsentationsgerechten Animationen, und im Einsatz von Internet-Technologien für verteiltes Engineering.

Wir bieten im wesentlichen folgende Leistungen an:

- Unternehmensberatung zur Optimierung des Entwicklungsprozesses (inkl. PDM - Product Data Mgmt.)
- EOI – Engineering on Internet
- Durchführung von Simulationen zur Produktoptimierung
- Erstellung von Multimedia-Animationen für Präsentations- und Vertriebszwecke
- Schulungen und Workshops
- Einführungsunterstützung und Softwareanpassung
- Vertrieb von CAx-Softwareprodukten von PTC und komplementären Anbietern

Der Umsatz von **DENC** ergibt sich aus der Abrechnung von Schulungs- und Consultingleistungen sowie aus der Händlermarge der verkauften Softwareprodukte.

3.1 Beschreibung der einzelnen Dienstleistungen und Produkte

Ein wesentlicher Bestandteil des Erfolgskonzeptes von **DENC** ist die Einrichtung eines „Customer Advisory Panels". In regelmäßigen Abständen werden Vertreter von Schlüsselkunden eingeladen, um ein Feedback über das Leistungs-Portfolio von **DENC** zu geben, und um eigene Erfahrungen bei der Einführung einer virtuellen Produktentwicklung auszutauschen. Das „Customer Advisory Panel" bietet eine Rückkopplung zwischen unserem Angebot und den Anforderungen unserer Kunden, und führt zur kontinuierlichen Verbesserung und Anpassung der im Folgenden dargestellten Leistungen.

3.1.1 Unternehmensberatung zur Optimierung des Entwicklungsprozesses

Es werden die folgenden Leistungen angeboten:

- Analyse des Ist-Zustandes und Konzepterstellung für Soll-Zustand „Virtuelle Produktentwicklung" unter Berücksichtigung von PDM (Product Data Management).
- Erstellung von Implementierungsplänen
- Umsetzung und Kontrolle der Implementierung
- Berechnung des „Return on Investment"

Ein Implementierungsplan kann z. B. die folgenden Bausteine enthalten:

- Auswahl der Mitarbeiter
- Auswahl der Softwarebausteine
- Festlegen von Schulungs- und Supportmaßnahmen

- Festlegen einer Konstruktionsmethodik
- Implementierung von PDM (Product Data Management)
- Aufbau von automatischen Variantensystemen
- Klassifizierung von Bauteilen, Erstellung von Baugruppensystematiken
- Datentransfer und Handling zwischen verschiedenen Bereichen entlang der Prozeßkette
- Einbindung der Simulation in den Prozeß, Erstellen von „Rezeptbüchern" für wiederkehrende Aufgaben
- Anbindung der Fertigung
- Kontrolle der Implementierung

3.1.2 EOI – Engineering on Internet

Unter diesem Oberbegriff wird die Nutzung web-basierter Technologien für Engineering und Knowledge Management verstanden. Dies können im einzelnen sein:

- Layoutsteuerung (Baukaustensysteme) zur automatischen Produktmodellgenerierung über einen Web-Browser. Was heißt das? Als **Beispiel** kann man sich folgende Situation vorstellen:

  Ein Möbelhersteller stellt individuell konfigurierbare Schranksysteme her. Die Logik des Aufbaus dieser Schranksysteme (wieviel Zwischenwände bei welcher Breite, welche Materialstärke bei welcher Belastbarkeit, Anzahl der Verschraubungen in Abhängigkeit von der Größe...) ist in einem virtuellen Produktmodell abgespeichert, welches im CAD-System des Möbelherstellers abgespeichert ist.

  Beim Kundengespräch nimmt der Vertriebsmitarbeiter des Möbelherstellers die Anforderungen des Kunden auf. Er kann diese nun direkt über Internet an seine Zentrale melden, und dort wird das virtuelle Produktmodell anhand dieser Eingabedaten individuell konfiguriert. Der Vertriebsmitarbeiter kann auf das Ergebnis in Form einer 3D-Darstellung und in Form von Stücklisten und weiteren Informationen direkt zugreifen.

  DENC erstellt für den Kunden sowohl das layoutgesteuerte virtuelle Produktmodell, als auch die web-basierte Eingabe auf der Basis von kommerzieller Software.

- Erstellung von Web-basierten Präsentationen für Vertrieb, Marketing, und interne Kommunikation
- Erstellung von Intranet-Seiten für die interne Kommunikation von Engineering-know-how
- Implementierung und Anpassung der WebTools in bestehende IT-Umgebung, webbasierende Arbeitsumgebung
- Webbasierender „Konstruktionadvisor" und webbasierender „Simulationsadvisor" – dies sind Expertensysteme, welche das kundenspezifische Entwicklungs-Know-How mit den CAx-Werkzeugen verbindet.

3.1.3 Simulationen zur Produktoptimierung

Hierunter sind Dienstleistungen zunächst mit den Simulationsprodukten von PTC zu verstehen. Diese
beinhalten:

- Mechanismensimulation: Kinematik, Kinetik, Kollisionskontrolle, Auslegung, Optimierung von Mehrkörpermechanismen auf der Basis des virtuellen CAD-Modells
- Struktursimulation: Festigkeits- und Steifigkeitsanalyse (FEM) von Bauteilen und Baugruppen. Parametervariationen und Gestaltoptimierung auf der Basis des virtuellen CAD-Modells

Durch den Einsatz von Simulation in der Entwicklung können unsere Kunden Prototypen sparen, Durchlaufzeiten verkürzen, Gewichtsoptimierungen durchführen, und Schadens-/Garantiefälle vermeiden. Es wird die Möglichkeit gegeben, mehrere Varianten in kürzester Zeit durchzuspielen, zu optimieren, und die beste auszuwählen („Engineering it right – upfront").

Mehrere Mitarbeiter von **DENC** sind Experten in der Anwendung dieser Simulationstechnologien.

3.1.4 Multimedia-Präsentationen für interne und externe Zwecke

Sowohl für interne als auch für externe Präsentationen von Produkten und ihren Features werden immer stärker photorealistische 3D-Darstellungen und Animationen verwendet. **DENC** hat große Expertise in der Umwandlung der in CAD vorhandenen Produktmodelle in wirkungsvolle Präsentationen.

- Erstellung von 3D-Animationen (Web, Video, CD) für Demonstrations- und Werbezwecke
- Erstellung von internen und externen Schulungsunterlagen über die Produktpalette unserer Kunden
- Erstellung von Videos zur Montagesimulation

Diese Leistungen werden z.T. in Verbindung mit einer Marketingagentur durchgeführt, welche sich auf die Erstellung von Videos und Messepräsentationen spezialisiert hat.

Ein **Beispiel**: Ein Hersteller von Lenkgetrieben möchte eine Neuentwicklung auf einer Messe präsentieren. Die CAD-Daten sind in der Konstruktionsabteilung erstellt worden. **DENC** übernimmt diese Daten in elektronischer Form (beispielsweise über e-mail). Das statische Modell wird mit Hilfe von Pro/MECHANICA in ein dynamisches Modell umgewandelt, an welchem die Bewegung der Einzelteile deutlich sichtbar wird. Mit den Darstellungsmöglichkeiten (Farben, Lichtquellen, Schnittmodelle, Transparenz...) von Pro/ENGINEER wird dieses animierte Modell so aufbereitet, daß ein präsentationswirksamer Film entsteht. Zusammen mit einer Marketingagentur wird dieser Film dann geschnitten, vertont, und mit Sequenzen aus anderen Bildquellen ergänzt. Das Ergebnis wird so aufbereitet, daß ein Messebesucher interaktiv damit arbeiten kann, und auf CD-ROM gespielt. Für den Kunden ergibt sich ein enormer Kosten- und Zeitvorteil gegenüber der herkömmlichen Erstellung des realen Modells seiner Neuentwicklung.

3.1.5 Schulungen, Workshops

Schulungen und Workshops werden im eigenen Schulungszentrum und vor Ort beim Kunden angeboten.

Im wesentlichen werden diese Schulungen zunächst die folgenden Bereiche betreffen:

- Pro/ENGINEER   Systematisierung und Automatisierung der Konstruktion
  mit dem 3D-
                      CAD/CAM-System
- Pro/MECHANICA   Simulation in der Entwicklung – Strukturanalyse
  und Mehrkörperdynamik
                      mit dem Simulationssystem
- Webtools   Nutzung moderner Web-Technologien in Verbindung mit
  CAx-Tools

Insbesondere im Bereich komplexer Pro/ENGINEER – Fragestellungen und im Bereich Pro/MECHANICA hat **DENC** große Expertise und einen Wettbewerbsvorsprung vor anderen Schulungsanbietern.

Neben Anwenderschulungen werden zum Aufbau interner Supportstrukturen beim Kunden „train the trainer"-Schulungen durchgeführt.

Die Schulungen werden bei **DENC** im von den gleichen Ingenieuren durchgeführt, die auch Consulting vor Ort beim Kunden durchführen. Diese Vorgehensweise stellt sicher, daß reale Fragestellungen der Kunden gezielt behandelt werden können.

3.1.6 Einführungsunterstützung und Softwareanpassung

Hierunter sind Leistungen zu verstehen wie:

- Konfigurieren der System- und Arbeitsumgebung
- Installieren der Softwaremodule
- Durchführung von Pilotprojekten mit Erfolgskontrolle
- Anpassung bzw. Neuerstellung von kundenspezifischen Applikationen mit Hilfe von API's zu den CAx-Systmen (API: Application Programming Interface)
- Programmierung in der Web-Umgebung (HTML, JAVA, JAVASCRIPT, ...)

3.1.7 Vertrieb von CAx-Softwareprodukten

Der Softwarevertrieb <u>kann</u> für **DENC** ein zusätzliches Standbein werden. Umsätze und Deckungsbeiträge hierfür sind jedoch nicht Basis dieses Geschäftsplanes, da das Zustandekommen von entsprechenden Verträgen von den Vertriebsstrategien der Softwareanbieter zum Zeitpunkt der Gründung abhängen.

Es sollen zunächst sowohl Softwareprodukte von PTC sowie komplementäre CAx-Produkte vertrieben werden. Die Produkte von PTC werden vom Anbieter selbst im Direktvertrieb an Kunden mit mehr als DM 40 Millionen Jahresumsatz vertrieben, und vom Master-Distributor Rand Technologies an alle kleineren Kunden.

Rand Technologies wiederum arbeitet mit Subdistributoren (Händler, Systemintegratoren).

DENC wird sich als Subdistributor von Rand bewerben, um die Produkte der Pro/ENGINEER – und der Pro/MECHANICA- Produktfamilien zu vertreiben. Die Chancen hierfür stehen aufgrund der Expertise der **DENC**-Mitarbeiter und der bestehenden Kundenkontakte sehr gut. Dieser Vertrieb bietet für **DENC** folgende Vorteile:

* Ermöglicht ein Komplettangebot aus Software und Dienstleistung für unsere Kunden
* Zusätzlicher Umsatz mit hohem Deckungsbeitrag
* Zugriff auf Demonstrations-Software für Händler
* Günstige Einkaufskonditionen von Software und Hardware

Neben den Produkten von Parametric Technology sollen zukünftig auch weitere, komplementäre CAx-Produkte in das Portfolio aufgenommen werden.

3.2 Technologie

Das Leistungsportfolio von **DENC** konzentriert sich zunächst auf die Softwareprodukte von Parametric Technology, welche zur Zeit weltweite Technologie- und Marktführerschaft bei CAx-Systemen einnehmen.

Für Internet-Technologien und Programmentwicklung wird auf state-of-the-art Standards wie Java, Javascript, C++, und HTML gesetzt.

Hardwareseitig werden hauptsächlich Intel-Rechner mit Windows NT eingesetzt.

DENC wird offen sein gegenüber Veränderungen in der Technologie und den Märkten. Es ist denkbar, daß innerhalb der nächsten 5-10 Jahre wieder ein Paradigmen-Wechsel in der Technologie für Produktentwicklung vollzogen wird. Durch die Nähe zur Technischen Universität Darmstadt, zu anderen Partnern (wie z. B. ProSTEP), und durch unsere Kunden werden wir auf solche Veränderungen schnell reagieren können.

4. Branche/Markt

Der Zielmarkt von **DENC** ist der Bereich der IT-Unternehmensberatung mit Schwerpunkt auf „Virtuelle Produktentwicklung" mit Hilfe moderner 3D-CAx-Software.

In diesem Kapitel wird zunächst auf den Zielkundenkreis generell eingegangen, dann auf den Markt der CAx-Systeme (Software und Services), und schließlich konkret auf die Situation im Zielmarkt, der sich zunächst im wesentlichen auf Deutschland konzentrieren wird. Marktgröße, Wachstum, und Wettbewerb werden vorgestellt und analysiert. Die hier genannten Zahlen stammen aus Geschäftsberichten, SEC-Filings („Security and Exchanges Commission", USA), sowie teilweise aus Vortragsmitschriften.

Abgeschlossen wird dieses Kapitel mit einer Analyse der Attraktivität (Profitabiliät) des Marktes auf Basis des „Five Forces - Frameworks" von Michael Porter.

4.1 Zielkundenkreis

Potentielle Kunden von **DENC** sind alle Unternehmen, welche mechanische Produktentwicklung betreiben. Der potentielle Kundenkreis umfaßt alle Branchen, z. B.

- Luft- und Raumfahrtindustrie
- Fahrzeugindustrie
- Konsumgüter (z. B. Rasierer, Sportgeräte, ...)
- Elektronikindustrie (Computer, Meßgeräte und Peripherie)
- Möbelindustrie
- Medizintechnik
- Maschinenbau allgemein (Verpackungsmaschinen, Sondermaschinen, Stahlbau,...)
- Werkzeugbau
- Feinmechanik
- Ingenieur- und Konstruktionsbüros

Ansprechpartner sind jeweils Entwicklungs-, Konstruktions-, Berechnungs- oder EDV-Leiter. Es können auch Projektleiter eingesetzt sein, die für die Implementierung neuer Methoden in der Produktentwicklung verantwortlich sind.

4.2 Marktsegmentierung

Vor dem Hintergrund „virtueller Produktentwicklung" läßt sich dieser Markt wie folgt segmentieren:

1. Unternehmen, welche kein CAD System einsetzen
2. Unternehmen, welche 2D-CAD-Systeme einsetzen
3. Unternehmen, welche 3D-CAD-Systeme von anderen Anbietern als PTC einsetzen

4. Unternehmen, welche Produkte von Parametric Technology im wesentlichen nur zur Modellierung einsetzen, jedoch nicht zur Umsetzung einer durchgängigen Prozeßkette,

5. Unternehmen, welche Produkte von Parametric Technology nur zur Simulation einsetzen,

6. Unternehmen, welche Produkte von Parametric Technology entlang der Prozeßkette vom Entwurf bis zur Fertigung einsetzen oder einsetzen wollen

7. Unternehmen, welche Produkte von Parametric Technology entlang der Prozeßkette vom Entwurf bis zur Fertigung unter Einbindung von Partnern und Zulieferern einsetzen

DENC wird sich zunächst auf die Segmente 4 bis 7 konzentrieren. Diese Unternehmen haben Bedarf, ihre nun auf PTC-Produkten basierenden Prozesse umzugestalten und zu optimieren.

4.3 Beschreibung des CAx-Marktes

Der CAx-Markt (auch: CAD/CAM/CAE-Markt) wird weltweit von wenigen Spielern beherrscht. Die Umsätze in US-$ sind in der folgenden Tabelle dargestellt.

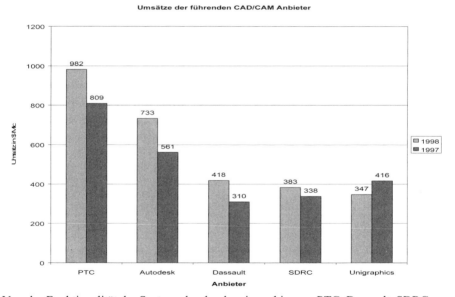

Von der Funktionalität der Systeme her konkurrieren hier nur PTC, Dassault, SDRC und Unigraphics. Die Firma Autodesk ist mehr im Low-End-CAD-Bereich anzusiedeln und ist hier als dominanter Spieler dieses Marktes nur der Vollständigkeit halber aufgeführt.

Das Marktwachstum beträgt ca. 20% Jahr über Jahr, und der Gesamtumsatz der vier Spieler PTC, SDRC, Dassault, und Unigraphics betrug 2,1 Milliarden US-$ weltweit in 1998.

Neben den reinen Umsatzzahlen sind auch die Umsatzarten interessant. Im Folgenden ein Vergleich der beiden im High-End führenden Unternehmen, PTC und Dassault:

	Software	Wartung / Service
PTC	59%	41%
Dassault	45%	55%

Unter Wartung / Service sind die jährlich anfallenden Wartungskosten sowie alle Trainings- und Consulting-leistungen aufgeführt. Der obige Vergleich zeigt, daß PTC im Gegensatz zu Dassault das Schwergewicht auf den Verkauf neuer Softwarelizenzen legt. Das heißt, daß PTC bei gleichen Durchschnitts-Softwarepreisen überproportional mehr neue Anwender gewinnt als Dassault. Daraus resultiert ein bei einem deutlich höheren Umsatzniveau ein sehr hoher Ausbildungs- und Implementierungsbedarf.

Diese Betrachtungen begründen – neben der Expertise der Mitarbeiter – warum **DENC** sich zunächst auf die Arbeit mit den Produkten von Parametric Technology konzentrieren wird.

Der Anteil von "Professional Services", d. h. Training und Consulting, betrug bei PTC 1998 etwa 15% vom Gesamtumsatz. Für 1999 ist eine Umsatzsteigerung in diesem Bereich von etwa 40% als realistisch anzusehen. Weltweit entspricht das dann einem Umsatz von etwa $200 Millionen.

Auf Europa entfallen hiervon etwa 45%, d. h. $90 Millionen. Innerhalb Europas beträgt der Anteil des zentraleuropäischen Marktes etwa 1/3, d. h. etwa $30 Millionen oder DM 50 Millionen.

Es ist eine konservative Annahme, daß PTC nur maximal 50% des Bedarfes an Dienstleistungen abdeckt - daher kann man davon ausgehen, daß der gesamte Markt mindestens doppelt so groß ist.

Es bleiben also mehr als DM 50 Millionen für externe Anbieter in 1999

4.4 Konkreter Zielmarkt und Wettbewerbssituation

4.4.1 Zielkunden

Die Mitarbeiter von **DENC** haben persönliche, durch Projekte gewachsene Beziehungen u. a. zu den folgenden Unternehmen:

Robert Bosch, Mannesmann (VDO, Sachs, Dematic, Metallurgie, Rexroth), Philips, Siemag Schlömann (SMS), Siemens (KWU, VT, Duewag, AUT), Volkswagen, Opel,

AMP, Zeiss, Stihl, Getrag, ZF, BASF, Bauknecht, Deutsche Bergbau-Technik (DBT), Braun, Carl Freudenberg, Hella, DASA, John Deere, Babcock, Heraeus, Carl Schenck, KSB, KBA, Fresenius, GKN, Tetra Pak, Heidelberger Druckmaschinen, Jungheinrich, Knorr-Bremse, Wabco, Ideal Standard, Krupp, Leica, Liebherr, MTU, Karmann, Roto Frank, Stiebel Eltron, TRW, Vaillant, Warema, Jost, Friatec, KKK, SKF....

4.4.2 Wettbewerb

Der potentielle Kunde von **DENC** sieht sich verschiedenen Alternativen gegenüber, wenn er Unterstützung bei der Umsetzung von virtueller Produktentwicklung sucht. Im wesentlichen lassen sich folgende Gruppen von Anbietern klassifizieren:

- Softwareanbieter (hier: Parametric Technology)
- Master-Distributor (hier: Rand Technology)
- Engineering-Consulting-Unternehmen, die sich auf Pro/ENGINEER konzentrieren
- Konstruktionsdienstleister
- Berechnungsdienstleister
- Marketingagenturen
- Technische Unternehmensberatung, teilweise auch strategische Unternehmensberatungen

Die Vorteile einer Zusammenarbeit mit **DENC** gegenüber den oben aufgeführten Anbieterklassen sind hauptsächlich:

- Im Durchschnitt höhere Kompetenz als beim Softwarehersteller oder Masterdistributor bei gleichzeitig niedrigeren Preisen
- Einbeziehung des „Customer Advisory Panels" in die Definition des Leistungsangebotes
- Fokus auf die Optimierung der Prozeßkette, nicht nur auf die Anwendung eines Softwaremoduls
- Kombination von Konstruktions- und Simulations-Know-How, welches in dieser Form einmalig ist.
- Deutlich höhere Produktkompetenz als generische Unternehmensberatungen oder Marketingagenturen
- Mehr Flexibilität als beim Softwarehersteller und Masterdistributor
- Sicherstellung einer kontinuierlichen technischen Kundenbetreuung – jeweils ein **DENC** – Consultant ist projektverantwortlich für den jeweiligen Kunden.

Die Wettbewerber von **DENC** sind im wesentlichen folgende:

- **Parametric Technology:** In Zentraleuropa etwa 90 Mitarbeiter in Training und Consulting. Decken weniger als 50% des Marktes ab. Möglicher Partner von **DENC**.
- **Rand Technologies:** Mitarbeiterzahlen in Training und Consulting in Zentraleuropa nicht bekannt, geschätzt ca. 50. Rand ist Systemintegrator und Masterdistributor

für PTC- Produkte an kleine und mittelständische Unternehmen. Möglicher Partner von **DENC**.

- **aCATec, NET:** Gegründet in 1995 und 1997 mit 2 bzw. 5 Mitarbeitern. Heute auf 22 bzw. 30 Mitarbeiter angewachsen. Beide Unternehmen wurden von ehemaligen Ingenieuren von PTC gegründet. Beide bieten Dienstleistungen rund um Pro/ENGINEER sowie Hardwarevertrieb. Diese beiden werden der direkte Wettbewerb für **DENC** sein, wobei **DENC** sich höher positionieren wird und durch Customer Advisory Panel, Aufsichtsrat, und Partnerschaften große Wettbewerbsvorteile hat.

- **Industriehansa:** Tochterunternehmen der Voest Alpine AG, Österreich, ca. 20 Mitarbeiter im Pro/ENGINEER-Umfeld mit Fokus auf Süddeutschland. Anbieter von Engineering- und Consultingdienstleistungen auf der Basis verschiedener CAx-Systeme.

- **.riess, CADpraxis:** Jeweils Unternehmen mit ca. 10 Mitarbeitern im Pro/E Umfeld. Hauptsächlich Schulungsdienstleister und Systemintegratoren, die im gesamten CAD-Umfeld tätig sind. Kein Fokus auf virtuelle Produktentwicklung.

- **consultens Informationstechnik:** Unternehmen mit ca. 20 Mitarbeitern mit weitgefächertem Angebot von Softwareentwicklung über Berechnungsdienstleistung bis Data Management. Wird geleitet von ehemaligem PTC-Manager.

- **BOS Systemhaus:** Ca. 15 Mitarbeiter mit Fokus auf PTC Produkten. Hauptfokus auf Schweiz und Süddeutschland. Systemintegrator.

- **Software Factory:** Ca. 10 Mitarbeiter mit Fokus auf PTC Produkten. Hauptfokus auf Raum München. Vornehmlich Software-Applikationsentwicklung.

- **Ferchau, Teccon, Plümer:** Große Konstruktionsbüros mit einer Vielzahl verschiedener CAD-Systeme. Kein direkter Wettbewerb zu **DENC** – da es um kostengünstige Konstruktionsdienstleistung auf Stundenbasis geht.

- **PRETECH:** Berechnungsdienstleister für High-End Berechnungen. Vier Mitarbeiter. Potentieller Partner von **DENC**.

- **CAD-FEM:** Größter Berechnungsdienstleister Deutschlands, ca. 50 Mitarbeiter. Hauptfokus auf Vertrieb und Dienstleistungen im Umfeld der Berechnungssoftware „Ansys". Teilweise überlappendes Angebot mit **DENC** im Bereich Produktoptimierung, wobei CAD-FEM wenig Zugang zu PTC – Kunden hat.

Zusammenfassend läßt sich also sagen, daß der Wettbewerb bekannt und recht übersichtlich ist, und daß schon durch das Marktwachstum Bedarf für die Leistungen von **DENC** ist, ohne daß ein Verdrängungswettbewerb erfolgt.

4.5 Marktattraktivität – „Five Forces Framework" von Michael Porter

Michael E. Porter hat die im Folgenden durchgeführte Vorgehensweise bei der Beurteilung der Attraktivität eines Marktes in seinem Buch „Competitive Advantage: Creating and Sustaining Superior Performance" 1985 vorgestellt.

Hiernach kann die Profitabilität einer Industrie bzw. einer Branche durch die Betrachtung der Kräftever-hältnisse von fünf Größen beurteilt werden

- Einfluß der Käufer (buyer power) – wenn hoch, so können Kunden Preise diktieren
- Einfluß der Zulieferer (supplier power) – wenn hoch, so können Zulieferer Preise diktieren
- Stärke des Wettbewerbs (industry competitors – intensity of rivalry) – wenn hoch, so wird oft über Preis entschieden
- Gefahr der Substitution des Produktes / der Dienstleistung (threat of substitutes) – wenn hoch, so wird die angebotene Leistung eventuell obsolet
- Gefahr des Eindringens neuer Spieler in den Markt (threat of new entrants) – wenn hoch, so kann der Wettbewerbsdruck schnell zunehmen

Je niedriger die Größe jedes dieser Einflußfaktoren eingeschätzt wird, desto profitabler ist es für ein Unternehmen, in diesem Markt tätig zu sein. Im Folgenden die Analyse des Marktes „IT-Unternehmens-beratung für Virtuelle Produktentwicklung".

4.5.1 Einfluß der Käufer

Um den Käufereinfluß klein zu halten, plant **DENC**, seine Leistungen an einen großen Kundenkreis zu verkaufen, und sich nicht auf wenige Großkunden zu konzentrieren. Durch die geplante enge Kundenbeziehung bei exakt auf die Bedürfnisse abgestimmten Leistungen wird es für die Kunden aufwendig werden, den Anbieter zu wechseln. Viele der Zielkunden von **DENC** müssen zur Erhaltung ihrer Wettbewerbsfähigkeit die

Potentiale der neuen CAx-Software schnell ausnutzen können, daher werden sie bei entsprechender Leistung wenig preissensitiv sein. Durch den derzeitigen Mangel an qualifizierten Arbeitskräften sind die Unternehmen gezwungen, wesentliche Leistungen "outzusourcen". Dieser Zustand wird die nächsten 5 bis 8 Jahre anhalten. Es besteht also nicht die Gefahr, daß die Unternehmen sich das know-how von **DENC** selbst aneignen werden.

Zusammenfassend läßt sich sagen, daß bei richtig exekutierter Strategie von **DENC** der Käufereinfluß mittel sein wird.

4.5.2 Einfluß der Zulieferer

Basis der angebotenen Leistungen von **DENC** sind die Mitarbeiter. Insofern wird es extrem wichtig sein, vom Zulieferer „Universität" oder „Arbeitsmarkt" weitere Mitarbeiter mit entsprechend hoher Qualifikation zu „bezahlbaren" Löhnen zu bekommen und diese ständig weiterzubilden. Dies wird durch ein enge Zusammenarbeit mit den Universitäten Darmstadt und Karlsruhe, sowie durch interne Schulungsmaßnahmen sichergestellt.

Die zur Erbringung der Leistungen notwendige Software kann von verschiedenen Distributoren (dem Masterdistributor Rand oder Sub-Distributoren) bezogen werden. Die Hardware ist inzwischen zu einem Konsumprodukt geworden.

Der Einfluß der Zulieferer kann also ebenfalls als mittel eingestuft werden.

4.5.3 Stärke des Wettbewerbs

Wie in 4.4.2 dargestellt, ist der Wettbewerb bekannt und überschaubar, und in seinem Angebot wenig fokussiert. In Verbindung mit dem Marktwachstum und den Alleinstellungsmerkmalen von **DENC** kann der Einfluß des Wettbewerbs als mittel eingestuft werden.

4.5.4 Gefahr der Substitution

Hierunter ist die Gefahr zu verstehen, daß das angebotene Produkt / die Dienstleistung durch ein anderes ersetzt werden kann. Ein bekanntes Beispiel hierfür war der Ersatz mechanischer Uhren durch Digitaluhren in den 80er Jahren.

Generell ist dies im Bereich Unternehmensberatung nur schwer möglich. Konkret auf den CAx-Markt würde dies bedeuten, daß beispielsweise eine Software entwickelt wird, welche die Kunden selbst in die Lage versetzt, die mit der Software verbundenen Potentiale voll zu nutzen. Bei einer so komplexen Materie wie der Produktentwicklung anhand virtueller Modelle ist dies schwer vorstellbar. Als analoges, weniger komplexes Beispiel kann man Textverarbeitungsprogramme wie „Word" betrachten: Trotz wesentlich verbesserter Hilfefunktionen nutzt nur ein Bruchteil der Anwender dieses Programm effektiv und professionell. Es wird eine Vielzahl von Schulungen zu dem prinzipiell simplen Thema „wie schreibe ich einen Text" angeboten.

Die Gefahr der Substitution für **DENC** wird – auch wegen der Offenheit gegenüber anderen Technologien neben den Produkten von PTC – als gering angesehen.

4.5.5 Gefahr durch neue Wettbewerber (Barriers to Entry)

Die Barrieren gegenüber einem Eintritt in diesen Markt sind relativ hoch. Im wesentlichen basiert der Erfolg in diesem Markt auf folgenden Faktoren:

- eine kritische Masse hochqualifizierter und hochmotivierter Mitarbeiter mit branchenspezifischem Know-How, welche im Zielmarkt persönlich bekannt sind,
- einer Vielzahl von Kundenkontakten,
- enge Kommunikation mit den Kunden und Aufbau langfristiger, auf Vertrauen basierender Partnerschaften,
- ein Netz von strategischen Allianzen

Es wird für jedes neu in diesen Markt eintretende Unternehmen schwierig sein, diese Kriterien zu erfüllen – insbesondere bei dem derzeit sehr knappen Angebot von IT-Spezialisten auf dem Arbeitsmarkt.

DENC startet gleich mit einer kritischen Masse von Mitarbeitern, um einer ausreichenden Anzahl von Kunden umfassende Beratung und Dienstleistung bieten zu können.

Die Gefahr des Eintretens neuer Spieler in den Markt kann als mittel eingestuft werden.

In Summe läßt sich also sagen, daß die fünf Wettbewerbskräfte nach Porter als gering bis mittel eingestuft werden können – daher ist der Zielmarkt von DENC als attraktiv und profitabel einzustufen.

5. Marketing/Vertrieb

5.1. Value Proposition

DENC bietet herausragende Expertise bei der Anwendung und Implementierung von Methoden zur virtuellen Produktentwicklung. Das Portfolio von Unternehmensberatung, Dienstleistungen, Schulungen und Softwareentwicklungen ist eng auf die Bedürfnisse der Kunden abgestimmt – dies wird durch ein „Customer Advisory Panel" sichergestellt.

Die Inanspruchnahme der Leistungen von **DENC** versetzt die Kunden in die Lage, einen schnelleren und höheren Return-on-Investment auf ihre Investitionen in moderne Entwicklungswerkzeuge zu erhalten.

5.2. Wettbewerbsvorteile

Der wichtigste Wettbewerbsvorteil des Unternehmens sind die **Mitarbeiter** und die Mischung von know-how in verschiedenen Gebieten.

Alle verfügen über ein tiefgreifendes know-how in Bezug auf Methoden für die Produktentwicklung – darüberhinaus hat jeder Mitarbeiter noch Fähigkeiten in sich ergänzenden Spezialgebieten. Nennenswert sind hier Erfahrungen in Simulation, in Fertigungsverfahren, in Datenmanagement, in Softwareprogrammierung, in Hardwarekonfiguration, in Internet-Technologien, und in der Erstellung präsentationswirksamer Multimedia-Animationen.

Durch ein attraktives Gehaltsmodell und eine Philosophie der offenen Kommunikation und der Mitbestimmung wird es auch gelingen, durch weitere qualifizierte Mitarbeiter diesen Wettbewerbsvorteil auszubauen.

Weitere Wettbewerbsvorteile sind die folgenden:

- Erfahrenes Management, gekennzeichnet durch eine Mischung aus Technologie-, Vertriebs- und Management-Know-How auf der Basis langjähriger Erfahrung und erstklassiger Ausbildung.
- Bestehende persönliche **Kundenkontakte** (d. h. es wurde dort schon Projektarbeit durchgeführt) zu mehr als 200 potentiellen Kunden (siehe Kapitel 4).
- Strategische Allianzen (s.u.)
- Customer Advisory Panel
- Der Firmenname **DENC**, welcher zum einen ein sinnvolles Akronym (Design ENgineering Consultants) darstellt, zum anderen einprägsam ist, und um den sich viele marketingwirksame Begriffe kreiren lassen wie: **DENCzettel, DENCanstoss, DENCpause, DENCraum, DENCer, AnDENCen, ...**
- Unternehmensform Aktiengesellschaft
- Büroräume im Gründerzentrum Darmstadt mit integriertem Schulungszentrum

5.3. Marketing-Strategie

Die Marketing-Strategie wird wesentlich von der Kunden-Zielgruppe und den Markt-kenntnissen der Mitarbeiter von **DENC** bestimmt. Alle Kernmitarbeiter verfügen über umfangreiche persönliche Kontakte in der Zielgruppe.

5.3.1 Positionierung

Für Unternehmen, welche virtuelle Produktentwicklung mit 3D-Werkzeugen betreiben oder auf diese Technologie umsteigen, bieten die Leistungen von **DENC** die Unter-stützung, um die erhofften Produktivitätssteigerungen durch praxisnahe Ausbildung der Anwender und durch gezielte Umgestaltung der Prozesse schnell zu realisieren. Die Leistungen sind exakt auf die Bedürfnisse der Kunden abgestimmt. Im Gegensatz zu vielen Wettbewerbern beschäftigt **DENC** ausschließlich hochqualifizierte Mitarbei-ter, welche 3D-Entwicklungs- und Simulations-know-how miteinander kombinieren.

Die Zusammenarbeit mit **DENC** ist gekennzeichnet durch kontinuierliche Kunden-betreuung, Training und Consulting von den gleichen Personen, konsequente Einbe-ziehung neuester Technologien (wie Internet) und eine unkomplizierte Kommunikati-on.

Dienstleistungen mit niedriger Wertschöpfung (reine Konstruktion, „Push-Button"-Consulting) werden nicht angeboten.

5.3.2 Preise

Consulting-, Berechnungs-, und Programmentwicklungsleistungen werden auf der Ba-sis von Tagessätzen angeboten. Schulungen in unseren Schulungszentren werden pro Tag und Teilnehmer berechnet. Für von **DENC** entwickelte Software werden Lizenz-gebühren erhoben. Die Preise der eventuell durch **DENC** vertriebenen kommerziellen Software werden durch die Listpreise des Herstellers bzw. Masterdistributors festge-legt.

DENC bietet qualitativ hochwertige Leistungen durch erfahrene, gut ausgebildete In-genieure an. Die Tagessätze bewegen sich im oberen Bereich von Engineering-Dienstleistungen, jedoch unterhalb der vom Software-hersteller geforderten Preise.

5.3.3 Promotion

Die Promotion der Leistungen von **DENC** geschieht über die folgenden Kanäle:

- Telefon-Prospecting (Cold-Calling)
- Partnerschaften
- Customer Advisory Panel
- Aufsichtsrat
- Enge Kundenbeziehungen, dadurch Anschlußaufträge

- Hausmessen
- Anwendertreffen
- **DENCzettel**, Kundenzeitschrift
- Seminare / Konferenzen
- Firmenpräsentation bei Schulungen
- Internetauftritt
- Mailings
- Anzeigen
- Messeauftritte

5.4 Vertriebsstrategie

Die Leistungen von **DENC** werden im Direktvertrieb vertrieben. Die Verantwortung hierfür wird in erster Linie Dr. Dibbern tragen, ehemaliger Vertriebsdirektor bei Parametric Technology.

5.4.1 Umsatzplanung, Umsatzarten

Für die Umsatzplanung wurden nur die Einnahmen von Consulting-Dienstleistungen und von Schulungen zugrundegelegt. Mögliche Umsätze durch den Verkauf kommerzieller oder eigener Software wurden nicht berücksichtigt, da heute noch keine Aussage darüber getroffen werden kann, wie die Vertriebsstrategie von PTC und Rand Technologies zum Zeitpunkt der Firmengründung aussehen wird.

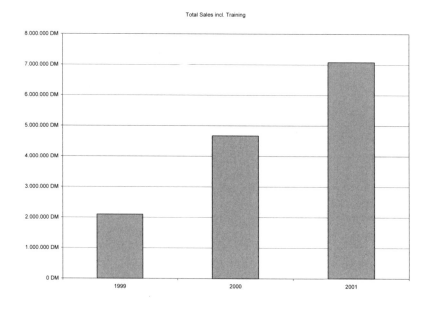

Bei der Umsatzplanung wurde berücksichtigt, daß die ersten vier Monate eine „ramp-up" Phase sein werden, d. h. die Auslastung der Ingenieure mit umsatzrelevanten Aufträgen wird von 20% auf 75% steigen. Dr. Dibbern wird schon drei Monate vor Gründung Akquise betreiben, daher ist diese Schätzung als konservativ anzusehen. Eine Auslastung von 75% bedeutet, daß pro Ingenieur 14 Tage pro Monat "verkauft" werden.

Schulung ist im Drei-Jahres-Plan mit etwa 7-12% des Gesamt-Umsatzes angenommen, d. h. für das erste
(Rumpf-) Jahr wird ab dem dritten Monat eine Woche Schulung pro Monat angenommen, für das zweite Jahr werden zwei Wochen pro Monat angenommen, und für das dritte je drei Wochen pro Monat.

Konkret könnte sich der Umsatz beispielsweise im September 1999 folgendermaßen zusammensetzen:

Fünf Tage Schulung Pro/MECHANICA bei DENC	DM 20.000,-
40 Tage vor-Ort Implementierung bei xxx a DM 1.900,-	DM 76.000,-
Vier Berechnungs-Projekte a 5 Tage a DM 2.000,-	DM 40.000,-
15 Tage EOI-Consulting bei yyy	DM 28.500,-
Zwei Multimedia-Präsentationen a 10 Tage	DM 38.000,-
10 Tage Einführungsunterstützung bei zzz	DM 38.000.-
10 Tage vor-Ort-MECHANICA-Schulung u. Workshop	DM 40.000,-
SUMME	**DM 280.500,-**

Der Umsatz verteilt sich in diesem repräsentativen Beispiel auf die sechs Produktbereiche wie folgt:

Unternehmensberatung bzw. Implementierung:	27%
Engineering on Internet:	10%
Simulationen u. vor-Ort-Schulung	28%
Multimedia-Animationen	14%
Schulung in-center:	7%
Einführungsunterstützung:	14%

5.4.2 Strategische Allianzen

Partnerschaften sind integraler Bestandteil des Vertriebs- und Marketingkonzeptes, da sie den Bekanntheitsgrad des Unternehmens stärken, für eine größere Anzahl von Kontakten zu potentiellen Kunden sorgen, und Zugang zu Hardware- und Softwareressourcen und neuen Technologien erleichtern.

DENC wird verschiedene Partnerschaften (**DENCpartner**-Programm) eingehen, auch um

- den Umfang der angebotenen Leistungen zu erhöhen,
- Kapazitätsengpässe bewältigen zu können,
- eng mit den Kunden zu kommunizieren,
- günstige Einkaufskonditionen zu bekommen,
- auf dem jeweils neuesten Stand der Technologie zu sein, und
- um Zugang zu qualifizierten Arbeitskräften (Ingenieuren) zu haben.

Gespräche mit Prof. Reiner Anderl, dem Leiter des angesehenen Institutes für "Datenverarbeitung in der Konstruktion" in Darmstadt, haben dazu geführt, daß Prof. Anderl ein Gutachten über das Unternehmenskonzept anfertigte, und daß er als wissenschaftlicher Beirat der **DENC** AG zur Seite stehen wird.

Konkret sind Partnerschaften mit den folgenden Unternehmen / Institutionen geplant bzw. denkbar:

- Parametric Technology – **DENC** als Dienstleistungspartner für den Softwareanbieter und als Entwicklungspartner für Zusatzapplikationen
- Rand Technologies – **DENC** sowohl als Dienstleistungsanbieter als auch als Software-Vertriebspartner
- Management Consulting Unternehmen wie McKinsey, Boston Consulting, Anderson Consulting, Arthur D. Little, Booz Allen, Bain. Diese Unternehmen beraten ihre Kunden auf einem hohen Niveau bei der Umgestaltung von Prozessen – für vertikale Spezialgebiete wie „virtuelle Produktentwicklung" werden bei der Konzeptfindung und Implementierung oft Partner herangezogen. Dr. Dibbern hat Kontakte zu einigen dieser Unternehmen.
- Hardwarehersteller, z. B. Silicon Graphics - **DENC** als Partner zur Vertriebsunterstützung und für das Marketing des Herstellers – dadurch günstige Einkaufskonditionen
- VDI (Verein Deutscher Ingenieure) – Berichte in VDI-Nachrichten, Partner bei Kongressen
- Universitäten Darmstadt (Prof. Anderl) und Karlsruhe. Beide bilden Studenten in Konstruktion und Simulation an den von **DENC** eingesetzten Softwareprodukten aus.
- ProSTEP GmbH, Darmstadt. ProSTEP entwickelt Standards und Tools für den Datentransfer zwischen unterschiedlichen CAx-Systemen. ProSTEP unterhält enge Beziehungen zu allen Softwareanbietern und zu Schlüsselkunden, beispielsweise aus der Automobilindustrie.
- Bepono GmbH, Darmstadt. Bepono ist fokussiert auf die Fertigung von Prototypen und Kleinserien mit modernsten Fertigungsanlagen (5-Achs-Fräsmaschine). Die Fertigung wird über das Datenmodell von Pro/ENGINEER angesteuert. Eine Zusammenarbeit mit Bepono gibt **DENC** die Möglichkeit, Kunden die gesamte Prozeßkette von Entwurf bis Fertigung anzubieten. Bepono ist an der Partnerschaft sehr interessiert.

- XYZ GmbH, Karlsruhe. Dr. Dibbern ist gut bekannt mit dem Geschäftsführer dieses auf "Topologieoptimierung" fokussierten Unternehmens. Unter dieser Technologie versteht man die sehr freie Formoptimierung von Bauteilen mit Hilfe der Finite-Element-Technologie. Dieses Verfahren soll im Entwicklungsprozeß in der Konzeptphase eingesetzt werden - die wenigsten Unternehmen nutzen dies jedoch heute.

- Anbieter von Berechnungsdienstleistungen, z. B. Pretech GmbH, Umlauf KEG, Ariadne Engineering, Sigma GmbH, EnginSoft spa, und andere. Diese Unternehmen, zu denen jahrelange Beziehungen bestehen, bieten spezielle, kompatible Berechnungsdienstleistungen an, auf die zurückgegriffen werden kann.

- Kleine Konstruktionsdienstleister. Diese Unternehmen bieten Konstruktionsdienstleistungen im Pro/ENGINEER-Umfeld an, und können Kapazitätsspitzen abbauen und Zusatznutzen für den Kunden bieten.

6. Unternehmensleitung und -organisation

Die Geschäftsleitung wird durch den Vorstand gebildet, welcher aus den drei Gründern besteht:

- Dr.-Ing. Klaus Dibbern, MBA
- Dipl.-Ing. Slavko Simic
- Dipl.-Ing. (FH) Christoph v. Andrian-Werburg

Dr. Dibbern verfügt durch ein MBA-Studium an der Stanford University und durch langjährige Tätigkeit im Vertriebsmanagement über kaufmännisches Know-How. Slavko Simic und Christoph v. Andrian-Werburg haben Stärken in den Technologien Simulation und integrierte Produktentwicklung.

Weitere acht Mitarbeiter bilden den Kern des Unternehmens. Jeder verfügt über eine sehr gute, branchenspezifische Ausbildung.

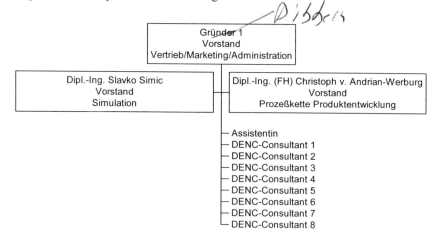

Die Arbeitsweise und –philosophie aller Mitarbeiter ist geprägt durch jahrelange, verantwortliche Tätigkeit in einem sehr dynamischen, expansiven, börsennotierten US-Unternehmen aus dem High-Tech Bereich. Hierin liegt ein wesentlicher Vorteil im Vergleich zu Unternehmen, deren Mitarbeiter nicht über diese internationalen Erfahrungen verfügen.

Die Lebensläufe der Gründer sind im Anhang beigefügt. An dieser Stelle werden ihr Werdegang und ihre erworbenen Kompetenzen kurz beschrieben:

Klaus Dibbern (Dr.-Ing, MBA)   (37)

Ausbildung:
- Abitur - 1980
- Dipl.-Ing. Maschinenbau (Schwerpunkte Kfz-Bau und Rechneranwendung), TH Karlsruhe 1987
- Dr.-Ing. Maschinenbau (Simulation der Fahrdynamik von Pkw mit Computermodellen) - 1991
- Master of Business Administration – Stanford Graduate School of Business – 1993

Beruf:
- TDV GmbH – Programmierung eines CAD-Systems – 1985-87
- IPG GmbH – Projektingenieur / Dienstleistung für Automobilindustrie – 1987-91
- The Boston Consulting Group – Consultant – Sommer 1992
- Rasna Corporation – Vertriebsleiter Europa und Deutschland – 1993-95
- Parametric Technology Corporation – Vertriebsdirektor, Verantwortung für Simulation – ab 1995

Die Rasna Corporation wurde 1995 von Parametric Technology Corporation übernommen.

Besondere Leistungen / Auszeichnungen:
- European Sales Man of the Year 1994
- Teilnahme am President's Club (für ausgezeichnete Leistungen) 1994, 1995, 1996, 1997

Slavko Simic (Dipl.-Ing.)   (36)

Ausbildung:
- Abitur - 1981
- Dipl.-Ing. Luft- und Raumfahrttechnik (Schwerpunkte Strömungssimulation), Uni Stuttgart 1992

Beruf:
- TW-TRANS-GmbH, Stuttgart – CAD- und FEM-Dienstleistungen, Schulungen – 1989-92
- Alpha Industrie Design GmbH – Konstruktion, Vertrieb, Beratung – 1992-1994
- Rasna Corporation – Customer Support, Applikationsingenieur – 1994-1995
- Parametric Technology Corporation – Product Specialist Pro/MECHANICA Pre-Sales – 1995-98

Besondere Leistungen / Auszeichnungen:
- Top-Pro/MECHANICA Anwender Deutschlands
- Eigenverantwortliche Betreuung großer Software-Benchmarks

- Aufbau von Anwendergruppen, tragende Rolle in Pro/MECHANICA User Arbeitskreis
- Eigenverantwortliche Großkundenbetreuung

Christoph v. Andrian-Werburg (Dipl-Ing. FH) (33)

Ausbildung:
- Abitur - 1984
- Dipl.-Ing. (FH) Fahrzeugtechnik, Schwerpunkt Straßenfahrzeuge, FH München - 1991

Beruf:
- Koenig&Bauer, Hurth, BMW, Deckel, Daimler-Benz, VW: Werkstudent 1986-89
- Control Data GmbH / Fertigungsindustrie – CAD/CAM Analytiker, Leiter des Schulungszentrums, Consultant – 1991-94
- Parametric Technology Corporation – Applikationsingenier-Manager, Area Benchmark Specialist Deutschland, Major Account Consultant – 1994-98

Besondere Leistungen / Auszeichnungen:
- Einer der Top-Pro/ENGINEER Anwender Deutschlands
- Eigenverantwortliche Betreuung großer Software-Benchmarks
- Technische Verantwortung für große Vertriebs- und Implementierungsprojekte (Key Accounts)
- 100% Benchmark-Gewinnquote

Es ist geplant, administrative Tätigkeiten von einer festangestellten Assistentin ausführen zu lassen.

Die gesamte betriebswirtschaftliche Buchhaltung inkl. Lohnbuchhaltung wird durch einen Steuerberater durchgeführt. Durch Nutzung von DATEV ist es dem Vorstand jederzeit möglich, auf betriebswirtschaftliche Auswertungen zuzugreifen.

Der Steuerberater wird auch gleichzeitig Wirtschaftsprüfer sein - dadurch können verschiedene in Verbindung mit der Aktiengesellschaft notwendigen Prüfungen leicht erledigt werden.

In Rechtsfragen wird in der Regel die Sozietät XYZ herangezogen werden, welche umfassende Expertise auf dem Gebiet des Unternehmensrechts von Aktiengesellschaften hat.

Das Fuhrparkmanagement der Firmenfahrzeuge wird einem darauf spezialisierten Unternehmen in Verbindung mit dem Voll-Leasing übergeben.

7. 3-Jahresplanung

7.1 Annahmen

Die Finanzplanung wurde unter den folgenden Annahmen durchgeführt:

- Grundgehalt der Mitarbeiter steigt in den ersten 3 Jahren mit 5% pro Jahr
- Die Anzahl der Ingenieure kann – ausgehend von 10 zu Beginn bis Ende 2001 auf 27 gesteigert werden
- MwSt. 16%
- Kreditzinsen: 5% im Schnitt
- Zahlungsweise: Alle Kunden zahlen auf Rechnung, und zwar nach 60 Tagen
- Zahlungsausfall: 2%
- Körperschafts- und Gewerbesteuer wurden nicht berücksichtigt.
- Durchschnittlicher Tagessatz für Ingenieur: DM 1.900,-
- Durchschnittlicher Tagessatz für Trainer im Schulungszentrum: DM 4.000,-
- Durchschnittliche, umsatzrelevante Auslastung der Ingenieure von 75%

7.2 Betriebsausgaben

7.2.1 Büros

Der Quadratmeterpreis des Gründerzentrums Darmstadt liegt bei DM 12,-. Bei einer Fläche von ca. 300qm beträgt die Warmmiete ca. DM 4.650,- pro Monat.

Für externe Büros in Bürocentern wie „Ihr Büro" werden je DM 2.600,- pro Monat angesetzt. Hierin enthalten sind üblicherweise ein Grundpreis von ca. DM 500,- und der Preis für ein 2-Mann-Büro von ca. DM 1.500,-. Es wird im ersten Jahr von einer Zweigstelle im Raum Düsseldorf ausgegangen, in den Jahren 2 und 3 kommt jeweils noch eine Geschäftsstelle hinzu.

Für jeden Mitarbeiter werden monatlich DM 500,- an Telefonkosten veranschlagt. Hierunter fallen sowohl die Kosten für das Festnetz, als auch Mobiltelefone.

7.2.2 Marketing / PR

Unter diese Kostenkategorie fallen Messen, Werbematerial, Anzeigen, Internetauftritt, Werbebriefversand, Hausmessen etc. Für das erste „Rumpf"jahr wurden DM 23.000,- angesetzt, für die Folgejahre DM 31.000 bzw. DM 39.000,-

7.2.3 Softwarewartung

Die von **DENC** eingesetzte Engineering-Software wird durch Abschluß eines Wartungsvertrages immer auf dem neuesten Stand gehalten. Die Kosten hierfür fallen mit der Installation der Software erstmals an, von da immer jährlich. Unter 7.3.2 wird hierauf näher eingegangen.

7.2.4 Fahrzeuge

Jeder Mitarbeiter bekommt die Möglichkeit, ein Fahrzeug unter Zugrundelegung einer maximalen Leasingrate (Voll-Leasing) zu leasen. Im Schnitt beträgt diese Leasingrate DM 1.500,- pro Monat. Es ist geplant, mit einem Leasinggeber einen Rahmenvertrag zu verhandeln, ohne daß man an eine bestimmte Marke gebunden ist. Bei einer Firmen-Neugründung ist eine Sonderzahlung von 20% des Fahrzeugpreises zu leisten - dies belastet die Liquidität.

7.2.5 Reisekosten

Für jeden verkauften Engineering-Consulting – Tag werden im Schnitt DM 140,- an Reisekosten angesetzt. Diese Summe setzt sich zusammen aus Benzinkosten, Reisekostenpauschale, Hotelkosten, und Flug- bzw. Bahnkosten.

7.2.6 Berater, Personalsuche und Sonstiges

Für Steuerberatung (inkl. Lohnabrechnung und Buchhaltung) wird zunächst monatlich DM 3.000,- angesetzt. Für die Personalsuche werden jedes Quartal DM 3.000,- angesetzt. An Versicherungen und Beiträgen werden pro Quartal DM 2.500,- angesetzt.

7.3. Investitionsplanung

Die Investitionen gliedern sich in Büroausstattung, Software und Computer-Hardware. Die externen Geschäftsstellen werden möbliert angemietet, daher entfällt hier ein Großteil der Möbelkosten.

Bei der zu beschaffenden Hardware wurde von Leasing ausgegangen.

7.3.1 Büro

Für jeden Mitarbeiter wird von Büromöbeln im Wert von DM 5.000,- ausgegangen (Bildschirmarbeitsplatz, Telefon und Schrank). Die Möbel im Schulungsbereich werden mit DM 15.000,- veranschlagt.

Zusätzlich sind der Empfangsbereich (DM 7.000), der Besprechungsraum (DM 15.000,.-), und die Teeküche (DM 5.000,-) auszurüsten.

Die Erstinvestition in Möbel wird ca. DM 70.000,- in Summe betragen.

7.3.2 Software

Nach heutigem Stand sind die folgenden Softwaremodule von Parametric Technology für das Design Engineering von **DENC** einsetzbar. Die Spalte „Anzahl" gibt an, wieviele Module des jeweiligen Typs für die Grundausstattung des Unternehmens erforderlich sind. (*Preise für die Veröffentlichung unkenntlich gemacht*)

Typ	Bezeichnung	Preis	Wartung	Anzahl
A	Pro/E Foundation			10
B	Design Mgmt Extension			2
C	Advanced Assembly Ext.			4
D	Advanced Surface Ext.			4
E	Structural Simulation Option			3
F	Motion Simulation Option			3
G	Thermal Simulation Option			1
H	Interfaces for Simulation Opt.			1
I	Part Advisor			0

Damit beläuft sich die Erstinvestition auf **DM 406.000,-** bzw. DM 40.600 pro Consultant.

Da ein wesentlicher Teil der Consulting-Tätigkeit vor Ort beim Kunden stattfindet, werden sich mittelfristig je zwei Ingenieure eine Softwarelizenz teilen können. Daher wird für jeden neuen Mitarbeiter pauschal nur ein Viertel der Erstinvestion angesetzt, d. h. ca. DM 10.100,-

Die Wartungsgebühren werden jährlich fällig, erstmals nach der Installation der Software.

Für die Schulungsaktivitäten werden 2 Monate nach Gründung nochmals 5 „A", 5 „E", und 2 „F"-Module erforderlich - es entstehen Kosten von DM 212.500,-

7.3.3 Hardware

Folgende Investitionen in Computer-Hardware sind zu Beginn notwendig:

Typ	Bezeichnung	Preis	Anzahl	Kaufsumme
A	High-End Simulations - AP	17.000 DM	3	51.000 DM
B	Design Engineering AP	10.000 DM	9	60.000 DM
C	Schulungs-PC	5.000 DM	5	25.000 DM
D	Office-PC incl. SW	3.000 DM	2	6.000 DM
E	Unix-Transfer-Rechner	10.000 DM	1	10.000 DM
F	Farb-Tintenstrahl-Drucker	1.000 DM	2	2.000 DM
G	SW-Laserdrucker	1.000 DM	3	3.000 DM
H	Projektor	10.000 DM	2	20.000 DM

Es werden Partnerschaften mit Hardwareanbietern angestrebt – hierdurch können die angegebenen Kosten beträchtlich gesenkt werden.

7.4 Personalplanung

DENC wird mit 12 Mitarbeitern starten, und bis Ende 2001 auf 27 Mitarbeiter anwachsen. Die Mitarbeiter können in sieben Gehaltsgruppen eingeteilt werden.

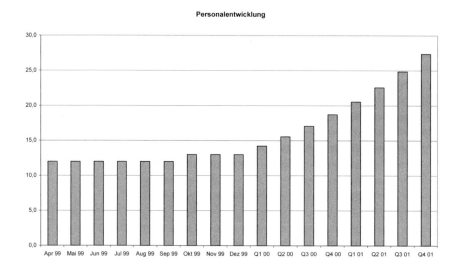

Personalentwicklung

7.4.1 Gehälter

Das Gehaltsmodell von **DENC** ist so strukturiert, daß Leistung belohnt wird. Die Entlohnung jedes Mitarbeiters mit Ausnahme der Assistentin (kein Bonus) besteht aus den Komponenten:

- Grundgehalt
- Provision – umsatzabhängig (Gesamtumsatz)
- Bonus – abhängig von individuellen Zielvorgaben
- Firmenfahrzeug – abhängig von Gehaltsgruppe

Zusätzlich wird die Möglichkeit der Mitarbeiterbeteiligung über Belegschaftsaktien oder Aktienoptionen geprüft. Insbesondere die ersten Mitarbeiter sollen am Unternehmen beteiligt werden.

Abhängig von der Aufgabe des Mitarbeiters sind die verschiedenen Komponenten unterschiedlich stark gewichtet – so ist z. B. beim „CEO", der hauptsächlich für den Umsatz zuständig ist, die umsatzabhängige Provision stark überproportional. Bei den „Direktoren" kann der Bonus z. B. abhängig vom Erreichen gewisser Kostenziele gemacht werden.

DENC schließt für die Mitarbeiter als Altersvorsorge Direktversicherungen ab.

Für die Finanzplanung wurden die Lohnnebenkosten pauschal mit 35% angesetzt.

7.5 Rentabilitätsvorschau

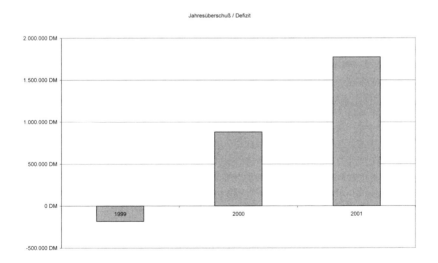

Jahresüberschuß / Defizit

7.6. Liquiditätsplanung

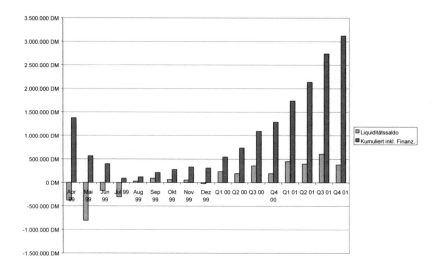

In diesem Diagramm stellt der jeweils erste Balken das monatliche bzw. quartalsweise Liquiditätssaldo dar. Der zweite Balken zeigt die kumulierten verfügbaren liquiden Mittel an unter Berücksichtigung der Fremdfinanzierung.

8. Kapitalbedarf

Insgesamt ist Kapital zur Deckung der Liquidität in Höhe von DM 1,75 Millionen erforderlich. Hiervon sind etwa DM 700 Tsd. für Anlageinvestitionen (Software, Möbel) anzusetzen, und etwa DM 1,05 Million für Betriebsausgaben (Personal, Leasing, Wartung, Zinsen).

Es wird angenommen, daß die Hardware geleast wird. Dies ist sinnvoll, um immer die neuesten Geräte verfügbar zu haben.

Eigenkapital in Höhe von ca. DM 300.000,- wird eingebracht werden.

Das fehlende Kapital wird in erster Linie durch Eigenkapital-, Existenzgründer-, und Betriebsmitteldarlehen von der Deutschen Ausgleichsbank und ERP aufgebracht werden. Obwohl die Finanzierung ausschließlich über diese Quellen möglich ist, wird an einer Verfeinerung des Konzeptes gearbeitet.

DENC hat die Unternehmensberatung "Wabeco Subventionslotse GmbH" beauftragt, die Kapitalstruktur und das Finanzierungskonzept zu optimieren. Wabeco ist auf die Auswahl, Beantragung, und Beschaffung von Fördermitteln spezialisiert, und hat weitreichende Erfahrung bei der Gründung bzw. Umwandlung "kleiner" AG's.

Alternativ bewirbt sich **DENC** um eine Beteiligung des BASF Innovationsfonds und der tbg in Höhe von je DM 675.000,-. Vorzugsweise sind diese Beteiligungen als stille Beteiligungen zu tätigen.

Anhang

Im Anhang sind die folgenden Dokumente zu finden:

- Ausführliche Lebensläufe der drei Gründer
- Gutachten von Prof. Dr. Reiner Anderl, Institut für Datenverarbeitung in der Konstruktion,
  Technische Universität Darmstadt
- Kurzprofil Paramatric Technology Corporation
- Presseveröffentlichung zu Mannesmann
- Umsatzplanung - detailliert
- Personalplanung - detailliert
- Betriebsausgaben und Investitionen - detailliert
- Liquiditätsplanung
- Rentabilitätsplanung
- VDI-Artikel Prof. Weule - Die Bedeutung der Produktentwicklung....

Literaturverzeichnis

Achleitner, Ann-Kristin; Klandt, Heinz; Koch, Lambert T.; Voigt, Kai-Ingo (Hrsg.)
Jahrbuch Entrepreneurship 2004/05. Gründungsforschung und Gründungsmanagement, Springer Verlag, Berlin Heidelberg 2005.

Achleitner, Ann-Kristin; Klandt, Heinz; Koch, Lambert T.; Voigt, Kai-Ingo (Hrsg.)
Jahrbuch Entrepreneurship 2003/2004. Gründungsforschung und Gründungsmanagement, Berlin-Heidelberg 2004.

Altenburger, Otto A.
Risikomanagement für Gründer. In: Dowling, Michael; Drumm, Hans Jürgen, Gründungsmanagement – Vom erfolgreichen Unternehmensstart zu dauerhaftem Wachstum, Springer-Verlag, Berlin Heidelberg 2002.

Amelang, Manfred; Bartussek, Dieter
Differentielle Psychologie und Persönlichkeitsforschung, 4. Auflage, Kohlhammer, Stuttgart 1997.

Appelt, Jutta; Appelt, Horst G.
Mit Kreativitätstechniken neue Produkte finden. In: Fortschrittliche Betriebsführung und Industrial Engineering, 33. Jg., 1984, Heft 6, S. 334-343.

Backes-Gellner, Uschi; Kay, Rosemarie
Rechtliche Rahmenbedingungen der Personalpolitik in jungen Unternehmen. In: Koch, Lambert T.; Zacharias, Christoph (Hrsg.): Gründungsmanagement, Oldenbourg Wissenschaftsverlag GmbH, München 2001.

Baldegger, Urs
Die Motivation der Gründer gewerblicher Produktionsunternehmungen, Unveröffentlichte Dissertation, St. Gallen 1988.

Barrick, Murray R.; Mount, Michael K.
The big five personality dimensions and job performance: A meta-analysis. Personnel Psychology, 44, 1-26, 1991

Barth, Stephanie
Existenzgründer in den neuen Bundesländern. Psychologische Dimensionen und wirtschaftlicher Erfolg, Wiesbaden 1995.

Beck, Josef
Patentstrategien für Gründer. In: Gründungsmanagement – Vom erfolgreichen Unternehmensstart zu dauerhaftem Wachstum, Springer-Verlag, Berlin Heidelberg 2002.

Becker, Jochen
Marketing-Konzeption, 7. Aufl., München 2001.

Berkman, Harold W.; Gilson, Christopher
Consumer Behavior, 3. Aufl., Boston 1986.

Bernacki, Ed
Wow! What a Great Idea! Prentice Hall. Insight – Idea – Opportunity – Action, Singapore, 2002.

Bidlingmaier, Johannes
Unternehmerziele und Unternehmerstrategien, 2. Aufl., Wiesbaden 1964.

Bidlingmaier, Johannes
Marketing 1, 10. Aufl., Opladen 1983.

Biermann, Benno
Die Soziale Struktur der Unternehmerschaft, Enke Stuttgart, 1992.

BMWA (Hrsg.)
GründerZeiten – Informationen zur Existenzgründung und Sicherung, Nr. 6 „Existenzgründungsfinanzierung", aktualisierte Ausgabe 2/2004.

BMWi (Bundesministerium für Wirtschaft) (Hrsg.)
Starthilfe. Der erfolgreiche Weg in die Selbständigkeit, 5. Aufl., Bonn 1995.

Blum, Ulrich; Leibbrand (Hrsg.)
Entrepreneurship und Unternehmertum. Denkstrukturen für eine neue Zeit, Gabler Verlag, Wiesbaden, 2001.

Bornhofen, Manfred; Busch, Ernst
Buchführung 2 mit EDV-Kontierung, 2. Aufl., Wiesbaden 1987.

Braukmann, Ulrich
Wirtschaftsdidaktische Förderung der Handlungskompetenz von Unternehmensgründerinnen und -gründern. In: Koch, Lambert T.; Zacharias, Christoph (Hrsg.): Gründungsmanagement, Oldenbourg Wissenschaftsverlag GmbH, München 2001.

Breuninger, Helga (Hg.)
Der Weg in die berufliche Selbständigkeit. EXZET – ein Modell zur Begleitung und Qualifikation. Campus Verlag Frankfurt/New York, 2000.

Brockhaus, Robert; Hills, Gerry; Klandt; Heinz, Welsch, Harold (Hrsg.)
Entrepreneurship Education – A Global View, Ashgate (UK) 2001.

Bröckermann, Reiner
Personalwirtschaft, Lehr- und Übungsbuch für das Human Ressource-Management, Schäffer-Poeschel, Stuttgart, 3. Auflage 2003.

Bronner, Rolf; Mellewigt, Thomas
Teamgründungen: ein Erfolgsfaktor neuer Unternehmen? Arbeitspapiere zur empirischen Organisationsforschung Nr. 16, 11/2000. Johannes Gutenberg-Universität Mainz, 2000.

Brüderl, Josef; Preisendörfer, Peter; Ziegler, Rolf
Der Erfolg neugegründeter Betriebe, Eine empirische Studie zu den Chancen und Risiken von Unternehmensgründungen, 2. Aufl., Duncker & Humblot, Berlin 1998.

Bundesministerium für Arbeit und Sozialordnung (Hrsg.)
Teilzeit – alles, was Recht ist. Rechtliche Rahmenbedingungen für Arbeitnehmer und Arbeitgeber, Bonn, Januar 2003.

Cattell, Raymond B.
Die empirische Erforschung der Persönlichkeit, Weinheim und Basel 1973.

Chlosta, Simone
Einwirkungen der Persönlichkeit, der Selbständigkeit des Vaters und der Branchenerfahrung auf den Gründungsprozess, dargestellt anhand des Handlungsphasenmodells von Heckhausen et al. (1987). Unveröffentlichte Diplomarbeit, 2005.

Ciavarella, M.A., Buchholtz, A.K., Riordan, C.M., Gatewood, R.D. & Stokes, G.S.
The Big Five and venture survival: Is there a linkage? Journal of Business Venturing, 19, 465-483, 2004.

Coenen, Olaf; Seipt, Dietrich
Hilfen zur Strategie-, Markt- und Technologie-Due Dilligence bei Gründungs-projekten. In: Nathusius, Klaus; Klandt, Heinz; Seibt, Dietrich (Hrsg.): Beiträge zur Unternehmungsgründung, Josef Eul Verlag, Lohmar Köln 2001.

Collins, Orvis F.; Moore, David G.
The Enterprizing Man, Michigan East Lancing 1964.

Collrepp, Friedrich
Handbuch Existenzgründung, 3. Auflage, Stuttgart 2000.

Costa, P.T. Jr. & McCrae, R.R.
Revised NEO Personality Inventory and NEO Five Factor Inventory Profes-sional Manual. Odessa, FL: Psychological Assessment Resources, 1992.

Daniel, Ronald D.
Management Information Crisis. In: Harvard Business Review, Volume 39, Sept.-Okt. 1961, Nr. 5, S. 111-121.

Deutscher Versicherungs-Schutzverband e.V. (Hrsg.)
Leitfaden für Existenzgründer und Selbständige, Bonn 2002.

Dieterle, Willi;Winckler, Eike (Hrsg.)
Gründungsplanung und Gründungsfinanzierung, Beck Wirtschsftsberater im dtv, München, 1995.

Doumpos, Michael
Multimedia decision aid classification methods, Dochedt u. a. 2002.

Dörner, Dieter; Kreuzig, Heinz W; Reither, Franz; Stäudel, Thea Lohhausen (Hrsg.)
Vom Umgang mit Unbestimmtheit und Komplexität, Bern/Stuttgart/Wien 1983.

Dörner, Dietrich
Die Logik des Misslingens. Strategisches Denken in komplexen Situationen, Rowohlt Verlag, Reinbek bei Hamburg, 2003.

Dowling, Michael
Grundlagen und Prozess der Gründung. In: Gründungsmanagement – Vom er-folgreichen Unternehmensstart zu dauerhaftem Wachstum, Springer-Verlag, Berlin Heidelberg 2002.

Dowling, Michael
Erfolgs- und Risikofaktoren bei Neugründungen. In: Gründungsmanagement –
Vom erfolgreichen Unternehmensstart zu dauerhaftem Wachstum, Springer-
Verlag, Berlin Heidelberg 2002.

Dowling, Michael; Drumm, Hans Jürgen (Hrsg.)
Gründungsmanagement – Vom erfolgreichen Unternehmensstart zu dauerhaftem
Wachstum, Springer-Verlag, Berlin Heidelberg 2002.

Dowling, Michael; Drumm, Hans Jürgen
Wachstumsstrategien für Neugründungen und Wachstumsfelder. In: Grün-
dungsmanagement – Vom erfolgreichen Unternehmensstart zu dauerhaftem
Wachstum, Springer-Verlag, Berlin Heidelberg 2002.

Drumm, Hans Jürgen; Dowling, Michael
Grundprobleme, Ziele und Aufbruch des Buchs. In: Gründungsmanagement –
Vom erfolgreichen Unternehmensstart zu dauerhaftem Wachstum, Springer-
Verlag, Berlin Heidelberg 2002.

Drumm, Hans Jürgen
Personalwirtschaft für Gründer. In: Gründungsmanagement – Vom erfolgrei-
chen Unternehmensstart zu dauerhaftem Wachstum, Springer-Verlag, Berlin
Heidelberg 2002.

Eckhardt, W.
Rechtsform EWIV. Platzverweis dem Heimvorteil. In: Unternehmer, Nr. 8, 37.
Jg., 1989, S. 26-29.

Eglau, Hans Otto; Kluge, Jürgen; Meffert, Jürgen; Stein, Lothar
Durchstarten zur Spitze. McKinseys Strategien für mehr Innovation. Campus
Verlag GmbH, Frankfurt am Main, 2000.

Ehlers, Hans
Vorteilhafte Gesellschaftsverträge für OHG, KG, GmbH, GmbH & Co. KG,
BGB-Gesellschaft, Stille Gesellschaft. Ein praktischer Ratgeber mit Musterver-
trägen, Formulierungsvarianten, Erläuterungen und Rechenbeispielen, 1. Aufl.,
Kissing 1980.

Elster, Ludwig; Weber, Aldolf
Handwörterbuch der Staatswissenschaften. Bd. 8. Tarifvertrag – Zwecksteuern,
4., gänzl. umgearb. Aufl., Jena 1928.

Emde, Wilhelm B.
Prognosetechniken und -systeme. In: Szyperski, Norbert (Hrsg.) mit Unterstützung von Udo Winand: Handwörterbuch der Planung, Stuttgart 1989, Sp. 1645-
1658.

Ernst, Heiko; Hauser, Renate; Katzenstein, Bernd; Mićić
Lebenswelten 2020. So werden wir leben. 36 Zukunftsforscher über die Chan-
cen von morgen. Deutsches Institut für Altersvorsorge GmbH, Köln (Hrsg.).
Metropolitan Verlag, Düsseldorf/Berlin, 2000.

Fallgatter, Michael J.
Standortwahl: Unternehmerische Handlungsfelder, Standortfaktoren und Stand-
ortverbünde. In: Koch, Lambert T.; Zacharias, Christoph (Hrsg.): Gründungsmanagement, Oldenbourg Wissenschaftsverlag GmbH, München 2001.

Fallgatter, Michael J.
Theorie des Entrepreneurship. Perspektiven zur Erforschung der Entstehung und
Entwicklung junger Unternehmungen. Habilitationsschrift Universität Bielefeld,
2002. Deutscher Universitäts-Verlag GmbH, Wiesbaden 2002.

Fleisher, Craig S.; Bensoussan, Babette E.
Strategic and Competitive Analysis, Methods and Techniques for Analysing
Business Competition. Pearson Education, Prentice Hall, N.J. 2002.

Frank, Herrmann; Klandt, Heinz (Hrsg.)
Gründungsmanagement – Fallstudien. Verlag Vahlen, München 2002.

Frank, Herrmann; Klandt, Heinz
Einleitung. In: Hermann Frank, Heinz Klandt (Hrsg.): Gründungsmanagement.
Fallstudien. Verlag Vahlen, München 2002, S. VII-XXI.

Frank, Hermann; Korunka, Christian; Lueger, Manfred
Entrepreneurial Spirit. Unternehmerische Orientierung und Gründungsneigung
von Studierenden. WUV/Universitätsverlag, Wien, Facultas Verlags- und Buchhandels AG, 2002.

Fulda, Ekkehard; Härter, Manfred; Lenk, Hans
Prognoseprobleme. In: Szyperski, Norbert (Hrsg.) mit Unterstützung von Udo
Winand: Handwörterbuch der Planung, Stuttgart 1989, Sp. 1637-1645.

Gabler Wirtschaftslexikon, 15. Auflage, Wiesbaden 2000.

Gemünden, Hans-Georg
Personale Einflussfaktoren von Unternehmensgründungen, in: Achleitner, Ann-Kristin; Klandt, Heinz; Koch, Lambert T.; Voigt, Kai-Ingo (Hrsg.): Jahrbuch Entrepreneurship 2003/2004, Gründungsforschung und Gründungsmanagement, Berlin-Heidelberg 2004.

Gierl, Heribert; Helm, Roland
Marktexploration, Marketingstrategien und Preisfindung. In: Gründungsmanagement – Vom erfolgreichen Unternehmensstart zu dauerhaftem Wachstum, Springer-Verlag, Berlin Heidelberg 2002.

Goebel, Peter
Erfolgreiche Jungunternehmer. Lieber kleiner Herr als großer Knecht. Welche Fähigkeiten brauchen Firmengründer?, München 1990.

Grabherr, Oliver
Risikokapitalinstrumente, Köln 2001.

Grant, Robert M.
Contemporary Strategy Analysis, 3. Aufl. Malden-Oxford 2000.

Gunther McGrath, Rita; MacMillan, Ian C.
New Ventures require a new way to plan. Dicovery-driven planning. In: Harvard Business Review, July-August 1995.

Hauschildt, Jürgen
Die Struktur von Zielen in Entscheidungsprozessen. Bericht aus einem empirischen Forschungsprojekt. In: ZfbF, 25 Jg., 1973, S. 709-738.

Hauschildt, Jürgen
Innovationsmanagement, 2. völlig überarbeitete und erweiterte Auflage, München 1997.

Hauschildt, Jürgen; Grün, Oskar (Hrsg.)
Auf dem Wege zu einer Realtheorie der Unternehmung. Ergebnisse einer empirischen betriebswirtschaftlichen Forschung, Stuttgart 1993.

Heuss, Ernst
Allgemeine Markttheorie, Tübingen/Zürich 1965.

Hill, Wilhelm
Marketing, 4., unveränderte Auflage, Bern/Stuttgart 1977.

Hinkel, Knut
Erfolgsfaktoren von Frühphasenfinanzierungen durch Wagniskapitalgesellschaften. Schriftenreihe Betriebswirtschaftslehre für Technologie und Innovation, Band 39, Geschäftsführender Herausgeber: Sönke Albers, Deutscher Universitäts-Verlag GmbH Wiesbaden, 2001.

Hisrich, Robert D.; Peters, Michael P.
Entrepreneurship. Starting, Developing, and Managing a New Enterprise, second edition, Irwin, Homewood/Boston 1992.

Huber, Roman
Förderprogramme. In: Gründungsmanagement – Vom erfolgreichen Unternehmensstart zu dauerhaftem Wachstum, Springer-Verlag, Berlin Heidelberg 2002.

ifo Studien zur Finanzpolitik 56. Gesamtwirtschaftliche Wirkungen der Existenzgründungspolitik sowie Entwicklungen der mit öffentlichen Mitteln – insbesondere Eigenkapitalhilfe-geförderten Unternehmensgründungen. Kurzfassung des Abschlussberichts. Ein Gemeinschaftsgutachten von ifo Institut für Wirtschaftsforschung, München und bifego Institut, 2. Auflage, München 1996.

infas (Hrsg.)
MarketShare, ISBN 3-7910-1051-4 (CD-ROM).

Jantz, Waldemar
Förderprogramme und Business Angels. In: Gründungsmanagement – Vom erfolgreichen Unternehmensstart zu dauerhaftem Wachstum, Springer-Verlag, Berlin Heidelberg 2002.

Jensen, Annette, Kretschmer, Winfried
Science goes Business – Vom Wissenschaftler zum Unternehmer. Carl Hanser Verlag, München Wien 2001.

Johansson, Björn
Kreativität und Marketing. Die Anwendung von Kreativitätstechniken im Marketingbereich, Bern 1985.

Judge, T.A. & Bono, J.E.
Relationship of core self-evaluations traits – self-esteem, generalized self-efficacy, locus of control, and emotional stability – with job satisfaction and job performance: a meta-analysis. Journal of Applied Psychology, 2001, 86 (1), 80-92.

Judge, T.A., Erez, A., Bono, J.E. & Thoresen, C.J.
The core self-evaluations scale: development of a measure. Personnel Psychology, 2003, 56, 303-331.

KfW Bankengruppe (Hrsg.)
KfW-Gründungsmonitor 2004, Frankfurt, März 2004.

KfW Bankengruppe (Hrsg.)
KfW-Gründungsmonitor 2005, Frankfurt Juni 2005.

Kirchhoff, Susanne; Klandt, Heinz; Winand, Udo
Unternehmerische Partnerschaft: Ein Erfolgsfaktor? Eine Studie zu Entwicklung und Erfolg von Einzel- versus Partnerunternehmen. In: Müller-Böling, Detlef; Nathusius, Klaus: Unternehmerische Partnerschaften – Beiträge zu Unternehmensgründungen im Team, Stuttgart 1994, S. 101-127.

Klamroth, Sabine
Heidelberger Musterverträge Nr. 9: Die Kommanditgesellschaft, 7. Aufl., Heidelberg 1985.

Klamroth, Sabine
Heidelberger Musterverträge Nr. 36: Der GmbH-Geschäftsführer-Vertrag, 7. Aufl., Heidelberg 1984.

Klandt, Heinz
Aktivität und Erfolg des Unternehmungsgründers. Eine empirische Analyse unter Einbeziehung des mikrosozialen Umfeldes, Band 1 der Reihe Gründung, Innovation und Beratung, Bergisch-Gladbach 1984.

Klandt, Heinz
Das Leistungsmotiv und verwandte Konzepte als wichtige Einflussfaktoren der unternehmerischen Aktivität. In: Szyperski, Norbert; Roth, Paul (Hrsg.): Entrepreneurship – Innovative Unternehmensgründung als Aufgabe, Stuttgart 1990, S. 88-96.

Klandt, Heinz
Zur Existenzberechtigung einer speziellen Betriebswirtschaftslehre des Gründungsmanagements. In: Müller-Böling, D.; Seibt , D.; Winand, U. (Hrsg.): Innovations- und Technologiemanagement, Stuttgart 1991, S. 479-494.

Klandt, Heinz
„EVa" Das Computer-Planspiel für Unternehmer und solche, die es werden wollen. Einführung und Beschreibung der Entscheidungsmöglichkeiten, Band 4 der Reihe FGF Entrepreneurship-Research Monographien, Verlag Förderkreis Gründungs-Forschung, Köln-Dortmund , 3. überarb. Auflage 1999.

Klandt, Heinz (Hrsg.)
Entrepreneurship and Business Development, Aldershot et al: Avebury 1993.

Klandt, Heinz
Unternehmensmodellierung: Konzept und Erfahrungen mit einem computergestützten Simulator der mittelständischen Unternehmeraufgabe. In: Pleitner, Hans Jobst (Hrsg.): Strukturen und Strategien in Klein- und Mittelunternehmen als Wegbereiter des Aufschwungs, Beiträge zu den „Rencontres de St. Gall" 1994, St. Gallen, September 1994, S. 105-114.

Klandt, Heinz
Der Unternehmensgründer. In: Dieterle, Willi/Winckler, Eike (Hrsg.) Gründungsplanung und Gründungsfinanzierung, Beck Wirtschsftsberater im dtv, München, 1995.

Klandt, Heinz
State of the art of entrepreneurship and SME research and education in Germany. In: Landström, Hans; Frank, Hermann; Veciana, José (Hrsg.): Entrepreneurship and Small Business Research in Europe. An ECSB Survey, Avebury, Aldershot et al 1997, S. 112-137.

Klandt, Heinz
Entrepreneurship: Unternehmerausbildung an deutschen Hochschulen, Beitrag in BFuP, Heft 3/1999, NWB Verlag, Herne/ Berlin, S.241-255.

Klandt, Heinz
Unternehmensgründung. In: Lück, Wolfgang (Hrsg.): Lexikon der Internen Revision, Oldenbourg Wissenschaftsverlag GmbH, München 2001.

Klandt, Heinz
„Business Angles Closing the Gap": Die Frühphasenfinanzierung von Unternehmen mit informellem Eigenkapital. In: Nathusius, Klaus; Klandt, Heinz; Seibt, Dietrich (Hrsg.): Beiträge zur Unternehmungsgründung, Josef Eul Verlag, Lohmar Köln 2001.

Klandt, Heinz
„EVa": Planspiel für Gründer, KMU-Unternehmer und Intrapreneurs. In: Ulrich Blötz (Hrsg.): „Planspiele in der beruflichen Bildung", CD-ROM mit Buch, Bertelsmannverlag, Gütersloh 2001.

Klandt, Heinz
"ebscubator" – Der Inkubator für studentische Gründungen aus der ebs, Arbeitspapier, ebs, September 2001.

Klandt, Heinz
Entrepreneurship Education and Research in German-Speaking Europe. Academy of Management, Learning & Education, 2004, Vol. 3, No. 3, p. 293-301.

Klandt, Heinz; Brüning, Erdme
Das Internationale Gründungsklima. Neun Länder im Vergleich ihrer Rahmenbedingungen für Existenz- und Unternehmensgründung, Duncker & Humblot Verlag, Berlin 2002.

Klandt, Heinz; Håkansson, Pär Ola; Motte, Frank
VADEMECUM für Unternehmensgründer, Business Angels und Netzwerke. Ein Beitrag zum Wissenstransfer zwischen Wissenschaft und Unternehmen. Verlag Books on Demand, Norderstedt, 2001.

Klandt, Heinz; Kirchhoff-Kestel, Susanne; Struck, Jochen
Zur Wirkung der Existenzgründungsförderung auf junge Unternehmen. Eine vergleichende Analyse geförderter und nicht geförderter Unternehmen. Band 15 der Reihe FGF Entrepreneurship-Research Monographien, Köln/Dortmund/Oestrich-Winkel, 1998.

Klandt, Heinz; Kirschbaum, Günter
Software- und Systemhäuser: Strategien in der Gründungs- und Frühentwicklungsphase, GMD-Studien Nr. 105, St. Augustin 1987, S. 93-96.

Klandt, Heinz; Koch, Lambert T.; Knaup, Ulrich: FGF-Report Entrepreneurship-Professuren 2004. Eine Studie zur Entrepreneurshipforschung und -lehre an deutschsprachigen Hochschulen. Januar 2005.

Klandt, Heinz; Müller-Böling, Detlef (Eds.)
IntEnt92 - Internationalizing Entrepreneurship Education and Training. Köln-Dortmund, 1993.

Klandt, Heinz; Mugler, Josef; Müller-Böling, Detlef (Eds.)
IntEnt93 - Internationalizing Entrepreneurship Education and Training. 2nd edition, Köln-Dortmund, 1996.

Klandt, Heinz; Struck, Jochen; Manstedten, Björn; J. Breitenacher, M., Illing, G., Langmantel, E., Städtler, A. und Uhlmann, L.
ifo Studien zur Finanzpolitik 56. Gesamtwirtschaftliche Wirkungen der Existenzgründungspolitik sowie Entwicklungen der mit öffentlichen Mitteln – insbesondere Eigenkapitalhilfe-geförderten Unternehmensgründungen. Kurzfassung des Abschlussberichts. Ein Gemeinschaftsgutachten von ifo Institut für Wirtschaftsforschung, München und bifego Institut, c/o Universität Dortmund., 2. Aufl., München 1996.

Klandt, Heinz; Tröger, Nils H.
Funktionen und Eigenschaften des Unternehmers in der Praxis. In: Koch, Lambert T.; Zacharias, Christoph (Hrsg.): Gründungsmanagement, Oldenbourg Wissenschaftsverlag GmbH, München 2001.

Klandt, Heinz; Tröger, Nils H.
Determinanten der Gründereignung. In: Koch, Lambert T.; Zacharias, Christoph (Hrsg.): Gründungsmanagement, Oldenbourg Wissenschaftsverlag GmbH, München 2001.

Klandt, Heinz; Zaki Abu Bakar, Ahmad
IntEnt 2002: Internationalizing Entrepreneurship Education and Training. Proceedings of the IntEnt- Conference at the Universiti Teknologi Malaysia, Malaysia, July 8-10 , 2001, Josef Eul Verlag, Lohmar Köln, 2003.

Kloyer, Martin
Patente und Patentlizenzverträge als Wettbewerbsparameter. In: Koch, Lambert T.; Zacharias, Christoph (Hrsg.): Gründungsmanagement, Oldenbourg Wissenschaftsverlag GmbH, München 2001.

Koch, Lambert T.
Unternehmensgründung als Motor der wirtschaftlichen Entwicklung. In: Koch, Lambert T.; Zacharias, Christoph (Hrsg.): Gründungsmanagement, Oldenbourg Wissenschaftsverlag GmbH, München 2001.

Koch, Lambert T.; Zacharias, Christoph (Hrsg.)
Gründungsmanagement: mit Aufgaben und Lösungen. Oldenbourg Wirtschafts-verlag GmbH, 2001.

Kollmann, Tobias
E-Venture. Grundlagen der Unternehmensgründung in der Net Economy, Gabler Verlag, Wiesbaden, 2004.

Kollmann, Tobias (Hrsg.)
E-Venture-Management: Neue Perspektiven der Unternehmensgründung in der Net Economy, Gabler Verlag, Wiesbaden, 1. Auflage, 2003.

Kollmann, Tobias; Kuckertz, Andreas
E-Venture-Capital, Gabler Verlage, Wiesbaden, 2003.

Kotler, Philip; Bliemel, Friedhelm
Marketing-Management, Stuttgart, 8. Auflage, 1995.

Kuratko, Donald F.& Hodgetts, Richard M.
Entrepreneurship, a contemporary approach (5th edition). Florida: Hartcourt, 2001.

Landström, Hans; Frank, Hermann; Veciana, José (Hrsg.)
Entrepreneurship and Small Business Research in Europe. An ECSB Survey, Avebury, Aldershot et al 1997.

Lechler, Thomas; Gemünden Hans G.
Gründerteam. Chancen und Risiken für den Unternehmenserfolg. DtA-Publikationen zu Gründung und Mittelstand, Reihenherausgeber: Deutsche Aus-gleichsbank (DtA). Physica-Verlag, Heidelberg 2003.

Lerchenfeld, Phillip Graf von und zu; Dirscherl, Gertraud
Der Gang an die Börse. In: Gründungsmanagement – Vom erfolgreichen Unter-nehmensstart zu dauerhaftem Wachstum, Springer-Verlag, Berlin Heidelberg 2002.

Lichtner, Ulrich
Ihre Steuerpflichten. In: Kirst, Uwe (Hrsg.): Selbständig mit Erfolg. Unterneh-mensgründung und -führung in der Praxis, Köln, 1994, S. 221-245.

Ludolf, Fred; Lichtenberg, Sabine
Der Businessplan. Professioneller Aufbau und erfolgreiche Präsentation. Econ Ullstein List Verlag GmbH & o. KG, München, 2001.

Mancusco, Joseph R.
How to write a winning business plan. Prentice Hall Press, New York, 1985 .

Manstedten, Björn
Entwicklung von Organisationsstrukturen in der Gründungs- und Frühentwicklungsphase von Unternehmungen, Köln-Dortmund 1997.

McClelland, David
Achievement Motivation Can Be Developed. In: Harvard Business Review, Vol. 43, No. 6, 1965.

McClelland, David
Die Leistungsgesellschaft. Psychologische Voraussetzungen wirtschaftlicher Entwicklungen, Stuttgart 1982.

Merz, Joachim (Hrsg.)
Existenzgründung 1 - Tips, Training und Erfahrungen. Schriften des Forschungsinstituts Freie Berufe, Band 11, Nomos Verlagsgesellschaft, Baden-Baden 2001.

Mewes, Wolfgang
Engpasskonzentrierte Gründungsstrategie. In: Koch, Lambert T.; Zacharias, Christoph (Hrsg.): Gründungsmanagement, Oldenbourg Wissenschaftsverlag GmbH, München 2001.

Meyer-Scharenberg, Dirk E.
Rechtsformwahl. In: Gründungsmanagement – Vom erfolgreichen Unternehmensstart zu dauerhaftem Wachstum, Springer-Verlag, Berlin Heidelberg 2002.

Meyer-Scharenberg, Dirk E.
Steuerliche Grundlagen für Neugründungen. In: Dowling, Michael; Drumm, Hans. J. (Hrsg): Gründungsmanagement – Vom erfolgreichen Unternehmensstart zu dauerhaftem Wachstum, Springer-Verlag, Berlin Heidelberg 2002.

Michalowski, Klaus; Klandt, Heinz
Existenz- und Unternehmensgründung: ein Thema für die Beratungspraxis des Steuerberaters, Beitrag in FINANZ BETRIEB 5/1999, S. 1-7

Mićić, Pero
Der ZukunftsManager. Wie Sie MarktChancen vor Ihren Mitbewerbern erkennen. Rudolf Haufe Verlag GmbH & Co. KG, Freiburg, 2001.

Mittendorfer, Roland
Die Szenerie der Investoren. In: Stadler, Wilfried (Hrsg.), Venture Capital und Private Equity, Köln 2002, 43-70.

Müller-Böling, Detlef
Venture teams start-ups: an undiscovered field of research. In: Klandt, Heinz (Hrsg.): Entrepreneurship and Business Development, Aldershot et al: Avebury 1993, S. 55-65.

Müller-Böling, Detlef; Seibt, Dieter; Winand, Udo (Hrsg.)
Innovations- und Technologiemanagement, Poeschel Verlag, Stuttgart 1991.

Müller-Böling, Detlef; Klandt, Heinz
Unternehmensgründung. In: Hauschildt, Jürgen; Grün, Oskar (Hrsg.): Auf dem Wege zu einer Realtheorie der Unternehmung. Ergebnisse empirischer betriebswirtschaftlicher Forschung, Stuttgart 1993, S. 135-178.

Müller-Böling, Detlef; Klandt, Heinz
Methoden Empirischer Wirtschafts- und Sozialforschung. Eine Einführung mit wirtschaftswissenschaftlichem Schwerpunkt, 3. Aufl., Band 1 der Reihe FGF Forschungs-, Entwicklungs- und Lehrmethoden, Köln-Dortmund 1996.

Mugler, Josef
Betriebswirtschaftslehre der Klein- und Mittelbetriebe, 2. Aufl., Wien, N.Y. 1995.

Naisbitt, John
Megatrends 2000: 10 Perspektiven für den Weg ins nächste Jahrtausend, 3. Aufl., Düsseldorf 1990.

Nathusius, Klaus
Venture Management, ein Instrument zur innovativen Unternehmensentwicklung, Berlin 1979.

Nathusius, Klaus
Rechtliche Fragen der Unternehmensgründung. In: Nathusius, Klaus (Hrsg.): Praxis der Unternehmensgründung. Hilfen für Existenzgründer, Hauptband, 4., neubearbeitete Aufl., Köln 1990, S. 83-133.

Nathusius, Klaus
Eigenkapitalfinanzierung durch Venture Capital. In: Koch, Lambert T.; Zacharias, Christoph (Hrsg.): Gründungsmanagement, Oldenbourg Wissenschaftsverlag GmbH, München 2001.

Nathusius, Klaus
Modelle der Gründungsfinanzierung. In: Nathusius, Klaus; Klandt, Heinz; Seibt, Dietrich (Hrsg.): Beiträge zur Unternehmungsgründung, Josef Eul Verlag, Lohmar Köln 2001.

Nathusius, Klaus
Finanzierungsinstrumente für unterschiedliche Gründungsmodelle. In: Nathusius, Klaus; Klandt, Heinz; Seibt, Dietrich (Hrsg.): Beiträge zur Unternehmungsgründung, Josef Eul Verlag, Lohmar Köln 2001.

Nathusius, Klaus
Mezzanine Finance als Instrument der Gründungs- und Wachstumsfinanzierung. In: Nathusius, Klaus; Klandt, Heinz; Seibt, Dietrich (Hrsg.): Beiträge zur Unternehmungsgründung, Josef Eul Verlag, Lohmar Köln 2001.

Nathusius, Klaus; Klandt, Heinz; Seibt, Dietrich (Hrsg.)
Beiträge zur Unternehmungsgründung, Gewidmet Prof. Dr. Dr. h.c. Norbert Szyperski anlässlich seines 70. Geburtstages. Josef Eul Verlag, Lohmar Köln 2001.

Nathusius, Klaus
Value Adding in Venture Capital Investing. In: Nathusius, Klaus; Klandt, Heinz; Seibt, Dietrich (Hrsg.): Beiträge zur Unternehmungsgründung, Josef Eul Verlag, Lohmar Köln 2001.

Nathusius, Klaus
Grundlagen der Gründungsfinanzierung. Instrumente – Prozesse – Beispiele. Betriebswirtschaftlicher Verlag Dr. Th. Gabler GmbH, Wiesbaden 2001.

Nathusius, Klaus
Gründungsfinanzierung. Wie Sie mit dem geeigneten Finanzierungsmodell Ihren Kapitalbedarf decken, Frankfurt a.M. 2003.

Nischlag; Robert; Dichtl, Erwin; Hörschgen, Hans
Marketing, 17., neu bearbeite Auflage, Berlin 1994.

Nowak, Ralf
Gesamtwirtschaftliche Aspekte von Existenzgründungshilfen des Bundes und der Länder, Köln 1991.

Osborn, Alex F.
Applied Imagination, 1953.

o.V.
Ideen sichern – Vorsprung schaffen. Gewerbliche Schutzrechte als Erfolgsfaktor für Unternehmen. Deutsche Bank AG Frankfurt, (Selbstverlag) 2000.

o.V.
Kreativitätstechniken. Grundlagen, Formen und Computerunterstützung. In: Wirtschaftswissenschaftliches Studium, Heft 9, September 1993, S. 446-450.

Papendick, Ulrich; Schmalholz, Claus G.
Viel gewagt – und verloren, in: Manager Magazin, Nr. 6/2002.

PC-Datenbank Öffentliche Fördermittel für Windows, Berater Version, Haufe Verlage.

Picot, Arnold; Laub, Ulf-Dieter; Schneider, Dietram
Innovative Unternehmensgründung. Eine ökonomisch-empirische Analyse, Berlin et al. 1989.

Pleitner, Hans Jobst (Hrsg.)
Strukturen und Strategien in Klein- und Mittelunternehmen als Wegbereiter des Aufschwungs, Beiträge zu den „Rencontres de St. Gall" 1994, St. Gallen, September 1994.

Porter, Michael E.
Competitive Strategy: Techniques for analysing industries and competitors, New York, The Free Press 1980.

Porter, Michael E.
Wettbewerbsstrategie: Methoden zur Analyse von Branchen und Konkurrenten, 7. Auflage, New York, 1992.

Pümpin, Cuno; Prange, Jürgen
Management der Unternehmensentwicklung. Phasengerechte Führung und der Umgang mit Krisen, Frankfurt/New York 1991.

Räbel, Dieter
Venture Capital als Instrument für Innovationsfinanzierung, Köln 1986.

Rebel, Dieter
Handbuch der gewerblichen Schutzrechte: Anmeldung-Strategie-Verwertung, 4. Auflage, Köln 2003.

Rentrop, Norman
Ausgewählte Strategien im Gründungsprozess. Die Strategie der innovativen Imitation und das Konzept der kritischen Erfolgsfaktoren als strategische Ansätze zur Verbesserung der Qualität von Unternehmungsgründungen, Bergisch Gladbach-Köln, 1985.

Rich, Stanley; Gumpert, David
Geschäftspläne. So sichern Sie Finanzierung und Erfolg Ihres Unternehmens. Verlag Norman Rentrop, Bonn 1986.

Ridinger, Rudolf; Steinröx, Manfred (Hrsg.)
Regionale Wirtschaftsförderung in der Praxis, Dr. Otto Schmidt Verlag, Köln 1995.

Ripsas, Sven
Entrepreneurship als ökonomischer Prozess. Perspektiven zur Förderung unternehmerischen Handelns, Gabler Verlag, Wiesbaden 1997.

Ripsas, Sven
Entrepreneurship als Prozess. Gründerfernstudium, FernUniversität-Gesamthochschule Hagen, 2001.

Rosa, Peter; Scott, Michael G.; Klandt, Heinz
Introduction: Educating Entrepreneurs in Modernising Economies. In: Rosa, Peter; Scott, Michael G.; Klandt, Heinz (Hrsg.): Educating Entrepreneurs in Modernising Economies, Aldershot et al: Avebury 1996.

Rosa, Peter; Scott, Michael G.; Klandt, Heinz (Hrsg.)
Educating Entrepreneurs in Modernising Economies, Aldershot et al: Avebury 1996.

Rose, G.
Unternehmensrechtsformwahl - Versuch einer Auflistung kautelarjuristischer und betriebswirtschaftlicher Schwerpunkte. In: Jahrbuch der Fachanwälte für Steuerrecht 1986/1987, Herne/Berlin 1987, S. 55-78.

Rothman, Howard
50 Companies That Changed the World. Incisive Profiles of the 50 Organizations, Large and Small, That Have Shaped the Course of Modern Business. Career Press Franklin Lakes, NJ 2001.

Rotter, Julian B.
Generalized Expectancies for Internal versus External Control of Reinforcement. In: Psychological Monographs: General and Applied, Vol. 80, No 1, Whole No 609, 1966, S. 1-28.

Rüggeberg, Harald
Strategisches Markteintrittsverhalten junger Technologieunternehmen. Erfolgsfaktoren der Vermarktung von Produktinnovationen, Wiesbaden 1997.

Rüggeberg, Harald
Marketing für Unternehmensgründer. Von der ersten Geschäftsidee zum Wachstumsunternehmen, Wiesbaden 2003.

Ruhleder, Rolf H.
Kreativitätstechniken für Manager. Vier Methoden der Ideenfindung. In: Markenartikel, 51. Jg., 11/1989, S. 580f.

Salgado, J.F.
The five factor model of personality and job performance in the European Community. Journal of Applied Psychology, 82, 30-43, 1997.

Scheer, August-Wilhelm
Unternehmen gründen ist nicht schwer ... Springer-Verlag, Berlin Heidelberg 2000.

Schefczyk, Michael
Erfolgsstrategien deutscher Venture Capital-Gesellschaften, Schäffer-Poeschel, Stuttgart 2004.

Schefczyk, Michael
Finanzieren mit Venture Capital. Grundlagen für Investoren, Finanzintermediäre, Unternehmer und Wissenschaftler, Schäffer-Poeschel, Stuttgart 2000.

Schefczyk, Michael; Pankotsch, Frank
Betriebswirtschaftslehre junger Unternehmen, Schäffer-Poeschel, Stuttgart 2003.

Scherrer, Gerhard
Rechnungslegung und Prüfung bei Gründung. In: Gründungsmanagement – Vom erfolgreichen Unternehmensstart zu dauerhaftem Wachstum, Springer-Verlag, Berlin Heidelberg 2002.

Schmidtke, Axel
Praxis des Venture Capital-Geschäftes, 1985.

Schmidt, Axel G.
Indikatoren für Erfolg und Überlebenschancen junger Unternehmen, in: ZfB –
Zeitschrift für Betriebswirtschaft, Ergänzungsheft 5/2002, S. 21–53.

Schmude, Jürgen
Standortwahl und Netzwerke von Unternehmensgründern. In: Gründungsmana-
gement - Vom erfolgreichen Unternehmensstart zu dauerhaftem Wachstum,
Springer-Verlag, Berlin Heidelberg 2002.

Schulte, Reinhard; Klandt, Heinz
Aus- und Weiterbildungsangebote für Unternehmensgründer und selbständige
Unternehmer an deutschen Hochschulen, herausgegeben vom Bundesministeri-
um für Bildung, Wissenschaft, Forschung und Technologie, Dezember 1996.

Schultz, Theorore W.
Investment in Human Capital. The American Economic Review, Vol. II, March
1961, Nr. 1, S. 1-17.

Schumpeter, Joseph A.
Unternehmer. In: Handwörterbuch der Staatswissenschaften, Bd. 8, 4. Aufl., Jena 1928, S. 476-487.

Seipt, Dietrich
„Electronic Learning" für Gründungsprozesse. In: Nathusius, Klaus; Klandt,
Heinz; Seibt, Dietrich (Hrsg.): Beiträge zur Unternehmungsgründung, Josef Eul
Verlag, Lohmar Köln 2001.

Simon, Hermann; von der Gathen, Andreas (Hrsg.)
Das große Handbuch der Strategieinstrumente. Werkzeuge für eine erfolgreiche
Unternehmensführung, Campus Verlag, Frankfurt, 2002.

Staehle, Wolfgang H.
Management. Eine verhaltenswissenschaftliche Perspektive, 7. Aufl., überarbeitet von Conrad, Peter und Sydow, Jörg, München 1994, S. 426ff.

Staehle, Wolfgang H.:
Kennzahlen und Kennzahlensysteme als Mittel der Organisation und Führung
von Unternehmen, Wiesbaden 1969.

Statistisches Bundesamt (Hrsg.)
Systematik der Wirtschaftszweige, Grundsystematik ohne Erläuterung, Stand 1970, Stuttgart und Mainz, 1971.

Sternberg, Rolf
Technologie- und Gründerzentren als Instrument kommunaler Wirtschafts- und Technologieförderung. In: Ridinger, R.; Steinröx, M. (Hrsg.): Regionale Wirtschaftsförderung in der Praxis, Köln 1995, S. 201-224.

Sternberg, Rolf; Bergmann, Heiko; Lückgen, Ingo
Global Entrepreneurship Monitor. Unternehmensgründungen im weltweiten Vergleich. Länderbericht Deutschland 2003, Universität Köln, März 2004.

Sternberg, Rolf; Bergmann, Heiko; Tamásy, Christine
Global Entrepreneurship Monitor – Länderbericht Deutschland 2001. Universität zu Köln, Wirtschafts- und Sozialgeographisches Institut, Köln, November 2001.

Struck, Jochen
Gründungsorientierte Förderprogramme. In: Koch, Lambert T.; Zacharias, Christoph (Hrsg.): Gründungsmanagement, Oldenbourg Wissenschaftsverlag GmbH, München 2001.

Stück, Hans-Hermann
Wirtschaftsrecht. Ratgeber für Unternehmensgründer und Selbständige, Band 1, Bonn 1987.

Szyperski, Norbert (Hrsg.) mit Unterstützung von Udo Winand Handwörterbuch der Planung, Stuttgart 1989.

Szyperski, Norbert; Nathusius, Klaus
Probleme der Unternehmensgründung, 2. Auflage, Josef Eul Verlag, Köln-Lohmar, 1999.

Szyperski, Norbert; Klandt, Heinz
Venture Management Aktivitäten mittelständischer Industrieunternehmen in der Bundesrepublik Deutschland, Arbeitsbericht Nr. 52 des Planungsseminars der Universität zu Köln, August 1983.

Szyperski, Norbert; Klandt, Heinz
Diagnose und Training der Unternehmerfähigkeit mittels Planspiel. In: Szyperski, Norbert; Roth, Paul (Hrsg.): Entrepreneurship - Innovative Unternehmensgründung als Aufgabe, Stuttgart, 1990, S. 110-123.

Szyperski, Norbert; Roth, Paul (Hrsg.)
Entrepreneurship – Innovative Unternehmensgründung als Aufgabe, Stuttgart 1990.

Thommen, Jean-Paul
Betriebswirtschaftslehre. 5. Auflage, Zürich 2002.

Thommen, Jean-Paul; Achleitner, Ann-Kristin
Allgemeine Betriebswirtschaftlehre, Gabler Verlag, Wiesbaden 2003.

Timmons, Jeffrey A.; Spinelli, Stephen
New Venture Creation: Entrepreneurship for the 21st Century, 6th International Edition 2003, McGraw-Hill Education.

Tröger, Nils H.
Der Unternehmer in der wirtschaftswissenschaftlichen Literatur. In: Koch, Lambert T.; Zacharias, Christoph (Hrsg.): Gründungsmanagement, Oldenbourg Wissenschaftsverlag GmbH, München 2001.

Unterkofler, Günther
Erfolgsfaktoren innovativer Unternehmensgründungen – Ein gestaltungsorientierter Lösungsansatz betriebswirtschaftlicher Gründungsprobleme, Peter Lang, Frankfurt/Main, 1989.

Vesper, Karl H.
New Venture Strategies, Englewood Cliffs/NJ: Prentice Hall 1980.

Vesper, Karl H.
New Venture Mechanics, Englewood Cliffs/NJ: Prentice Hall 1993.

Vesper, Karl H.
New Venture Experience,Vector Books, Seattle/Washington revised edition 1996.

Volkmann, Christine K.
Führung in wachsenden Unternehmen. In: Koch, Lambert T.; Zacharias, Christoph (Hrsg.): Gründungsmanagement, Oldenbourg Wissenschaftsverlag GmbH, München 2001.

Von Collrepp, Friedrich: Handbuch Existenzgründung, Für die ersten Schritte in die dauerhaft erfolgreiche Selbständigkeit, 3. Aufl., Stuttgart 2000.

Vormbaum, Herbert.
Finanzierung der Betriebe, 8., vollständig überarbeitete Aufl., Wiesbaden 1990.

Weber, Martin
Entscheidungen bei Mehrfachzielen, Wiesbaden 1983.

Weber, Max
Die protestantische Ethik, München 1965.

Weihe, Hermann J.; Klenger Franz; Plaschka, Gerhard; Reich, Frank-Rainer
Unternehmerausbildung – Ausbildung zum Entrepreneur, Band 4 der Reihe FGF
Entrepreneurship-Research Monographien, Köln-Dortmund 1991.

Wirtz, Bernd
Medien- und Internetmanagement, 2. Aufl., Wiesbaden, 2001.

Wöhe, Günter; Döring, Ulrich
Einführung in die Allgemeine Betriebswirtschaftslehre, 20. Aufl., München
2002.

Wöhe, Günter; Bilstein, Jürgen
Grundzüge der Unternehmensfinanzierung, 7., überarbeitete Aufl., München
1991.

Zacharias, Christoph
Gründungsmanagement als komplexe unternehmerische Aufgabe. In: Koch,
Lambert T.; Zacharias, Christoph (Hrsg.): Gründungsmanagement, Oldenbourg
Wissenschaftsverlag GmbH, München 2001.

Zeitschrift für betriebswirtschaftliche Forschung, 25. Jg., 1973.

Zimmerman, W.
Operations Research, 4. Aufl., München-Wien 1989.

Stichwortverzeichnis